イギリス初等教育における国語科教育改革の研究

Centre for Language/Literacy in Primary Education の取り組みを中心に

松山 雅子
MATSUYAMA Masako

溪水社

【扉画像】CLPE 内部の様子（2012 年著者撮影）

目　　次

掲載表リスト ……………………………………………………… iii

序章　研究の目的と方法 ……………………………………………… 3
　　第1節　研究の目的と方法　3
　　第2節　研究の位置と意義　11

第1章　教科教育センターの設立とその諸活動（1960〜）…17
　　第1節　教育改革の史的状況　17
　　第2節　教科教育センターの設立と基本指針　45
　　第3節　教科教育センターの諸活動　63

第2章　理論的基盤の生成期
　　　　　―観察記録法（Primary Language Record, 1988）の開発―
　　　　　……………………………………………………………… 105
　　第1節　専門的力量の向上をめざす観察記録法　105
　　第2節　観察記録法の目的・方法・意義　110
　　第3節　観察記録法に対する評価観と志向した学習指導環境　136

第3章　理論的基盤の拡張期
　　　　　―文学を核とするリテラシー教授モデル（1996）の考案と検証―
　　　　　……………………………………………………………… 171
　　第1節　段階別読本ではなく「現実にある本」（a real book）に
　　　　　よるリテラシー教授の提案　171
　　第2節　Core Book の編纂によるリテラシー教授法の開発　184
　　第3節　学習者実態調査によるリテラシー教授モデルの検証　200

第 4 章　発展的実地検証による充実期
　　　　——読書力向上プロジェクト（Power of Reading Project, 2005 – 2011）の学習指導構想と実際—— ………………… 223
　第 1 節　読書力向上プロジェクトの骨子　223
　第 2 節　国語科カリキュラムにおけるプロジェクトの位置
　　　　——小学校事例の考察から　238
　第 3 節　読書力向上プロジェクトの単元構成
　　　　——体系性と柔軟な運用　253
　第 4 節　読書力向上プロジェクトの実際
　　　　——現職研修・授業の実際とアンケート調査　335

結章　センターがめざしたイギリス国語科教育改革 …… 425

　参考文献 ……………………………………………………… 435

資料編
　1　CLPE 主催の現職研修プログラム（1987 年〜 1999 年資料入手分）………………………………………………………… 445
　2　著者（松山）が行った研修参加者対象アンケート（2012.3.27 ／ 5.18）…………………………………………………… 476
　　著者が行ったアンケート調査集計基礎表
　　ケンブリッジ研修（2012/3/27）　ロンドン研修（2013/5/18）
　　……………………………………………………………… 479
　3　機関紙 *Language Matters*（1975 〜 2002）総目次 ………… 485

　あとがき …………………………………………………… 531

掲載表リスト

第1章

表1	主な国語（英語）科教育関係事項・小学校国語科教育センター／小学校リテラシー教育センターの略史	20
表2	教育段階と到達レベル	32
表3	第3・第4レベルの読むことの到達目標の推移	33
表4	学年と中心となる児童年齢	35
表5	「リテラシーの時間（a literacy hour）」の構成（1998）	43
表6	CLPE通年研修事例「リテラシーの水準向上をめざして」(Raising Literacy Standards Course Autumn Term 2000-Spring2001)	58
表7	CLPE職員と事業展開略図	60
表8	CLPEの仕事	60
表9	*Language Matters* の掲載記事分類（1975～2002）	83
表10	*Language Matters* の特集	85
表11	シェアード・ライティングの成果と注目すべき点	89
表12	母と子のライティング・プログラム（Jublee PS）	93
表13-A	80年代の書くことに関する基礎理解（ILEA調査）	95
表13-B	Cox Report Key Stage 1 書くこと	95
表13-C	The Second Cox Report 書くこと	95

第2章

表1	観察記録法の概要	116
表2	観察シートの実際（ジュニア・スクール3年女児　使用言語　英語）	117
表3-A	観察記録の実際　PART　A（秋学期記入）	127
表3-B	観察記録の実際　PART　B（春学期記入）	128
表3-C	観察記録の実際　PART　C（夏学期記入）	130
表4-A	ひとり読みをめざす—Reading Scale1	132
表4-B	全カリキュラムにおける読み手としての経験—Reading Scale 2	133
表5	サンプルシートの実際（読むこと／書くこと）	134
表6	国際セミナー　プログラムとプレゼンテーション	148
表7	「創造的学習の観察フレームワーク」	162

| 表8 | 「創造的学習状況におけるコミュニケーションと学習の評価」プロジェクトの成果 ……………………………………………… 170 |

第3章

表1	The Reading Book 目次 ……………………………………………… 181
表2-①/②	コア・コレクションの構成 ………………………………………… 186
表3	第2学年例（Key Stage1）単元構想記入事例 ………………………… 190
表4	児童作品例　ママにかけたジャックの留守番電話 ………………… 191
表5	児童作品例　シンデレラ失踪の新聞記事 …………………………… 191

第4章

表1	センター創設当初3年間の読書力向上プロジェクト成果（2005.9-2008.7）…………………………………………………………… 230
表2	読書力向上プロジェクト通年研修モデル …………………………… 237
表3	The Ice Palace を軸とした読書力向上プロジェクトのモデル学習指導プログラムの流れ（18セッション）…………………………………… 242
表4	モデルプログラムを適応した Michael Faraday PS 国語科週間教授プラン ………………………………………………………………………… 246
表5	読書力向上プロジェクトにおける第1学年～第6学年の学習指導法適用モデル ……………………………………………………………… 255
表6	学習指導法の9分類 …………………………………………………… 256
表7	学習指導法の言語活動分類と頻度対応表 …………………………… 260
表8	低学年と高学年の使用頻度対照表 …………………………………… 262
表9	第1学年学習指導単元モデルの導入部における教師の音読 ……… 266
表10	Key Stage 1 / 2 のモデル学習指導プランの文学教材 ……………… 288
表11	絵本 Beegu の絵の概要と拙訳 ………………………………………… 302
表12	第10単元「作家研究」のモデル学習指導プラン …………………… 318
表13	著者が参加した読書力向上プロジェクト通年研修 ………………… 336
表14	読書力向上プロジェクト Launch Conference 時程（2012年10月11日の場合）…………………………………………………………………… 340
表15	読書力向上プロジェクト実施に向けた学級環境実態調査 ………… 351
表16	学級のリテラシー学習指導環境のチェックポイント ……………… 352
表17	第4学年に適応された読書力向上プロジェクト …………………… 366
表18	RESPONDING TO A POEM ワークシート例 ……………………… 375
表19	専門職研修「2011-2012年度国語科指導主事の果たす役割の向上」の

	日程 ………………………………………………………	376
表20	評価を見直す観点 ………………………………………	380
表21	文学テクストを機軸とした授業計画のありかた ……………	383
表22	Thornhill 小学校がめざす学校像 ……………………………	392
表23	第6学年の説明文作成過程（2010年11月25日参観） …………	393
表24	全校ポリシーに基づく第1学年秋学期国語科学習プロジェクト（2010年） …………………………………………………………	396
表25	第1学年秋学期国語科に援用された読書力向上プロジェクト ……	399
表26	第1学年秋学期国語科1週間の時間割 …………………………	401
表27	第1学年秋学期国語科の学習指導目標と方法 …………………	403
表28	*The Owl and the Pussy Cat* に関する基本発問（読書力向上プロジェクトWeb資料） ………………………………………………	404

イギリス初等教育における国語科教育改革の研究
―Centre for Language /Literacy in Primary Education の取り組みを中心に―

序章　研究の目的と方法

第1節　研究の目的と方法

　本研究は、教科教育の観点から、教育を改革する一つの姿として、その駆動力であり、推進力であった内ロンドンの初等教育国語科教育センターの取り組みを明らかにしたものである。いずれの文化における教育改革であっても、固有の歴史的経緯と社会文化状況に沿った営みが認められる。だが、センターの取り組みに、実態調査と実践理論に根ざした観点・方法および省察が不可分に相関する着実な教師教育システムが見出せるとき、文化を超えて、イギリス（イングランドとウェールズ）の教育改革の牽引力のひとつである教科教育センターから、われわれの学びうるものが見出せると考えた。

　まず、イギリスの教育改革を捉えるうえで基本的な背景を捉えておきたい。拙著『イギリス初等教育における英語（国語）科教育改革の史的展開』[1]で60年代から今日までの流れを述べたように、イギリス教育界には、長らくわが国の学習指導要領にあたるナショナル・カリキュラムが制定されなかった。中等学校を中心としたエリート教育偏重に対して初等教育の自律を求める提唱は60年代に始まり、70年代半ばの言語実態調査報告書に

---

1) 松山雅子（2013）『イギリス初等教育における英語（国語）科教育改革の史的展開—ナショナル・カリキュラム制定への諸状況の素描』溪水社

よって大きく舵をとった。が、「1988年教育法」がイギリス初の中央集権的全国教授課程（以下、NC、1989）導入の制度的牽引力となるまで、20年以上の年月を要している。学校制度ひとつをとっても、わが国の6・3・3制一本化とは異なり、複数の型が並存する。このように、本研究では、わが国とは質を異にする社会文化背景での教育改革を扱う。

　では、成文憲法典をもたないイギリスにあって、いかに教育改革の実働的コンセンサスを作り出していったのか。多種多様な観点から発せられる意見に耳を傾け、一定のコンセンサスにまとめあげるイギリス独特の意見集約法があり、媒介となる組織がある。上述のように、NC草案委員会の決定事項をそのまま教育現場に下ろすといった単線型システムではない。加えて、経験主義のイギリスの教育改革であるから、公文書レベルだけで実のある改革が実現されるわけではない。改革を具体化する諸方略を出して実践する諸機関がいる。教師教育の場で、調査や開発研究、プロジェクト等の実験的試みが行われる。その実証的資料は政策立案側に提供され、現場に寄与するに至る、NC制定に向かう20年に及ぶ準備段階を必要とした。

　このイギリス型意見集約は、上述のようにNC草案制作過程や制定時に限ったことではない。十全な改革案の成立が最終目的ではなく、いかに教育現場へ定着しうるかが常に問われる。一見当然のことのようだが、草案の成立直後から問い直しが始まる教育改革風土は、イギリスの一つの特徴と考えられる。日本のような10年毎の改訂という規則性は希薄である。多方面からの意見の発信、交流、交錯、集約への営みは、イギリスの教育改革運動にあっては常道である。不断の実態調査による検証、検証に基づく変更・修正、その変更過程中にも新たな実態調査が並行し、修正案が世に問われると、その検証が始まるといった具合である。国家規模のものから地域教育委員会レベルのものまで、検証は多岐に渡り併走する。抽象的な改革案は、具体の洗礼を常に受けることで、実働的な改革案となりうるという考え方である。それゆえ、教育改革の過程において、立案側と実践

側の双方向のベクトルを媒介とする教師教育を有機的に含んだ改革運動の要が不可欠なのである。NC 制定後、政権政党の交代もあったが、その必然性は揺るがなかった。

　制度的変革期はまた、国語科の教育内容が、表現媒体の多様化と一体となって大きく転換する模索期と重なる。わが国の国語科では、一般に活字主体のテクストを学習対象の中軸にしてきた。かつて多くの植民地を有したイギリスの教育改革は、社会的共通言語としての英語を重んじるとともに、さらに効果を発揮するよう、早くからマルチメディアを学習対象として活用を探ってきた。映画研究を軸とする中等学校国語科教育センター（English & Media Centre）や英国映画研究所（British Film Institute）等の組織的努力によって、メディア理論に基づいたカリキュラム構想や教材開発、指導のための細案作り等が実を上げ[2]、多様な言語文化背景の児童に向けた初等教育も、その延長線上で重層的な変革に直面してきた。このように学習指導状況が変化すれば、おのずと授業改革が求められる。新たな社会文化状況や文教政策の転換がもたらす、理論的枠組みを理解するばかりでなく、具体的な教材研究や授業細案にまで具現化できる教師の専門的力量が求められた。教科教育の立場から教育改革を捉えるとき、国家的規模の改革が着実に実施され普及することが、なによりも重要だからである。これまでに、イギリスに限らず、中央集権的な教育改革が実施された場合、それが画期的であればあるほど、それに対応した教師教育の有無に、その成否がかかっていた。おしなべて未経験なものの導入のため、配慮の行き届いた十全な教師教育が必然的に希求されたのである。

　このような状況をわきまえ、実効性のある国語科教育の改革をめざしてきた教育機関として、本論では、小学校国語（英語）科教育センター（Centre for Language in Primary Education、以下 CLPE ①）と、その発展形、小学校リテラシー教育センター（Centre for Literacy in Primary Education、以下

2）菅谷明子（2000）『メディア・リテラシー』岩波書店、pp.20-76 による。

CLPE②）を、研究対象として取り上げる。CLPE①は、内ロンドン教育局（ILEA）傘下の教科教育センターとして1970年に設立され、ILEA解体後、内ロンドンのSouthwark borough教育局の管轄下に移り、2003年に独立採算制の教師教育機関CLPE②へと組織替えを行い、今日まで40年余、変わることなく国語科教育の改革を推進する教師教育に貢献してきた。

　わが国にも教育センターはあるが、運営体制は異なる。一定期間、現職教師が主事職として行政的業務や現職研修他に携わり、数年後学校に戻るという体制ではない。教師としての豊富な実践経験に加え、大学研究職としての十分な資格保持者が、センター長となり、改革のための研究テーマを設定し、テーマ実現に向かって職員の知見を高め、意欲を育み、改革を先取りする実験的な諸方策を生み出してきた。予算的にも人員数的にも限られた状況下で特筆すべき成果を上げてきた理由の一つは、センター長の指導力のもと、教師教育の専門集団としての職員による取り組みゆえではないか。これは人材さえあればどの文化圏でも可能であろうが、イギリス初のNC導入を挟む約30年弱、核となる職員数名が常駐し、自立した初等教育における国語科教育改革の具体策を提示し続けたのである。

　また、首都ロンドンゆえに、地方区であって全国区である。研修要請や研究発表は国外にも及ぶ。それでもやはり、ロンドンの教師教育が中心課題である。その意味で規模は限られている。が、それゆえに、研究者、視学官、社会文化的諸機関と連携を強め、焦点を絞って、教師を共同研究者として育み、巻き込みながら、つねに改革的な国語科教育を果敢に推進してこられたとも言えよう。

　本論は、このCLPE①②の40年余にわたる教師教育の取り組みを、生成期、拡張期、充実期の3段階の推移と捉え、考究する。本論がなぜセンターに着目するかは、上述したように、初等教育改革が本格化する70年代から一貫して積み重ねてきた継続的な実績にこそある。が、継続性のみならず、その質的高さに、教科教育改革の観点から教師教育をとらえる教科教育研究の根本的な視座が読み取れるからである。第2章「理論的基盤

序章　研究の目的と方法

生成期」で取り上げる Primary Language Record、観察記録法は、教師の日常的評価法である。児童の顕在的、潜在的言語力の実態を一定の分析的フレームを軸に観察、記録し、次時の授業の礎とする日常的評価基盤を確かなものとする提案である。なによりも教師が自らの学習指導に対する自己評価力を持つことが意図された。ILEA の要望を超えて、80 年代後半の 5 年間を、センターは、教師の自己評価力の向上に寄与する方法論的開発と普及に費やす。それを教科教育改革の根幹と位置づけ、すべての取り組みの骨格ともなしたセンターのありように価値を見出すものである。

　この開発中の実験的授業を通して、教材としての「現実にある本（a real book）」の有効性に着目したセンターは、今日まで 20 年余、文学を軸にしたリテラシー教授プログラムの開発、推進に努めてきた。60 年代後半から本格化する児童書のペーパーバック出版は、イギリスの児童文学出版の隆盛期を誘い、NC 制定のころには、「現実にある本」が児童の身近にある状況が生まれていた。本論では、特に、初等教育の改革の要でもある入門期、低学年期に焦点をあて、学齢期の最初から「現実にある本」の読み手として児童を位置づけた学習指導の開発と実地指導を考察した。センターは、理論構築、モデル化、（実践事例による）実態調査を一つのセットとする基本姿勢を貫き、異なる学習背景の児童が共有できる文学という表現形態をあらためて価値づけてみせた。その意味で、ロンドンに学ぶ児童に直結した文学であり、リテラシー教授プログラムの開発である。そこに、センターの慧眼と実際的な開発力と運用力を見出し、第 3 章、第 4 章を通して、NC 制定後の 20 年余の教師教育への貢献を跡付けた。以上のように、CLPE ①②の推移と多様な取り組みは、NC 制定と実施の経緯と併走し、首都ロンドンに位置することも相俟って、一つのシンクタンクの働きを担い、初等教育における実践研究システムとして注目に値する影響を及ぼしてきたのである。

　以上に基づき、つぎの研究方法に沿って考察を進めた。具体的な考察資料として、教育改革の道程にそって実施された調査・開発研究に基づく①

センター出版物（*The Primary Language Record: Handbook for teachers*（1988）、*The Reading Book*（1996）他）／②機関誌 *Language Matters*（1975-2002）／③現職研修プログラムの実際、プロジェクトにかかわる web 情報、実地指導他における児童の学習記録を取りあげ、考察した。合わせて、随時、各種公文書を含む関連資料に寄りながら、文献調査を第一義とした。地方教育委員会等の公文書等、わが国で入手困難な資料は、ロンドン大学教育研究所附属図書館で可能な限り原資料に当たることを心がけた。加えて、実地検証の機会を設け、教師教育の実践理論と実地を関係づけた総合的探求をめざした。

　実地検証は、①関係者へのインタビュー調査、②現職研修プログラムへの参加、③センター指導校への授業参観、④研修参加者へのアンケート調査の4方向から行った。

(1) インタビュー調査

①―1　センター関係者

　　a　センター長 Sue Ellis（2008年12月5日、於：大阪教育大学／2010年11月26日、於：CLPE センター長室／2012年3月28日、於：CLPE センター長室）

　　b　読書力向上プロジェクト・ディレクター Sue McGonigle／ディレクター補助 Olivia O'Sullivan（2012年3月20日／3月28日、於：CLPE 図書室）

①―2　研究者

　　c　大阪教育大学国語教育講座主催の国際比較国語教育シンポジウムに招聘した Debra Myhill（エグゼター大学教授、2010年12月3-5日）、Jackie Marsh（シェフィールド大学教授、前 UKLA 会長）（2012年12月7-9日）両氏と、来日中に、教育改革の動向について話し合う機会をもつとともに、CLPE の活動に関する両氏の意見を伺った。

①―3　読書力向上プロジェクト（Power of Reading）実施小学校関係者

　　d　校長 Karen Fowler（Michael Faraday Primary School（Portland Street,

序章　研究の目的と方法

Walworth, London SE172HR）2010 年 11 月 26 日、於：当該校校長室）
- e　Deansfield Primary School（Dairsie Road,Eltham, SE9 1XP）副校長から各学年の読書力向上プロジェクト成果物の案内を受ける。センター長 Ellis も同行し、プロジェクト実施校の実地指導の一端にも触れえた。（2010 年 11 月 24 日 13:15-15:00）
- f　校長 Matt Chapple、コミュニケーション研究部会チームリーダー兼第 1 学年担当 Sue Peacock、児童会委員 3 名（Y6）（Thornhill Primary School（Thornhill Road, Barnsbury, Islington, London N1-1HX）2010 年 11 月 25 日、於：当該校校長室）
- g　第 4 学年読書力向上プロジェクト授業参観、Mrs. Black（第 4 学年担任）（Gordon Primary School（Earlshall, Eltham, London SE9 1QS）2012 年 3 月 22 日 9:45-11:00、於：当該教師控え室）
- h　第 6 学年読書力向上プロジェクト授業参観、Jayne King（第 6 学年担任兼リテラシー・コーディネータ）（Brunswick Park Primary School（Picton Street, Camberwell, SE57QH）2012 年 3 月 23 日 9:45-11:00、於：Y6 King 先生の教室）
- i　参加した研修の参加者（教師、主事、校長）との会話からも、多くを学ばせていただいた。

(2) センター主催の現職研修プログラムへの参加

センター刊行物だけでは理解し得なかった学校現場における活用、普及の実態について理解を深め、拠って立つ実践理論の把握に努めた。センター職員の柔軟な指導力を実感する機会であった。

②— 1　3 つの異なる段階の読書力向上プロジェクト研修（POR）に参加

POR Southwark LA[3] グループ　（半日コース、2010 年 11 月 25 日（木）13:30-16:30 於：CLPE）

---

3) LA は、Local Authority の略称で、教育委員会を表し、統括教育地区の教員研修を意味する。

POR　Cambridgeshire LA グループ（2012年3月27日（火）9:30~15:30 半日×2 於：Huntingdon Marriott Hotel）
　　POR　Launch　Conference Central D Schools　グループ（1日コース、2012年10月11日（木）9:30-15:30 於：CLPE　）
②—2　国語科主事養成研修に参加し、センターの教師観、主事養成の基本姿勢の理解に努めた。
　　国語科主事養成コース（Canterbury Cross University 修士課程コース単位互換性コース）Developing the Role of the English Subject Leader course（2012年3月21日 9:30-15:30　於：CLPE 講義室）
②—3　視学官の特別研修に参加し、Ofsted による上位評価校実態の具体について理解に努めた。
　　Achieving Outstanding in Reading and Literacy Conference　（2012年10月8日 10:00-13:30 於：CLPE 講義室）
②—4　低学年担当教師用研修に参加し、教育段階別の教師教育に触れ、特に入門期における文学テクストを軸とするリテラシー教授への導入のありようを実地に経験することができた。
　　Foundations of Talk and Early Literacy（低学年向け読書力向上プロジェクト・ディレクター Jane Bunting、2012年3月20日、於：CLPE 講義室）
（3）授業参観（センター主催の読書力向上プロジェクト参加校）
③—1　Thornhill Primary School　　　2010年11月25日
③—2　Michael Faraday Primary School　2010年11月26日
③—3　Gordon Primary School　　　　2012年3月22日
③—4　Brunswick Park Primary School　2012年3月23日
（4）読書力向上プロジェクト研修参加者を対象とするアンケート調査
　　受講者側からの研修に対する反応、評価を分析、整理し、センターの教師教育の全体像を捉える貴重な資料となった。
④—1　2012年3月27日　ケンブリッジ研修グループ35名（於 Huntington Marriott Hotel、ケンブリッジ）（著者による実施）

④-2　2012年5月18日　内ロンドン Central D 研修グループ33名（於：CLPE, ロンドン）
（プロジェクト主任 Sue McGonigle による代理調査）

　以上を踏まえ、センターの教師教育観、教材観、授業観、評価観を総合的に探求し、教育改革の内実の解明を試みた。そのうえで、わが国の国語科教育の教育改革への示唆、とりわけ、小学校における文学を用いたリテラシー教授について、広範な観点から有益な示唆を得た。
　なお、わが国における「現職再教育」という用語は厚みのある捉え方もされるが、（マイナスのものをプラスに導くといった）狭義の指導活動ともとられやすい。そこで、本論では、「教師教育」「現職教育」という用語を主に用い、センター講習など具体的プログラムには「現職研修」という用語も用いながら、これらを「活動」「取り組み」と総括的に述べることとした。それによって、センターの対象範囲の広さ、深さ、厚みを具体的に示し、用語自体を再定義する形で、論を進めていくこととした。総じて、センターの活動を実践的国語科教育改革の研究として位置づけることをめざした。

第2節　研究の位置と意義

　藤原和好は（2002）[4]、『国語科教育学研究の成果と展望』で、比較国語教育にかかわる先行研究を6つのカテゴリーに分けて総括している。方法論、研究史、記述・解釈、摂取・交渉研究、対照研究、比較研究である。なかでも、そのほとんどが「外国の国語科教育を記述・解釈した」「記述・解釈」の段階のものだとする。2002年以降の単行本を中心に振り返ると、ロシアの国語教育の史的展開を捉えた浜本（2008）[5]、アメリカを捉えた

---

4) 藤原和好（2002）「Ⅶ（3）比較国語教育学的研究の方法論」『国語科教育学研究の成果と展望』、全国大学国語教育学会編、明治図書、pp.460-465
5) 浜本純逸（2008）『ロシア・ソビエト文学教育史』、溪水社

西本（2005）[6]、イギリスを扱った安（2005）[7]、黒柳（2011）[8]、丹生（2011）[9]、松山（2013）[10]、カナダの上杉（2008）[11]、ベトナムの実地調査を踏まえた村上（2008）[12]が、文学教育、音声言語教育、小学校教育史的動向や実践、メディア教育に関する「記述・解釈」分野の緻密な仕事を世に問うている。研究論文は数多く、2002年以降の『国語科教育』（全国大学国語教育学会誌）掲載論文に限っても、佐渡島（2003a,b）[13]、長田（2005）[14]、近藤（2009）[15]、奥泉他（2003）[16]、丹生（2007）[17]、渡辺（2011）[18]、中井（2011a,2011b）[19]、松山（2012,2013）[20]が挙げられよう。

「摂取・交渉研究」の単行本では、前田（2011）[21]、『国語科教育』掲載

---

6) 西本喜久子（2005）『アメリカの話し言葉教育』渓水社
7) 安直哉（2005）『イギリス中等音声国語教育研究史研究』東洋館出版社
8) 黒柳修一（2011）『現代イギリスの教育論－系譜と構造』クレス出版
9) 丹生裕一（2011）『イングランドの小学校国語の授業―教育改革下の実践事例を分析する』、私家版
10) 松山雅子（2013）『イギリス初等教育における英語（国語）科教育改革の史的展開－ナショナル・カリキュラム制定への諸状況の素描』渓水社
11) 上杉嘉見（2008）『カナダのメディア・リテラシー教育』明石書店
12) 村上呂里（2008）『日本・ベトナム比較言語教育史―沖縄から多言語社会をのぞむ』明石書店
13) 佐渡島沙織（2003a）「アメリカにおける作文評価研究:1997年以降の動向」『国語科教育』53、pp.42-48／同（2003 b）「文学表現指導における文種の取り扱い：アメリカにおける論争に学ぶ」同前54、pp.27-34
14) 長田友紀（2005）「アメリカにおける1990年代のオーラルコミュニケーション教育の位置づけ－全米レベルの動向と州カリキュラム調査研究の検討」同上58、pp.50-57
15) 近藤聡（2009）「カナダの国語科におけるメディアリテラシー教育の発祥（1950~80年代）」同上65、pp.35-42
16) 奥泉香・中村敦雄・中村純子（2003）「メディア教育における国語科を中心とした相関カリキュラムの意義」同上54、pp.43-50
17) 丹生裕一（2007）「イングランド National Literacy Strategy の効果的な実践に関する一考察」同上61、pp.35-42
18) 渡辺貴裕（2011）「ドラマによる物語体験を通しての学習への国語教育学的考察：イギリスのドラマ教育の理論と実践を手がかりに」同上70、pp.100-107
19) 中井悠加（2011a）「イギリスにおける詩創作指導に関する研究：Fred Sedgick の理論と実践を中心に」同69、pp.27-34／同（2001b）「絵画を用いた詩創作指導の意義：Michael ＆ Peter Benton（1997）を中心に」同上70、pp.52-59

論文では、坂口（2007）[22]、西本（2010,2011）[23]、「対照研究」では、近年のものに教科書対照研究、藤村（2008）[24]他が報告されている。

　上述しえなかった論考も含め、やはり2002年以降も、外国の「記述・解釈」の分野が多くを占めている。諸外国の国語（母語）教育を扱う場合、その特殊性にいかに寄り添うかがなによりも要となるのは頷けるところである。先行研究を振り返ると、小中学校のある言語領域に焦点を当てた学習指導理論もしくは実践的方法を扱ったものが大半である。とりわけイギリスは、NC導入以降、海外の研究者にも、格段に関連資料が手に入りやすくなり、さまざまな厚みをもった諸研究が積み重ねられつつある。堀江祐爾（2013）[25]は、『国語科教育学研究の成果と展望Ⅱ』で、上述の諸論文を含む、「国語科教育」第49集から70集掲載の関連論文を仔細に整理している。

　本研究もまた、この「記述・解釈」に属するといえるかもしれない。ある言語領域に限ったアプローチではなく、これまでわが国の比較国語教育学では本格的に取り上げられてこなかったイギリス初等教育における国語

---

20) 松山雅子（2012）「内ロンドン国語教育センター機関誌 'Language Matters' にみる教育改革の胎動―1980年代の書くことの教育を中心に」、同上72、pp.49-56
　同（2013）「観察記録評価法による旧内ロンドン国語教育センター現職再教育の試み―Primary Language Record の開発・実施の素描から」同上73、pp.63-70
21) 前田真証（2011）『ドイツ作文教育受容史の研究―シュミーダー説の摂取と活用』渓水社
22) 坂口京子（2007）「戦後新教育における経験主義国語教育摂取の実態：日米の国語教育観の差異を観点として」同、注13、62、pp.43-50
23) 西本喜久子（2010）「『小學読本』(1873)の研究：アメリカのペスタロッチー主義的主要素の受容を中心に」同、注13、68、pp.35-42／同（2011）「『ウィルソン・リーダー』の編纂者 Marcius Willson に関する研究」同上70、pp.68-75
24) 藤村和男（研究代表者）(2008)「初等中等教育の国語科の教科書及び補助教材の内容構成に関する総合的, 比較教育的研究―学力の基礎をなす言語能力の形成を中心として―」課題番号18330196 平成18年度〜平成19年度科学研究費補助金（基盤研究(B)）研究成果報告書
25) 堀江祐爾（2013）「Ⅷ（2）比較国語教育学研究に関する成果と展望」『国語科教育学研究の成果と展望Ⅱ』、全国大学国語教育学会編、学芸図書、pp.475-482

科教育の教師教育を、NC 制定、普及、推進と密接にかかわらせ、70 年代以降の 40 年間を史的に捉えようとした研究である。おのずと、本研究の研究対象は、NC という教育改革の制度化の側面と、その傘下で日々の教育をうけもつ現職者に対する教師教育という（つねに教育的効果を意識した）制度の具現化の側面となる。研究のねらいとしては、その両者を有機的に関連づけて統一的に論じるところにある。

これまで、小中学校のある段階、ある学年、ある言語領域に限った史的研究や理論考察、実践研究において、さまざまに言及されてはきたが、カリキュラム論として、本格的にイギリスの NC を捉えようとした研究は発表されていない。けれども、カリキュラムや付随する公文書を丹念に見ただけでは捉えがたい特性があり、その十全な理解に至らない難しさがある。NC が制度として成立するための推進力となったものを明らかにしないかぎり、イギリスという国の教育改革のプロセスは解明できないのではないか。本研究は、そのための一つの条件を満足させるものである。

推進力となった教師教育機関に視座を置き、（教育改革をセンターから見ると、カリキュラム構想・企画段階、実態の把握、公文書として制度化、調査・開発研究とそれを踏まえた方法の提示と実地展開、結果としてのカリキュラム改訂、新たな調査・研究への着手などが連動した）40 年というスパンで、教育改革のまさに動いているさまを継続的に捉えようとした研究としては、初めてのものである。

こうした普及、推進に迫ることは、わが国の教育改革を再考するうえで貴重な観点を見出す一助となる。わが国の学習指導要領をいかに作成していくか、優れた成果が提案されたとき、いかに普及、浸透させるか、その手立ての必要条件を考えるうえで、イギリスの教育改革のありようは参考となるのではないか。

一例を挙げれば、具体的な普及、推進事例である読書力向上プロジェクトの内実を明らかにすることは、PISA 型読解力を育むための授業改善への具体的な示唆を得ることにも通じていくのではないか。読書力向上プロ

ジェクトの単元計画は、直接的に、国語科の年間計画を具体的に示唆し、学習指導方法の実践的で多様なありようを指し示す。それらは、PISA 型読解力を養う授業構想に示唆的である。たとえば、2006 年 PISA 調査の題材「贈り物」に対する設問の順序性は、文学テクストの学習指導プログラムと読み替えることができる。全体的な読みから、伏線となる部分の重ね読み、擬声語等の要素への着目と果たす役割の理解、結末文の役割から全体的な再読という展開である。読書力向上プロジェクトは、これをさらに精選した形で、小学校第 1 学年から文学テクストを軸に多様な学習指導法を活用して、丹念に組み上げられたモデル・プログラムを提案し、実地に下ろし、実績を上げてきた。今日なお、心情発問に終始し、表現のしかけや構造を読むことに戸惑いがちなわが国の文学の学習指導に、なによりも、文学言語への寄り添い方の観点を体系的に具体的に示唆してくれるものと考えられる。わが国の教育改革を学校という実の場でより効果的に推進していくために、イギリスの有為の経験知から、学ぶことは少なくない。

第1章　教科教育センターの設立とその諸活動
（1960 ～）

第1節　教育改革の史的状況

　イギリスの教育改革にあって、小学校国語科教育センター（Centre for Language in Primary Education /CLPE ① 1970-2003）/ 小学校リテラシー教育センター（Centre for Literacy in Primary Education /CLPE ② 2004 ～）は、一つのシンクタンクの働きを担い、初等教育における実践研究システムとして注目に値する影響を及ぼしてきた。本論では、すべての児童のための初等教育を確立しようとする教育改革がもっともラディカルに反映されたリテラシー導入期である低学年の学習指導の刷新に焦点化して、その内実を明らかにしようとするものである。
　CLPE ①②は、文字学習の入門期に躓きを覚える児童に対して、スキルの反復練習に陥ることなく、スタート段階から文学の一人の読み手、一人の表現者として学びの場に立たせるべく、文学を核とした学習指導モデルを開発し、その普及を図ってきた。そして、その学習指導モデル考案の段階から実践に至るまで、教師の自己評価力に根幹を置く教師教育を推進してきた。こうしたセンターの教育改革運動の実践的推進のありようを解き明かすに当たり、NC 制定・実施過程を中心とする教育改革の動向をとらえておきたい。教育改革の史的推移[1]と CLPE ①②の活動の展開を、表1の対照表に整理した。本節では、表1に沿って、センターの教師教育にかかわる主な史的背景を整理し、文教政策とセンターの取り組みのかかわり

を見通したい。

第 1 項　プローデン・レポート（1967）およびバロック・レポート（1975）の入門期教育の重視と小学校教員研修拡充の提唱

　まず、時代の新しい要望に対応しうる初等教育の転換を促したプローデン・レポート（*Plowden Report*,1967）[2]と 70 年代を代表する言語政策にかかわる国語科教育実態調査報告書バロック・レポート（*Bullock Report*,1975）[3]の 2 冊を取り上げる。両者に共通する、就学前ならびに入門期に着眼した言語教育の問い直しの観点は、後の NC 以降の教育改革運動の確かな出発点となった。

　アルファベットを用いるヨーロッパ言語文化圏においては、綴り字学習の困難さは宿命的ともいえる。初等教育の要として、就学前ならびに入門期という綴り字学習の出発点に着目するのは、国語科の教育改革において避けて通れない関門だからである。初等教育 6 年間の体系的学びも、この基盤を踏まえての構想に他ならない。この段階を問題なく通過する学習者を対象としたエリート教育では、高度な学習内容に比重が置かれ、入門期指導が留意されることはない。11 歳＋試験の廃止に象徴的な教育の機会均等の潮流のなかで、綴り字学習の入門段階を重視しようとする観点は、国家規模の NC の導入へと必然的に結びついていく。イギリス初等教育における国語科教育の改革運動を教師教育の視点から捉えようとする本論において、第 1 学年および低学年に焦点を当てるのも、改革の要がそこに凝縮していると考えるからである。

---

1) 松山雅子（2003）『イギリス初等教育における英語（国語）科教育改革の史的展開』（溪水社）に詳細をまとめている。
2) DES（1967）*Children and their Primary Schools: A Report of the Central Advisory Council for Education（England）*（通称、Plowden Report）HMSO
3) DES（1975）*A Language for Life: Report of the Committee of Inquiry appointed by the Secretary of State for Education and Science under the Chairmanship of Sir Alan Bullock F.B.A.*（通称、Bullock Report）HMSO

第 1 章　教科教育センターの設立とその背景

　Plowden Report（1967）は、初等教育の本格化に対応しうる教員養成の拡充を強く提唱し、それに続く *Bullock Report*（1975）では、調査対象を、就学前の幼児から義務教育修了時までの児童・生徒、読みに支障をもつ一般成人（義務教育修了者）、移住者の子弟、読みに支障のある児童（一般校在籍者）と多岐に拡げ、少数児童の進学ばかりに偏重していた初等教育の出発点から、イギリス社会に生きる者すべてに押しなべて求められる言語の基礎力の育成を明確に打ち出した。

　なかでも 80 年代以降の CLPE ①②の教師教育の基盤となったのは、70 年代当時流布していた段階別読本に対する *Bullock Report* の調査結果の分析であった。レポートは、「今一つ心しておくべきは、児童もまた折衷主義であるということだ。」[4] と述べ、「興味が引かれる言葉なら、菓子のパッケージや食品の包装、テレビ番組名等から、一つの意味のまとまりとして単語をとらえる機会を逃しはしない。同様に、学校で習おうが習うまいが、新単語を発音からとらえていく力を身につけていくものだ。」[5] と、時に全語法的に、時に音声法的に貪欲に語をとらえていく児童の柔軟な言語の吸収力を指摘した。レポートは、指導者と学習者双方の折衷主義に的確に言及した。その上で、入門期用読本を選ぶ際に留意すべき事柄として、一定の読本に固執するのではなく、「総合的な読みの学習の一端として、カリキュラムにおける多様な読みの学習の一端として、どうすれば読本を最大限に活用しうるかということである。」[6] と、読みの学びを体系的にとらえる必要性を問題提起した。図書指針（a book policy）の提唱である。くわえて、地域社会、社会教育機関、家庭、学校の密接な連携[7] の中で、それに適した読書環境の整備を図る重要性を述べた。家庭と学校の連携強

---

4) 同、注 3、p.106.
5) 同前
6) 同前
7)「1980 年教育法（*Education Act*. HSMO.1980）」は、各地方教育当局に、学校便覧、入学状況、地域の教育方針等に関する小冊子の出版を要請し、学校と家庭の連携を重視する動きによって家庭への情報提供の量的質的向上が図られた。

表1 主な国語（英語）科教育関連事項

1967	1967 プローデン・レポート（*Children and Their Primary School: A Report of the Central Advisory Council for Education*（England），（通称 *Plowden Report*, HMSO）
1970	1970 スクールズ・カウンシル（Schools Council, イングランドとウェールズ初等・中等学校カリキュラムおよび試験の編成に関与する独立協議会。82年解散、再編成し、2団体に。）16歳試験の一本化を提案、GCSE 実施に向け中心的な役割を果たす。
1972～74	1973 The Schools Council、the English Committee による Language Development in the Primary School プロジェクト（1969年～71年、Rosen,C.& H の児童の言語活動実態の観察調査）の結果報告書、*The Language of Primary School Children: School Council Project on Language Development.*（Penguin Education for the School Council）
1975	1975 バロック・レポート（DES. *Language for Life* (*Bullock Report*)、HMSO 1975 APU（The Assessment of Performance Unit）設立。 1977.2 Education Our Children（DES. 教育大討論会資料）
1980年代	1984.10.2 教育科学大臣 Keith Joseph は、『5歳から16歳の国語（*English for 5 to 16*（1984））』(Curriculum Matters1An HMI Series) を刊行。(HM視学官文書で、カリキュラムのねらい、目的を扱う一連の刊行物の最初のもの) 1985 内ロンドン教育局トーマス・レポート（*The Thomas Report: Improving Primary Schools*（ILEA）教員の日々の実践を補助する必須情報源として学習記録を取る必要性を最優先し、3歳から11歳の言語とリテラシーの発達を見通す営みとしても重要視。）
1985～88	1988年教育改革法（Education Reform Act） 1988.11 ナショナル・カリキュラム第一次草案（コックス・レポート①） 1988 キングマン・レポート（*Report of the Committee of Inquiry into the Teaching of English Language*（通称 *Kingman Report*,1988.3）（学ぶべき国語（英語）モデルにかかわる提言）
1988～90	1989.4 全国教授課程における言語学習（Language in the National Curriculum（LINC）project 開始（キングマン・レポート推奨事項の後付。言語についての学習向上をはかる教材開発）） 1989.11 ナショナル・カリキュラム第2次草案（コックス・レポート②、*Cox National Curriculum Working Group for English Report:English for ages 5 to 16*） 1990 ナショナル・カリキュラム公刊

第1章　教科教育センターの設立とその背景

小学校国語科教育センター / 小学校リテラシー教育センターの略史

1970	内ロンドン教育局（ILEA）の現職教育機関（Teachers' Centre）の一つとして、小学校国語教育センター（Centre for Language in Primary Education）の設立。Warden として David Mackay を初代所長として運営。
1972～74	1972-3（2回）および1973-4（2回）教師のための言語理論と実践への応用に関する研修開催（センターは、言語とリテラシーに関する6週間研修に最大の力点を置く。特に従来手薄であった言語研究に対して教師の関心を喚起し、引いては、言語学、社会学、心理学の概念や研究成果を授業実践の場にいかに応用するかを研修で示す必要があると考えた。）
1974	入門期・低学年におけるコミュニケーション能力育成に関するリーズ大学スクールカウンシル・プロジェクトの一環として、ワーキング・グループが組織され、Joan Tough 博士とその研究チームが起案したプロジェクト計画の運営、推進をセンター職員が補助。
1975	新 Warden に、M. G. McKenzie（Mrs）就任。研修のねらいが、学校全体における言語活動の一環としてリテラシーをとらえる方向へと移る。それまでの研修講座内容（言語学者、教員、作家、心理学者等の講義から成る）のみならず、研修の最終成果として、各学校の言語教育ポリシーを丹念に作り上げることが加わった。 CLPE 機関誌 *Language Matters* 創刊（2003 から *CLPE newsletter* に変更。2008 から web 刊行に）
1980年代	1980年代は、機関誌 *Language Matters* において、現職教員とセンター・スタッフ共同のワーキング・グループの手になる、入門期の書く力の育成（early writing）に関する先端的な仕事の黎明期。一貫したセンター推奨リテラシー指導法である shared approach（指導者と学習者が協働する場を意識的に作り、テクスト読解、表出の方略を教授していく方法）が、< shared writing >として入門期の書くことの指導とともに機関誌紙上に明確に取り上げられた。
1985～86	○学校と家庭の連携強化による言語学習の効果について研究に着手。 ○1985 からに 86 かけて、センター・スタッフの新旧交代 M G McKenzie を含む7名が退職。Myra Barrs（機関誌編集担当）、Hilary Hester, Ann Thomas, Sue Ellis が新チームを結成。
1985～88	Primary Language Record の制作、刊行、検証と実地指導に携わる。 *The Primary Language Record: Handbook for Teachers*. ILEA

1991	1993 DES、英語(国語)科ナショナル・カリキュラム修正案を公表。*Proposals for Revision of National Curriculum English in English for Ages 5-16*
1995	1995.4 DES. *English in the National Currirulum.* 公表(95年9月から施行)
1998	1998全国共通リテラシー指導方略指針 *The National Literacy Strategy Framework for Teaching*(DFEE.)
1999	1999年改訂ナショナル・カリキュラム
2003	2003 *Excellence and Enjoyment :A Strategy for Primary Schools*(DfES 2003)の名のもと The Primary National Strategy 創設
2006	2006改訂全国共通リテラシー方略指針 *Primary National Strategy：Framework for Teaching Literacy*(DfES.)
2008	2008 Foundation Stage(基礎段階)から Early Years Foundation Stage(幼児基礎段階)へ再編

化と家庭への学校の指導性は、*Plowden Report* の提言に続くものでもある。

また、当時のオピニオンリーダーでロンドン大学教育研究所母国語教育学科在職の Meek(1977)は、*Bullock Report* の提言を、つぎのように強調する。

　読み手が物語(narrative)とかかわって何を学ばなければならないのか、また、夢や空想を含む読み手の経験を、どのように、この語りの約束ごとを用いて組織立て、世界観へとつなげていくのか、これらを探求するところから始めなければならない。この問題状況は、芸術形態である「物語」に対するとき、より特殊さを増す。幼子が記憶に留めるような経験とはいかなる本質をもつのか、作中人物の経験であ

第1章 教科教育センターの設立とその背景

1991 1995.10. 22-24	*The Reading Book* 国際フォーラムプログラム要旨集 *The Primary Language Record & the California Learning Record in Use: Proceedings from the PLR/CLR International Seminar*
1996	コアブックを活用した読むことの教授プログラム *The Core Book: A Structured Approach to Using Books within the Reading Curriculum*
1997	*The Core Booklist:Supporting a rich reading and literacy curriculum.* （2010,年改訂版刊行）
2001	通年実態調査研究報告書 *The Reader in the Writer*
2005	内ロンドン公立小学校のリテラシー習得実態 *Boys on the Margin: Promoting Boys' Literacy Learning at Key Stage 2*
2005	創造的なリテラシー教授の提案 *Animating Literacy*
2006 2008 2010	読書力向上プロジェクトの学年別指導書 *Book Power:Literacy through Literature Year 6* *Book Power:Literacy through Literature Year 1* *Book Power:Literacy through Literature Year 5* *Book Power:Literacy through Literature Year 2*

　るのに過去を記憶に留めるとはどういう経験なのか、もしくは、夢想だにせぬ未来へ誘われていくとは、どういう経験であろうか。読むという行為は、非現実の経験といかに関わり、心の内奥とどのように関係づけられ、人格形成といかに切り結ぶものなのか。読みの経験の、ある特殊な面が有する本質を考究することは、子どもの読みの指導に関わるすべての者が担うべき責任である。[8]

　時代の動向を反映したこれら提言が、のちに、CLPEの「文学を通して

---

8) Meek, M. Walow, A., & Barton,G.(1977)'Introduction',*The Cool Web: The Pattern of Children's Reading*,The Bodley Head, pp.4-5

学ぶリテラシー指導（literacy teaching through literature approach）に、ひいては「読書力向上プロジェクト（Power of Reading）」へ発展し、創造性を核としたセンターのリテラシー学習指導プログラムの提案に結実していった。なお、Meek が中心となって編集した児童文学評論集 *The Cool Web*（1977）の共編者 Warlow は CLPE センター職員として機関誌 *Language Matters* の編集委員を務め、Barton は、センター付設の教師向け図書館創設時の資料構築にあたり、具体的指針を与えた人物である。

第 2 項　イギリス初の NC 制定（1989）への胎動（70 年代〜 80 年代）

70 年代末、保守党サッチャー政権が誕生し、その 10 年後、イギリス初の NC が導入される。全国的な国語科カリキュラム・モデルの制定に向けて、学習者の実態把握調査に着手するのが、70 年代の基本的特徴である。

本項で取り上げる実態調査は、

① 1973 年　小規模ながら丹念な事例研究である小学校教室ドキュメント調査『小学校児童の言語（*The Language of Primary School Children*）』[9]、

② 1976 年 10 月政策立案者が述べた「教育大討論」会の基本方針と事後の提唱、

③ 1978 年　本格的な言語教育実態調査 *Primary Education in England*（1978）[10]、

④ 1970 年代中盤　7 歳〜 9 歳を取り上げた読むことの調査
　『入門期読書の展開（*Extending Beginning Reading*（1981）』[11]、

の 4 点である。

---

9) Rosen, C. & H.（1973）　*The Language of Primary School Children: School Council Project on Language Development*. Penguin Education for the School Council.1973

10) DES（1978.9）'*The Curriculum: The Basic Skills*' *Primary Education in England: A Survey by HM Inspectors of Schools*. HMSO.

11) Southgate,V. et al.（1981）　*Extending Beginning Reading*. Heinemann Educational Books, 1981.

2.1 『小学校児童の言語(The Language of Primary School Children) (1973)』

『小学校児童の言語』は、The Schools Council、the English Committee によるLanguage Development in the Primary School プロジェクトの一環となる1969年から71年の2年間の調査である。統計的分析・整理を意図したものではなく、言語活動のただ中にいる児童のありようを観察し、言語化し、児童の会話のプロトコルを掲げるなど、個別的ではあるが実証性に富む資料を提供したドキュメント調査報告のパイオニア的仕事である。個別児童の実態を丁寧にみてとる観察記録のありようは、後に、CLPE ①の観察記録法、Primary Language Record の開発に発展的に継承されていく。

2.2 『学校の教育(Education in Schools: A Consultative Document.) (1977)』

キャラハン新首相(James Callaghan 1976-79)は、イギリス病からの脱却を目指す労働党の願望を体現する形で、国民参加の「教育大討論」会を開催し、学習者の実態、学校教育の現在と課題を国民全体の問題意識へと押し広げる政治的な広報戦略をとった。学校の自治を重んじるこの国の教育伝統に馴染みにくい政治的動向は、サッチャー首相登場以前から布石が打たれていた。大討論会の終了後公刊された『学校の教育(Education in Schools: A Consultative Document. (1977))』[12] に見られる当時の小学校教育の実情は、初等教育カリキュラムにおいて意図されたこれまでにない拡張と、「児童中心主義」の指導法の急増の2点であった。特に、経験の少ない、力量不足の教師による無批判な自由度の高い指導法の採用が授業を空転させた事例を挙げ、児童中心主義の学習機会を提供するために、注意深い計画ならびに児童の進歩の度合いをはかる体系的なモニタリングの必要性を理解すべきだと指摘した[13]。さらに、指導法のいかんにかかわらず、

---

12) DES (1977) Education in Schools: A Consultative Document.HMSO. pp.2-3, 8-9,in*The Study of Primary Education: A Source Book* volume 1. The Falmer Press.1984. p.51 所収
13) 同前、pp.53-54

最重要スキルであるリテラシーと計算力は、カリキュラムの学習目的の中核をなすべきで、カリキュラム中で死守すべき領域であると述べている。[14]

2.3 『イギリスの小学校教育 (*Primary Education in England*)(1978)』

1978 年、本格的な言語教育実態調査『イギリスの小学校教育(*Primary Education in England*(1978))』が世に問われた。'Language and literacy'(言語とリテラシー)および 'Attainments in reading and mathematics'(読むことと算数の到達度)を二軸として、75 年秋学期から 77 年春学期(75 年度と 76 年度調査)にかけて、視学官が 542 校 1127 名の児童を実際に観察した全国的調査記録である。「カリキュラム―基礎スキル(*The Curriculum: The Basic Skills*)」の項によれば、①読みの困難児に対する手厚い指導と同等のものが、平均的/平均以上の力の読み手に払われていないこと、②書くことが単純作業的な文章作成練習に陥り、実の場に対応しえないこと、③推敲段階が必要であることが、主なリテラシーにかかわる調査結果として報告されている。さらに、④文章の含意を読み取る力を育む必要性を指摘し、そのためにより広範な読書資料を身近に提供することを掲げている。

この環境整備、拡充に関しては、先の Bullock Report でも、公共図書館、学校図書館サービス等の諸機関との連携を密にし、レポートの諸提案を実現するために豊かな言語環境を整えること[15]が明確に推奨された。発達段階にそった継続教育と教科の枠を超えた統合カリキュラムという、縦横二軸に支えられた有機的な言語活動とその教育が、Bullock Report の提起した読みの教育であるとすると、言語環境の拡充はその必要条件であった。が、70 年代半ば以降のイギリス経済の悪化によって見るべき成果が上がらない状態が続く。中等教育を扱う『効果的な読みの活用(*The Effective*

---

14) 同、注 13
15) 同、注 3

Use of Reading）（1979）』[16] と小学校を扱う『入門期読書の展開（*Extending Beginning Reading*）（1981）』は、そうした実情を検証し、80年代へと繋げていった報告書である。特に『入門期読書の展開』は、入門期または初等教育終了時が一般的な調査年齢であった当時、「実生活に有効な大人の読みへと発展していく継続的なプロセスにおいて極めて重要な時期だという見地から、ジュニア・スクール1・2年生（7－9歳）の平均的な読みの力の持ち主を主な対象に研究調査」を行った。

「読書年齢（reading age）およそ7歳で、読みの安定期（plateau）に達する子どもが多い。それ以後、発達が緩慢になる者、ほぼそこで止まってしまう者など多様である。考えられる要因としては、入門期読本がひととおり終わると、教師の関心が遅進児に集中しやすいこと、また、この段階の読みの指導について教師の認識が不足していることがある。」[17] という実態把握に立ってのことであった。

『入門期読書の展開』が掲げた数々の問題点のうち、
1　授業形態の見直し、
2　個人的な自由読書の促進、
3　機能的読みの指導、
4　読書環境の拡充、
の4点が主な課題として着目された。

一地域（マンチェスターを中心）の実態調査研究ではあるが、一人読みの楽しさと難しさの中にいる7～9歳児の「いま」を捉えて、この段階の読みの教育の重要性と可能性、ならびに難しさを如実に報告した調査として、それ以降の国語科教育に少なからず影響を与えてきた。個にそった有効な指導法の開発、教材の提供、その基盤となる児童の言語実態の把握と

---

16) LunZer, E.& Gardner, K.（ed.）（1979）*The Effective Use of Reading*. London: Heinemann Educational Books
17) 同前、p.7

価値づけは、洋の東西、時代の新旧を問わず、根源的課題に他ならない。CLPE ①が、1988 年に開発した観察記録法や、のちに読書力向上プロジェクトに発展する *The Reading Books*（1991）等が、*Bullock Report* の提唱に始まる 70 年代の国語科学習指導実態調査の結果に対する、教師教育機関としての果敢な実践的実験的応答であったと位置づけられる。

2.4 イギリス初のカリキュラムに関する公式文書 *English from 5 to 16: Curriculum Matters* Ⅰ（1984）

　70 年代の多様な実態調査の結果は、80 年代に入り報告書として世に問われたものも少なくない。70 年代の実地検証を、教科教育としての専門的認識へと昇華させ、具体的な手立てが講じられた時期が、80 年代である。

　1984 年は、教育科学大臣 Keith Joseph が、中等学校修了試験の統一の正式決定を発表した年である。教育課程の体系化、整備が同時進行的に加速されていった。教育科学大臣は、1984 年 10 月 2 日付で、イギリス初のカリキュラムに関する公式文書 *English from 5 to 16:Curriculum Matters* Ⅰ [18]を発表した。国語科は、カリキュラムの要の教科であり、児童の発達の根本教科であるとし、「すべての教科学習の手立てであり経路」で「全国的に承認された国語科教育の目的の開発は、（略）学校教育の標準の向上を目指す政府指針の特に重要な部分」を占めている。この公文書は「カリキュラムのねらいや目的を扱う一連の刊行物の最初のものであり、国語科教育のねらいと目的について一つの観点を設定し、解説をなす [19]」ものであった。

　「国語科教育のねらい」は、「教師の責務は、彼らが児童・生徒に提供す

18）DES（1984）*English for 5 to 16: Curriculum Matters 1*（An HMI Series）.HMSO.（『5 歳から 16 歳の国語』）
19）DES（1984）'Statement by the Secretary of State for Education and Science' 1 枚ものの文書

る言語モデルにある。児童・生徒に国語の活用法を指し示す場合でも、児童・生徒のパフォーマンスにみられる言語的な側面に注意を払う場合においても、そうである。(1.1)[20)]」と明言した。同、第 2.2 項目は、「言語要素についての学習事項」が取り立て、言語構造および意味生成の多様な方法について'活用できる知識（a working knowledge）'を習得し、'語彙を蓄え'、'言葉をより大きな関心とともに活用することができるようになる'こと、'言葉そのものに興味がわく'ことを重視している。[21)]

NC 制定への胎動期ゆえに、多様なアプローチがある。その一つ、「キングマン・レポート（*Report of the Committee of Inquiry into the Teaching of English Language*）(1988)」は、この「言語についての学習指導」の目的を特に引用し、「言語の構造と機能のモデルの重要性を説明するために必要」なことがらに重点的に言及し、発展的に主張を展開した。時代遅れの文法教育や丸暗記型の教育への逆戻りに警告を発しながら、「言語は、周知のことだが、多様なオーディエンス、コンテクスト、使用目的に適応した慣例によって営まれているものである。有効なコミュニケーションであるかぎり、その規則と慣例を認識し、正確に活用するか否かにかかっている。この規則と慣例を自在に用いる力は、個人の自由を狭めるどころか、拡張していくもの (1.1)[22)]」と捉えている。

第 3 項　NC 制定 (1989) と、その実施後の動向 (90 年代〜2000 年代)
3.1　容認発音からの脱却と新たな標準英語観の提唱

90 年代以降は、制度としての教育改革の施行と、それに伴う後追い実

---

20) 同、注 18、1.1 項、p.1
21) 同、注 18、pp.2-3
22) DES (1988) *Report of the Committee of Inquiry into the Teaching of English Language*（通称、*Kingman Report*）HMSO. pp.3-4 なお、本レポートについては、山元隆春 (1990)「イギリスの文学教育 (4) －『キングマン報告』(1998) を中心に」『教育学研究紀要』(中国四国教育学会、第 35 巻第 2 号, pp.55-60)、安直哉 (2005)『イギリス中等音声国語教育史研究』（東洋館出版社）の報告がある。

態調査や、それにもとづく諸論の交わされた時期である。教育改革の要は、サッチャー政権下、イギリス初の NC 制定を定めた「1988 年教育改革法」に始まる。それに伴って、7、11、14 歳児の全国到達度評価テスト（SATs）が導入され、1988 年に一本化された義務教育修了時の資格公試験 GCSE（General Certificate of Secondary English）と連動し、学習者の統一評価システムが形成された。89 年版 NC が指導内容と到達目標を明示したことによって、学校と指導者個々の主体性に基づく自治を最大の特徴としてきたイギリス国語科教育は、その主体性を、「なに」にとどまらず、「どのように」教えるかに拡張していった。新たな政府指針が公表、施行されると、その普及と成果をはかる実態調査チームが召集され、その調査結果がレポートとして報告され、つぎの修正改訂に繋がっていく。こうして、一連の回帰的な教育制度起案・施行システムともいえる過程をたどる。

　一方、途中、政権政党が保守党から労働党に交代したこの 20 年余は、文教政策に関しては、中央集権的な流れが継承され、その教育現場への浸透に一層拍車がかかり、それが一部の形骸化を生むこととなった。2000 年代の指導者と学習者双方の創造性への回帰は、それに対する揺り戻しである。2006 年には、その動きを踏まえ、「2006 年改訂指針」が、2007 年には中等学校の NC 改訂が行われ、2009 年には本格的な NC 改定草案が世に問われるに至るが、2010 年 5 月総選挙による政権交代により、13 年ぶりに保守党が復活するや、2006 年以降の改訂ラッシュの動向は一旦すべて停止となった。

　CLPE ①②の諸活動に如実に反映されていったのは、1998 年 NC および 2009 年まで小学校の NC として機能した 99 年改訂版カリキュラムの実施細目として推奨された「全国共通リテラシー指導方略指針（The National Literacy Strategy Framework for Teaching）」（1998）であった。とりわけ、容認発音から脱却し、学習者の多様な母語と標準英語の社会文化的な関係性を問い直した標準英語観の提示が、国語科教育の根幹にかかわって重みをもった。教科教育センター CLPE ①②を捉えるにあたり、学習者の多言語

文化背景の多様さを考慮することなく、大都会ロンドンの地域性に根ざした小学校教師向け現職教育の様々な取り組みは不可能だからである。NCの導入は、教えるべき国語の再考を明確に促した。社会的ステータスとしての標準英語観からの脱皮をはかり、すべての児童・生徒が標準英語を等しく学ぶ機会を国語科カリキュラムとして保証すること、その具現化の実際は学校に委ねられる、という基本姿勢が一貫して強調されたのである。

3.2 NCの推奨した到達レベル

イギリスの初等教育段階は、NCの施行に当たり、第1教育段階（Key Stage 1、第1・第2学年、5－7歳）と第2教育段階（(Key Stage 2、第3－第6学年、8－11歳）の2段階構成とされた。一方、中学校も、第7学年から第9学年までの第3教育段階と、義務教育修了資格公試験GCSE受験学年である第4教育段階（第10－11学年）の二まとまりから構成される。国語科は、数学、理科とともに、3基礎科目（core subjects）として位置づけられている。

教科としての独自性と学習全体における基盤をになう国語科の到達レベルは、洋の東西を問わず、社会の関心事である。カリキュラムの構成は、90年、99年ともに、学習プログラムと到達目標からなる。前者の学習プログラムが、「概括規定」と「細部規定」から編成されていたのに対し、後者では、「A知識・スキル・理解」と「B対象となる学習範囲」として整理されている。各Key Stageにおける達成目標レベルの数字を丸で囲んだ（表2）。

一見して、第4教育段階の取り扱い方に違いがみてとれる。90年版では、10レベルに細分化され、9、10レベルによって義務教育が求める到達点を明示した。が、指導内容の過密さが実施段階で支障をきたす場合が多く、95年の修正案以来、8レベルと発展段階によるゆとりを持たせた構成となって99年改訂版に継承されている。改訂版では、「1996年教育法」を受け、第4教育段階は、義務教育修了時の資格公試験の評価項目をもって

表2　教育段階と到達レベル

ナショナル・カリキュラム	1990	第1教育段階	1	②	3						
		第2教育段階		2	3	④	5				
		第3教育段階			3	4	5	6	7	8	
		第4教育段階			3	4	5	6	7	8	9	10
	1999	第1教育段階	1	②	3						
		第2教育段階		2	3	④	5				
		第3教育段階			3	4	5	6	7		
		第4教育段階									

※○印は各教育段階終了時に望まれる達成度を示す。

判断され、望まれる達成度の具体的指示はない。このような推移のなか、第3レベルは、レベル編成とそれに応じた到達すべき内容の微調整が図られたが、両者ともに小中学校に一貫して求められ、義務教育期において必須の到達レベルと考えられる。

3.3　読むことの第3レベルに求められる力

次頁の表3に、読むことを例に、両者の第3レベルと初等教育終了時に望まれる到達点としての第4レベルを一覧表にした。両者を比較すると、格段に文言量に差がある。が、90年版の細目が99年版の「指針」(98年)の細案に吸収、敷衍されていると考えれば、90年版の第3レベルに、義務教育必須の国語力が読み取れるのではないか。

重点化を意図した99年改訂版NCの第3レベルを見ると、基本的な情報検索力も含め、意味を取るために「適切な方略」を工夫しうるひとり読みの習得を義務教育必須の読みの力としていることがわかる。その方略の具体は「リテラシー指針」によって補完される。併せて掲げた第4レベルでは、テクストのテーマや構成要素を理解するための演繹的な読みの活用、

表3　第3・第4レベルの読むことの到達目標の推移

第3レベル　読むことの到達目標		
	到達目標	実践例
1990	a　親しみやすい物語ならびに詩を、流暢に、かつ適切な表現を用いて朗読する。	異なった登場人物であることを示すために声を高くしたり低くしたりする。
	b　集中力を維持しながら黙読する。	
	c　物語を注意深く聴き、場面設定、あらすじ、登場人物について語り、重要な部分については、その詳細を想起する。	どのような出来事が主要登場人物の運命を変えたかに触れながら、物語について語る。
	d　物語ならびに詩について語る際に、書かれていることの範囲を超えて底意を見出し鑑賞するために、推論や演繹や先行する読書体験を活用し始めていることを明示する。	既知の物語の冒険の結末を踏まえ、この場面では人物に何が起こるか話し合う。
	e　物語について書いたり、討論をしたりするなかで、物語構造についてある程度の理解を得る。	「最初は」や「最後に」等を手がかりに、物語の断片を配置する。例えば「三匹のこぶた」や「ゴルディロックと三匹の熊」のように、次の展開が予想できる物語の型に気づく。
	f　適切な情報ならびに参考図書を学級文庫や学校図書館から選び出し、活用するためには、どのような順序で探求していったらいいかを工夫する。	「野性」を学習課題とした場合、鳥の大きさと色彩、鳥の食物と生息地についての情報が必要であることを知り、実際にそれを調べてみる。
1999	児童は、無理なく、正確に幅広いテクストを読む。意味を読みとるために適切な方略を用いて、ひとり読みを行う。フィクションならびにノン・フィクションを読むとき、主要部分の理解を示し、自分の感想を表す。本のありかを特定し、情報を見つけるために、アルファベット順についての知識を活用する。	

第4レベル 読むことの到達目標			
1990	a	慣れ親しんだ範囲の文学を、表現豊かに、流暢に、充分な自信をもって朗読する。	感情を表現するためや特徴や雰囲気を表すために、朗読の速さや口調を変える。
	b	各人がこれまで読んできた物語や詩について語ることで、自らの好むところを探求する能力を明示する。	自分の個人的な思いや感想を呼び起こしてくれる詩や物語について、その特質を述べる。
	c	物語や詩やノンフィクションやその他のテクストについて語る際に、推論や演繹や先行する読書体験を活用する能力の発達を明示する。	読者がつぎの展開を予想するためにテクスト中の手がかりを読み取って活用する。
	d	調査をしていくうえで不明瞭な点を追求する場合に、図書分類法の分類システム目録やデータベースを活用して、学級文庫や学校図書館の所蔵図書や雑誌を検索し、さらに情報を得るための適切な方法を活用する。	学校や家庭での健康と安全について調べるための一助となるように、調べ読みの方法を用いる。
1999		幅広いテクストを読む場合、重要な考え、テーマ、出来事ならびに登場人物についての理解を示す。その時、予想や推論を用い始める。自分の考えを説明するために、テクストに言及する。考えや情報のありかを特定し、活用する。	

　読みとったことの客観化、概念化など、読みの方略の習得を、初等教育終了時11歳児の80％が達成すべき読みの力としている。

　読むことの到達点にかかわって、イギリスでは、「1998年指針」を軸に、基礎学力の底上げを具体的な数値目標として明示し、教育重視を鮮明に打ち出した、政府主導型の国際競争力強化を見据えたリテラシー教育の推進が目指される。この数値目標とは、教育雇用相David Blunkettが、97年就任後まもなく打ち出した、2002年までに公立小学校に通う11歳児の80％が、国語科NCのKey Stage2の第4レベルに到達していることである。第3レベルは、国家として努力目標にすえた第4レベルの実現を下支えする

必須レベルと考えられる。

3.4 学習指導対象としての文学を通して学ばれる読みの力

文学の読むことの到達点の観点から、89年版第3レベルを取り上げる。CLPE①②のリテラシー教授の要が、一貫して、文学テクスト（児童文学図書）を軸としたものだからである。掲げられた6つの項目は、音読の力、黙読の力、物語の読解力、情報検索力の4つ

表4 学年と中心となる児童年齢

第1教育段階 （Key Stage1）	レセプション 第1学年 2	5歳 6 7
第2教育段階	第3学年 4 5 6	8 9 10 11
第3教育段階	第7学年 8 9	12 13 14
第4教育段階	第10学年 11	15 16
	12/13	17/18

に分けられる。このうち、半分を占める3項目が物語読解力に当てられ、分析的な読みの方略の習得を明確に基本に据えている。小学校終了時に身につけていることが望ましいとされる第4レベル、義務教育修了資格試験の基盤として望まれる第5レベルと関わらせながら、イギリスの初のNCが明示した文学を通して学ぶことが期待されるリテラシーの特徴は、つぎの6点に整理できる。

(1) 基礎力としての声による物語の共有

a「親しみやすい物語ならびに詩を、流暢に、かつ適切な表現を用いて朗読する。」は、朗読の力という音声表現スキルであるが、イギリスの社会にあって、このような言語スキルの習得は、一人の言語主体にとってどのような社会文化的ニーズ、必然性をもっているのか。そこには、物語は語り出されることで場に共有され、場に息づくテクストになることに一つの価値を見出す文学観を指摘できる。活字メディアは音声メディアに語り直されることで、新たなテクストが立ち上がる。その変化、変容を受けとめ、自らの読みをフィードバックする。口承と書承が行き来する場のあり

ようが、物語を享受してきたイギリスの伝統的な文化の型であるとするなら、語りあう場をともに分かつことは母国語教育の大前提である。その場に参加しうる音声表現力（朗読によるテクスト再現力）の習得が、義務教育必須の力として取り立てられている。

　第4レベルにも、対象テクストを広げ、a「慣れ親しんだ範囲の文学を、表情豊かに、流暢に、十分な自信をもって朗読する。」（実践例　感情を表現するためや特徴、雰囲気を表すために、朗読の速さや口調を変える。）が掲げられている。けれども、わが国の中1、2学年に相当する中学校 Key Stage 3 で習得が望まれる第5レベルには、そうした文言は見られず、音声を通して物語テクストを共有する力、声による物語表現力（再現力）は、初等教育でマスターすべきものである。これは、わが国の平成23年度改訂学習指導要領「読むこと」においても同様である。学習者にとっては、暗記の正確さや流暢さが第一の関心事であるかもしれない。が、イギリスの場合、正誤、上手下手という観点を超えた声の個性、一つのテクスト解釈の表出の場に立ち会うことを一層重視する。中学校の文学教育は、この場の基本概念とその場に能動的に参加しうる（語る・聴く・分かちあう）力を基盤として、発展的に構想される。

(2) メタ言語の獲得を支える文学の学びの場の構築

　また、この朗読と対のようにして目指されるものとして、第4レベルb「各人がこれまで読んできた物語や詩について語ることで、自らの好むところを探求する力を明示する。」という、物語について語る力が指摘できる。これは、第5レベルでは、質の異なる語り合う場の具現化とそこへの参加と寄与にかかわる力として、発展的に継承されるよう求められる。具体的には以下のようである。

　a「各人が自分の読んできた物語や詩について語ったり、書いたりすることで、自らの好むところを説明する力を明示する。」／c「物語や詩、ノンフィクションやその他のテクストについて語ったり、書いたりすると

きに、自分の見解を発展させたり、自分の見解をテクストの部分を参照して根拠づけたりする可能性を明らかに示す。」／d「非文学テクストやマスメディア・テクストについての討論のなかで、事実として表されている内容と、意見として表されている内容をいかに判断できるかを示す。」／e「筆者の言葉選びの特徴や、それらの読者への効果に対する気づきを、討論を通して示す。」

　このように第5レベルでは、取りあげるテクストの広がりと読みの質の深まりが求められ、自らの見解や分析的な発見を場に供する力へと敷衍されることが期待されている。分析的な読み方に基づく発見、理解であることが第一段階。そのうえで、テクスト分析力の習得に止まらず、場のなかで共有し、反芻され、その結果、必然的な修正や変更も受け入れる音声表現主体の育みである。語り合う場の洗礼を受けることで、読み手としての自分を自ずとメタ的に捉え始める。このような学びを共有する時空間を意図的に創出することで、読むことの授業の活性化が期待されている。イギリスのNCが当初からめざした物語の学習指導では、この共有しあう場において読み手として自らの読みを再現する力、ひいては再現する自分自身を語り出すことばの獲得が意図されている。

(3) ひとり読みの根幹であり、到達点ともいえる黙読の力

　物語について語ることばを育むためには、ひとり読みの力の充実が不可欠である。第3レベルのb「集中力を維持しながら黙読する。」である。「集中力」を「維持」するとは、読むという孤独な言語行為の基礎力に他ならない。第3レベルの情報収集力の基礎、f「適切な情報ならびに参考図書を学級文庫や学校図書館から選び出し、活用をするためには、どのような順序で探求していったらいいかを工夫する」も、この黙読の力が欠かせない。この内省的な読みの基礎力は、第3レベル以降には文言として明記されていない。発展的な読みの学習に向かう必須の力として位置づけられている。

(4) 物語の特性に沿った読みの方略の習得と予測し推論する力の活用

　文学の基本構成要素をいかに意識させ、分析的な読みを行ううえで方略として活用できるか。これについて、第3レベル6項目中3項目が割かれている。第3レベルのcでは、物語の構成要素である「場面設定、ストーリー、登場人物」にそって、ある程度細部にも目配りをした説明言語の獲得がめざされている。聴解を扱ったcは、出来事の展開（ストーリー）をとらえて全体を把握する一方で、実践例に如実なように、プロットを理解する観点として登場人物への着目を促す。

　dでは、精読法として、「推論」、「演繹」「既存の読書経験」の活用を意識し始めることが期待されている。「既知の物語の冒険の結末を踏まえ、この場面では人物に何が起こるか話し合う。」と実践例にあるように、読書体験を援用して、人物を軸としたストーリー読みからプロット読みへの導入が意識されている。このように、c、dでは、学習者にとって最も関心の高い登場人物への着目を促し、話し合いを通して、個々の読みを分かち合う力を育んでいく。一方、eでは、「物語について書いたり、討論をしたりするなかで、物語構造についてある程度の理解を得る。」と、書記表現と音声表現双方を取り上げる。『最初は』『最後に』等を手がかりに、物語の断片を配置する。」といった並べ替えや、「『三匹のこぶた』『ゴルディロックと三匹の熊』のように、次の展開が予想できる物語の型に気づく。」のような、読書体験をもとに、時系列にそった出来事想起型の物語展開パターンを徐々に意識していくことが求められている。

　以上のように、読みの観点としての人物の活用や精読法の試み、全体像（語りの型）の把握とその組み立ての約束事の意識化等、文学の特性を語る説明言語の学びについて具体的な方向付けがなされる。その中核となる言語行為が、音声表現である。朗読の力をテクストの声による再現とするなら、読みの観点や方略を意識し分析的に自らの読みの体験を再現するのが、表3のcからeの項目である。口頭でメタ的な言語行為を繰り返すことが、書き言葉で自らの読解を跡付けるための予行練習であり、読みの練

第1章　教科教育センターの設立とその背景

り上げによる構想段階として位置付けられている。

　第4レベルになると、対象テクストが、物語・詩に加え、ノンフィクションやその他のテクストに拡大し、分析的な読みの活用範囲がぐんと拡がる。（表3c項目p.34）。その実践例には、「つぎの展開を予想するためにテクスト中の手がかりを読み取って活用する」とあり、テクストに沿った根拠の言及が始まる。改訂版カリキュラムの第5レベルには、「核心的なところを抜き出したり、必要に応じて予測や推論したりしながら、幅広いテクストについて理解を示す。」という文言が見られる。当初のカリキュラムよりも、予測力、推測・推論の力ならびに引用の活用を、初等から中等に続く読みの方略として反復強調する姿勢が伺える。

(5) テクストを語り直す行為とそのメタ的な認識

　先述したように、テクストを語り直す行為の習得が重視されている。先に揚げた第4レベルbには「物語や詩について語ることで、自らの好むところを探求する力を明示する。」とあった。実践例には、「自分の個人的な思いや感想を呼び起こしてくれる詩や物語について、その特質を述べる。」とある。テクストの具体に言及しながら、自らが読み取った物語をできるかぎり客観的に語り直す力である。これは、第3教育段階必須の第5レベルにおいても、「自らの好むところを説明する力」や「自分の見解をテクストの部分を参照して根拠づけたりする可能性」として繰り返し取り立てられ、発展的に継承される。

　当初第3レベルには、文言として明示されてはいなかったが、改訂版には、第3レベル「フィクションならびにノン・フィクションを読むとき、主要部分の理解を示し、自分の感想を表す。」、第4レベルでは「自分の考えを説明するために、テクストに言及する。」、第5レベルでは「テクストの読みを通して、主要な特徴、主題、人物を認識し、自分の考えを根拠づけるために句や文、関連事項を選ぶ。」というように、自らの読みのありようを語り直すための方略を学び重ねていくことが、一層明らかな系統的

到達目標として掲げられている。

　状況設定・人物・プロットという物語の基本構成要素への着目と理解、予測法、推測・推論法、演繹法、読書経験の活用、引用法といった読みの方略を意識的に身につけていく。自分の読み取ったテクストを語り直す方法であり、語り直すことによって個々の内的な読みの営みを他者と共有しうる社会的な行為へと組み替えていく力が求められている。第5レベルではさらに進んで、筆者の言語選択やその効果を推し量るなど作家論的な読みの力が掲げられる。プロ作家の文体特徴をとらえることは、狭義の受動的な読みにも陥りやすいが、相手意識をもった表現主体の一つのモデルとして、言語表現のプロのことばに相対することに重きが置かれる。批評読みの基礎である。

(6) 既存のテクスト体験に逆照射される読み

　学習者の既読、既知のテクストと照らし合わせた相対的な読みの営みも、第3、第4レベルに一貫して共通する留意事項である。物語体験を活かした未知のテクストの理解は、音声表現、書記表現双方の語り直しにおいて、きわめて具体的に意識づけがなされる。導入部に設定された欠如からの回復や願いの提示と成就といった伝承文学の典型的展開パターンは、英語を母語としない学習者にとっても、新たなテクストへの抵抗感を和らげる効果が期待できる。加えて、英語の理解の程度を超えて、自らの物語体験が新たな読みを開き、牽引していくという主体的な読みの営みを体感する駆動力となる。自分なりに自分で読み進められるという実感は、多言語文化背景のイギリスの国語科教育において、根幹に置かれてきた。

　伝承文学のみならず、就学前からの多様なメディア形態による物語体験もまた、相対的に未知のテクストを読み開いていく手がかりになる。学習者主体の物語環境の構築にも通じる読みの力である。

3.5 1999年NC改訂とリテラシー指針（1998）導入期

「98年指針」は、語レベル、文レベル、テクストレベルの3観点から、読解と書記表現の双方について、各学年各学期の学習指導の指針とすべき推奨事項を整理したNC実施細目である。学習対象は、NCに沿って「フィクション・詩」と「ノンフィクション」に二分される。細目だけに、項目数は膨大で、実施段階で現場の困惑を招いた要因とも指摘されてきた。

90年NCの読むことのレベル体系で上述したように、入門期および低学年段階から、文学の構成要素を読解と表現の両面から取り立て、常に書き手としての意識を持って、テクストの仕掛けに意識的であることが、読み手の素地となるよう配慮されていた。「98年指針」の「フィクション・詩」も同様である。CLPE ①②は、「98年指針」の発表を受けて、文学を軸としたリテラシー教授プログラムや後の読書力向上プロジェクトの学習指導目標や指導上の留意点を、改訂NCおよび「98年指針」と明確にかかわらせ、推奨事項に注釈を施し、かみ砕いて、教師教育の場に組み込んでいった。多くの推奨事項に戸惑う教師への実地指導、助言、研修の開催等、教育改革の内側からの普及を図った。

最高学年6学年1学期の「フィクション・詩」「A読解」を例に挙げると、先述した初等から中等への体系性を踏まえ、中等教育の準備段階としての配慮が窺える。具体的には、①一つの作品の活字版、映画版、テレビ版など複数の再話テクストの語りの分析的検討と価値判断の力、②小説という表現形態の特性を踏まえた分析的読みの力（語り手の存在、読み手への作用、多声的に描かれた出来事の把握の可能性－小説研究の基礎力）、③テクストと読み手の関係性を意識しながら自分の読みを自覚する力、④作家研究の萌芽、⑤文学経験を他者と共有する方法を携えて分かち合う力、の5つにまとめられ、先のレベルに対応した細案であることがわかる。本論では、初等教育の国語科教育の改革がもっともラジカルに現われるという考えから、入門期、第1学年に焦点を当てるが、第2教育段階に対するセンターの取り組みは、第3教育段階との系統性の中で位置付けなければならない

と考えている。

3.6　2000年代の動向－学びの創造性の復活希求期

「1988年指針」実施状況調査からのフィードバックが、2000年代の国語科教育の大きな転機をもたらす。立案、提唱、実態調査、修正・改善といった間髪を入れぬフィードバック、フィードフォワードのありかたは、イギリスの教育改革の常套例である。

OFSTED（教育水準局）(2002) は、98年から2002年の最初の4年間に、300校を訪問、視察し（各校に5回以上）、管理職と面談を重ね、実態報告[23]をまとめた。導入された学習指導法であるシェアード・リーディング／ライティング（shared reading/writing - 教師主導型で基礎・基本事項の一斉指導）とガイディッド・リーディング／ライティング（guided reading/writing - 一斉指導で学んだ事項の活用段階。個別／班別に教師が適宜指導しフィードバックを図る）に不慣れな教師が少なくなく、また推奨された「リテラシーの時間」（毎日60分間）に設定された15分、20分という学習指導単位時間内（表5）に効果的な活用ができないといった結果が寄せられた。そのため、児童の中には、細切れの時間内で読めるような抜粋ばかりの読みに終始し、本を1冊楽しんで読み通すといった経験から遠ざかってしまった事例も報告され、問題視された。

また、2002年は、NC導入時に掲げられた達成目標である、初等教育終了時に当たる11歳児の80%がレベル4に達していることが目指された最終年に当たっていた。が、2002年に至っても、この目標は達成しえなかった。

これら調査報告等を踏まえ、The Primary National Strategy（「全国初等教育水準向上策」2003.5）が設置され、*Excellence and Enjoyment: a Strategy for Primary Schools*（2003）[24]が発表された。「高い教育水準と広範で豊かな

---

23) OFSTED (2002) *The National Literacy Strategy: the First Four Years 1998-2002*, OFSTED Publications Centre.pp.35-36

第1章　教科教育センターの設立とその背景

表5　「リテラシーの時間（a literacy hour）」の構成（1998）

※網掛け部は、筆者が付け加えた。

---

24) DfES (2003) *Excellence and Enjoyment: a Strategy for Primary Schools*. London: DfES. p.27

カリキュラムは表裏一体をなしている。リテラシーとニューメラシー（計算力）は、必須の建材であり、それらを重点的に留意するのは当然のことである。けれども、重要なことは、児童が、幅広い多様な方法で広範な事項を学びながら、豊かで心躍る経験をすることである。」と述べ、「教師自身のコントロールと柔軟な対応へとシフトしながら」「支援を提供し、よりよい指導をするために、教師自らの専門性と能力を構築することに焦点を置」いた。こうして、センターが一貫して取り組んできた創造的アプローチを取り入れた、2000年代の文教政策は、創造性復活を標榜することとなった。

　具体的には、*Excellence and Enjoyment:Learning and Teaching in the Primary Years*（2004）[25]、ローズ・レポート（*The Rose Review*（2006））[26] が合わさり、The Primary Framework for Literacy and Mathematics.（2006.10、以下「2006年新指針」）が公表された。ここでも、教師と学校カリキュラムの主体的対応が尊重され、「1998年指針」で推奨された「リテラシーの時間」という1時間枠は、呼び名を 'literacy time'、'literacy lesson' もしくは 'literacy' と表された。また、OFSTED（2002）で問われた「1998年指針」推奨のリーチライトモデル（the searchlights model of reading）の課題（読みの学習の多様な段階において、どこにサーチライトを集中させるべきかを提示するには、このモデルでは不十分であったという実情）に対して、*The Rose Review*（2006）は、フォニックスを軸とした新たなシンプルモデルを提示、「2006年指針」でフォニックスに関する項目の改稿へと反映されていく。だが、2011年3月、新政権となった保守党内閣によって、リテラシー・ストラテジーは、事実上廃止となり、これらの改変や修正の結果がそのまま踏襲されるのではなく、新たな仕切りなおしが図られた。

25）DfES（2004）*Excellence and Enjoyment: Learning and Teaching in the Primary Years*. London: DfES.
26）Rose. J.（2006）*The Rose Review*（The Independent Review of the Teaching of Early Reading）.London: DfES Publications.

第2節　教科教育センターの設立と基本指針

第1項　内ロンドンの地域性

　1970年、内ロンドン教育局（ILEA）は、新しく着手した全カリキュラム領域にわたる教師教育を提供する教科別の研修施設（Teachers' Centre）の一つとして、小学校国語科教育センター（Centre for Language in Primary Education、CLPE ①）を開設した。2004年以降、独立採算型の教師教育機関として、時代の動向にそって名称を、小学校リテラシー教育センター（Centre for Literacy in Primary Education、CLPE ②）と変更し、今日（2014年）まで、内ロンドンに止まらず、全国的に、国際的に活動の幅を拡げている。

　まず、センターの立地条件を取り上げなければならない。内ロンドンという地域性が、センター設立当初の基本的性格を決定づけている。大都市ロンドンは多言語文化共存社会である。英語を母語としない多くの児童、保護者、地域住民とともに、学校運営を行い、イギリス社会における公用語である英語を指導し、英語によって個として自律した市民を育成しなければならない。ロンドン大学教育研究所は、こうした多民族性、多言語文化性に根ざした国語科教育の先駆的、革新的先導者であった。センターは、そのお膝元に位置し、直接的な指導助言を受けるとともに、理論的枠組みを活かして実態調査を継続的に行い、指導書や調査研究報告書等に還元してきた。

　この複雑な地域性に加え、ロンドンは首都として全国区である。政治経済および文化の中心地では、その変動が、きわめて身近にリアルタイムで反映される。政権政党の交代によって、教育政策が激変することも少なくない。ILEA傘下のセンターの現職研修や実地指導、調査研究、その成果をまとめた刊行物は、おのずと耳目を集め、全国的な影響力をもちえたものも多い。

　それでは、内ロンドンとは、どのような地域なのか。その地の教育を統

括する ILEA は、12 のロンドン地区から構成される教育局で、1965 年創設され、1990 年、保守党サッチャー政権下で廃止された。ロンドン地区の中心に位置する the City をぐるりと囲むように、Tower Hamlets、Greenwich、Lewsham、Southwark、Lambeth、Wandsworth、Hammersmith & Fulham、Kensington & Chelsea、Westminster、Camden、Islington、Hackney の 12 から構成されている。1963 年ロンドン条例（the London Government Act）によって Greater London を形作る現在の（一部統合、分割が行われている）London borough と呼ばれる行政区が設置され、1964 年最初の選挙が実施された（以降、4 年ごとに改選）。1965 年から 1986 年まで、広域的地方政府 Greater London Council（GLC）と各 London Borough の地区自治体の重層的な行政構造で運営され、GLC が廃止された 1986 年 4 月 1 日からは、各 London Borough Council が行政のほとんどすべてを管轄する地区分権型に移行した。2000 年移行は、新たな組織である Greater London Authority がかつての GLC 管轄地区を統括する母体となったが、権限はきわめて限られたもので、行政組織としての各 London Borough Council が実際の地区運営に当たり、ゆるやかな重層的な行政構造が見られる。教育行政に関しては、ILEA 解体後、各地域教育局（Local Education Authority: LEA）が予算施行者として個別に地区を担当している。

　1963 年、ロンドン条例（the London Government Act）によって、それまでの LCC（London County Council）から ILEA に教育に関する統括権限の委譲が定められ、ロンドン周辺の地区、都市（Outer London boroughs）には個別の LEA が管理責任をもった。その運営形態は複雑で、原則的には、GLC（Greater London Council）が内ロンドンの教育局であるが、管理上、政治的にも現実的な困難さがあるため、「特別委員会」という名目で、GLC が ILEA に権限を委託する形をとった。ILEA は、内ロンドン選挙区から選出された GLC 議員と 12 の London Borough の代表によって構成されていた。ILEA の中核は労働党政権にあったが、Southwark、Tower Hamlets、Lambeth、Camden 地区のように労働党が議席の大半を占めてきた経緯を

もつ borough もあれば、Westminster、Kensington & Chelsea、Wandsworth のように歴代保守政権の牙城のところもあり、政治的にも潜在的な重層構造をもつ。Borough ではないが、政治経済の中心地である the City に近接し、バッキンガム宮殿が位置する経済的に安定した borough もあれば、移民の人口比がきわめて高い borough もあり、社会的文化的経済的にも一様の教育政策が有効に機能しにくい状況を抱えた地域である。[27]

　それゆえ、学校のおかれている社会文化的、経済的状況、児童の言語習得状況の把握なしに、どのような言語教育も機能しない地域性をもつ。しかも、その状況や児童実態は、つねに流動的であり、概括しがたい。CLPE ①②が、開設当初から、規模の大小を問わず、地域、保護者、児童の実態調査を粘り強く積み重ね、教師教育のあり方に反映させてきたのも当然といえば当然のことであった。センターは実証データを積み重ね、教師の専門性をつねに第一義として、文教政策に主体的に対してきた。時代と地域と児童と教師の状況を的確に見据えた国語科教育の改革の推進母体である。

　教育において、一律であるとか、単一性といったことは、洋の東西を問わず、矛盾することがらである。だが、そうであっても、経済的背景、人種、言語文化において、一定の同一性を前提とする地域とその学校教育があるものである。本論で取り上げる CLPE ①②は、これらとは正反対のベクトルをもつ、異種混在・並立を常とする。地域に根ざした教師教育は、その地域が政治的・経済的・文化的中核であった分、一地域性にとどまらず、全国区として機能してきた稀有な事例でもある。このセンターの教師教育の独自性ゆえに、NC 制定・実施過程の内実を探る教育改革へのかけがえのない視座を与えてくれるのである。

---

27) Maclure, S.（1990）*A History of Education in London 1870-1990.* Allen Lane/The Penguin Press を主に参照した。

第2項　教科教育センター設立の背景と基本方針
2.1　70年代の活動

1970年、内ロンドン教育局教科別の研修施設として設立されたCLPE①の成り立ちについて、所長 Sue Ellis[28]は、初等教育白書 Plowden Report（1967）の提唱に応える実働部隊として設置されていったと述べる。Plowden Report を編纂するに当たり各方面から実態調査結果が集められたが、NATE（全国国語教育者連盟）の提出資料[29]にも、再考を要する主要事項として教師教育の改善が掲げられた。「行き当たりばったりで、往々にして貧弱」と低迷ぶりを指摘するとともに、研修の必要な教師ほど参加しないと憂えた。十全かつ広範な研修システムの確立が急務で、3年毎の研修参加を義務付ける必要もあると提案した。こうした危機感を受けて、CLPE①が、全国の教師研修モデルとなることを期待されていたとしても不思議ではないだろう。

70年には、スクールズ・カウンシル[30]が16歳試験の一本化を提案し、GCSE 実施に向け中心的な役割を果たす。Plowden Report によって促された初等教育の再編が地方教育団体レベルで具現化の模索が始まったころ、義務教育の到達点の評価方法もまた再編に向かって動き出したことになる。5歳から16歳までの義務教育全体を貫く体系性をあらためて問い直さざるを得ない状況が、具現化し始めた時代であった。GCSE が導入され、NC草案、Cox Report ①が世に問われるのは、1988年のことである。CLPE①は、教育改革への行程を、教師教育の立場から授業実態調査を重ねながら伴走していったのである。忘れてならないのは、文教政策の的確なフォロワーとして機能するだけでなく、先の2000年代の創造性の復活

---

28) インタビューは、2010年～2012年12月までに、面談、メールを通じて随時行った。2013年6月、センター長辞任。
29) NATE (1964) *English in the Primary School: Being the Evidence of the Association Presented to the Plowden Committee.* (July). pp.24-26
30) イングランドとウェールズ初等・中等学校カリキュラムおよび試験の編成に関与する独立協議会。82年解散・再編成し、2団体に分化した。

第1章　教科教育センターの設立とその背景

に代表されるように、つねに政策の先取りをする改革の先導者としての役割も内包していたことである。センターの国語科教育の教育改革の姿をていねいに洗い出していきたい。

　CLPE①②の基本姿勢は、設立当初から明確である。国語科の核である英語の言語としての理解と教師の自己評価力の育成である。それを可能にするための資料面の支援も合わせて、機関誌創刊号に、つぎのようにまとめられている[31]。

①　教えるべき対象としての＜英語＞という言語の再認識
②　教師に授業実践の自己評価を促す実践理論の提供
③　授業実践に寄与する資料の収集と提供

言い換えれば、この3本柱が揃い、十分機能しなければ、児童に寄与しうる国語科教育は成り立たないという考え方である。

　設立当初の状況を報告したILEA（1972.10）*Centre for Language in Primary Education*を手がかりに、70年代のセンターの初期陣営とその取り組みを見ていきたい。

　センター初代所長はDavid Mackay[32]である。翌1971年には、副所長Joyce Welch（Mrs）が就任。ILEA主催の研修の一端を担い、第1回目の6週間研修コースを開催している。同年、初等教育における言語にかかわるテレビ番組についてのコースを企画する。番組で紹介できるように、センター職員とETV mobile unitスタッフ共同で、小学校実践を録画データ化し、研修に活用した。授業実践に密着し、教える＜いま＞、学ぶ＜いま＞をあるがままに捉え、つぎの指導に活かそうとするセンターの実態調査の

31）Juria, Joyce 'Language: A basis for learning', *Language Matters* vol.1.No.1.1975, pp.2-4.
　筆者Juriaは、1973年からセンター職員となり、74年には、入門期・低学年のコミュニケーション能力育成に関するリーズ大学スクールカウンシル・プロジェクトの一環として組織されたワーキング・グループの支援、運営の舵取り役を務めた。
32）*Breakthrough to Literacy*（Longman,1970）の著者。'language experience' approachによりながら、学習者の発話をもとにした読むこと、書くことの指導法とその教材、教具の開発。

基本姿勢を、すでに見て取ることができる。

　1972年には、仮屋舎に開設された本センターが Ebury Teachers' Centre に屋舎移転し、3人の新スタッフ － Ruth Ballin（Miss）（所長補佐）、Ian J Foryth（主事）、Bentham（Mrs）（非常勤司書）が配属され、センターの機構が整う。同年、David Mackay は、西インド諸島からの移住者子弟に対する言語プロジェクトの総括を引き受け、約2年間、Warden 職を離れる。当時は、センターと別の形で、調査研究プロジェクトを牽引しているが、後に、センター自体が、多種多様な実態調査研究の舵取りをする母体となっていく。学校現場に寄り添った実地指導、現職研修とともに、児童の言語学習実態にかかわる調査という研究的側面も併せ持ちながら、両輪をなして活動していくセンターの基本的ありようの萌芽も、当初から指摘できるところである。

　3年目を迎え、資料収集、研修企画・実施も軌道に乗り始め、1972-3（2回）および1973-4（2回）には、教師のための言語理論と実践への応用に関する研修が開催された。

　言語とリテラシーに関する6週間研修に最大の力点を置いた当時のセンターは、それまで重きを置かれてこなかった言語研究の分野を最優先することで現場の要請に応えようと務めた。

　研修の基本指針[33]は、以下の通りである。
① 教師のための言語研究　—音韻論、文法論、言語本質論、語用論を含む、
② 授業実践における言語　—話し言葉（Oracy）、音声言語力の発達、クリエイティヴ・ライティング、児童文学、授業の体系化、言語活動および言語学習教材、
③ 研究プロジェクトの実施　—a　話す力の再活性化（Talk Reform）

33）Welch, J.（1975）The Work of the Centre for Language in Primary Education. *Language Matters*. Vol.1 No.1.CLPE. p.6

／b　入門期・低学年におけるコミュニケーション能力／c　教師・児童間の関係性の研究－の重点化、

　くわえて、設立当初から、教師教育を継続的に推進するための環境作りの一助として、図書館設備の充実が図られた。最初の年は、将来的な貸出サービスの準備期間に充てられ、関連図書資料の収集が行われた。収集範囲は、①小学校向け段階別リーダー、フィクションとノンフィクションの児童図書と②言語とリテラシーに関する参考文献を中心とする。また、視聴覚資料に関しても同様に、小学校教材としての効果を積極的に認め、資料収集にとどまらず指導のための視聴覚設備も整えていく。こうした収集整理の努力の結果、現センターの図書室には、センター研修参加者、一般教師、地域保護者や教育関係者が自由に閲覧し、具体的な資料に基づく助言を得る貴重な場となっている。

　74年になると、外部団体と提携した研修や調査研究が動きだす。たとえば、Primary Management と共同で、3種の研修コースを開催した。対象は、責任ある立場にいる中堅教員で、各校に応じたリテラシー指導プログラムの立案支援を目的としたものであった。また、リーズ大学スクールカウンシル・プロジェクトの一環として、入門期・低学年におけるコミュニケーション能力育成に関するワーキング・グループが組織された。Joan Tough 博士と研究チームが起案したプロジェクト計画に沿って、センター職員 J.Jurica が必要な会議招集などの手続きに当たり、博士らの開発した教材や資料をもとにワーキングが支援され、維持された。これによって、他所のプロジェクトの多くが立ち消えになったなかで、このワーキングだけが効果を上げていったのは、開発組織と学校現場を繋いだセンターのサポート体制ゆえと言われている。

　センター開設から5年目、上記のように、研修指針が具体的な形を帯び始めた頃、機関誌 *Language Matters* の創刊に至る。2002年まで教師、主事等の学校関係者にとって貴重な情報源であり、意見交流の場となる。同1975年には、新所長に M.G.McKenzie が就任する。研修のねらいが、

Bullock Report（DES.1975）で提唱された学校全体における言語活動の一環としてリテラシーを捉える方向へと移る（language across the curriculum）。それまでの（言語学者、教員、作家、心理学者等の講義で構成された）研修内容のみならず、研修の最終成果として、各学校の言語教育ポリシー作成が加わった。個別の実情に即応した言語教育の実現を具体的に支援する方向性が強化されたのである。同時期に創刊された機関誌は、教室とセンターを結ぶコミュニケーション・ツールとして効果が期待された。

　74年保守党から労働党へ政権が移行し、77年2月末から3月末にかけて、全国8箇所で教育に関する公開討論会が行われたのは、先述したとおりである。議題は、コア・カリキュラムの有効性、学力実態把握と評価のありかた、教員養成における学問的、専門的必須事項の再検討等であった。この成果は *Education in Schools*（1977.7）にまとめられ、カリキュラムの全国基準の設定ならびに産業界と教育界の提携強化に向けた政策が実施に移されていく。センター長 McKenzie は、こうした時代の要請にあって、いち早く入門期に着目した。センターと教師からなるプロジェクトを立ち上げ、入門期の書くこと（early writing）の実態調査と指導法の開発に地道な成果を上げていく。また、センター長在任期間の10年間の特筆すべき推進事業として、教師と児童の協働学習法である 'shared approach' をさらに改変し、'shared writing' 法を開発、実地指導に力を注いだことが上げられる。

　このように、設立当初の70年代にすでに、公の諸機関からの要請や調査研究報告書の提言に随時対応し、教師教育に多面的な実を上げる努力を重ねてきたことがわかる。それらは、教師向けの現職研修プログラムの内容や機関誌の記事内容にも如実に投影され、普及が図られたのである。

2.2　80年代の活動

　全国的評価システムの導入、NCの制定施行は、一つの時代の始まりであり、終わりであった。時同じくして、85年から86年にかけて、センター

第 1 章　教科教育センターの設立とその背景

職員の新旧交代が行われた。M.G.McKenzie を含む 7 名が退職。Myra Barr（機関誌編集担当）、Hilary Hester, Ann Thomas, Sue Ellis が新チームを結成し、今日を支える主要メンバーが若手として参画した。このころ、センターは、学校と家庭の連携強化による言語学習の効果について本格的な研究に着手し、その調査結果と展望は、研修プログラムや機関誌にフィードバックされていった。

けれども 80 年代を代表する CLPE ①の業績といえば、教師による日常的な観察記録法 Primary Language Record（PLR）の開発と推進、普及である。設立当初の目的にもあった教師の自己評価力の育成に、観察記録法という具体的な提案がなされたのである。これは、2000 年代の読書力向上プロジェクトの基盤に他ならず、今日まで、教師の自己評価力の向上のためのセンターの取り組みは一貫して継承されていく。教師向け指導書[34]の刊行を通して実践事例と解説が提供され、それに併走する形でさまざまな質と量の実地指導が展開した。

事の起こりは、85 年に Barbara McGilchrist（ILEA 初等教育局視察官、当時）から、1 年間の期間限定で研究グループを組織し、PLR の初稿を挙げるようにという依頼に始まる。ILEA 事業の一環であった。86〜87 年には、10 のロンドン地区の 50 以上の小学校で、2 学期間、初稿をもとにパイロット施行がなされた。ロンドンのすべての地区で、少なくとも 1 校は、パイロット校であり、研修受講経験者の勤務校であったため、当初から、それらが拠点校となって、具体的な成果を挙げていったと言われる。85 年に委嘱されて以来、開発、推進の努力は 5 年間におよんだ。

ILEA 全教育地区で PLR 実践に移ろうとした時期は、おりしも、当時の首相サッチャーによって ILEA 解体が告げられた時期と重なる。教師によ

---

34) Barrs, M. Ellis, S. Hester, H. & Thoman, A.（1988）*Primary Language Record Handbook for teachers*, ILEA. 執筆陣は、当時のセンターの中心職員 4 名である。序文は、ILEA 初等教育局主任視察官（Senior Staff Inspector）Barbara MacGilchrist で、ILEA 廃止前の最後の刊行物の 1 つとなった。

53

る日常的評価法であるPLRとその研修は、ILEA終焉に向かう最後の2年間に、センターとLINC[35]チームの自主的なコーディネートをもって、10のILEA教育地区の500校において（ボランティアとして）実験的施行が行われた。

　PLRが広く認知されたのは、NC草案（Cox Report ①）で、コックス委員会によって全国的な学習記録法として推奨された以降である。全国的のみならず、ニューヨークやカリフォルニア他の諸外国でも関心をもたれ、要請を受け、職員が研修実施のため渡航した。推奨された特徴の一つは、子どもの母語（家庭における日常語）を軽んじることなく保護者に学習記録作成への参加を呼びかけ、学校と家庭の連携の上に立った教師による評価（TA：Teachers' Assessment）を行うよう促したことである。80年代の末には、多言語文化背景を抱える地区の指導主事がバイリンガル児童に対する効果を報告している。次章に詳しい。

　PLR開発にかけた1985年1年間のセンターの活動は、今日に至るセンターの基盤を形作ったといっても過言ではない。児童と教師の実態調査と検討から日常的評価モデルの開発、実験的実施と検討、モデルの修正・変更と、PLR初校完成までの1年の奮闘を通して、センター職員は、教師の日常を評価という観点から、それまで以上につぶさに観察し、教師が使いこなしうる評価の観点とはいかなるものか、学習指導の成果を測る教師の自己評価の尺度はどうあるべきかを実践的に問い続けた。それは、おのずと、よりよい教材のありよう、学習指導展開の方法、学期／年間単位のカリキュラムのあり方を問う複眼的な実地指導と検証の1年となり、センター職員の実践科学研究の基本的構えを培ったのである。

35）LINC（Language in the National Curriculum）は、キングマンレポートの提唱を受け、R. Carter教授と開発チームが、教師の言語に対する専門知識を確かなものとし、対象学年に適応した学習指導の構想とその自己評価力を養うための教師教育用教材を開発、普及を図った1989年から1992年までの政府助成に基づくプログラム。

2.3 90年代～2000年代の活動

1990年代は中央集権的な教育行政によって、学校ならびに教育全システム自体にさまざまな加重が加わってきた時代である。センターにとっては、その命脈を維持することに多大な努力と時間が奪われた10年に当たる。機関誌の発刊回数も激減、不定期化する。NC導入に伴い、話す・聞く力、読みの力、書くことの力の到達度合いが現場の多くの関心を集め、とりわけ、読みの水準は社会的関心事となった。センターは、時を空けず、PLRをNCによる学習指導展開に即応させ、応用版 Primary Learning Record（PLeR）を開発する。教師のための指導書 *Patterns of Learning*（1990）[36]には、話す・聞く、読む、書くそれぞれの領域において、「授業環境」「学びの機会の創出と育まれる学習経験」「発達の行程」の3方向から、実地指導をもとに、小学校における言語実態と学びの内実をわかりやすく解説した。他教科への応用事例として理科と算数の実践が取り上げられ、NCの求めるところと観察記録法の組合せが生む効果を明らかにした。新制度導入で戸惑いの多い教師に、日々の児童実態をとらえる観点と方法を提供し、教師の授業評価力を高める教師教育の立場を貫いていった時期である。

NC導入後、実施状況と学習者の実態調査研究は大小さまざまな規模で並行して行われ、それらを反映した改訂草案（1995）が世に問われた。具現化へのより詳細かつ実践的な推奨細案「98年リテラシー指針」[37]が編まれ、99年には改訂NCが新たに導入される。90年代から2000年代にかけて、センターは、*The Reading Book*（1990）を皮切りに、*The Core Book: A Structured Approach to Using Books within the Reading Curriculum.*（1996）

---

36) Barrs, M. Ellis, S. Hester, H. & Thomas, A.(1990) *Patterns of Learning: the Primary Language Record and the National Curriculum.* CLPE. PLR開発にかかわったセンター長 Barrs、副センター長 Ellis、指導主事 Hester、Thomas が、実地指導を通して、応用形 PLeR を編み出し、指導に入った小学校の事例を挙げて、執筆した。
37) DfEE (Department of Education and Employment) (1998) The National Literacy Strategy Framework for Teaching. DfEE.

へと発展させ、その翌年ブックリスト[38]を編纂、公刊することで、文学を軸にしたリテラシー教授の学習指導環境の構築が、センター研修の柱としてより明確化していく。教師の自己評価力を基盤として、文学を核とした具体的なリテラシー教授プログラム試案が実験的に現場に下ろされていった。その意味で、理論的基盤の「拡張期」と捉えている。

　2004年以降、センターは独立採算制の団体へと運営基盤を変える。2004年以降今日までのセンターの揺るがぬ教師教育の素地は、ILEA解体後、Southwark教育局に所属しながら、みずからの存在意義と存続方法を模索していた90年代から2000年後の十数年間にあるのではないか。当時のセンターの研修プログラムが、それを如実に物語っている。

　NC導入以降、読みの水準の向上は、センター研修の常設研修の一つであった。改訂NC施行の2000年度の研修コース「読みの水準の向上をめざして（Raising Reading Standards course）」には、その後の研修へと発展的に継承していく雛形のようなものが指摘できる。58〜59頁の表6に、2000年秋学期から2001年春学期の通年研修10回のプログラム概要を掲げた。

　リテラシー向上を目指した本プログラムには、センター研修の基本要素が多く指摘できる。第一に、センター講習と、参加者の勤務校における児童実態調査、ケース・スタディならびに研修で学んだ学習指導法の実験的実践が、つねに対を成して研修プログラムが展開することである。知識・情報の摂取にとどまらず、授業実践における日々の自己評価や児童の実態調査・観察を通して、研修で学んだ観点を応用し、自らの次時の授業へフィードバックすることが求められる。個々の教師が、実態把握をもとに自己評価できる教師として自律することが、本研修の究極の目標である。毎回第4セッションでは、一貫して、観察記録法の実際や調査研究に関する参加教師の意見交流の場が用意され、調査・観察と授業構想の一体化が

---

38) Eccleshare, J. (1997) *The Core Booklist: Supporting a Rich Reading and Literacy Curriculum*. CLPE.

無理なく図られるよう配慮が窺える。このような抽出調査やパイロット実践とその分析・評価の話し合いは、実証的根拠に基づく実践の態度を育む場に他ならない。

　第二に、プログラム構成に、センターの教師教育観が具体的な形をとって組み込まれていることである。プログラムは、5つの段階的な学びからなる。①教師の自己評価力の向上に対する問題意識の喚起と方法論的理解（観察記録法の活用を通して読むという行為の基礎理解を促す）、②文学を軸とした読むことと書くこと（表現形態としての児童文学の再認識と学習指導への活用）、③入門期のリテラシーの育み（フォニックスの活用、多言語文化社会を背景とするリテラシーの指導、綴りの学習指導の3方向からの積み重ね）、④発展的留意事項（メディア（ICT）の活用と知識・情報テクストを軸としたリテラシーの学習指導）、⑤教師による成果発表会、である。

　自分の授業の質を判断できる教師の自己評価力への意識づけに始まり、最後にみずからの通年の実践を評価する成果発表会で結ばれるプログラムである。教材としての文学を明確に設定し、リテラシー学習指導の拡がりを図っていく。これらが、フォニックスや文法事項の活用、綴りの学習指導等の基礎基本の講習と平行して行われるのが特徴的である。guided reading や group reading、ゲームやストーリーボックスの活用、ICTを活用した詩の授業開発等の多様な学習指導法の実践的提案が組み込まれている。おしなべて、文学を中心に据えたリテラシー教授を具体的に指し示し、現場への適用が意図されている。

　加えて、読みの水準の向上を図るために、プログラム中とりわけ注意深く多方面から取り立てるのは、リテラシーの入門期指導への細やかな配慮である。加えて、英語を母語としないバイリンガル児童や特別支援児童等、リテラシー習得に躓きを覚えやすい児童への特別な手立てであった。その基盤には、フォニックスを活用した綴り字学習という基礎基本に対する不断の取り組みが、それぞれ1日ずつ取り立ててプログラム化されている。参加教師は、これらの研修を踏まえ、最後に、1年間実践研究を発表し、

表6 CLPE 通年研修事例「リテラシーの水準向上をめざして」
(Raising Literacy Standards Course Autumn Term 2000-Spring 2001)

(CLPE. Raising Literacy Standards in the Primary School: Course Handbook Autumn2000-Spring2001 所収、頁記載無し)

	日程 (時間配分は毎回随時若干の変更有り)	第1セッション (9:30-10:45)	第2セッション (11:00-12:30)	第3セッション (13:30-14:45)	第4セッション (個人指導/グループ討議)(14:55-15:25) 学校における課題	学校における課題
1	2000年9月27日 リテラシーの水準向上に効果的な教師のありかた	○本研修コースのオリエンテーション ○各学校の実態状況の交流―問題の所在を探る	○効果的なリテラシー教師のありかた 特別講師 Jane Medwell(ウォリック大学)	○読みの学習センター職員 Anne Thomas による実践的活動体験	○本コースの課題と評価 ○ケース・スタディの選択とオリエンテーション ○個人指導の概説 ○質疑応答	○ケース・スタディを行う児童を選び、観察をし始める。 ○授業において調整を必要としたり、調査研究を行う領域を検討し始める。 ○本コースの課題文献の読書
2	10月11日 読みの過程および読みの進化の評価	○記録法とモニタリング―到達度を上げるために	○児童の読みの方略を分析する―継続的な記録法やミスキューアナリシス	○読みの学習指導 センター職員 Anne Thomas / Olivia O'Sullivan	個人活動と個人指導	○読みのサンプルを用いた記録法やミスキューアナリシスを実施する。 授業配当を自己評価する。 ○授業実践のあり方の自己評価を始める。 ○本コースの課題文献の読書
3	11月1日 テクストと読むこと	○テクスト自体が教えるということ 特別講師 Margaret Meek Spencer(ロンドン大学教育研究所名誉 Reader)	○多種多様な児童文学の活用―コア・ブックの意味 センター副所長 Sue Ellis 実践的活動	○ Guided reading KS1協力講師 Bridget Hanafin (Southwark readingRecovery 講師) Group reading KS2―読みの方略と学習指導法	○グループ討議―記録法とミスキューアナリシスの実践を踏まえた振り返り	○グループ・リーディングの試行と評価の試み ○授業実践のあり方の自己評価の継続 ○本コースの課題文献の読書
4	11月15日 書くことの学習/書くことの指導	○書くことの学習 センター長 Myra Barrs	○ KS1と KS2の書くことの指導―書くための構想指導協力講師 Irene Naoier (Croydon の Byron Infant School 教師) (KS1)/センター職員 Clare Warner	○リテラシー困難児の指導 本コース担当職員 Olivia O'Sullivan 困難児の実例と授業の課題について各校の状況の交流	○グループ討議―授業において調整を必要とする事柄や、調査研究を行う領域について、意見交流	○ケース・スタディを本格化する ○書くことの学習指導法を実践してみる ○本コースの課題文献の読書

第1章　教科教育センターの設立とその背景

5	11月29日 フォニックスを活用した書くことと書くための構想	○フォニックス―理論と実際 (9:30-11:00) センター職員 Deborah Nicholson ○フォニックスと文法 KS2 本コース担当職員 O'Sullivan	○児童の書く力の育みと発達の分析	○テクストを軸に多様な書く活動を企画するセンター職員 Liz George	○グループ討議―授業において調整を必要としたり、調査研究を行う領域について、意見交流	○一つのテクストを軸にした多様な書く活動を企画する ○ケース・スタディの児童の書く力を分析する ○フォニックスか文法を用いた学習活動を設定する ○本コースの課題文献の読書
6	2001年1月10日 バイリンガル・言語と文化	○バイリンガル教育―理論協力講師 Kathy Maclean (Wandsworth 教育委員会)	○バイリンガル児童に対する学習指導方略 本コース担当職員 Ann Ross 各校における児童言語アンケート調査を行う	○多文化背景の児童文学を軸とする学習活動特別講師　作家 Beverley Naidoo	○グループ討議―授業において調整を必要としたり、調査研究を行う領域について、意見交流	○児童使用言語調査 ○研修で学んだ学習指導法の実践 ○本コースの課題文献の読書
7	1月24日 綴りの学習指導／児童図書を軸にしたゲームやストリーボックス	○綴りの学習指導 本コース担当職員 O'Sullivan	○ケース・スタディの児童の綴りの力の発達を分析する	○児童図書を軸にしたゲームやストーリーボックス センター職員 Helen Bromley	○グループ討議―授業において調整を必要としたり、調査研究を行う領域について、意見交流	○ケース・スタディの児童の綴りの力を分析する ○ゲーム、ストーリーボックス等の作成、家庭との連携 ○本コースの課題文献の読書
8	2月7日 ICTを活用した詩の学習指導	○ICTを活用した詩の学習指導 本コース担当職員 O'Sullivan/副所長 Ellis	○ICTを活用した詩の学習指導 本コース担当職員 O'Sullivan/副所長 Ellis	○特別支援児童と「リテラシーの時間」(選択セッション)	○ケース・スタディの報告 ○授業における改善・調整に関する報告	○本コースの課題文献の読書 ○詩に関する学習活動の実践
9	3月7日 知識・情報を読むこと／書くこと	○情報を読むセンター職員 Nicholson	○情報を書くセンター職員 Jane Bunting (KS1) ／ O'Sullivan・Ross (KS2)	○最終回の調査研究発表の準備		○最終回の調査研究発表の準備
10	3月21日 調査研究発表会閉会式	○調査研究発表				

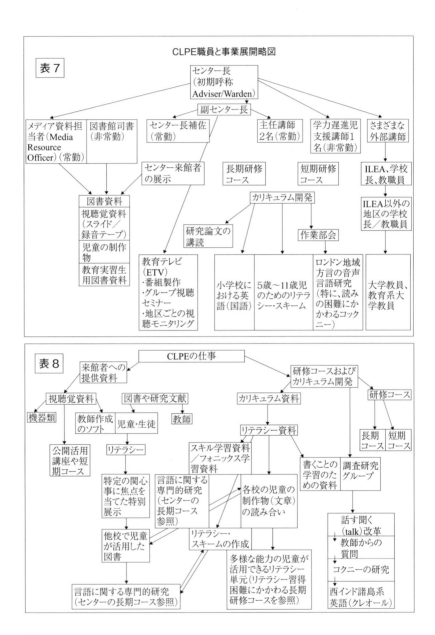

第1章　教科教育センターの設立とその背景

自らを振り返る内省の機会を持つ。個々の教師に対して、国語科の学習指導を省察する機会とその観点と方法を、1年かけて保障する研修プログラムである。自己評価のまなざしは、自ずと研修自体の評価－教師としての育まれ方への振り返り－にも通じていく。参加者による研修評価アンケートは、研修の最後に必ず行われる。こうした重層的な自己啓発プログラムのありようは、センターが築き上げてきた教師教育の基盤ともいえるものである。2004年以降、充実期を迎えるセンターの教師教育の根幹をなす主要素が、NC導入後10年で、ほぼ出来上がっていたのである。

第3項　教科教育センターの職員構成と開設時の活動内容

　先述したように、センターの基本指針は設立時から明確であり、今日まで一貫して継承されている。1970年当時の事業報告[39]から、センター職員構成表と事業展開略図（表7）を訳出した。設立当初から、理論的研修と教師教育の環境づくりとが両輪となった基本指針が、これら組織図や事業一覧にも読み取れる。

　前頁表8には、センター開設当時の「CLPEの仕事」略図を訳し、掲げた。表の右端に「研修コース」（長短期コース）がある。「現職研修」というと、研修コースのみに着目しがちだが、センターの場合、「CLPEの仕事」の二大基軸として、教師と児童に直接提供できるセンター図書館の多様な資料の拡充があり、それと緊密にかかわりあった「研修コースとカリキュラム開発」が並び立つ。基本的なリテラシー教授資料の開発、地域語の言語特性やクレオール語の研究があって、それらの成果と右端の「研修コース」が不可分に連携しあって、地域の言語状況に即応した最先端の専門的研修が意図されている。先の2000年度研修プログラム（表6）で指摘したように、調査・研究と教育・普及活動の相関・両立が、センターの教師教育の原則である。表7、8を見ただけでも、それが、開設当初から今日まで一

39）ILEA（1972.10）Appendix Ⅱ, Ⅲ, *Centre for Language in Primary Education*. ILEA.

貫して変わらぬ基本姿勢であったことが如実である。

スタッフ構成の推移をみてみよう。たとえば、2000年度のCLPE ①のスタッフ構成は以下のとおりである。研修によっては、小学校に協力を求めたり、他研修に参加する教師の協力を仰いだり、さまざまに工夫するとある。[40] 随時、実践的な研究組織を組んで運営する可変的指導体制である。

Myra Barrs	所長
Sue Ellis	副所長
Olivia O'Sullivan	所長補佐
Deborah Nicholson	指導主事
Ann Ross	指導主事
Chris Wright	指導主事
Clare Warner	指導主事
Hannah Davies	ICTプロジェクト・コーディネーター
Ann Lazim	司書

運営母体が変わると、センター組織も複雑になる。2009年段階のCLPE ②のスタッフ構成はつぎのとおりである。大要は、開設当初と変わってはいないが、独立採算制の団体ゆえ、評議会という監査的な役割を担う外部識者と後援会という立場で支援する外部賛同者が加わり、組織化されている。政府機関、大学、企業等から研究助成金を得て、調査研究を実施し、実践の場へ寄与していくシステムである。charitable organizationである限り、予算の執行に関して評議会が監査役を務める。そのためセンター職員と評議会の教師教育観が異なると、予算執行について時間をかけた調整が図られるのが常である。

このような組織替え[41]を伴いながらも、センターには、40年余にわたり、当初から設定されていた基本業務である、相談者のニーズに応じた専門的

---

40) CLPE. *Raising Literacy Standards in the Primary School: Course Handbook Autumn2000-Spring2001* 所収。頁記載無し
41) 2009.1.4 web確認。2008年12月確認時と比べ、後援者、評議員、スタッフ変更あり。長年、後援者であったMargaret Meekが退く。

第1章　教科教育センターの設立とその背景

> スタッフ組織　（＊が、新たに加わったもの）
> ①執行部および指導部
> 　所長（Co Director）　Sue Ellis ／　所長（Co Director、出版担当・嘱託）Julia Eccleshare
> 　副所長（Assistant Director）　Olivia O'Sullivan
> 　指導主事（Advisory Teacher）Ann Ross ／ Jane Bunting ／ Jenny Vernon ／ Jo Naylor ／ Patience MacGregor　　MacGregor ／ Sue McGonigle ／ Gail Aldwin
> 　家庭教育コーディネーター（Family Learning Coordinator）　Gail Aldwin
> 　図書館スタッフ　専門職員 Ann Lazim　補佐員 Mika Wallbridge ／　総務・会計・施設　7名
> ②評議会
> 　評議委員長　Sue Pidgeon　（Trustees）
> 　評議委員会　Nick Haimendorf ／ Gulzar Kanji ／ Mary Groom ／ Elaine McQuade ／ Caroline Pidgeon ／ Peter White
> ③後援会（Patrons）
> 　Mary Barr, Executive Director, Center for Language in Learning（US）／ James Berry, poet ／ Quentin Blake, author and illustrator ／ Professor Tina Bruce ／ David Grugeon ／ Shirley Hughes, author and illustrator ／ Professor Margaret Maden, Centre for Successful Schools, Keele University ／ Michael Rosen, poet ／ Usha Sahni, HMI ／ Phillip Pullman, author

　対応と、主催する研修プログラムによる実践的啓発を着実に務めてきた実績がある。その両者を支えるのが、教師を共同研究の一員に加えた教師教育の一環としての調査研究に他ならない。次節では、教師の自己評価力の育みを基盤に据え、多角的に企画・運営・推進された実践研究の成果を、センター刊行物をから跡付ける。

第3節　教科教育センターの諸活動

第1項　センターの主要刊行物

　時代の教育政策に対する一つの回答であり、教師教育の成果として、CLPE①②は、出版事業を行ってきた。以下、年代順に主な刊行物を掲げ、活動の推移を俯瞰する一助としたい。

教師教育センターの性格から、初期には、製本された資料は無料で各学校に配布され、日常的に活用された、いわゆる消耗品としての指導書や教材集であったと考えられる。現在のセンター図書館にもすべてが保存されているわけではなく、研究資料館というよりは実働組織としての研修母体として機能してきたセンターの歴史を思わせる。

(1) McKenzie, M. & Warlow, A. (ed.) (1977) *Reading Matters: Selecting and Using Books in the Classroom*. Hodder and Stoughton with Inner London Education Authority
　－学習指導の基盤としての学級文庫の拡充推進にみる読書力向上プロジェクトの萌芽

　M. McKenzie[42]は、75年センター長就任後、10年間、センターの基盤形成に尽力した一人である。機関紙を通しての提言も多い。本書は、その副題 *Selecting and Using Books in the Classroom* に如実なように、学習指導に寄与する豊かな児童図書コレクションを学級文庫として常備する重要性と選書と活用の方法論的実際を、センターの実地指導経験を踏まえ具体的に説いたものである。執筆は当時のセンター職員、R. Ballin、I. Forsyth、R. Lavender が中心となり、センター長と主任職員格だった Warlow が編集にあたった。選書の中心に児童文学を置く姿勢は、*Bullock Report* が明らかにした読書環境実態に由来する。[43] 知識情報の図書に偏りがちで（それさえも辞書、事典、地図、セット本の情報図書などに留まり）、児童文学の十全なコレクションがほとんど見られないことを問題視したレポートの提言に対する実践的な対応策である。学級文庫は、児童の一人読みを保障する身近なコレクションであると同時に、教師にとっての日常的学習指導材であ

---

42) ロンドン市内の2つの小学校校長職を勤めた後、1972年オハイオ大学で教育学博士号を取得。1975年センター長（Warden）就任、85年度まで勤める。
43) 同、注3、pp.27-28
44) 同前、p.16

第1章　教科教育センターの設立とその背景

ることが留意されている。[44] コレクション内容は、絵本、フィクション（リアリズム児童文学／ファンタジー（動物物語・伝承文学・空想物語））、詩（ことばあそびから物語詩／叙事詩・抒情詩）、ノンフィクション（日常生活に根差した図書／児童制作物）、特別なニーズや関心事に対応するもの（都市生活／多言語コミュニティ）と、単なる出版物の紹介を意図せず、ロンドンの地域性を踏まえ、学習指導の場が目に浮かぶような臨場感をもった構成となっている。おのずと、本書の書きぶりも、古くは戦前のJenkinson（1940）[45] やC. & H.Rosen（1973）[46] の実態調査に依拠し、合わせて、児

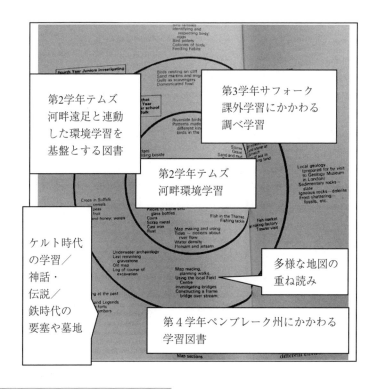

---

45) Jenkinson, A. J. *What do Boys and Girls Read?* Methuen.（*Reading Matters*, p.12 に言及。）
46) Rosen,C. & H.*The Language of Primary School Children*. Penguin.（同前、p.25 に言及。）

童の読みの反応を捉えた各校の教師の観察記録が適宜引用されるなど、新旧の学びの場における読み手と図書のありようを活写したものとなっている。

　こうした実践事例をもとにしたコレクションは、年齢別、学年別の画一的なものとは一線を画している。報告された個々の児童の反応事例に個別性と汎用性をみてとり、同じ児童文学であっても反応の多様さを示し、本書を手にする教師の判断に寄与するよう試みられている。

　たとえば、前頁の同心円図（本書、pp.50-51）のように、小学校2年生の地域環境に関する学習用のコレクションから始まり、3年、4年と対象を拡張していった関連学習事例を掲げ、十全な学級文庫が学習指導の要たり得ることを繰り返し強調する。この事例は、環境学習、歴史、地理、理科等を総合的に学ぶ学習であるが、対象とする時代や地域にかかわる伝承文学も同様に取り入れられ、図書コレクションの多面性が窺える。

　2000年代後半から本格的なモデルプログラムが提唱される読書力向上プロジェクトの萌芽が、すでに70年代半ばに始まっていたことがわかる。具体的には、本書に見られる以下の内容である。①学びのコンテクストと不可分にかかわって初めて機能するとされた学級文庫の編成、②学びのコンテクストにおける児童文学の重視、③学ぶ者と教える者をつねに一対として実態をとらえ、実践を構想しようとする基本的な観点構築、④教師の言葉を通して児童と図書の出会いを語らせ、ある反応を呼び起こす（ときに起こさない）刺激（prompt）として、児童図書をとらえる必要性の強調、⑤他の諸機関との連携および家庭と学校の共同体制づくりに力点を置いた学びのコンテクスト構築への日常的努力等である。これらはすべて、後発の刊行物に見いだせる。センター主催の現職研修参加者による図書への児童反応を紹介するスタイルの読書ガイド他、研修とタイアップした80年代の小冊子も、70年台後半の動向を踏襲した、小規模ながら継続的な草の根的取り組みと位置付けられる。85年に職員の新旧交代があったことを思えば、McKenzieが牽引したセンターの活動基盤を、精神的にも実務

的にも方法論的にも受けついだ 80 年代の成果ともいえよう。

　当時、McKenzie が拠り所としたのは、*Bullock Report*（1975）である。たとえば、レポートの 9 章「文学（Literature）」には、教師は、個々の児童の読みのパターン（傾向）を知っていなければならず、そのためにその幅を拡げてやるために、その記録をつけていなければならないとある。小学校の読書傾向記録は中学校教師に伝えられるべきもので、小学校の読書経験から育まれてきた読みの質を知って、生徒指導に当たらねばならないとする。[47] 義務教育期間を一貫する学習者の学びの推移を記録、継承し、授業に役立てる態度の必要性の指摘である。これら読書傾向の観察記録の姿勢は、段階別読本の形骸化防止と深くかかわる。児童が何を、どのように読んでいるかに指導者が関心をもつことによって、文字習得の躓きとは別の側面から、一人の読者として読みの行為に携わる児童のありようを捉える観点と方法の必要性を実感させ得ると考えたのである。

　こうしたレポートの提言は、60 年代の *Plowden Report*[48] に、その端緒が指摘でき、*Bullock Report* で一つ明確な提言となる。センターは、*Bullock Report* の提言を中核に据え、教育界の動向に応じて微調整しながら、NC 導入以降の文教政策の変動と伴走してきたのである。本書は、レポート公刊を受けた ILEA の実践的回答書と言ってよい。

(2)　CLPE（1985）*Tried & Tested: Books to Read Aloud.No.15.Spring.ILEA*
　　－児童の反応による読書ガイド
　センター創設初期から 80 年代にかけて、機関誌がもっとも主要な刊行物であったと予想される。その機関誌とタイアップして、*Tried & Tested:*

47）D.E.S.（1975）*A Language for Life: Report of the Committee of Inquiry appointed by the Secretary of State for Education and Science under the Chairmanship of Sir Alan Bullock*, H.M.S.O., London. p.126/p.134
48）D.E.S.（1967）*Children and their Primary Schools: A Report of the Central Advisory Council for Education（England）*（通称、Plowden Report）, H.M.S.O. London. pp.214-215

Books to Read Aloud という小冊子が継続的に編集、刊行されている。年3回刊行で、無料配布ではなく、1冊50ペンス、通年購読1ポンド50ペンスである。ILEA 外からの注文は1冊当たり送料16ペンスを足せば、随時郵送されてもいる。対象年齢は、レセプションクラスから第6学年までにわたる。例えば第15集は、16の児童文学を取り上げる。それぞれに書誌事項とともに価格も併記され、学校や教師の利便を図っている。

　この小冊子は、児童図書の推薦カタログではない。センターは、研修参加者に呼びかけ、Tried & Tested Review Group という児童図書批評グループを募り、実際に個々のクラスで定期的に児童に読み語りをしたり、授業教材として活用したりして、児童の反応を「忠実に記録し」[49] たものを書評の形にまとめた文章のコレクションである。巻頭には、「本書の図書リストは、文学に対して児童がどのように反応していくか、おおよその見取り図をもつよい機会を与え、それゆえ児童に読み語るためのガイドとなる。」と紹介されている。文学に対する児童の反応、それを教師が的確に見て取ることを習慣化する。教師個々の実証的な実態把握に則った、文学を軸にした授業構想でありたいという CLPE の姿勢は、後に読書力向上プロジェクトへと発展的継承されていくことになる。

　センターは初期から一貫して教師による「読み語り」を重視してきた。Trelease の *The Read Aloud Handbook*[50] による教師による音読の推奨は、歓迎すべきこととして、センター職員 *Amy Gibbs*[51] による本小冊子「はじめに」に、推薦図書として掲げている。いわゆる良書リストの本を読むということではなく、児童の反応というフィルターを通して、文学と児童がいかに出会いうるかを教師が観察し、体感し、判断する。思いもかけない本が児童のさまざまな言葉を引き出す。それが書評に反映する。それを読ん

---

49) CLPE. (1985) *Tried & Tested: Books to Read Aloud.* No.15. Spring. ILEA. p1
50) Trelease, J. (1982) *The Read Aloud Handbook.* Penguin Books Ltd.　邦訳は、『読み聞かせ－このすばらしい世界』(高文社、1987)。
51) Amy Gibbs は、機関誌編集員のひとりでもあった。

だ他の教師がはじめて手にとって、自分のクラスに持ち込んでみる。新たな評価が生まれる。そういう読みの共有システムを軸とする書評冊子といえよう。「はじめに」に見られる「教師による音読は、児童を文学に紹介する最良の方法であり、文学を児童に出会わせる最良のやり方でもある。」という箇所には、後の読書力向上プロジェクトで提唱される学習指導法の萌芽も指摘できる。

たとえば、Ahlberg の *Miss Brick the Builder's Baby*[52]（大工さんの赤ちゃんレンガちゃん）のばあい、Beatrix Potter Primary School の Liz Deshmane は、作品の梗概を紹介するとともに、児童の反応をもとに、以下のような作品の文学的な質について言及している。

> この本は、建物について学習していたときだったので、予想以上に、児童に受け入れられることになった。また、本書の下敷きになっていると考えられる性差に偏りのない態度は、ある意味ボーナスでもあったと思う。このシリーズのほかの作品と同様に、繰り返しが特徴的で、児童の読みをずいぶんと助けていた。だからといって、次が簡単に予測できないところがいい。この物語は、現代的で、型にはまっていない。
> 　赤ちゃんのレンガちゃんは、周りの物は何でも壊す。両親は大工さんだというのに。うちの1年生（5歳児）は最初から最後まで笑いっぱなしであった。（あらすじ部分、省略―引用者）
> 　クラスの一斉読みには、イラストが少し小さすぎるが、本書は、児童の反応を引き出すという点において、きわめて価値が高い。壊し屋レンガちゃんを心配した両親が建て始めた家のどこがだめかを言い合って（価値ある言語活動となった）、みんなで読みを存分に楽しんだ。
> 　物語の終わりに差しかかると、どの児童も結末が予想できた。文字

---

52) Ahlberg, A.（1981）*Miss Brick the Builder's Baby.* Kestrel Books/Young Puffin.

を読み始めた児童にとっては、マンガのようなイラストにある会話表現の言葉を読むことができ、楽しみとなった。みんなが楽しめる作品だが、本書のイラストや物語に内包された微妙な意味合いを理解し楽しむには、ある程度精神的に成長していなければならない。[53]

同時期、CLPE刊行物として、*Picture Books to Read Aloud*、*Read Read Read*[54]がある。Tried & Testedと同様の編集方針でまとめられた教師の手引書と考えられる。

(3) a) Barrs,M. Ellis,S. Hester,H. & Thomas,A.(1988)*The Primary Language Record: Handbook for Teachers.* CLPE/ILEA.
b) Barrs, M. Ellis, S. Hester, H. & Thomas, A.(1990)*Patterns of Learning: the Primary Language Record and the National Curriculum.* CLPE
－観察記録法（PLR）の実践理論と指導の概説書

上記2冊は、85年ILEAから依頼されてセンターが開発担当した観察記録法を現場に普及するためにまとめられた指導書である。執筆者は、開発に携わったセンター長と職員である。

開発途上で行った数々のパイロット施行で得た児童実態や教師の実施実態を具体的に掲げながら、教師の日常的な観察と記録による児童実態把握の必要性と、それによる授業作りへの連動を実践的に解説している。後者b）は、NC施行に伴って、国語科以外でも活用できる観察記録法とそのツールを開発し、実践事例を掲げながら、効果的な活用法とその根拠を解説する。文教政策の変化に即応したすばやい対応振りが窺える。経験主義のお国柄と言ってしまえばそれまでかもしれないが、パイロット実施によ

---

53) 同、注49、p.10
54) *Language Matters*1985. No.1&2の裏表紙に宣伝が掲載されている。

第1章 教科教育センターの設立とその背景

る施行のありようを分析、検討し、政権交代があろうと、NC が始めて導入されようと、翻弄されながらも、実証的な根拠をもとに、つねに柔軟に対応していくセンター職員の姿勢が、この 2 冊の刊行物にも如実である。

＜開発ワーキング・グループ＞　　　注）　＊指導主事　◎視学官　○専門家　△諸教育団体

Angela Auset（Gayhurst Infant School）
Penny Bentley（Columbia Primary School）
Elaine Cain（Mandeville Primary School）
Jenny Earlam（Annandale Primary School）
Ann Edwards（Primary Reading Adviser, North Thames）　＊
David Evans（Sir Thomas Abney primary Education）
Denise Halvey　（Effa Nursery School）
Gulzar Kanji（Staff Inspector（Primary））　◎
Helen Kerslake（Advisory Teacher）　＊
Loleta Matthew（Comber Grove Primary School）
Maggie McNeill（Ronald Ross Primary School）
Ruby nelson-Ojo（Advisory Teacher）　＊
Nick Oke（Education Psychologist）　○
Gill Palmer（Special Needs Advisory Teacher）　＊
Sue Pidgeon（Primary Reading Adviser, South Thames）　＊
Kirpal Rihal（Bannockburn Primary School）
Helen Savva（Centre for Urban Education Studies）　△
Anne Vellender（Primary Reading Adviser, South Thames）　＊
Lyn Watkins（Inspector（Primary,IBIS）　◎
Silvaine Wiles（Centre for Urban Education Studies）　△
Margaret Wyeth（Gallions Mount Primary School）

Myra Barrs（CLPE）
Sue Ellis　（CLPE）
Hilary Hester（CLPE）
Liz Laycock（CLPE）
Moyra McKenzie（CLPE）
Ann Thomas（CLPE）

＜運営委員会＞
上記ワーキングの構成員に加え、以下によって構成されている。
Alasdair Aston（Acting Staff Inspector（English））　◎
Ann Bostock（Diagnostic Centre for Learning Difficulties）　△
Tony Cline（Principal Educational Psychologist）　○
Ann-Marie Davie（Centre for Urban Education Studies）　△
Lakshmi de Zoysa（Centre for Urban Education Studies）　△
Joan Farrelly（Inspector, Special Education）　◎
Simon Fuller（English Adviser, Divisions 1 and 10）　＊
Barbara MacGilchrist（Senior Staff Inspector（Primary））　◎
Vinnette Melbourne（Inspector（Multi-ethnic and Anti-racist）　◎
John Stannard（Inspector（Primary））　◎

次に掲げる開発ワーキング・グループ／運営院会の構成員にも、それはよく表れている。

このように教師による日常的な評価システムである観察記録法の開発のワーキングには、小学校教諭9名、主事5名、視学官2名、(心理学)専門家1名、関連教育団体2名(1団体)の計19名が、センター職員6名とともに、1年という限られた期間に、企画、原案作成、パイロット実施、原案修正、パイロット実施、第一次試案策定を行ったのである。運営委員会には、これらに加え、視学官5名、関連教育団体3名(2団体)、主事1名、(心理学の)専門家1名が加わる。

行政側からは、視学官(初等教育部門、国語科部門、多人種／反人種差別部門、特別支援部門)、主事(リーディング主事、教科(英語科)主事、特別支援主事)がバランスよく複数分野から参加し、そこに心理学専門家が加わる。関連団体からは、内ロンドンの特殊性を反映した「大都市における教育研究センター(Centre for Urban Education Studies)」と多様な児童の実態に即した「学習障害・学習困難診断センター(Diagnostic Centre for Learning Difficulties)」が参加。観察記録法は、これら行政側の枠組みのなかで、現職教師9名とセンター職員6名の15名が、実行部隊として開発。普及、推進に取り組んだのである。1986年から87年の1年間に50校の小学校で実施・検証された。ワーキングの構成員の教師は、9名、9校。残りの41校における実施に、センター職員が全力を注いで普及・推進に努めたことは想像に難くない。

このように、開発、普及、推進のすべての過程に、小学校教師がセンター職員とともに深くかかわっている。言い換えれば、開発期間は、そのまま観察記録法を普及するためのファシリテーターとしての教師教育の場でもあった。行政側の理解、了承を得ながら進めたであろう観察記録法は、ILEA解体、NCによるSATs導入の時期と重ならなければ、内ロンドンの小学校における影響力はかなりのものが期待できたであろう。後に、カリフォルニア州やニューヨーク・シティに、この応用版が普及していくが、

第1章 教科教育センターの設立とその背景

多くの実践の洗礼を経て開発されたことが、当地における受け入れやすさに通じていったのではないかと予想される。

実践者他、多様な立場からの実施実態および評価をまとめた以下の刊行物が、開発開始から10年後を期してまとめられた。編者は、センター職員、Olivia O' Sullivan である。

O' Sullivan,O(1995) *The Primary Language Record in Use.* CLPE/ London Borough of Southwark である。加えて、開発から10年間の実施経験を踏まえ、もっとも深く開発に携わったセンター職員の手で、新たな指導書がまとめられている。Barrs, M. Ellis, S. Kelly, C. O' Sullivan,O. & Stierer, B.(1996) *Using the Primary Language Record Reading Scales: Establishing Shared Standards.* CLPE/ London Borough of Southwark. である。およそ10年に渡る刊行物を列挙しただけでも、このPLRの開発が、センターの基本指針とする教師の自己評価力の向上にかかわる礎を築いた「生成期」であったことが知られる。

(4) a) Barrs,M. & Thomas, A.(1991)*The Reading Book.* CLPE(London Borough of Southwark)
b) Ellis,S.(ed.)(1995)*Hands on Poetry: Using Poetry in the Classroom.* CLPE
c) Ellis, S. & Barrs, M.(1996)*The Core Book: A Structured Approach to Using Books within the Reading Curriculum.* CLPE
－文学を軸としたリテラシー教授プログラムの開発・推進への果敢なこころみ

これら3冊は、(児童)文学を軸としたリテラシー教授プログラムの開発・推進にかかわる、実態調査にもとづく90年代の成果をまとめたものである。一見すると、先の観察記録法とは無関係のように見えるが、そうではない。

特に、*The Reading Book*(1991)は、(児童)文学を用いた読みの学習指導の基本指針、実践的な指導法、児童の反応の実際と教師の対応のありよ

うを具体的に示すとともに、読みの学習指導を支え、突き動かすものとして観察記録法の活用を述べたものである。先の指導書 *The Primary Language Record: Handbook for Teachers*.（1988）と重なる記述も多いが、文学の読みの学習指導に有機的に働くものとして明確に位置づけられたところが、特筆すべき点である。

評価は評価、読みの学習指導は読みの学習指導といった別個のものではなく、*Tried & Tested*（1985）ですでに見られた、児童文学への児童の反応をてこに判断していく読みの場の創造と、展開を模索していく教育姿勢が、踏襲されている。（主観的判断ではあるが、一定の観点に基づき）より客観性をもった観察記録を踏まえ、児童の実態を継続的に把握しながら、次の授業を構想していく読みの授業過程を明確に示した初めての書物である。センターの理論的基盤の拡張期を代表する刊行物である。

こうした先駆的取り組みが、コアブック・コレクションの編纂、児童文学を活用した体系的学習指導法の開発、提案へと、発展的に継承されていった。*The Core Book: A Structured Approach to Using Books within the Reading Curriculum*（1996）である。当時のセンター長と副センター長が中心となってまとめている。本書巻末に掲載されたコアブックは、Lazim, A.（2008）*The Core Book List*（CLPE）として拡充された図書リストが単独で編纂された。センター職員全員で数年間かけた選書活動の成果を、センターの図書室司書がまとめた。2013 年に、第 3 回目の改訂がなされた。

なお、1993 年 11 月のセンター研修には、「コアブックの活用」と題した 3 日間の講習が企画され、95 年 5 月にも、3 日間の同様な講習が組まれている。同年 10 月 18 日には、単発の放課後講習が企画され、コアブック実践教師の実体験を発表する内容になっている。講師は、いずれも Ellis である。このように、本として *The Core Book*（1996）が世に問われるまでに、講習や個別の実地指導を通して、児童の反応調査と教師の指導実態の双方を十分にとらえ、手ごたえを感じた上での出版であることがわかる。こうしたセンターの先駆的な取り組みのなかに、95 年 NC 改訂草案で掲

第1章　教科教育センターの設立とその背景

げられた教師の主体性の重視も、無理なく組み込まれていったと考えられる。NC改訂の時期に即応しただけではない、継続的な教師への働きかけと実態調査および実験的な開発という教師教育のありようが、センターを時代のシンクタンクとして機能させた一因であろう。詳細は、3章に掲げた。

　一方、当時の副センター長Ellisは、同時期、詩を核とした読みのカリキュラムを見据えた1冊を編纂している。この詩というジャンルを活かしたリテラシー教授は、一貫してセンターが推進してきた事業である。後にセンター主催の年間最優秀詩集の選出（Poetry Award）へと事業を拡張し、詩人と詩集と教師を密接に結びつけ、ひいては授業の場に活かすことをめざした啓発活動へと継承されていく。人気詩人の一人であるMichal Rosenは、継続的にセンター研修の講師を務め、CLPE②の後援者の一人としてセンターの活動を支援している。

　他方、2000年代には、読書力向上プロジェクトから生まれた児童の創作詩を中心に編纂したアンソロジーを、Southwark教育委員会と連携し、年1冊Southwark地区の公立小学校児童の作品集として刊行した。財政的な理由で、10年を経て、休刊もしくは不定期刊行に至っている。入手しえたものを以下に掲げる。

・CLPE（2007）*The Power of Words*（Southwark EiC Anthology of Children's Writing No.6）CLPE.
・CLPE（2008）*Write Inside: Writing Inspired by Creative Approaches to Children's Literature*（Southwark EiC Anthology of Children's Writing No.7）CLPE.
・CLPE（2010）*Voices*（Southwark EiC Anthology of Children's Poetry No.9）CLPE.

　各ページ上には、児童の描いた絵や作った図工作品の写真と詩作品がレイアウトされ、児童の絵を用いたアニメーションに児童の詩の音読をあわせたDVDがついている。けして十分練習した音読ではないが、1年間の

学習の成果が 1 冊に詩集に収められ、自分の本として残る、そういう学習環境を、多言語文化を背景とし社会的経済的問題の少なくない内ロンドン Southwark 地区の児童に保障しようとした試みである。

センターは、教師に、多様な詩集に出会う機会を提供する努力を重ね、Voices（2010）などの児童の学習成果物出版へと還元する。教師の啓発に始まったセンターの教師教育は一巡し、成果物から新たな詩の授業構想へとフィードバックしていくことがねらわれている。

(5) a) Dombey,H.,Moustafa, M. & CLPE（Barrs,M. Bromley, H. Ellis, S. Kelly,C. Nichlson,D. & O'Sullivan,O.）(1998) *Whole-to-part Phonics: How Children Learn to Read and Spell*.CLPE/Heinemann.
b) Bromley,H.（2000）*Book-based Reading Games:A Language Matters Publication*. CLPE.
c) O'Sullivan,O. & Thomas, A.（2000）*Understanding Spelling*. CLPE.[55]
－フォニックスと綴り学習のための現職研修資料

1998 年「リテラシー指針」が推奨される。NC の細案に当たるもので、語レベル、文レベル、テクストレベルの指導事項が掲げられた。センターは、語レベルを中心に、音素と形態素のかかわりを活用して、単語を読んでいくフォニックスと綴り学習にかかわって、*Whole-to-part Phonics*（1998）、*Understanding spelling*（2000）をまとめている。前者は、文学を用いてフォニックスを学んでいく方法を、実践事例の検証を踏まえ、作業のための作業に陥らぬよう具体的に提案している。「リテラシーの時間」に活用できるよう配慮が見られる。

後者 c) は、執筆者であるセンター職員 O'Sullivan と Thomas が、複数の小学校で行った 3 年間の継続実態調査に基づいていることが、もっとも

---

55) 同書は、2007 年に、CLPE/Routledge で重版。

特徴的であり、高い評価を得ているところである。一足飛びにスペルがわかる方法を示すのではなく、じっくり時間をかけて観察された児童個々のスペルにかかわる学びの質、潜在的な躓きをどのように探り当てていくべきかを丁寧に説いた書物である。時代の文教政策がフォニックス重視となったときにも、独自に貫いてきた基本事業を維持しつつ、柔軟に対応できるセンターの基盤は、この調査研究にも見て取れる。

　b) *Book-based Reading Games*（2000）は、（児童）文学を活用した物語遊びの数々を、実例とその検証をもとに実践的に提案したものである。これらも、後の読書力向上プロジェクトにおいて学習指導法として結実していく。

　いずれも、センター職員の実地指導、児童実態調査の結果とその分析に基づいた提案であるところが、特徴的である。単なるアイディア集に止まらない理由は、この実態調査・研究を重んじるセンターの研究的側面を崩さぬ姿勢に他ならない。このようにセンター開設時から一貫した実態調査・研究への不断の努力は、2000年代につぎの2冊の書物となって結実していく。

(6)　a) Barrs, M. & Cork,V.(2001)*The Reader in the Writer: The links between the study of literature and writing development at Key Stage 2*.CLPE
　　b) Safford, K., O'Sullivan,O. & Barrs,M.(2004)*Boys on the Margin: Promoting Boys' Literacy Learning at Key Stage 2*.CLPE
　－教育改革運動の実質的機軸となる児童実態調査

　The Reader in the Writer（2001）は、教師教育局報告書 *Effective Teachers of Literacy*[56]（1988）の推奨を受け、Key Stage2の児童が文章表現を通して意

---

56) Medwell, J. Wray, D.Poulson, L. & Fox, G. （1988） *Effective Teachers of Literacy*. University of Exeter

味を生成し、それを他者に伝える方法を観察することをねらいとした。同時に、書くことの指導が児童にとって意味のあるものだということを、いかに教師が大切に扱うかを見て取ることを目的としている。加えて、センターは、児童が読んだり学んだりした児童文学が、かれらの文章に与える影響を跡付けたいと考えた。文学的テクストが文体的に児童の文章に反映するありようのみならず、書くことを通していかに意味が探求され、発展され、それとコミュニケートできるか、その方法の理解に、文学的テクストがいかに影響するか、その方法を明らかにしようとしたものである。調査は、98年からの1年間、背景の様々な5校に協力を仰ぎ、5年生の抽出児童の継続的観察記録を積み重ねた。学習過程で描かれた文章を具体的に示しながら、分析・検討を加えたものである。

Boys on the Margin（2004）は、センターが行ってきたジェンダーの観点から児童の言語学習実態を捉えようとする一連の調査研究の延長線上に位置する。*Reading the Difference: Gender and Reading in the Primary School*（1993）[57]という論考集が、この領域の主な口火を切った書物であろう。12名が論考を寄せている。一例として、巻末のEllisの論考には、観察記録法を用いて児童の学習実態を継続的にとらえた実証データが整理されている。学習環境を整え、教師が先入観を持たずに臨むと、必ずしも男児は女児に劣ることなく、バランスの取れた、個々の児童のありようが見えてくるのではないかと問題提起している。[58]

それを受けて、NCの書くことのレベル4に到達した児童の男女差が問題になる[59]なか、センターの研修プロジェクトBoys and Writingに参加した教師による実態調査にもとづく論考を中心とした*Boys & Writing*

---

57) Barrs, M. & Pidgeon, S.（eds.）(1993) *Reading the Difference*. CLPE
58) 同前所収。Ellis, S. 'Changing the Pattern' pp.118-130
59) Ofsted（1993）*Boys & English*. Ofsted/ Ofsted（1996）*The Gender Devide-performance differences between boys and girls at school*.HMSO. など。
60) Barrs, M. &Pidgeon, S.（eds.）(2002) *Boys & Writing*. CLPE

（2002）[60]が続く。寄稿者のなかには、UKLA の中心人物、Eve Bearne、Gemma Moss など、教育とジェンダーにかかわる発言で注目されていた研究者も含まれる。これも、教師教育の一環に位置づけられるのは言うまでもない。[61]

Boys on the Margin（2004）は、以上を受け、内ロンドンの 4 校に協力を得て実施された調査プロジェクトの報告書である。ある特定の学習指導法が、十分な到達度に達していない男児の学習意欲を喚起し、よりよい学びを引き出す可能性があるかどうかを調査した。とくに留意した指導法は、talk などの音声表現活動、および、ドラマや ICT 活用を含むインタラクティブな方法である。*The Reader in the Writer*（2001）と合わせ、Key Stage2 に焦点を当てたこれら調査研究を踏まえ、2006 年以降読書力向上プロジェクトが構想され、高学年の指導書から出版が始まった。

なお、2003 年センターが行ったプロジェクトの成果報告書 *Animating Literacy*[62]（2003）は、芸術の専門家と教師が協働で行った授業開発と実践を扱っている。この取り組みも「インタラクティブ」な学びの場を創出し、さまざまな書く活動へと繋がっていった。その意味において、先の調査を踏まえ、実践的な改良や実験的試みへと連動したもので、そこで開発された観察記録法の応用形は、教師の自己評価力向上の一翼を担うものである。

(7) CLPE.(2003) *The Best of Language Matters*. CLPE －機関誌主要論文集

2004 年、センターは独立採算制の団体へと組織替えを行う。その節目に当たり、機関誌 *Language Matters* から時代を代弁すると思われる記事を選び、撰集を編んでいる。70 年代 5 本、80 年代 12 本、90 年代 19 本、

---

61) 著者は未見であるが、Barrs, M. & Pidgeon, S.（eds.）(1998) *Boys & Reading*. CLPE が出版されている。同様な研修プロジェクトとタイアップした成果集ではないかと予想される。
62) Ellis,S. & Safford, K.(eds.) (2005) *Animating Literacy: Inspiring Children's Learning through Teacher and Artist Partnerships*. CLPE

2000年代4本、計40本である。各々の時代の特筆すべきトピックを列挙し、時代の流れを映し出す編集方針である。執筆者にも配慮が窺え、小学校教師、主任教諭、学校長、主事、諸地域センター職員、大学研究者など、バランスの取れた布陣である。小学校教育にかかわる個々の専門的立場を反映させることで、教師教育の動的な展開を多面的に記録しようとしたセンターの包括的な編集方針が見て取れる。

(8)　a) Bunting, J., Nicholson, D. & Barrs, M. (2006) *Book Power Year 6: Literacy through Literature.* CLPE →改定重版（2011）
　　b) Bunting, J.,Nicholson,D. & Barrs,M. (2008) *Book Power: Literacy through Literature Year 5.*CLPE.
　　c) Bunting, J., Nicholson, D. Mcgonigle, S. & *Barrs,M.* (2008) *Book Power: Literacy through Literature Year 1.* CLPE
　　d) Bunting,J., Ellis,S. & Vernon,J. (2010) *Book Power: Literacy through Literature Year 2.*CLPE.
　　e) Lazim,A. (2010) *The Core Book List: Supporting a rich reading and literacy curriculum.* 2010edition,CLPE

一読書力向上プロジェクト（Power of Reading）推進・普及のための指導概論

これら5冊は、読書力向上プロジェクト推進・普及のための指導書である。書籍が刊行されるまでは、研修参加者にのみ、web上で、学習指導法、学習指導展開、教材、ワークシートなどが公開されていた。学校が負担する年間の研修費は、およそ20万円強で、きわめて手厚いweb資料が潤沢に提供されてきた。その蓄積をもとに、実践資料をさらに刷新し、書籍として編集・刊行し、全国区の普及を図ったものである。平行して、web資料も、それまで同様、随時更新され、研修参加者の読書ブログ等も効果的で、個々の教師の実践を支援している。詳細は、第4章に掲げた。

　以上、主なセンター刊行物を通して、30年余にわたる活動の流れを追っ

た。個々の調査研究成果や教授プログラムの提案等が断片的ではなく、80年台から今日に至るまで変わらぬセンターの教師教育の基本姿勢が脈々と貫かれていた。実態調査、授業のモデル化、実地指導における反応や振り返りなどの諸活動を、熟考の上、変更、修正を加え、活字化し単行本として刊行する。それによって、個別の教師へ助言・指導や研修の内容が、時々で消化されていくのではなく、活字化を通して一定のモデルとして内ロンドンの教師へと還元されていくのである。個別性と全体性、ミクロの指導とマクロの指導が両輪となって、センターの教師教育の骨格をなしている。

　いずれの刊行物においても、センター主導のモデル提示と解説および調査結果の統計処理に終始せず、多様な状況下の教師が存在感をもって位置づけられている。調査・観察、実験授業など、実地指導の場において、職員と教師は、指導助言者と被支援者だが、児童と学習状況の理解、把握において研究チームである。この関係性の構築もまた、教師教育を通して具現化する国語科教育の改革の研究の姿として、センターが注意深く育みつづけたあり方なのである。

第2項　センターの機関誌 *Language Matters*

　機関誌は、1975年に創刊され、2002年に広報的性格を中心としたwebニュースに移行した。財政的な危機の中で発行冊数は減少していくが、折々のセンターの取り組みの基本姿勢を示した専門的な広報誌であり、情報誌である。機関誌は以下のように発刊されてきた。

1975～1977　第1巻、第2巻、No.1～4、各4冊ずつ、計8冊
1978～1990　年3冊　No.1～3
1991～1997　2年に3冊（一部、例外的刊行を含む）No.1～3
1998～2002　年2冊　Spring-Autumn もしくは Summer-Winter

　入手しえた54冊、391所収記事を主な内容別に分類し、①所収記事の大要、②書くことの教育に関して、③読むことの教育に関して、④地域・学校・家庭の連携とバイリンガル教育政策に関しての4観点に基づき、機

関誌掲載記事[63]からセンターの取り組みの軌跡を追う。(83頁表9)

記事は、研究者・センター職員による理論解説、他団体との連携研究調査の総括、教師や主事による実践記事、書評や情報提示に分けられる。70年代から90年代を通じ、先の研修内容同様、読むことにかかわる記事が比重を占めるとともに、教師向け参考文献類の書評が毎号欠かさず掲載され、読書人としての教師支援が如実である。バイリンガル教育、地域・家庭との連携教育も一貫して掲載される。書くこと、話す・聞くこと、入門期指導も常に取り立てられている。また、機関誌（1975～2002）は、1979年サッチャー政権開始から97年下野するまでの保守党政権の教育政策を代弁するとともに、その形骸化された実施・普及に対するセンターの攻防史が窺える。

年代的な特徴をみたところ、NC制定以降は、読みの水準の問題を反映し、読むことに紙面の多くが割かれている。実態調査と教授法の開発、評価法の課題、社会文化的背景を反映した話す聞く教育に関する寄稿が目を引く。研修内容と同様、NCの影響によってメディア・リテラシーが同時期に加わった。一方、地域性を反映し、一貫して多言語文化背景を踏まえた国語科教育が取り上げられている。本項は、これら基本的傾向に加え、80年代に、センターが書くことの学習指導を重視した点に着目した。NCの教育改革の先取りともいえる提唱であったからである。

(1) 機関誌掲載記事の分類

先の表9は、所収記事を内容別に分類整理したものである。記事は、研究者・センター職員による理論解説、他団体との連携研究調査の総括、教師や主事による実践記事、書評や情報提示に分けられる。表9をみると、

---

[63] LMの総目次は、拙稿「旧内ロンドン教育局国語教育センターCLPE機関誌－"Language Matters"（1975 – 2002）総目次と改題」『野地潤家先生卒寿記念論文集』（大阪国語教育研究会編・刊、2009.4.12、pp.302-321）にまとめた。本書資料編の総目次は、補筆、改稿したものである。

第1章　教科教育センターの設立とその背景

表9　Language Matters の掲載記事分類（1975〜2002）

分類	小分類	創刊号〜2002年終刊までの記事数	70年代	80年代	90年代〜終刊
その他		9	3	3	3
編集者序文		35	9	7	19
センター研修情報		6	5	0	1
書評		59	15	17	27
教師観		2	1	1	0
言語指導観		23	2	7	14
ナショナル・カリキュラム		10	0	9	1
評価		13	0	8	5
ドラマ、視聴覚メディア等の活用とリテラシー		10	0	0	10
地域教育支援・家庭教育支援		18	3	12	3
話すこと・聞くこと		42			
	語り		0	4	0
	ことばあそび		0	3	0
	バイリンガル教育・多言語文化とリテラシー		4	2	11
	話すこと・聞くこと		5	0	13
書くこと		65			
	多言語文化と書くこと		0	3	0
	説明文		0	0	2
	物語創作・再話		5	8	1
	書くこと		7	17	13
	Shared Writing 学習指導法		0	3	0
	書くことの入門期指導		1	2	1
	綴り		0	1	1
読むこと		86			
	多言語文化と読むこと		1	0	3
	作家インタビュー		0	4	0
	図書館の拡充と活用・読書週間など		16	2	11
	ノンフィクション		0	0	4
	絵本／伝承物語		0	4	10
	読解力・読解法・読者反応		0	8	23
入門期指導		13	1	2	10

83

70年代から90年代を通じ、読むことにかかわる記事が比重を占めるとともに、教師向け参考文献類の書評が毎号欠かさず掲載され、読書人としての教師支援が窺える。バイリンガル教育、地域・家庭との連携教育も一貫して掲載。書くこと、話す・聞くこと、入門期指導も常に取り立てられている。80年代には、センターがシェアード・ライティング法を開発、普及を目指したことで書くことの関連記事が多い。一方、90年代はNCを反映し、読みの水準が問題とされ、実態調査と教授法の開発、評価法の課題、ならびに社会文化的背景を反映した、話す・聞く教育に関する寄稿が目を引く。メディア・リテラシーが加わるのも同時期である。

　LMは、基本的読者層も、管理職・主事・教師・補助教師・地域保護者・教員養成課程学生と幅広く、センターの研究調査事業、研修事業の社会への還元・普及を、学校現場の実態を考慮しながら補完するように存在していたととらえている。

　LMは、1989年No.3をもってILEA傘下の教育センターとしての刊行を終える。89年No.2、No.3は、2号連続のNC特集号でもある。ここでは、NC導入へと向かう80年代の文教政策がロンドンの小学校に向けた教師教育へ、いかに反映していったかを知る一資料として、書くことを軸に素描を試みる。

(2) 機関誌にみる書くことの教育の動向

　次の表10に見られるように、特集は毎号組まれるわけではないが、おおよそリテラシー（書くこと／読むことA／B）、社会文化的学習環境（C）、言語政策（D）に三分できる。

第1章　教科教育センターの設立とその背景

表10　Language Matters の特集

	A 書くこと	B 読むこと	C 話すこと・聞くこと	D 学習環境	E 言語政策
1982	No.1 書くこと				
1983	No.1&2 書く力の実態と発達	No.3 読書反応			
1985	No.1/2 Shared writing	No.4 自作を語る			
	No.3 書き手になるということ				
1986				No.1 ことばとジェンダー	
				No.2 家庭と学校	
				No.3 家庭と学校2	
1987	No.1 書くことの学習	No.3 教材としてのテクスト			
1988		No.2/3 集 物語と読み聞かせ			No.1 言語教育指針の構築
1989					No.1 言語学習記録の活用
					No.2 ナショナル・カリキュラム1
					No.3 ナショナル・カリキュラム2

(補注)　機関誌の号数表示は、実物表記に準じた。

2.1 リテラシー（A・B）―シェアード・リーディングとシェアード・ライティングの連携

　Smith（1982）は、writing という用語の多面性を指摘し、作家とその秘書に準え、意味を組み立てていく構想（composition）と文章として視覚化すること（transcription）の二面からなると述べた。二者の境界線は厳密ではなく、両者は互いに干渉しあう。想を練ることに集中しすぎると文字は乱れ、綴りや句読点も間違いやすい。一方、きちんとした表記にとらわれすぎると、想の構築がおろそかになり無意味な文章となる。[64] この両者の干渉のバランスを自覚するに至らない書くことの入門期においては、なおさらである。80年代のLMにおける書くことの記事は、このSmithに拠って発想するところが大きい。

　また、80年代後半にはNational Writing Project（85～88）[65] が実施され、体系的な書く学習の必要性と可能なかぎり多様な目的と読者層を想定する重要性が強調される。これらは、NC（DfE,1990/1995）、「全国共通リテラシー指導方略指針（DfEE,1998、以下「1998年指針」、NLS）に反映されていく。Temple 他（1982）[66] の developmental approach など、正確な綴り、文字表記の重視、限られた語彙等に縛られた学習から、自らなんらかの記号を駆使し表出しようとする行為を教師が見逃さず、支援する学習法が登場した時期でもある。80年代のLM記事に書くことの関連記事が多いのも肯けるところである。

　Barrs（1987）[67] は、「編集者序文」で、それまでのリテラシー理論調査を概括し、書くことが軽んじられてきたことを指摘。用語「リテラシー」は読みの力の発達に比重が置かれ、書くことの教育を本格的に取り上げる

---

[64] Smith, M. *Writing in the Writer*. Routledge.1982. pp.19-20
[65] プロジェクト成果は、NCC刊行物 *Becoming a Writer*（SCDC Publications1989）他がある。
[66] Temple, C.A.et al. *Beginnings of Writing*. Allyn & Bacon Inc.1982
[67] Barrs, M. Introduction...LM1987.No.2&3.pp.1-2

べき時期にあると強調する。初代センター長 Mackay 開発の Breakthrough to Literacy に代表される、スクールズカウンシル・プロジェクト 'language experience approach' も、児童の話し合いを通して単語カードを組み合わせ、文を作成する学習者主導型ではあるが、'I like this…' 文型のパターン化が見られ、児童が作成しえた文・文章を超えた書く学びに繋がりにくい。自分の思いが文字化されることの喜びも大きいが、児童の文章が読みの第二教材となることに比重が置かれ、読みの向上に中心を置いたリテラシー教育の一環と位置づけた。また、Holdaway（1979）[68] も、読むことに紙幅のほとんど割いたリテラシー教授論とする。Clark（1976）（1984）[69] でようやく具体的な書くことの発達事例研究が登場。80年代後半になり、児童の自律した読む書くリテラシーへの関心が高まる。文字のつもりで幼児が書き付ける記号とその自発的行為、書くことについての入門期児童の知識に着目が集まり始めた。綴りは常に課題ではあるが、書くという行為のシステムを理解し始めれば、児童は書くことの出発点に確実に立つのではないかと述べる。この問題意識を実践につなげる理論の一つが、先の Smith で、児童の言葉を聞き書きする教師の役割（teacher as scribe）は、常に重要な学習指導方略となると結ぶ。

　この状況下におけるセンターの 80 年代の中心的学習指導法の提案がシェアード・ライティング法である。Holdaway（1979）の大型本を活用した読みの入門期指導シェアード・リーディングの実践に着想を得た。

　シェアード・リーディングは、80年初頭から今日に至るまでCLPEが推進する読みの学習法である。クラス全員で1冊の大型本を囲み、読みの熟達者である教師が実際に読んでみせながら、フォニックス、単語、句、文、文章へと意味のまとまりを拡げていく。児童は、読み進む過程を教師

68）Holdaway, D. *The Foundations of Literacy*. Heinemann.1979
69）Clark, M. *Young Fluent Readers*.Heinemann Educational Books, 1976./ 'Literacy at Home and at School: Insight from a Study of Young Fluent Readers.' *Awakening to Literacy*. Goelman, H. et al.（eds.） Heinemann.1984. pp.122-180

とともに分かち合いながら、語彙、統辞法、反復によるリズムなどの表現特徴、物語の舞台設定や人物について基礎的理解を育んでいく。挿入される発問には、もしこの単語がなかったら、違う表現なら、この人物について同じように感じるか、など物語言語の効果を問うものも含まれる。文字や綴りの解読練習ではなく、一貫して物語読解であることが重要視される。当時のセンター長 McKenzie（1985）[70] は、Cochran-Smith（1984）[71] を引き、文脈を離れ客観的に説明しようと試みることは「文字記号の解読にとどまらず、多様な文学ジャンルや他のテクストの典型の本質や求めるところを理解することをも含んでいる」と指摘する。そのため、物語経験の少ない児童、英語を母語としない児童、読みの困難児にとっても、シェアード・リーディングは、物語を学ぶ学習環境が保証され、理性によって共感する方法へと誘われながら、物語の世界に身を躍らせることができる学習指導法としての有効性を説く。

　児童は、一斉学習のあと、学級文庫の普通サイズの本を自分で読む、友人と読みあう、だれかれとなく身近な人に読んで聞かせる、保護者に向かって読むなど、一人読みへの自信と物語を楽しむ思いが交差するうちに、徐々に正確な解読に支えられた音読へと移っていくことが期待されている。

　McKenzie（1985）は、研修参加者 Eugenie Foncette が大型本 *Trouble in the Ark* を用いた 5-6 歳児（1年生）向けシェアード・リーディングの成果を報告するなかで、長雨に降り込められる動物に同情する児童から不満の声が上がった事例を紹介している。雨で遊び時間が台無しになった児童の経験が語られ、動物がハッピーなもっと楽しいノアの箱舟物語を作成するに至った。「これこそが、児童の物語への反応そのものである。どれほどの話し合いが展開したかしれない。どうすれば動物がハッピーになれるか想像をめぐらし、長雨が続けば互いにどうやって楽しみを見つけていくか、

---

70) McKenzie, M. Shared Writing: Apprenticeship in Writing. LM. 1985 No.1/2. pp.1-5
71) Cochran-Smith, M. *The Making of a Reader*. Ablex Pub.1984

個々の児童は動物になって物語遊びを始めた。」

　その後動物の絵を描き、教師は児童と話しあいながら、絵の傍らに文を書き込んでいく。「ヘビはぐるぐる渦巻きを始め、踊り、みんなは大笑い。」「蝙蝠はかくれんぼを始め、みんなは大笑い。」など、類似表現で文を始め、同じ表現で結ぶ。（'The＿＿began to＿and＿＿ and everybody laughed'）パターンがわかると、児童が真似て書き始め、1冊の本にまとめられた。教師は、文字の書き始め、スペースの位置、単語の配置など基本を指導する場が生

表11 シェアード・ライティングの成果と注目すべき点

- 熟達した言語活用者の教師の傍らで見習いをする。
- 何らかの形にまとめられる過程で、児童の発想や言語表現は、教師やグループによって検討され、形づくられ修正される。
- 経験値やスキルの大小、学習参加の深浅にかかわらず、作家として、挿絵画家として、すべての児童が本作りの全工程にかかわれる。
- 文字記号の約束事、句読法、スペース、頁構成等は、教師の聞き書きで明確に示され、児童は、自分の書く目的を実際の書く作業と結びつけて理解する。
- 児童は、ある特定のテクストには特定の文章形式や言語表現が必要なことを次第にわかり始める。
- 文章に一定の一貫性を構築するには内在する論理が必要である。この論理を通し考える活動に参加する。
- 児童は、物語構造、冒頭文、人物の選択と人物像の発展、事件の展開、問題解決と物語の結び方についての感覚を身につけ、すべてを自分で制御するようになる。創造したテクストの主という経験をする。
- 多様なテクストの書き手のように、児童も読み手意識を発達させる。他のクラス児童や他学年の読み手によって広範な読者を体験できる。
- シェアード・ライティングは児童に説明言語を発達させる機会を与える。「蜂が花の蜜を取りに行くのを、かれはじっと見ていた」という文の「かれ」とは誰なのか、読者がわかりやすいようにテクスト中にヒントを入れておかなければいけないことに気づかせる。
- グループや教師の支援を受け、いかにページ上で明瞭で受け止められやすいやり方で、テクストや挿絵を配置するかを判断する。

＊このようにシェアード・ライティングには、明らかに、繊細で熟達した教師の授業力が求められる。注意深く児童の言葉に耳を傾け、強制ではなく、児童の発想と言葉を統合し、ひとつのテクストに収束していくよう手助けする教師力である。

(LM．1985．No.1/2　p.29)

まれたという。

　McKenzie（1985）は、Smith（1982）を引きながら、行為モデルとしての教師の役割を指摘する。「書きたいと思うなら、書かれていくところを見なければならない。書くことによって何ができるかを見なければならない。（略）書き言葉のもつパワーをもっとも直接的で関連付けながら児童に指し示す方法は、児童といっしょに書くことである。」

　このように研修参加者のシェアード・リーディング実践報告とフィードバックの中から始まった書く学習であったことから、シェアード・ライティングと名づけることとなった。「想像を膨らませ自分の物語を作りながら、書くことの内的な対の二側面に関してたっぷりと経験し学んでいくのである。二側面とは、意味を構想・構築する過程（composing）と文字によって表記されていく過程（transcribing）で、書くとはどういう行為か書き手を観察すること」である。これが、物語や他のテクストに対する児童の考えを発展させ、その考えを単語、文、文章、一定の長さの段落に組織することを学ぶことなのである。「自分一人で書き進めるという緊張感から開放され、書くとはどのような行為かを教師が明確にさし示すのを観察していればよい。適切な文章や綴り、ページ上の文章レイアウト、フォーマットも明示される。幼い見習いは、言語活用の熟練者の傍らで学んでいくのである。」

　McKenzie（1985）は、シェアード・ライティングの利点を前頁の表11のようにまとめ、教師に明示した。教師の文章モデルの視写ではなく、書き言葉で意味をなしていくとはどのような過程なのか、教師の行為モデルを見ながら、仮想体験として共有する「徒弟」空間の具現化を重視した学習指導法の提案であった。

　後年「1998年指針」（NLS）で、「リテラシーの時間」内に、上記のような指導者主導型と学習者支援型の読むことと書くことが対になって（shared/guided reading と shared/guided writing）、基本学習指導法として推奨された。NCおよびNLS作成過程で多様な実践研究団体の成果が収集、再編

第 1 章　教科教育センターの設立とその背景

成され、一つの定型として提示される。センターも依頼を受けた一つである。当然個々の実践研究特性や必然性は濾過され、新たな汎用性が求められ、センターの提言が直接反映したわけではない。また類似した発想もあったであろうが、M. Meek（当時ロンドン大学教育研究所リーダー）の指導助言によって Holdaway[72] を積極的に導入したセンターの学習指導開発が NC 等の礎石の一隅をなしていたことは興味深い。センターは、1990 年 *Shared Reading Shared Writing*[73] として 1 冊の本にまとめている。

　一方、80 年代は、一般的な書くことへの軽視を覆すように、83、85、87、89 各年度の LM 誌上には、書くことの発達にかかわる大小の実態調査報告が掲載される。後年、*The Reader in the Writer* へと結実する基本姿勢である。一人もしくは複数児童の通年の書く学びを具体的に示し、児童の文章の見方（評価）の一例を実践的に提示するのが基本である。(Barrs, M & Potter, C.(1985)[74] 他)

　なかでも Johnson（1987）[75] は、St.Winifred's Infants School、83-86 年度 4 年間の 'Developmental writing technique' の全校実践（入門期から 3 年生）とその成果を克明に報告している。シェアード・リーディング／ライティング法を学習の中心に置き、書けないことを自覚する児童や綴りの間違いを恐れる多くの児童に向け、物語体験の希薄さを補い、書くことのイニシアティブを取れる児童と書くことへの関心の喚起を、指導の留意点とした 'developmental writing theory' を反映した実験的な報告である。

---

72) Holdway, D.（1979）*The Foundations of Literacy*. Ashton Scholastic./　同（1980）*Independence in Reading*. Ashton Scholastic.
73) CLPE. *Shared Reading Shared Writing*. CLPE. 1990
74) Barrs, M. & Potter, C. The Making of a Writer. LM.1985.No.3.p.26
75) Johnson, G. Writing development and developing writer.LM.1987No.2/3 pp.3-9

2.2 社会文化的学習環境としての家庭

　書くことの教育にかかわる社会文化的学習環境の観点から80年代中心に取り上げる。

　バイリンガル教育とコミュニティ言語にかかわる視学官Tsow（1986）[76]によれば、1985年当時、UK（連合王国）中最大の地方教育局ILEAには、56,607名の英語を母語としない児童が在籍し、83年と85年の比較調査では、11％の増加が見られたという。ILEA実施の市勢調査によると、多様な地域語やコミュニティ言語を除き、1985年161言語の話者が記録され、内83％をBengali、Turlish、Gujerati、Urdu、Chibese、Spanish、Greek、Punjabi、Arabic、Itarian、French、Portugues、Yoruba（西アフリカヨルバ族の言語）の13言語が占めると報告されている。

　Tsowが企画実施した小学校向けバイリンガル教育支援は、児童に人気の絵本 *Where's Spot?*（二か国語併記の英語／ベンガル語版・英語／中国語版およびギリシャ語翻訳）を用いた児童の言語実態に即したものであった。イギリス生まれで、英語力が母語を上回るギリシャ人児童の場合、母語で物語を語り直す、書くという学習が児童の母語への関心を育んだ。同様に、異なる地域語話者の中国人児童の場合、絵本の標準広東語が読めず、英語版を読む傾向が強いなか、徐々に母語で書くように意欲づけを行った。児童の母語への関心の掘り起しに重点を置いた、アイデンティティ・クライシスを防ぐことを主眼とするバイリンガル教育支援の一例である。

　こうした支援は保護者にまで広げられた。「母と子どものライティング・グループ」である。Sneddon（1986）[77]は、Jublee Primary School低中学年のトピック授業で'Ourselves'を取り上げ、保護者にも参加を呼びかけ、幼少時の様子を語りながら児童と本作りをすることを勧めた。（全校の40％、380名がバイリンガル児童）バイリンガルの保護者は積極的に英語で

---

76) Tsow, M. Dual Language Text or Not.LM1986. No.3.pp13-17.（1986年7月 UK/IRA大会で口頭発表したもの）

77) McKenzie, M. Shared Writing: Apprenticeship in writing.LM.1985No.1/2.pp.1-5

第1章　教科教育センターの設立とその背景

表12　母と子のライティング・プログラム（Jublee PS）

1	母と子の本作り（写真などの活用）―①児童について：例　生い立ち編（"When I was little…"）／出来事編（"A day in the life of …"）／二方向からの本作り―児童が母親について書く／②物語創作：既成の物語の登場人物になる／昔話や民話
2	子どものための本作り（母親） ：例　創作／昔話／家族の経験談
3	児童の本作り：母親に、書く過程において何をどう支援すべきかを助言
4	図書コレクションの収集（母親）：学校向け、家庭向けのテーマ別収集
5	語りの練習（母親）：多様な語りの伝統的手法を交流し練習
6	シェアード・ライティング：母親と児童に向けて、書くための判断すべきことがらや基本的な技術を提示、指導
7	調査：家庭における読むことと書くことの実態や推移をモニタリング

本作りをしたが、英語に不安を感じる保護者は母語での本作りにも消極的であった。

　一方、この小学校では、週2回、Hackney Adult Education Institute の女性のための第二外国語（当時は、ESL）コースに教室を貸し出し、実績を上げていた。教師間の交流から、小学校の児童と保護者、大人向けのコースの受講者とその子どもに向けたライティング・グループが企画・実施された。プログラムは、表12のように、児童の個人史や経験話や物語創作、および読書環境の構築―語りの練習による家庭での読み語りや素話の促進と図書コレクション作り―を中軸とする。声による語り起こしを文字に、文字化されたものを声で語る。新たな表現意欲を喚起するバイリンガル母子のリテラシー再教育の試みである。

2.3　書くことを中心とした NC の受け止め方

　言語政策関連の特集は、88年89年に集中して4号に渡るが、NCに直接かかわる89年の機関誌に焦点を当てて取り上げる。当時の期待と焦燥の一端を窺い知れる資料である。

　Barrs（1989）[78] は、「編集長序文」で、制度として NC が実施されるま

78）Barrs, M. Introduction.LM.1989 No.2. p.1

でに刊行された TGAT（The Task Group of Assessment and Testing）Report（1987）、*English for Ages 5-11*（1988、Cox report）、*English for Ages from 5-16*（1989、The second Cox report）と NC 最終稿に見られる評価法を主とする振幅の大きさを指摘し、NC の歓迎すべき点と用心してかかるべき点の二面性に触れている。歓迎すべきは「ドラマ、メディア、コンピュータを国語科に取り入れたこと」「特別支援を必要とする児童を含むすべての児童を対象としたこと」。また、カリキュラムとして、学習指導事項に盛り込まれた経験は幅広く、実際の授業へどのように組み入れるかと考えだすと、教科を超えたさまざまなかかわりも工夫され、「指導と学習の双方を活性化する創造的言語活動となることを歓迎する。」一方、問題とすべきは評価である。TGAT が提示した 10 レベルの評価モデルは、その解釈も多様で、激増が懸念されるチェック・リスト型評価の過剰使用による危険を憂えている。モデレーション評価法の過小評価の傾向、教師の観察記録による日常的評価奨励の文言の削除など、小学校現場での誤った解釈を生みかねない最終稿のありかたを指摘する。たとえば、書くことについても、NC の学習指導項目や到達目標を理解するためには、どのような過程でどのような必然性をもって生まれてきたかを詳述した最初の Cox Report がなければ、個々の項目を文脈の中でとらえられないことを強調する。特に report の付録に掲載された児童の文章例はきわめて役に立つと紹介する。あくまでも現場の立場に立った発言である。

　他方バイリンガル教育については、Cox Report でも十分とは言えず、最終稿では、それさえも削除されたと指摘する。公の NC や各種訓令を、小学校現場に無理なく効果的に息づかせるための媒介者的役割を担うセンターが、イギリス初の NC 導入を眼前に控え、自らは ILEA 解体に直面するという過渡期にあって、双方の間に立ち、自分の言葉でものを言っておこうとする矜持のようなものが、89 年の編集に貫かれている感がある。

　Savva（1989）[79] は、言語教育主事の立場から、書くことに関して 2 冊

---

79) Savva, H. Mapping Development in Writing. LM.1989.No.3.pp.16-17

第1章　教科教育センターの設立とその背景

表 13-A　80 年代の書くことに関する基礎理解（ILEA 調査）

・就学以前からリテラシーの学びは始まる。／・入門期の書くことは発話に依存する－話し言葉の活用者としての成長につれ書き手としての成長が現れる。／・読むことと書くことは、同時並行的に相互関係的発達する。／・書くことはテクスト経験によって促される－他者の手になるテクストを読むことで、我々は書くことを学んでいく。／・構想は、文章表記の前提である。／・書く過程にあって、みずから考え出したり、発明したりすることを奨励すべきである。／・書くことは社会的活動である－大人とのかかわりやペア活動は必須である。／・大人は、児童のための書く行為のモデルを示さなければならない。

表 13-B　Cox report　Key Stage 1 書くこと

10.29　書くことの慣例的事柄の学習段階に進むにつれて、子音や短母音からなる最も頻出する綴りのパターンを学ぶところから始めるべきである。綴りの指導においては、教師は、頻出単語から始め、典型的な綴りパターンの事例単語へと、最大の注意を払って教えていかなければならない。

表 13-C　The Second Cox report 書くこと

17.39　児童は、自分の文章中の頻出単語もしくは重要単語の綴り方、ならびに典型的な綴りパターンの事例となる単語の綴りを学ばなければならない。

の Cox report においても、文調の変化を指摘する。表 13 の A は、80 年代 10 年間の ILEA 調査の成果である。最初の Cox report、Key Stage1「書くこと」に示された件—「幼年学校の最初から書き手としてふるまう機会をもつべき」で、紙やペンをもち、書いている大人の傍らにある経験や書くことにかかわる何らかの手段のようなものに気づくことから、ラベルなど身近なものを自分で書くようになるのだというあたりは、無理なく現場に受け止められたという。その一方で、表 13 の B から C への文調の変化は、「これは混乱させる変調」であり、誤った教授観点を招きやすいと指摘された。「教師は、C の 17.39 に従って指導することになるが、教室で継起する繊細で複雑な問題をなんとかやりすごすためのなんの助けにもならない。」と述べる。先の Barrs 同様、文脈が見えないままに文言として NC が独り歩きすることを、実施前から不安視する小学校現場の一面が代弁されている。

教育改革は、新カリキュラムとして体系的モデルを与えられるだけでは、実践現場に十分な反映が期待できない。学校現場に生かすことこそが最重要課題であり、現職教諭の十全な再教育を最優先に掲げねばならないのは、イギリスも我が国も変わりはない。先の表9にあるように、機関誌の掲載記事数は、80年代から90年代へと、書くことから読むことへと比重が推移している。NCとかかわって読みの標準が問題とされ、社会的な関心は機関誌に直結するが、一貫してNCの胎動期から実施以降に至るまで、書くことの充実に対する細やかな配慮が窺える。shared writingの開発など、自分の読みや体験に導かれた思いや考えを軸にまず書くことを軌道に乗せてから、読むことの学習を充実させていく理にかなった道筋である。読解を重んじるあまり、時間的にも学習意欲的にも表現に十分な配慮が払われにくい我が国のありようを思う時、書くことから読むことへの学びの過程は示唆的である。自らの読みは表出されることで、社会的かつ一層内省的自覚的になるという読みの教育観の反映でもある。[80] 機関誌が記録したCLPE①の試みは、イギリスの実例に止まらず、再教育を通して我が国の教育改革をどう具現化するかを模索するにあたり、参考となる点が少なくない。

---

80) たとえば、M. Meek. *Learning to Read.* などに詳述されている。CLPEが指針とした基本理論の一つである。

第3項　授業研究プログラムにみる教科教育センターの活動
3.1　授業研究プログラムの分類

　先述のように、センター設立当初から、国語科教育にかかわる関連理論の周知活動、shared writing のような学習指導モデルの開発とそれに伴うパイロット実践、現実にある本の教材化の試みと学習指導プログラムの開発など、実験的取り組みが不断に試行されてきた。こうした試みに基づいて、広く教師に普及、促進するために、センター主催の CLPE ①②の現職研修プログラムが企画・運営されてきた。センター設立当時から今日に至るまで、途絶えることなく続けられてきた最前線の教師教育の形である。

　本論資料編に付した研修プログラムを見ると、研修内容はおおよそ6つの側面からなっているのに気づく。それぞれが児童の発達段階や学年に対応して行われる。

① 　時代の教育政策を直接的に反映したもの
② 　(教育政策の動向のいかんにかかわらず) 一貫してセンターが重要視する継続課題に基づくもの
③ 　(①や②とかかわるものの中で) 学習指導法に特化した実践的なもの
④ 　(①や②とかかわるものの中で)(ロンドン大学教育研究所教員を中心とする) ゲスト講師および絵本作家・作家を講師とするもの
⑤ 　学校間・教師間・地域保護者間・地域諸機関の相互交流を図り、共同研究の場を提供するもの
⑥ 　国語科主事／初任者教師／補助教師等の職種や職歴に対応したもの

　NC 導入後の 90 年代以降は、読みの水準の向上、発達段階に応じた学習指導などがより細分化するとともに、教育改革の動向を受けてセンターが開発した観察記録法や読書力向上プロジェクト関連の研修が定期的に組まれ、主流をなしていく。けれども、NC 導入以前から力点を置いていた事項は、導入以降も修正、変更を加えながら一貫して継続し、上述した①から⑥のカテゴリーも受け継がれてきたと考えられる。ILEA 解体以降は、外部からゲスト講師を招く予算的余裕がなくなったためか、頻度が激減す

る。一方で、85年から始まった観察記録法の開発、実地指導、実態調査を通して、センター職員の力量が増し、理論的にも実践的にも研磨され、90年代以降の教師教育の牽引車として確固たる位置を占めるようになる。ゲスト講師の中軸であったロンドン大学教育研究所の教員等は、職員を裏で支え、多様な研修プロジェクトや実態調査を突き動かす理論的背景となっていった。

また、職種別、職歴別の研修は、90年代以降、現場のニーズの多様化に応じうる専門的力量とリーダーシップ／マネージメント能力の養成が求められ、複数の研修プログラムが常設されるようになっていく。加えて、2000年代以降には、近隣大学大学院修士課程と単位互換性コースを開設し、主事／国語科主任養成プログラムと連動させ、現職教師に働きながら、高度な専門性と資格を得る機会を拡げていった。

3.2 NC制定に向かう80年代後半の現職研修

NC制定に向かう80年代後半を取り上げてみよう。[81] 入手しえた資料の便宜上、87年の春学期から89年秋学期までの3年間を取り上げ、①から⑥に整理してみた。

①時代の教育政策を直接的に反映したもの

キングマンレポート（1988）―小学校の授業実践への提案（88年秋学期）／NCの解説（89年春・夏学期）／NCの解説―標準英語と言語事項の専門用語について（89年春学期）／メディア教育とNC（同前）／特別支援児童の言語とリテラシーの発達（89年春・夏学期）／放課後セミナー：国語科NC―普及と実践／特別支援指導とNC／読むこととNC／書くこととNC／「言語についての知識」（キングマンレポートによる）とNC／言語、ジェンダーとNC／H.ヘスター（CLPE）によるトピック学習

---

[81] 80年代の研修プログラムのうち、現在、著者が入手しえたのは、87年から89年までの3年分である。

／バイリンガル児童と NC ／話すこと聞くことと NC ／メディア教育：NC の提案とそこからの発展／評価と NC（89 年夏学期）／ NC における主題に沿った学習活動（89 年夏学期）／

② **（教育政策の動向のいかんにかかわらず）一貫してセンターが重要視する継続課題に基づくもの**

小学校におけるバイリンガル児童の学習活動 1・2（87 年春・夏学期）／ジェンダーと読みの教育（Stop, look & listen）（87 年秋学期）／書くことの入門期（88 年春・夏・秋学期・89 年春学期）／入門期の読み（88 年秋学期・89 年春学期）／入門期におけるジェンダーと言語（同前）／読みの経験の浅い児童の支援（89 年夏学期）／学校を基軸とする言語環境の体系化と資料拡充（88 年春・夏・秋学期）／読書との出会い（88 年秋学期）／小学校中高学年（ジュニア・スクール）における書くこと（88 年秋学期・89 年春学期）／アメリカの児童言語発達実地調査 *Inquiry into Meaning* に学ぶ（89 年夏学期）／

③ **（①や②とかかわるものの中で）学習指導法に特化した実践的なもの**

主題やトピック別のワークショップ（87 年夏・秋学期）／小学校における詩の読みと創作（同前）／本作り研修（同前）／

授業におけるラジオの活用（87 年秋学期）／メディア教育―児童とテレビ番組の語り（同前）／言語、学習指導とコンピュータの活用（88 年春学期）／ラジオとテレビ番組の活用（ワークショップと話し合い）（88 年夏学期）／

ストーリーテリング（演劇的解釈活動を含んで）（87 年秋学期）／ストーリーテリング・ワークショップ（88 年春学期）／物語、ストーリーテリング、演劇的解釈活動（88 年夏学期）／ドラマを活用した言語の学習指導（89 年春学期）／教師による物語の読み語り（89 年夏学期）／学校におけるストーリーテリングの有効性（89 年夏学期）／読書週間の企画運営（87 年秋学期・88 年春学期）／詩を活用したワークショップ（88 年春学期）

④ **（①や②とかかわるものの中で）（ロンドン大学教育研究所教員を中心とする）**

ゲスト講師および絵本作家・作家を講師とするもの

H. ローゼン講師によるセミナー（87年夏学期）／J. ブリトン教授によるヴィゴツキー・セミナー——言語、学習指導ならびに児童の発達（ヴィゴツキー論の研究）（87年秋学期）／J. ブリトン教授によるセミナー——児童観察（ルリア）に学ぶ（89年夏学期）／特別講演——H. ミン（家庭と学校における児童のリテラシー体験）（88年春学期）／M. ミークによる著書紹介講演——学校外で身に付けたリテラシーを意識化させるには（88年春学期）／F. スミス講師によるセミナー（88年夏学期）／C. フォックスによる講演（88年秋学期）／

児童文学作家講演——B. アシュリー（高学年向き児童文学作家）／児童文学作家講演——M. スタイルズ（絵本作家）（87年秋学期）／児童文学作家講演——Q. ブレイク（詩人・絵本作家）（88年春・夏学期）／ジャマイカ系イギリス人詩人 J. ベリーの特別講演（88年秋学期）／児童文学作家の特別講演——J. マーク（89年秋学期）

⑤ 学校間・教師間・地域保護者間・地域諸機関の相互交流を図り、共同研究の場を提供するもの

読書サークル（87年春・夏学期／88年夏学期／89年春・夏・秋学期）／
研究グループ——読み手として書き手としての自覚を育む入門期指導（87年春学期）／
他校との実践交流（87年秋学期）

⑥ 国語科主事／初任者教師／補助教師等の職種や職歴に対応したもの

小学校における読書指導——国語科主任用研修コース（87年夏学期）

NC 導入時にあって、キングマン・レポートの解説、草案（Cox ①②）による変更、修正に応じた直下の研修のさまが見て取れる。くわえて、②にあがっている、多言語文化とジェンダーの観点、入門期のリテラシー、書くことの学習指導への実践的支援、学校の言語環境の体系化と資料拡充などは、今日まで一貫したセンターの重点事項である。興味深いのは、ア

メリカの児童言語発達実地調査 *Inquiry into Meaning* を取り上げ、実態調査の必要性と実際的方法について研修の場を設けていることである。この調査報告書は、80年代以降のセンターの実態調査研究に多くの示唆を与えた。教師自らが十分な専門知識をもって、日々の児童の実態観察を積極的に行っていく素地作りが指摘できる。

　③に掲げられた学習指導法は、90年代半ばから2000年代に読書力向上プログラムの学習指導法（teaching approach）に吸収・拡張されていく。なお、「ストーリーテリング」という用語は、わが国で言うお話を覚えて語る素話という意味合いもあろうが、それ以上に、センターの現職研修では、読み語りや自分で読んだ物語を他者に向かって語り直す、自分なりに再現するという意味に用いられる場合が主である。自分の物語体験をもとに語り直すことは、聞き知った（読み知った）物語の解釈者となることであり、新たに語り直すという意味で、表現者である児童のありようを重視する。本論では、このように、センターのリテラシー教授観と底通している用語として受けとめたい。

　また、⑤にみられる1冊の本を読み合い、交流する読書サークルは、広義の教材分析の基礎作業で、後の読書力向上プロジェクト中にも明確に位置づけられていく。文学を共有するということの意味と可能性を、一人の読み手として教師が体感することに重きを置く姿勢は、今日まで一貫している。加えて留意すべきは、90年代以降さらに活発化する研究グループが設けられていることである。実態調査研究プロジェクトに参加する教員の資質養成であることは言うまでもない。

　最後に、わが国でも研修に組み込まれる実践報告の交流である。この実践交流を言いっぱなしで終わらせない工夫が、読書サークルや研究グループの併設である。現職研修の最も重要な目的は、理論と実践的検証によって構築した学習指導モデル等を広く教師に推奨し、実地指導を通して、日々の授業実践の向上をめざすことである。教材を見る眼（教師の読書力の向上）と児童を見る眼（分析的な児童実態観察のまなざしの育成）の両輪がバラン

スよく揃ってこそ可能となるというセンターの教師教育観が、この⑤の三様の相互交流グループの企画に如実に反映されている。このトライアングルは、今日まで変わることはない。

第1章のまとめ

　本章では、つぎの点を取り上げ、その内実を探った。
①背景となる教育改革の動向を踏まえ、ILEA 傘下の教科教育センターとして開設された CLPE ①②センターの活動史を整理した。
② CLPE ①②の活動を、a　機関誌 *Language Matters* の記事、b　センター刊行物、c　センター主催の現職研修プログラムの3方向から整理し、センター活動の多面性の一端を明らかにした。
　とりわけ、機関誌、刊行物、研修プログラムの内実には、時々の教育改革の動きが如実に反映されている。特に、機関誌ならびに研修プログラムでは、80年代を中心に取り上げ、NC 制定までの助走時期にどのような教師教育が意識されたかを示した。それによって、既存の文教政策の後追いをするのが教科教育センターの仕事ではなく、教育改革の道程をともに併走し、政策立案に寄与する資料提供を行ってきたありようを具体的に明らかにした。
　本章で明らかになった、このセンター活動の「多面性」は、実践研究ネットワークづくりと表裏一体をなしている。多種多様な機関誌の執筆者および現職研修プログラム講師の面々が、「多面性」に具体的な形を与えている。例えば、機関誌の投稿者は、授業実践者、国語／リテラシー／バイリンガル教育等の主事、社会福祉機関の主任、地域保護者、大学研究者、絵本／児童文学の作家・画家・詩人等、多岐に渡った。質量ともに豊かな協力者を実践科学共同研究者として束ね、包括的なワーキング・コミュニティを作り上げていた。センターの機関誌は、多くの協力者の行き交う交差点であり、ディスカッションの場として機能していたのである。各号の巻頭に

第1章　教科教育センターの設立とその背景

置かれた編集長の序文は、問題の所在を明らかにし、方向性を与えていた。そこから刊行物へと展開し、研修プログラムの企画・運営が連動する。教育改革を内側から支える、小規模だが確実に改革に形を与えていく実働的環境の構築こそ、教師教育の基盤である。その意識的な学習指導環境が、教師の自己評価力を育む母体であり、その専門的力量によって学習指導が効果的に機能していく土壌になるというセンターの基本姿勢を指摘した。

第2章　理論的基盤の生成期
―観察記録法（Primary Language Record,1988）の開発―

第1節　専門的力量の向上をめざす観察記録法

第1項　日常的学習指導状況における授業力向上と児童実態把握の連動

　本章は、設立当初から国語科教育改革の研究基盤となす教師の自己評価力の向上をどのように図ってきたか、80年代後半の特筆すべき取り組みを軸に明らかにする。ILEA の要請で開発に取り組んだ観察記録法（Primary Language Record: PLR）は、教師個々の専門性に対する自負を尊重しながら、より向上を図るため、児童実態を的確に捉える観点と方法を具体的に示唆した。開発過程ならびにパイロット実践やその振り返りの渦中において、センター職員が実地指導に携わるばかりでなく、当該の教師自身が共同開発者として PLR の有効性を客観的に捉え、意見を発信できる機会を日常的に設けた。自己評価のための思考のトレーニングの場と位置づけたのである。個々の学校、学年、学級で、すでに何らかの指導の積み重ねがあり、その指導結果を判断する観察記録法である。刻々と変化する児童実態を把握し、価値判断し、観察しえた実態を踏まえ、つぎの学習指導への実際的見通しを得る実践的指導者育成システムである。

　原語 'Primary Language Record' は、観察記録評価法とすることも可能であるが、その内実を探るほどに、その重層的意味合いに気づく。観察による児童の学習実態の評価であるが、平行して、日常的に観察し記録する分

析的な判断を通して、教師の授業力を向上させる教師教育の側面を併せ持つ。両者はセンターにとって表裏一体をなして、教師の自己評価力の育成に収斂していくよう期待されていたのである。そこで、本論では、「観察記録」「観察記録法」と訳出した。

80年代後半の約5年間の取り組みが、その後のセンターの専門性を根底で支える結果ともなる。

PLR開発ワーキンググループの立ち上げからパイロット実施にいたる数年間は、イギリスが初のNCを導入した時期と伴走し、汎用性の高い評価観点と評価結果の相対化の測りやすい全国テストが並行して導入された時期でもある。ILEAの要請で着手したこの開発が、結果、時代の主たる動きと真逆なベクトルをもつことになった。

だが一方で、当時、この、学校、校長、教師を包括したパイロット調査や実地指導によって随時修正、変更を加えて練り上げる観察記録法の開発方法は、教師の日常的評価法の開発過程のあるべき姿として高く評価された。[1] 実践現場の多様なニーズに応えようとするとき、（点数化できる）テスト問題では測りにくい、能力把握の必要性を蔑ろにはできないからである。また、SATsの実施段階になると、小学校教師を中心とするボイコットが起こるなど、教師の日常的評価の見直しが図られ、センターのPLRを活用した粘り強い教師教育は、その後のNC改訂の先駆的事例となっていく。

本論では、教師が自己点検の方法と評価観点をもたない教師教育では、改革を推進しえないという教師教育観を当初から貫き、確立していったという意味で、この時期を、センターの理論的基盤の「生成期」と捉えた。以下、時代の動向とかかわらせながらPLRの具体とその運用、発展的展開を取り上げたい。

---

1) Raban, B. 'English:Assessment and Record Keeping'. In Morag Hunter-Carsel et al.（ed.）*Primary English in the National Curriculum.* Blackwell Education.1990. pp.182-183, 他。

第2項　初等教育における国語科評価に関する時代の動向とCLPEの開発研究

イギリス（イングランド）初のカリキュラムに関する公文書 *English from 5 to 16: Curriculum Matters 1*（DES.1984）には、評価に関する諸指針として「二つの相互補完し合う形態」[2]の必要性が挙げられた。第一に「日々の学習の継続評価」、第二に、ジュニア・スクール（小学校中高学年に相当）や中学校の定期テストである。定期テストは、全国的な評価サンプルを示したAPU（評価委員会）の推奨にもとづき、各校の実態に合わせた対応が求められた。汎用性のある評価基準に基づく相対化が可能なテストの有用性を指摘するとともに、すべての学習指導実態を包括しえない画一性をあげ、到達目標に向かって日々進歩していく学習の継続評価の重要性を強調した語調になっている。

> 4.5（前略）結果、国語科の学習活動の成果を測る厳密で客観的な「評価基準（measurement）」に至ることは、けして可能ではない。それを求めると、たいていは客観的表面的な特徴に焦点を当て、より重要で複雑な要素を無視しがちとなる。国語科の評価（assessment）は、正確無比に測りうるもの（measurement）という問題でもなく、また簡単に正否をマーキングするというものでもない。見出そうとするものへの経験と知識であり、部分と全体双方への留意にもとづく、ある判断の適応の問題なのである。主観的であるが、専門的な知識と経験にもとづく主観的な判断であり、明確に記録記述された評価基準は、国語科の学習活動の表層をとりあげ（機械的に点数化できるものだけを判断し、機械的に点数化できないようなより重要な側面を無視したような）一見客観的にみえる評価よりも、はるかに相応しいものである。印象批評だが、優れた印象評価は、発話や諸反応の成果に貢献する要素に気づく

---

[2] DES. *English from 5 to 16: Curriculum Matters* 1 1984. pp.16-17

留意点を含んでいる。この評価にかかわる指針は、すべての言語モード（話し言葉、読むこと、書くこと）のよき評価に結び付く。[3]

内ロンドン教育局（ILEA）は、これを受け小学校教育白書 *The Thomas Report*[4]（1985）を通し、評価に関する多面的な提言を行った。学校と家庭／地域の連携、学習者・小中教師・保護者の協働と連携、指導・学習・評価の有機的かかわりを求める教育実態に基づく白書の基本指針を示し、Classroom Observation Procedure（COP、ILEA Schools' Psychological Service）が提示したより体系的な学習者観察法を提言（2.242項）した。[5]

イギリス（イングランドを中心に）において、NC施行以前、読むこと、書くことの評価基準は、地域的試行はあるものの、模索状態であった。Gipps（1990,1992）は、40年代に導入された単語音読の読みのテストから一文の空所補充テスト、さらには文脈の中で空所を補充するテストへという変化を概括しながら、学習者の読みの実の場からの乖離を指摘している。[6] 11+試験廃止後、確固とした初等教育の再編成が模索された当時、内ロンドンの小学校では、1978年以降、小学校最終学年6年生（10～11歳）対象の標準テストとして空所補充文章読解問題を主とするThe London Reading Test（LRT）を採用している。全国的にも同テストが採用された78年、内ロンドン11歳児の平均点は全国平均を若干下回ったが、内ロンドンにおける推移では、83年平均は78年平均よりも微増していたと、先のILEA白書（1985）が実態を報告している。[7]

同教育白書は、LRTを含め、小学校における評価について、多方面からの提言を行っている。[8]

---

3) 同、注2
4) ILEA.（1985）*The Thomas Report*：*Improving Primary Schools*. ILEA
5) ILEA.（1985）'Chapter5 Progress and Development in Children's Work' *The Thomas Report*: *Improving Primary Schools*（ILEA, 2.242項）
6) Gipps, C.（1990）*Assessment:A Teachers' Guide to the Issues*. Hodder & Stoughton. ／ 同（1992）What We Know about Effective Primary Teaching, *London File*, Tufnell Press.

- LRT はカリキュラムの限られた側面しか取り立てず、中学校第 1 学年終了時に同様なテストを行う意味はない（2.248 項）と概括し、Classroom Observation Procedure が提示したより体系的な学習者観察法を提言（2.242 項）
- 評価にかかわって保護者への情報提供の重要さと保護者と学校の関係の実態把握の必要性（2.251 ～ 3 項）
- 学習者の学びの記録の主要目的（2.258 項）を掲げ、内ロンドン小中学校の現状の不備を指摘し、指導者間で共有しうる累積的記録の必要性を強調（2.260 項）
- 転校、進学など学習者移動に伴う学習記録の継承の利点と可能性の指摘（2.263 ～ 5 項）
- ロンドンの言語環境を反映したバイリンガル教育に対し多くの項目をさき、学習者の音声コミュニケーションにも留意／読み書きに関する現状と推奨事項では、一語一語音読ができること即ち、読むという行為とは言い難い点に留意し、家庭と連携した読みの学習環境整備の促進（2.68 ～ 2.73 項）
- 各地区の読書推進活動実践事例の紹介（2.74 ～ 2.76 項）

等である。これら限られた項目を読み重ねただけでも、学校と家庭、地域の連携、学習者・教師・保護者間の協働、指導、学習、評価の有機的かかわりを求める教育実態に基づく白書の基本指針が指摘できる。ILEA は、従来の学習記録（評価）（record keeping）の見直し、再考の必要性を重視し、CLPE に開発ワーキンググループの立ち上げを指示した。センター職員は、

---

7) *The Primary English Encyclopedia* （3rd ed. Mallett, M. Routledge.2008. p.209）には、London Reading Test は 1981 年 NFER 社が刊行とあるが、入手資料には ILEA 版権が 1978 年と記されており、ILEA と提携して NFER 社が刊行していたものと推察される。更なる詳細は未調査。テスト平均点は、白書 *Improving Primary Schools: Report of the Committee on Primary Education*（ILEA,Jan.1985）(Part Ⅱ The Work of the Schools: C.4 The Curriculum, 2.95、p.28）に拠った。83 年、全国的には同テストを実施せず。
8) 同、注 4 白書、pp.51-61 に拠っている。

1985年9月から5年間もの年月を、PLR開発、普及に費やし、ILEAの要請に応えた。公の教育政策と教科教育センターが連携したCPLE①の代表的な仕事であり、センターの基本指針を貫く牽引力ともなった。

第2節　観察記録の目的・方法・意義

第1項　'teachers' assessment' としてのPLR

　それでは、CLPE①は、どのようにPLRの開発、普及、促進に尽力したのか。PLR開発者の回想 によれば、PLRのような評価システムが当初から期待されていたわけではなく、既存のILEA認定学習記録の改良を求めていた程度であった。が、センターは、85年9月以降5年間、ほぼすべての勢力をPLR開発に傾注する。[9]

　ここで留意すべきは、この開発事業は、ILEAから依頼を受けた一業務では終わらなかったということである。最初に開発に許されたのは、1年間であった。その1年間にセンターが行った諸活動は、指導システム、教師に対する指導技量の向上、教師と連携の共同実践研究ネットワーク構築であり、後のセンターの教師教育の方法論的基盤を培ったといってよい。教師の日常的評価法を開発するという課題の性質上、頻繁に学校に出向き、教師と学習者の傍らに寄り添い、教師の見つめるものを見つめ、教師のまなざしの届きにくいものを見極めていったのではないか。こうした児童の実態把握、教師の指導力量の見極めは、評価法モデルの開発に、実態調査法や結果分析法の向上に、モデルの実験的試行と結果分析の生産性に、おのずと寄与することになったと考えられる。90年代および2000年代のセンターの取り組みの礎が形作られた5年間であった。

　ここで、教師による日常的評価についての80年代当時の受けとめ方に

---

9) Barrs, M. & Ellis, S.（1995）The Primary Language Record :Implication for INSET, *The Primary Language Record in Use*.CLPE. pp.63-70 所収。(*Journal of Teacher Development*. Feb.1992 初出)

触れておきたい。本章では、'teachers' assessment' の観点に基づいている。この用語を、学習環境（学校を軸として、家庭、地域も視野に入れた言語活用環境）に基づいて教師によって行われる評価、という広義の意味に捉える。なかでも、'record keeping' という日常的な学習の折々に見られる話す・聞く、読む、書くの言語活用実態の観察記録法、PLR を取り上げる。評価に関する用語としてよく似た英語に、'teacher assessment'「教師の評価」[10]がある。どちらも 'internal assessment' に属す。ARG（Assessment Reform Group）は、*Assessment for Learning: research-based principles to guide classroom practice.*（2002）において、これら用語の使用状況とその問題点を掲げている。以下、要約する。

　イングランドおよびウェールズでは、教師によって実施される評価のことを 'teacher assessment' と呼び習わしてきたが、大方の考え方として形成的評価（formative）と考えられてはいるが、この用語は、評価の目的が明示された語ではない。往々にして、学習者がなしえたことが適切であったというところに強調点が置かれる場合が多く、ARG が提言し、2009 年以降導入された AfL（assessment for learning）との違いを明確にすると、'teacher assessment' は、学習を前に推し進めていく評価上の特徴的事柄を概括するのに有効なものである。特徴的な事柄を整理すれば、'formative' というよりは、総括的評価 'summative' という側面の方が相応しい。また、'formative' という用語も多様な解釈に開かれた語で、たいていは、頻繁に行われる評価で、指導と併走して同時に計画されるものという一元的な意味に使われている。この場合、必ずしも、すべてがすべて、学びを支援するという目的に特化された特徴的な事柄ばかりを扱うとは限らない。加えて、診断的評価 'diagnostic' という用語も同様に、よく躓きや間違いを見つけ出すという一元的な意味に誤用されがちである。AfL がめざすような、

---

10)『新しい評価を求めて』（C. ギップス、論創社、2001 年 7 月 10 日）の訳者、鈴木秀幸氏の訳語。

すべての学習状況下において、苦手を訂正するのみならず、なしえたこと、得意とする点にも立脚し、つぎの進むべきステップがわかるように支援するといった学びの牽引力としての評価が見失われがちである。

センターが開発したPLRは、80年代末に開発された'internal assessment'の一翼を担う試みであるので、10年余の調査研究に基づくARG（2002）の概括を、当時におけるひとつのイギリスの専門用語使用状況と捉え、＜学習環境（学校を軸として、家庭、地域も視野に入れた言語活用環境）において教師によって行われる評価＞の意味で、'teachers' assessment'の観点で考察を行うものとした。[11]

第2項　NC草案（Cox①）とPLR

PLRは、ILEA教育白書 *The Thomas Report* の次の3点の留意点に基づいている。

① 対象児童を受け持ったことのない他の教師に対する情報提供とガイドラインを示すこと、
② 学校長ならびに管理的立場にある指導者に、児童の学習実態についての情報の提供すること、
③ 保護者に対して、児童の進度についての情報を提供し、評価を提示すること、

PLR開発メンバーは、情報提供・交換のツール開発という白書の要望に加え、教師自らが日々の指導に直接関わる情報を入手し、次の指導に役立つ学習記録法の有用性と必要性を重視すべきだという立場を明確に打ち出し、実行した。日常的な学習指導の場に日常的な教師教育の無理のない創出こそ、センターの関心事であった。試案開発、教師とともにパイロット実践、現職研修と実地指導の相関が生む教師教育のありかたを探り、運

---

[11] 2009年、新しく導入が試みられたAPP（Assessing pupils' progress）における＜teacher assessment＞は、AfLの考え方も踏まえた、先の概説よりも広義で、かつ内実がより明確化されるよう腐心された用語と考えられる。

第2章 理論的基盤の生成期

営母体 ILEA 解体期に直面しながら、5年間継続的に開発、実施、普及を重ね、国際的にも普及活動、研究交流を図っていく。

具体的には、つぎのような行程を取って開発されていった。1985年に Barbara McGilchrist （当時、ILEA 初等教育局視主任察官。後に、ロンドン大学教育研究所の初任者教育部門の教授ならびに Dean に就任）から、1年間の期間限定で研究グループを組織し、PLR の初稿作成の依頼があり、86年から87年にかけてロンドン10地区小学校の50校以上で2学期間、初稿をもとにパイロット施行。センターと ILEA 初等教育局 IBIS（Inspectors Based in Schools）チームがコーディネート役を務め、常に実践現場と密接にかかわり、教員を補佐し、最終版が確実に実践に寄与するよう細心の注意を払って実施された。パイロット施行後、第2の作業部会が組織され、校正・修正された。87年秋、教育委員報告として校正版を全学校に紹介することが公に推奨され、ILEA 教育局への報告書に掲げられた。その後、教育局の最終チェックを受け、1988年9月の新学年度から、各校の自由裁量に任せた形の学習記録法として各校に配布が決定し、センターは <u>PLR Handbook</u> を刊行。ロンドン地区のすべてにおいて、少なくとも1校は、パイロット校であったり、センター研修受講経験者の勤務校であったりしたため、当初から、それらの学校が拠点校となって、具体的な成果を挙げていった。

この間、内ロンドン初等教育視学官（Primary Staff Inspector for the Inner London Education Authority）として精力的に陣頭指揮にあたったのが、Gulzar Kanji [12] である。当時、ILEA が力点を置いた地域密着型観察評価

---

12) Tanzania 生。Kampala の Makerere University 卒業後、イギリスに渡り、ロンドンにて小学校教員、小学校長職を経て、ILEA の初等教育主任視学官（senior primary inspector）として30人の視学官と800の小学校を統括した。ILEA 解体後、1990年 Her Majesty's Inspectorate の一員として4年間従事した後、Aga Khan Foundation と the European Community の出資のもと、Tanzania の Kampala で始まった学校改善プロジェクト（the Schools Improvement Project）のディレクターに就任。CLPE ②の評議会委員である。

開発プロジェクトであったことが知られる。

　ILEA 全教育地区を通して PLR 実践開始を図った時期は ILEA 解体期と重なり、PLR とその研修は ILEA 廃止前の最後の 2 年間に、センターと LINC チームの自主的な取り回しによって、10 の ILEA 教育地区 500 校で自由裁量の形で実施された。PLR の評価法が広く知られるようになったのは、NC 草案（5 歳〜 11 歳、*The Cox Report, English for Ages 5-11,* DES, 1988）で、コックス委員会によって、全国的な学習記録法として推奨された以降である。

　このエネルギッシュな仕事は、NC 草案 Cox Report ① [13]（*The Cox Report, English for Ages 5-11,*DES,1988）刊行当時重要視されていた informal assessment を体系化する実践的提案として取り上げられ、開発当事者も予想しなかった、言語とリテラシーに関する教師教育の重要な枠組みに成長していくことになる。

　　学習記録（record-keeping）のための共通した雛形を考案し、実施するべきである。われわれは、The Primary Language Record（CLPE）によって例示されたアプローチを出発点として採用することを推奨する。
　　（*The Cox Report, English for Ages 5-11,*DES,1988）

　この草案にあった PLR を全国的な共通フレームとする構想は、続く English for Ages 5 to 16（DES.1989）には継承されず、TGAT レポート（*National Curriculum Task Group on Assessment and Testing. A Report.* DES & Welsh Office.1987-88）が提唱した SAT s（Standard Assessment Tasks）による教育段階終了ごとの標準評価課題が主軸となった。

　PLR 開発時の CLPE 所長 Barrs（1995）[14] は、日常的観察記録の重要性を以下のように指摘する。

---

13) DEA.（1988）*The Cox Report, English for Ages 5-11*, DES

第2章　理論的基盤の生成期

　TGAT レポートは、16歳まではすべて形成的（formative）評価法を採用し、16歳（義務教育修了年）では、総括的（summative）評価法を採るべきだと推奨し、形式的評価は、指導と学習の判断形成に直接的に働く有効な指導法と情報を生み出すためのものであるべきだとする。これに否を唱える指導者は稀であろうが、不満が残るとすれば、慣例的な到達点の評価法では有効なフィードバック法がほとんど示されないことであろう。（略）また（学習者に関する）有効な情報が得られる評価であるには、細部まで目を配った繊細なものでなければならない。子どもが、広範な学習状況のなか、どのようになにを学んでいるのか、立証される必要がある。学習者としての実力や必要性に関するプロファイルが指し示す評価だけが、子どもに利するよう指導者を導ける有効なものとなる。（略）TGAT レポートでは、これらは一つも含まれていない。評価に関する情報をもたらす供給源には、情報源としての観察法は、皆無である。

　このように、80年代後半のすべてをかけて開発・普及に力を注いだ PLR は、児童の実態調査に基づき、授業の活性化、向上のためには、教師が（点数化できる）テスト問題では測れない児童の能力を把握する必要があることを明確に主張したものであった。ただ児童の観察記録をつける、児童のパフォーマンス・サンプルを取る等の、作業のための作業、形骸化したルーティンではなく、テスト以外の評価のありようを、教師教育機関と学校教師が協働で、実践的に探求していった成果なのである。

---

14) Barrs, M.（1995）'The Primary Language Record: Reflection of Issue in Evaluation.' *The Primary Language Record in Use*.CLPE.p.5, pp.8-9 所収、（*Language Arts*, vol No.3, March 1990, 初出）

第3項　PLR に内包される実践的教師育成システムの設立
3.1　構成主義に基づく評価モデル

　PLR は、構成主義の学習モデルに基づく学習記録法で、表1に概要を示した。指導者の記入媒体として、観察記録本体と観察・サンプルシートがあり、評価観点 Reading Scale1、2（表4 − A/B pp.132-133）を踏まえ、学習者実態にかかわる専門職たる教師の専門性にもとづいた「専門的」「主観と印象批評」が、日々の観察記録に綴られ、学期ごとに集約が図られる。本体となる観察記録（the Primary Language Record）は、ILEA 認定学習記録で、当初既存の学習記録（the existing yellow record）中の言語学習記録欄の代替と位置づけられていた。他方、選択可能な4つの観察・サンプルシートは、観察記録本体にまとめるための補助的なシート。既存の記録システムに適宜に組み込み活用することができ、教師個々の自由裁量に任せられた活用が可能である。

　教師は常に一定の観察記録をつけることが求められているわけではな

表1　観察記録法の概要

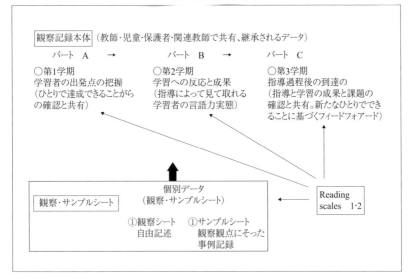

第 2 章　理論的基盤の生成期

表 2　観察シートの実際（ジュニア・スクール 3 年女児　　使用言語　英語）

日付	読むこと （幅広い物語経験を含む）児童の読みのありようの実際を記録し、その読みの行為が行われたクラスの学習状況やカリキュラムについても記録する。
1987 年 9 月	流暢に読み、フィクションを余すところなく楽しんでいる。ちょうどスレイヤー作"Silver　Sword"を読み終わったばかりで、次の本へ読み移ることができない状態にある。「他の本を読むことなんてできない。ものすごくよくできた作品だったから、頭の中はまだ今読んだばかりの物語の世界でいっぱい。」
日付	書くこと （児童による物語の口述筆記を含む）児童の書くことのありようの実際を記録し、その書く行為が行われたクラスの学習状況やカリキュラムについても記録する。
1987 年 10 月	熱心な書き手である。書くのを止めることができない！ノートを家庭に持って帰り、毎晩、主に詩作を通して、自分の考えを書き留めている。自分の書いたものを一度ならず、何度も読み返し、書き直すことに抵抗がない。自分が完璧に満足するまで書き続ける。

い。「観察シート（表 2）」[15]は、日常的な観察や気づきのフリーハンド記録である。量の多寡は問題とされない。より学びの実態を焦点化した観察記録は、取り立て型の「読むことと／書くこととのサンプルシート」である。フォニックス、前後の文脈などの方略を用い、ひとりで音読できることが読みの実態を示す有効な基本指標として重視されるイギリスの小学校の場合、学習実態に適した時をとらえ、個人音読の機会を設け、音読を聞くこと自体は一般的な学習指導行為である。その機会を積極的に設定し、作品について話し合い、読解の質、興味・関心、読書態度や傾向、自分の読みを共有しようとするありようを実態記述し、指導の指針とするものである。（表 5、pp.134-135）

---

15) Barrs, M. Ellis, S.et al. *The.Primary Language Records.* ILEA/CLPE.1989. p41 所収資料を著者が再整理した。

3.2 児童・保護者・担任外教師との連携システムの構築

　観察記録本体は、これら観察シート、サンプルシートの記録の集約再考の場として設定される。各学期毎3パートABCからなるが（表3-A/B/C、pp.127-130）、どの学期にも言語実態観察を均質に行うことを意図した構想ではない。入学時期の多様なイギリスの学校制度を踏まえ、第1学期にあたる秋学期（A）には、保護者との懇談、児童との面談の結果を記録に留めることで、地域／家庭と学校の連携も踏まえ、学習者の出発点を複数の角度から、教師、児童、保護者の三者が共有することに重きを置いている。

　話す・聞く力、読む力、書く力の学習実態が総括されるのは、第2学期、春学期（B）である。学習が本格的に軌道に乗っている2学期に、秋学期、春学期の2学期間の観察／サンプル・シートに折々記録された学習者実態のプラス／マイナスの変化が総括される。第3学期、夏学期（C）は、再度、保護者懇談、児童との個別面談をもとに、言語使用者としての学習者の実態をまとめ、パートAと対を成して年間の言語発達をとらえるよう構成されている。教師のみならず、学習者、保護者自身が学びの推移を自覚できる重層的な自己評価システムでもある。

　くわえて「専門的」「主観と印象批評」にもとづいた日々の観察記録に相対性をもたせる工夫のひとつに、パートB／Cに、管理職や他教師が気づきを記入する常設欄があることが挙げられる。話す・聞く、読む、書くのすべての言語学習実態において、他の専門職の書き込みが記録される。たとえば、86 - 87年度の内ロンドン小学校7歳男児D児のパートBのうち、「B2 読むこと」の記録例を掲げる。（表3-B）

　主担教師は「D児は、音読ではおとなしく、戸惑いが見られ、既知の単語や予想のつく語をてこに黙読するほうがずっと自信をもって読んでいる。言語構造について明らかに意識的である。'oh' を既知の単語と関連付け、'who not' を 'oh not' と読んだ。シンタックスを活用し、フォニックスや意味にかかわる手がかりを活用する。読むことを楽しみ、何が読みたくて、何が読みたくないか、自分の考えを明確にもつ。現段階は、読みのス

ケール1に照らし合わせるとnon-fluent readerであろう。」と記入し、関連教師は「わたしが思うに、D児には、もっと読むことは楽しいという思いを抱かせるよう働きかけることができるのではないか。だれかと一緒に読みを共有する体験を多くもつことが有効である。彼のためにふさわしい幅広い図書コレクションが提供されていると確信する。」[16]と記している。読み手としてのD児の「いま」の実態を微細に、個別に、かつ大所からとらえようとするのみならず、主担の観察しえた実態をもとに、次の指導の方向性や具体的学習指導方法の提案を関連教師が補完するという共同体制が指摘できる。

これは他の言語領域においても、パートCにおいても同様であった。内ロンドンという地域性は、多様な言語背景に対する細やかな配慮なしには国語科教育は成り立たない。

① 経年的継続指導の基盤のみならず、バイリンガル教育やコミュニティ言語教育、加配教員・学校長等との情報共有等、学習者の学習環境を支える潜在的な指導ネットワークの確立
② 特別支援の必要な学習者に対する学習環境の保障
③ 国語力の発達と学習者のコミュニティ言語の進歩をPLRに併記し、学習者にとって読解表現ツールとなりうる言語（社会的公用語である英語と母語／コミュニティ言語）の育成

これら3点は、観察記録法に基づく教師教育の根幹に位置している。そのうえで、PLRは、言語の進歩と発達の要因を体系的に捉える観点の提供を目指した試みであった。教師が、学習者の得意とするところを的確に見て取り、プラスに変化したところ（growth points）を記録し、間違いも学習状況のひとつの情報とみなし、生産的な方法で間違いのパターンを分析するよう支援するのが、PLRの実践的目的であった。学習者観察と教師による評価に基づいた日常的学校内評価の方法（informal methods of

---

16) Barrs, M. Ellis, S.et al. *The.Primary Language Records*.ILEA/CLPE.1989. pp.16-17

assessment）に一定の目安を提供するものとして考案されたのが、Reading Scale 1/2 である。後の表 5（pp.134-135）のサンプルシート事例に掲げた 10 〜 11 歳女児に対する記入や面談型の調査方法にも如実なように、読むことと書くこと（理解と表現）は常に対概念として実態が測られる。リテラシーを基盤とする Reading である。

　このように PLR の構築のありようを見てみると、数値化できる従来のテスト形式には見られない評価の拡がりが指摘できる。保護者面談、児童との個人面談（フリートーク／サンプルを取るための音読セッション）、観察に基づく教師間の意見交流の機会など、開発の渦中に始まった大小のパイロット実践と児童実態調査のなかから、少しずつ裾野を拡げ、改革を掘り起こしながら、一つのモデル・スケールを提案し、観察記録システムを構築していったのである。後に述べる NC 導入に即応した、他教科の授業にも活用できる応用形 PLeR（1990）の提案もまた、柔軟な拡張型の教師教育例である。記録のための記録を取るといったルーティン作業でも、ポートフォリオ・ファイルの作成に終始するのでもなく、実態に沿った授業改革へと連動、発展していくことが期待されている観察記録だといえよう。

　90 年から 5 年間、PLR 協力者であった放送大学教育学部講師 Stierer（1996）[17] は、PLR の NC の評価との主な相違を、①社会性と協働性の観点から読みの力を捉えること、②到達点の特徴を具体的に描写すること、の 2 点から説明する。'social and collaborative' と 'descriptive' である。Reading Scales1/2 に見られる到達度の（描写的な）記述は、読むことの学習を「きわめて社会的で協働的な活動として」捉える概念を反映する。「対話によって豊かに設定された場で、読みのベテランに支援されながら、次第に読みの過程における責任や制御の一翼をともに担っていく児童の学び

17）Stierer, B.（1996）'Section One An Introduction to the Primary language Record Reading Scales', in Barrs, M. Ellis,S. Kelley,C. O'Sullivan,O. & Stierer, B. *Using the Primary Language Record Reading Scales: Establishing Shared standards.*CLPE/ London Borough of Southwark. pp.4-5

のありよう」をイメージするといいという。「読みの過程にかかわる他のモデルが、テクストと児童の1対1の孤立した相関をイメージさせるのに対して、PLRの考え方は明らかに対照的である。」と述べ、教師が記す観察記録やサンプルの記述に'descriptive'な言語による質的（qualitative）評価の可能性を指摘した。収集されたサンプルは、いわゆる音読の到達度をはかる個人面談だが、何がどう読めたか、読めなかったといった成否にとどまらず、表5の一例にも見られるように、既読の本か、未読の本なのか、対象の本に対してどのような態度や心情で望んでいるのか、みずからの読むという行為に対してどう感じているのか、など、数値や成否だけでは捉えきれない読み手としての児童の＜いま＞を記述し記録する。

Stierer（1996）は、NC導入後の93年から94年に実施された実態調査（通称Dearing Report、1994）を踏まえ、改訂NC草案（1994.5）では、当初NCの'statements of attainment'から'level descriptions'へと変化が見られた点に、評価のありかたがつねに問われ続ける教育改革の動向とそれと伴走するCLPEの試行を指摘する。到達しえた点を到達事項（statements）に合わせ数えあげるというのではなく、一つの事項を他と相関させバランスを取りながら児童のパフォーマンスを判断すべきだという草案の方向性を「歓迎すべき兆候」[18]とみている。一方で、改訂に対しても批判的なコメントを出したのは、NC草案にかかわったCox（1995）[19]である。改訂NCの'level descriptions'をなお一般的で抽象的に過ぎると言い、だれもが信憑性のある解釈ができるように注意深く定義づけられた発達や進度の記述に至っていないと指摘した。この'level descriptions'についての論議は、NC導入以降今日に至るまで、一貫して論議の対象となるところである。

ケンブリッジ大学地方試験局 Green（2002）[20]は、NCのクライテリオン準拠評価の再検討において「個々のレベルを測るために、どの評価基準

---

18) 同、注17. p.5
19) Cox, B.（1995）*The Battle for the English Curriculum.* Hodder & Stoughton.

に沿うべきかを決定するに当たり、忘れてはならない重要なことは、レベルは、パフォーマンスを記述（描写）するが、児童を記述（描写）してはいないということである。それゆえ、児童の実のパフォーマンスにそって、発達の過程をパフォーマンスとして描写する評価アプローチが必要となる。」と指摘する。

CLPE①が開発、推進を図った観察記録法は、レベルに沿った既修得、未修得を測る NC の基本的評価基準の枠内にあって、児童に最も身近な教師が「実のパフォーマンス」の記録を通して、児童を継続的に描写（describe）する場の創出を図ったものである。児童の実態を「記述」できる教師だからこそ、一定のレベルに準拠した修得、未修得の判断をよりバランスよく、信憑性と実証性に裏づけられた確信をもって行うことができる。それによって、つぎの授業展開を効果的に工夫しうる。つねに教育政策に即応して実践現場にかかわるセンターの臨場的で柔軟な教師育成が、ここにも如実に見て取れる。

開発時のセンター長であった Barrs は、PLR の描写的記述は、NC のレベル記述より、教師にとって実態把握しやすい具象性をもつことをねらったものだと繰り返し強調する。くわえて、「NC のレベル記述とは異なり、到達しえた行為（behavior）の図式的把握に限定してしまうのではなく、つねに日常的な授業を通して児童の進度や発達を判断し続けなければならない教師の現実に対応できるよう、発展途上の行為（behavior）を考慮するように意図した」[21]と述べている。また、同時期、1996 年 7 月には、PLR Writing Scale が開発された。教師の評価活動に実践的に寄与することをめざした具体的な到達段階の描写が試みられ、機関誌を通して浸透が図

---

20) Green, S. (2002) *Criterion referenced Assessment as a Guide to Learning : The Importance of Progression and Reliability.* (a paper presented at the Association for the Study of Evaluation in Education in Southern Africa International Conference, Johannesburg, 10July -12July 2002). p.9. 筆者は、2002 年当時、University of Cambridge Local Examinations Syndicate, Research and Evaluation Division、Primary Assessment Unit の室長（head）である。
21) Barrs, M. 'Section Four An Emerging model of Assessment' 同、注 17、p.24

られた。[22]

　Barrsは、PLRの開発に当たって参考にしたのは、オーストラリアのSadlerの評価モデル、'standard-based assessment'（スタンダード準拠評価[23]）であったと述べる。クライテリオン評価やノルム準拠評価の複雑さを批判する形で世に問うたSadler[24]の提唱したスタンダード準拠評価は、最終的にどのレベルにあるかという厳密な判断ではなく、課題に携わる過程で見て取ることのできる学習者の様子であり、パフォーマンスの傾向を、教師が「直接的に質的な判断」[25]をすることに重きを置く。教師が拠って立つスタンダードの開発と普及のための実践理論に基づいた具体的支援である教師研修の充実が不可欠で、それによって、教師の判断に信頼性をもたらすことができるとする。そのために、Sadlerが強調したのは、基準とするスタンダードを表す具体的な言語表現（verbal descriptions）のありようであり、その基準を実践的に下支えする自然言語によって示される事例の記録（exemplars）であった。両者が不可分な対として稼動することで、教師の日常的な判断を効果的に学習指導に機能させることができ、ひいては学習者みずからが自分の言語行為を見つめ、コントロールすることを支援することも可能だとした。[26]

---

22) Barrs, M. et al.（1996）'The New Primary Language Rrecord Writing Scale', *Language Matters* 1995/96 No.2
23) C. ギップス（2001）『新しい評価を求めて』（評創社）の用語訳を参考にした。原著は、1994年刊行。
24) Sadler, R.（1987）Specifying and Promulgating Achievement Standards. *Oxford Review of Education*, vol.13, No.2, pp.191-209
25) 同、注17、p.24
26) 同、注23、p.132　ギップスは、1993年の時点において、Sadlerのスタンダード準拠評価は開発途上だが、クライテリオン準拠評価でもノルム準拠評価でもない一つの新しい評価モデルのあり方を示したものと位置づける。クライテリオン準拠評価からの妥協の産物ではなく、それ自体で確固としたモデルの開発、提唱と見るべきで、そこからの発展を考究すべきだと述べている。

3.3 モデレーション・システムの開発と自然言語による学習者実態の記録

　Barrs は、SCAA による NC のレベル記述の開発において、各学校向けの指針として「最適なものであること」が強調されたところに、こうした Sadler の評価モデル観が反映されたと歓迎する。一方、Sadler の論文中（1987）には、たとえ一定の基準が十二分に理解され周知されたとしても、教師による質的な価値判断はつねに公表され、発展が図られ、共有されるべきものだという点においては、言及されていないと指摘した。[27]

　CLPE ①は、NC に基づく評価システムを起動に乗せるためには、Sadler モデルに第三の要素を加えるべきだと考え、評価の行程としてのモデレーション・システムの構築を提唱した。

1　個々の教師の日常的判断①－ Reading Scale1/2 を活用し、PLR と観察記録をつける段階（自然言語の表現であるかぎり、主観的、印象的であることは否めない。さらなる支援がなければ、信憑性のある判断を下すのは難しい段階）

2　個々の教師の日常的判断②－ ReadingScale1/2 を活用し、PLR と観察記録をつけ、参考事例（examplars、CLPE ①が刊行した *The Primary Language Records*（1989）他に所収）と照らし合わせ、他学年との相関関係も配慮しながら、みずからの PLR に修正、変更を加え、より的確な判断をめざす段階（参考事例による一定の相対化は図られるものの、自然言語の記述には、さらなる確固たる判断基盤を得る必要がある段階）

3　モデレーション・グループによる個々の教師判断の再考、共有、調整が図られ、一定の評価を得る段階（参考事例のみならず他の教師の事例解釈、判断を知ることで、判断基準そのものが問い直され、実践的に共有される最終段階）[28]

　Barrs は、このモデレーション・システムが機能するとき、はじめて事

27）同、注 17、p.25
28）同前

例をともなう自然言語による児童のパフォーマンス実態の表現記録が評価の歯車として効果を発揮するとまとめている。[29] センターにおいては、モデレーション・システムの無理ない構築こそが、観察記録法を完成に導く必須のファクターであった。加えられたモデレーション段階によって一定の相対的判断に落ち着くものの、それで終わりというわけではなく、モデレーション体験を通して、新たな 1, 2 の段階にフィードバックされていく循環システムであることは、言うまでもない。

このモデレーションに関しては、CLPE ①のみならず、CLPE 公認のカリフォルニア版 PLR の普及、推進に努めたカリフォルニア大学の研究グループ他との共同開発も試みた。その成果は、1995 年 10 月に開催された The PLR/CLR（California Learning Record）International Seminar にも報告されている。たとえば、以下は、モデレーション・グループの話し合いの観点である

・ 観察記録のなかで特に思案している点はどこか
・ 一定の判断に至るために十分な実証的根拠が報告されているか
・ 一定の判断に至るために特に重要だと思われる実証的根拠はなにか
・ 他に考慮すべき実証的データはないか [30]

以上は、カリフォルニア版 PLR 実践で用いられた観点例を参考に考案されたものである。モデレーションは、学年を超えた様々な教師による校内グループ、地域の学校間グループなど、状況に即して、センター職員が指導助言をし、その話し合いのプロトコルが、次のセンター刊行物、研修に活かされていった。ひいては、ロンドン実践とカリフォルニア実践のモデレーションへと拡がりもみせた。

事例を含む自然言語の記述に関する具体を、つぎに取り上げる。

---

29) 同、注 17、p.25
30) 同、注 17、p.19-23 参照。

3.4　学習者実態を言語化する教師の目安となるサンプル指針と Reading Scale1／2 の連動

　日々の観察・サンプル記入においても、観察記録パート A,B,C においても、Reading Scale 1/2[31] が、指導者の判断の基軸に推奨されている。Reading Scale 1 は、内容読解の程度を示すスケールを意図してはいない。読みの流暢さ、fluency を身につけること、すらすらと読める力に明確な焦点化が見られる。すらすらと読めるためには、フォニックス、文脈、既知の物語からの予測、推論などの読みの方略の活用が必須であり、その方略の認識と活用のありようを、「1 初心者の読み手」から「5 際立ってすらすらと読める読み手」の 5 段階を観点として捉えようとする。

　Reading Scale 2 は、全カリキュラムを通じてどの程度の読みの経験を積み重ねているか、学びの渦中に生起する読みの経験や読みの生活の程度が、「1 経験の乏しい読み手」から「5 際立って豊かに経験を積んだ読み手」の 5 段階で捉えられる。文字の読みに困難を抱える児童が、量、質ともに読みの経験を重ねる姿は想像しがたく、両スケールは、自ずと不可分に相関しながら児童の個別性に寄り添うことが期待されている。これら 2 スケールは、指導者に、児童の読みの実態をとらえる見方のものさしを与えるものであり、日々の学習指導のただなかで、指導者の学習者把握力を鍛える教師教育システムと言い換えることもできる。

　センター長 Ellis [32] によれば、当時、ロンドンのみならず、イギリス国内の多くの教育委員会が、PLR の改変版を作成し、実施したという。そのとき、パート A（学年の当初の保護者懇談、学習者面談の記録）とパート C（最終学期の保護者懇談、学習者面談、関連教諭のコメント記入）が省略され、パート B だけが活用されることが多かった。パート A から C までの学習記録体系そのものが一連の観察過程としてコンセンサスを得ていない

---

31) 同、注 15、p.46 を著者が再編成した。
32) Sue Ellis 所長に著者がインタビューした資料に基づく。（於：CLPE、2012 年 3 月 21 日）

第2章　理論的基盤の生成期

表3－A　観察記録の実際　　Part　A（秋学期記入）

観察記録法（Primary Language Record）	
学校名　　　　　　　　　　　　　　　　　　　年度　86-87	
児童氏名　D児　　生年月日　1979年3月28日生　男○　女 誕生月が夏の児童（　）＊ （＊　5月から8月末までに誕生した児童。経験値が少ないため、学習に配慮が必要と考えられている。わが国で言う早生まれの児童に対する配慮と同等と考えられる。- 訳者注）	
理解できる言語　　　　英語　　　　　　　読める言語　　　英語 話せる言語　　　　　　英語　　　　　　　書ける言語　　　英語	
聴力、視力、およびその双方において、児童の言語とリテラシーに影響を及ぼす事項の詳細。 情報元と情報入手月日を記載のこと。	児童の言語とリテラシーの発達に関与するスタッフの氏名 　　　　　クラス担任
Part　A　　　　　　　　　　　　　　　　　　秋学期（新学期に当たる）中に記載のこと	

（吹き出し）秋学期（1学期）に、面談を中心に収集した情報や気づきを記入する記録

A1　保護者と担任との懇談の記録

家庭での読書は、往々にして、読むことに熱心な姉の影響である。物語、詩、マンガなど、様々な種類の本を読む。新聞から単語を拾い出して読んだり、書いたりもする。自分で物語を創作し、アイディアを聞いてくることもあるが、（ほとんどの場合）自分のアイディアで創作。綴ってみようとするが、わからなくなると尋ねてくる。辞書を使おうと試みる。好奇心旺盛で、単語の意味をいつも尋ねてくる。テレビも見る。一度見たことはよく記憶しているし、よく観察している。進んで始めたことであっても、課題が難しすぎると、かんしゃくを起こす。読み、書きについては、積極的にやりたいのだが、時に集中力に欠ける。
保護者サイン　　　　　　　　　　　　　担任サイン
日付

A2　言語とリテラシーに関わる児童との懇談の記録

"What Is A Ghost Going To Do"はD児のお気に入りの1冊である。「読めるようになりたい。そうしたら、妹に物語を読んでやることができるから。時々自分でお話を作って、妹に話してやる。私は、あんまり読むのが上手じゃない。だって、時々単語を忘れるから。その単語は知らない。お姉ちゃんに聞くと、ヒントをくれる。毎晩、家で、本を読む。自由に選んでいいときは、D児は、読書よりもテレビを視聴。「お化けの物語を考えた。本の真似をしたの。お母さんが綴りを助けてくれた。私が書いたちょっとしたもののなかでベストなのは、テレビ番組"Dungeons and Dragons"について書いたもの。ハンドライティングは、たまにちょっと手を抜いてしまう。おしゃべりに夢中になりすぎるんだけど、まあなんとかなるときもある。」
日付

127

表3−B Part B（春学期記入）

春学期（2学期に相当）に記入すること。児童の教育に携わったすべての教師からの情報が含まれていること。

言語活用者としての子ども（1言語もしくは複数の言語） 記録票の各項目に記入する際、教育委員会の教育の機会均等方針（人種・ジェンダー・社会階層）を考慮すること。くわえて、特別支援に関するILEA報告書、"Educational Opportunities for All?"に言及すること。
B1 話すことと聞くこと 英語ならびに / もしくはコミュニティ言語が、社会的状況およびカリキュラム上の状況下において、児童の話し言葉の発達と使用のありようについて
D児は、クラスで（クラスに向かって）話すことを楽しんでいる。たいてい、話し合いの話題のほとんどに興味深い経験を有している。ドラマが大好きで、派手な衣装を着て、どんな訳でも喜んで演じる。かれは、他の子どもの意見や経験談を興味を持って聞けるよき聞き手である。ときおり気が散っているように見えるときですら、そうである。
どのような経験や指導がこの領域の進歩に寄与してきたか、これから寄与すると考えられるか。学校長、他の教員スタッフ、保護者との話し合いの結果も記録しておくこと。
小グループで活動する機会を設ける。話し合い活動を含み、その結果を他のグループやクラス全体に発表する。
B2 読むこと 英語の読み手、もしくは、コミュニティ言語の一人の読み手として、児童の進歩や発達についてコメントする。読みのスケールと照らし合わせながら、児童が今どの段階なのか。カリキュラムの全領域において、どのような種類、量、多様性のある読みを行っているか。一人で読んでいるとき、グループで読みあっているとき、双方において、児童の物語読書を楽しんでいるか、十分作品世界にひたっているか。読みの過程で活用する読みの方略の多様性。読み取ったことに如実に反映する児童の読みの力などに、コメントを加える。
D児は、音読のときはおとなしく、戸惑いが見られ、既知の単語や予想のつく語をてこにしながら、黙読していくほうがずっと自信をもって読んでいる。かれは、言語の構造について、明らかに意識的である。'oh'を自分の知っている語と関連づけて、'who not'のところを、'oh no'と読んだ。シンタックスを活用したり、フォニックスや意味に関わる手がかりを活用する。 読むことを楽しみ、何が読みたくて、何が読みたくないか、自分の考えをしっかりもっている。現時点では、読みのスケール1に照らしあわすと、non-fluent reader といえるだろう。

第2章　理論的基盤の生成期

どのような経験や指導がこの領域の進歩に寄与してきたか、これから寄与とすると考えられるか。学校長、他の教員スタッフ、保護者との話し合いの結果も記録しておくこと。
私が思うに、D児には、もっと読むことは楽しいという思いを抱かせるよう働きかけることができるのではないか。誰かといっしょに読みを共有する体験を多く持つことが、かれには有効であろう。選ぼうと思えば、彼のために、とても幅広いコレクションが用意されていると確信する。
B3　書くこと 英語の書き手、もしくは、コミュニティ言語の一人の書き手として、児童の進歩や発達についてコメントする。書き手としての自信や自律の程度はどのくらいか。カリキュラムの全領域において、どのような種類、量、多様性のある書く活動を行っているか。一人で書いているとき、他者といっしょに書いているとき、その双方において、どの程度、時間軸（narrative）や非時間軸（non-narrative）によって組み立てられる文章表現を楽しんでいるか、十分に集中して行っているか。読書の書くことへの影響。書き言葉、その慣例や綴りについての理解の拡がり。
D児は、創作、再話、手紙、記事文や説明的文章を含む、多くのスタイルの書くことに取り組んでいった。綴りの間違いを自分d指摘できるときも見られる。創作が大好き。彼は、書き言葉の規則性について意識的であり、大文字にすべきところやピリオドを打つべきところについて正確に対処できる。彼の書いたものは、いきいきとしていて、興味深い思い付きや考えが読み取れる。
どのような経験や指導がこの領域の進歩に寄与してきたか、これから寄与すると考えられるか。学校長、他の教員スタッフ、保護者との話し合いの結果も記録しておくこと。
誰に向かって書いているか、何の目的で書いているかが明確でないと、D児は意欲を失ってしまう。聞いてほしい人に向かって、書きあがった作品を音読するのを好む。綴りや句読法に気をつけていると時間がかかり、書く意欲が萎えてしまうので、D児には、推敲の場を設けるのが効果的だろう。
学校長および情報提供者のサイン
学校長　のサイン　　　保護者　のサイン　　　担任のサイン

表3－C　Part C　（夏学期記入）

C1	この学習記録に対する保護者のコメント

読みは本当によくなった。一番わくわくしていることは、姉に本を読んでやれるようになったこと。まだ、ときどき2, 3の単語の読みを言ってやらなければならないが、姉に読んであげるには十分上手に読めることを、本人が大変嬉しく思っている。綴りも、ずいぶんよくなって、今では、綴ることに興味を持っている。

C2	子どもとの面談（language /literacy conference）の記録

「単語の読みがわからないとき、時々手助けが必要だ。寝る前に読むのが一番楽しい。なぜって、集中できるし、お姉ちゃんに物語を読んであげるから。学校で読むのも好きだ。でも、それは一人で静かに読めるときだけ。友達がやってきて、じゃまするのは、いやだ。ちょっと書いたものの中で一番すきなのは、Sさんと書いたもの。ぼくたちは、同じ題で、いっしょにやることに決めて、で、別々になって、自分の物語を書いたんだ。それからお互いのを読みあって、二人とも、お話のなかにお化けが出てきたんだ。Sさんは速くかけたから、ぼくより前に書き終えた。でも、それから、かれはもう一度読み直して、句読点をつけなければならなかった。でも、ぼくはゆっくり書いていったから、書きながら、句読点も打っていった。で、ずいぶん時間がかかった。」

C3	教師による追加情報

児童の実態をアップデイトなものにするために、春学期終了以降で、児童の言活用実態に変化や発達が見られていたらコメントする。

D児は、書くという行為を、やりがいのある、満足感をもたらす活動だと感じ始めている。思うに、その理由は、自分の楽しみのために自分で本を選ぶことができるからではないか。かれは、本選びを楽しんでやっている。ここ数週間では、書くこともおもしろくて、愉快なことだということを今まさにつかみかかっている。非情に頑張って書いている。小グループでの学習では、大変力を発揮する。読みのスケール1に照らし合わせると、moderately fluent readerになったといえる。

どのような経験や指導がこの領域の進歩に寄与してきたか、これから寄与すると考えられるか。学校長、他の教員スタッフ、保護者との話し合いの結果も記録しておくこと。

必ずしも望ましい本の選択をしていないようなら、なんらかの手助けは有効だろう。もっと広い範囲から本を選ぶように促すといいのではないか。D児の母親との懇談において、われわれは、コンピュータを用いて、物語を書いていくほうが、楽しそうだし、彼にとっては効果的だという意見で一致した。紙の上で考えをまとめていくよりもはるかに早く、たやすいようだ。

保護者のサイン	担任のサイン
日付	学校長のサイン

補注　夏学期学年末の再度の面談を中心に1年間を総括する。

状況が窺える。

　スケール活用の実践的工夫点は、スケールを単独で用いるのではなく、サンプルシートにあらかじめ記入されている実態把握観点と組み合わせ、二段構えで学びを捉えていく点である。表5の事例の読むことを例に取ると (pp.134-135)、既読または未読の図書を教師に読んできかせる個別の機会をまず設定する。サンプリングの取り方は、スケールに例示された informal assessment 他から最適な方法を選び、音読実態や作品への反応を観察記録する。サンプルの観点である①読みの態度（自信の有無や読みへの参与の程度など）、②音読に活用した方略、③テクストの理解の程度の3点は、児童観察の基本である。4番目は、その観察から把握しうる児童の読みの実態を包括し、フィードバック／フィードフォワードなど、次の指導の手立てを見通すメモである。①から③にはきわめて具体的な下位項目が上がっており、学校、学年、教師に個別対応しながら開発していった PLR が、教師の捉え方を言語化しサンプリングして列挙した好例といえよう。特に②の音読の方略は、Reading Scale 1 の各段階の叙述と連動し、教師が児童実態を捉えるときの内的な説明言語モデルとしての働きも期待されている。Lewisham 地区の小学校の教師の「Scale に書かれた表現の方が、（NC のレベル設定よりも―引用者注）（略）児童が既習事項を統合しようとするとき、次の段階へと進む準備段階で生じる読みの発達過程におけるグレーゾーンといったものを許容する幅がある。」[33)] といった言にも、それが窺えよう。

---

33) 'Describing Reading Progress: Using the PLR Reading Scales to Survey Reading' pp.58-59、(*Language Matters.*1991／2　No.2、初出)

表4-A ひとり読みをめざす ― Reading Scale 1
(Barrs, M. Ellis, S.et al. *The.Primary Language Records.* ILEA/CLPE.1989 p.26、p.46 より)

	他者の援助に依存する読み手 ↑				
1	初心者の読み手 (Beginner reader)	文字記号を独力で取り組んでいく（tackling print）だけの有効な方略を十分に身につけていない。誰かに音読してもらわなければならない。テクストというものが意味を表すものであることの認識がまだ希薄な場合もあろう。			
2	すらすらと読めない読み手 (Non-fluent reader)	既知のテクストや予想しやすいテクストに関しては、自信も増し、取り組んでいけるが、新規のテクストや親しみのないテクストの場合、手助けを必要とする。意味を予測する（predict）力は増し、挿絵や本文から他の手掛かりを得て、自分の予測（predictions）が適切かどうかチェックする方略を身につけつつある。	② RUNNING RECORD		① INFORMAL ASSESSMENT
3	ある程度すらすらと読める読み手 (Moderately fluent reader)	読むことに関して良いスタートを切っているが、なお、慣れ親しんだ種類のテクストに読み戻る必要性がある。平行して、新しい分野のテクストにも独力で手を伸ばし（explore）始める。黙読を始める。		③ MISCUE ANALYSIS	
4	すらすらと読める読み手 (Fuluent reader)	自信をもって慣れ親しんだテクストに向かっていく（approach）実力のある読み。未知のテクストに対してはまだ支援が必要。本や物語から推論（inferences）を引き出そうとしながら、ひとり読みを行う。(read independently) 黙読するほうを選ぶ。			
5	際立ってすらすらと読める読み手 (Exceptionally fluent reader)	幅広い種類のテクストから読む対象を選ぶことのできる、熱心な自律した（avid and independent）読み手。テクストにあるニュアンスや機微をよく理解する（appreciate）ことができる。			
	↓ 自律した読み手（ひとり読み）				

第 2 章　理論的基盤の生成期

表4-B　全カリキュラムにおける読み手としての経験 ―Reading Scale2
（Barrs, M. Ellis, S.et al. *The.Primary Language Records*. ILEA/CLPE. 1989 p.27、p.46 より）

経験に乏しい読み手

↑

1	経験に乏しい読み手 （Inexperienced reader）	読み手としての経験が限られている。一般に、挿絵が重要な役割を果たしているような大変読みやすいテクストや既知のテクストを選んで読む。初めてのテクストならどんなものでも読むのが困難で、自分で口述筆記したテクストなら、自信をもって読めるかもしれない。授業で求められる読む行為には極めて多くの支援を必要とする。音読に際し、一つの方略に依存しすぎる。往々にして、一語一語、単語をたどりがちである。楽しみのために読書することは稀である。	③ MISCUE ANALYSIS ／ ① INFORMAL ASSESSMENT
2	比較的経験の少ない読み手 （Less experienced reader）	読み手としての流暢さは身につけており、一定の種類のテクストなら自信をもって読む。たいていは、単純な物語形式の短編で挿絵のついているものを選ぶ。これらの本なら、黙読する場合も見受けられる。しばしばお気に入りの本を再読する。楽しみのための読書には、マンガや雑誌が含まれることが少なくない。授業で求められる読む行為には支援を必要とし、とりわけ、参考書や知識・情報の本には手助けがいる。	
3	ある程度経験を積んだ読み手 （Moderately experienced reader）	本に親しみを感じている自信のある読み手。一般に黙読し、読み手としての持久力（stamina）を身につけつつある。長時間にわたって読むことができ、児童文学を含む、より骨の折れるテクストに対応できる。読んだことを進んで振り返り、学びにおいて、読書を活用する。ひとりで本を選択し、調べもの目的に応じた知識・情報の本を活用できる。物語形態をとらない文章（non-narrative prose）の未知の資料の場合は、まだ手助けを要する。	
4	経験を積んだ読み手 （Experienced reader）	自ら明確な動機を持ち、自信を有する経験を積んだ読み手。読書を通じて特定の関心事を追及することも可能であろう。骨を折れる本にも取り組んでいける実力を持ち、カリキュラムに応じた読む必要性にも対応ができる。慎重に読むことができ、暗示的な意味もよく理解する（appreciate）。	
5	際立って豊かに経験を積んだ読み手 （Exceptionally experienced reader）	フィクションやノンフィクションに自分の確固たる嗜好性が育まれた、熱心な（enthusiastic）内省的な読み手。独力で、自分の興味・関心を追求することを楽しむ。一般書を含む広範で多様なテクストに対処できる（handle）。 質の異なるテクストは、質の異なる読みのスタイルを要することを理解している。 多種多様な情報資料から引いてきた根拠の価値判断ができる。読み手としての批判意識を身につけつつある。	

↓

経験を積んだ読み手

表5　サンプルシートの実際（参考事例（exemplar）として PLR 指導書に提示されたもの）
（英語、ならびに／もしくは他のコミュニティ言語を読むこと）　（注　番号は、著者が分析の便宜上、翻訳時に添付したものである。）

読むことのサンプル事例			書くことのサンプル事例（英語、ならびに／もしくは他のコミュニティ言語を書くこと／書こうとする入門期的行為も含む）			
Junior（ジュニア・スクール）第4学年 男児　使用言語　英語（10-11歳）			Junior（ジュニア・スクール）第4学年　女児 使用言語　Sylheti 語 Bengali 語 英語（11歳）			
	日付	1987年3月		日付	1987年2月	
	題名　もしくは　本／テキスト（フィクション／情報）	Terry Jones 作 "The Saga of Erik the Viking"	1　書くことの状況設定や背景情報	①いかに書くという行為（状況）が立ち上がってきたか／②いかに児童が書くことに向かっていくか／③ひとりで書くか、誰かといっしょに書くか／④書いている間、誰かと話し合いながら書くか／⑤文章の種類（例　リスト、手紙、物語、詩、私的文章、情報文）／⑥一つの作品の完成／部分的な作品	（クラス担任　英語について） 妖精物語や民話の違いを理解して、物語に関する学習についていく。全くひとりで英語版を書いた。物語や物語の慣用的な事柄について話しかけることで、作業が進んでいった。	（コミュニティ言語指導員） Bengali 版について。物語のBengali 語による翻訳を促したところ、彼女はとても熱心に行った。本に引き寄せられていった。翻訳のほとんどの部分を自分でこなし、Bengali 語の2, 3 の単語について、単語選びの手助けを必要とした。
	既知／未知のテクスト	未知				
	サンプリングの取り方－インフォーマル評価／継続的な記録／ミスキュー・アナリシス	インフォーマル評価				
1　児童の読みに関する総括的な印象批評	児童の読みに関する総括的な印象批評 ①自信の持ち様と自律性の程度 ②本／テキストに対する関わりの度合い・充足感（involvement） ③音読のありよう	テクストに全く夢中で、明らかに楽しんで読んでいる。極めて流暢に、正確に、感情をこめて音読する。	2　書くことに対する児童の反応		あまり発言はなかったが、この学習活動にはきわめて集中していた。	
2　音読の際に、児童が活用した方略	①本／テキストを理解するために過去の経験を引き合いに出す ②（児童が読むという行為を始めたことを示す手掛かり） ア　読みながら、内容を広げたり、内容から外れたりしながら遊ぶ／イ　本に用いられていた言葉を使う／ウ　絵を読む／エ　活字に集中する（文字の並ぶ方向性／音読する言葉と書かれた単語を対	幅広く方略を活用するが、1, 2 の単語の読みにつまづく。例えば、fjord（フィヨルド）。音読に入る前に、本を選ぶときにはいつも著者の名前をメモするが、画家の名前をメモすることは稀だと話してくれた。けれども、今回のケースは、Michael Foreman の絵が	3　指導者の反応	①書いた内容に対して ②当該の文種の文章を書くために必要な能力に対して ③総括的な印象批評	よくやったと喜んでいる。物語形式を用いて卓抜な物語を繰り広げた。(excelent grasp of narrative style) とてもスムーズな筋の展開。イチゴやポップコーンのアイデアで、オリジナリティの要素もいい。細部まで描き込んだ挿絵もつけている。	再話（翻訳）することによって、より幅広い読者に読んでもらうことができると説明。Bengali 語による見事な翻訳。適切な訳語を探すときに自信をもって行っていた。標準 Bengali 語よりも、Sylheti 語を用いた場合が多かった。

第 2 章　理論的基盤の生成期

	応させる／一定の単語の認識） ③意味論的、構文上、綴りと音韻の関係を手掛かりにする／ ④予想する／ ⑤自己修正する／ ⑥数種類の方略を活用する、もしくは、一つの方略に固執する	非常に気に入っており、この本を読む楽しさの重要な部分を占めていると考えていた。			
3　本／テクストに対する児童の反応	①個人的反応 ②批評的反応（理解度、価値判断、広く意味を捉えて真価がわかる）	どのように読んだかを他の人と共有したいという熱意は、かれが、この本を十分に楽しんだ証である。この本は、一般的な伝説物語よりもおどろおどろしくて、そこをおもしろく感じている。	4　綴る力の発達と形式的な約束事	今では、基本的に、英語のつづりの規則性をつかんでいる。時折、where/wereなどの使い間違いはある。基本的句読法の活用。会話表現のコノテーションマークの活用。まだ少し不正確なときも見受けられる。	つづりの間違いはほとんどない。
4　読み手としての児童の発達について、このサンプリングが指し示す事柄・さらなる発達にむけて必要とされる経験や援助		物語に十分入り込んで、楽しみながら、流暢に音読する。書き手の意図について意識的になってきた。より複雑なテクストの読書にも意欲を示す。今後一層、かれの読後感を分かちあう機会を増やすよう仕向けた。	5　書き手としての児童の発達について、このサンプリングが指し示す事柄 ①児童がそれまでに書いてきた広範な文章と、いかに適応するか ②さらなる発達にむけて必要とされる経験や援助	彼女は、とりわけ、挿絵を入れた長編物語を書くのを楽しむ。が、描写文や説明文も複数こなしている。内容と表現形式を適応させる能力が身についている。彼女は自信にあふれており、これまでの読書や本で読んだ表現について知っていることを引き合いに出して、生産的に活用できる。句読法についてさらに学ぶといい。	この種の表現活動は初めてだが、熱意と自信を見せていた。標準Bengali語について、彼女と話し合う機会をもっと有益ではないか。Bengali語で書かれた本を寄り多く読むことが、助けになるに違いない。
PLR 中のコメントから （Barr, M. et al.*The Primary Language Record: Handbook for teachers*.ILEA. P.53）	11歳女児は、クラス担任がコミュニティ言語指導者と緊密に指導体制を組むことで可能となった事例。書き手としての児童のコンペタンスについて学ぶべき要素が明示されている。 彼女の作品は、物語形式に対して十分意識的であり、物語の組み立てをいろいろと思い巡らし楽しむ能力を身につけていることを示している。(p.53)				

第3節　観察記録法に対する評価観と志向した学習指導環境

第1項　実践教師の実施体験ならびに管理職（学校長、指導主事他）の総括的反応

　1990年ILEA廃止に伴い、センターは、London Borough of Southwark地区教育局管理下に移った。SATs（Standard Assessment Tasks）の結果によって学校ならびに個々の教師の査定が行われる状況は、学校にある種の緊張感を生み、ボランティアベースのPLR普及・推進活動が行き詰まりを覚えたとしても肯けるところである。センターは、この状況下においてPLRの妥当性、信頼性、有効性を、指導主事、管理職、教師の現場の声を掲げ、検証している。The Primary Language Record in Use（1995）[34]である。PLRが実際にどのように受けとめられたか、現場関係者の当時の反応や評価がまとめられ、導入状況を知るための貴重な資料である。序文を除く、11本の関連記事で構成され、すべてPLR実施当初の活用実態を扱い、センター機関誌 Language Matters 掲載記事も含め、1989年から1991年の雑誌初出記事が収集されている。

　11本の記事は、①PLR開発・執筆者による開発における留意点をまとめたもの、②一般的な小学校現場からの実施見解、③学校全体に機能する評価法のありかたを述べた校長職（管理者）の見解、④入門期指導、特別支援を必要とする学習者への対応、バイリンガル教育の観点からのPLR実施者の見解、⑤NCとの関連性からPLRの可能性を述べたもの、に大別される。

　内ロンドン教育局白書の要望と対応した人選になっているのがわかる。児童の言語力実態に関する情報を共有することが望まれた立場を異にする指導者陣である。対象学校は異なるが、それぞれの立場で共有しえた児童

---

[34] O'Sullivan, O. (ed.) (1995) *The Primary Language Record in Use.* CLPE

の到達度の内実と PLR という評価とのかかわりに言及している。

開発当初、TGAT レポートによって、16歳までは形成的（formative）評価法を採用し、16歳（義務教育修了年）では総括的（summative）評価法を推奨し、形成的評価は、指導と学習の判断形成に直接的に働く有効な指導法と情報を生み出すためのものではなくてはならないと指摘されていた。

1.1 指導主事の PLR 総括事例から

地区の指導主事 Karen Feeney [35] がまとめた London Borough of Lewisham 地区の全小学校を対象とする調査結果をもとに、当時の小学校における PLR の受け止められ方の一例をみてみよう。

Feeney は、長年の教職経験、国語科指導主事（Language Co-ordinator）としての仕事を通して、個人的見解として、PLR を次のように評価する。

　　現在どのような政策的ギアが入っているかは別にして、われわれ指導者は、一人の読み手としての児童の発達について、保護者や同僚の教諭と意見交流できることが、教師としての責務だと感じてきた。そして、どのような進歩が見て取れるかをあきらかにしなければならないと常に感じてきた。自分の教師経験と現職教員指導の立場から、観察とサンプル収集が、Reading Scale1 によって一つになり、これらの目的を満たす優れた枠組みを提供することを確信するに至った。

　PLR の Reading Scale1 と 2 に掲げられている事項によって、「初心者の読み手」から「際立ってすらすらと読める読み手」（Reading Scale1）に向かう道程において、また、「経験に乏しい読み手」から「際

---

35) Feeney, K.(1995)'Describing Reading Progress: Using the PLR Reading Scales to Survey Reading' *The Primary Language Record in Use*（O'Sullivan, O.(ed.), pp.55-62,（Language Matters.1991／2 No.2、初出）筆者は、London Borough of Lewisham の小学校指導主事。

立って豊かに経験を積んだ読み手」(Reading Scale2) を目指す行程において、子どもの今あるところの見取り図を手に入れることができる。教師の判断が信憑性をもつのは、ある程度の継続的時間の中で児童を観察し、サンプル収集をして得た、児童についての揺るぎない知識に基づいているときである。この質を保証された情報は、NC の到達度事項や、私の知りえる範囲の読みのテストでは、けして得られないものである。

　質をともなったデータという観点において、読みの標準テストによって集積された情報の不適切さに関しては、教育科学省の全国教育調査財団（NFER）レポート[36]によっても、指摘されたところである。読み手としての児童の発達をモニタリングするために標準テストを採用しない地方教育局が、どのように、他の評価方法、たとえば、読みの力を見て取る日常的な (informal) 手段の工夫、ミスキュー・アナリシス、家庭と学校の連携リーディング・プログラムなどの方法で代替しているかを明らかにした。これらから得た情報は、全国的な実態把握と比べうるものではないが、クラスを預かる指導者に一人の読み手としての児童の発達に関するより正確で、意味のある情報を、確かに提供するものである、とレポートはまとめている。

　加えて、レポートでは、地方教育局は、継続的な読みの標準を測るためには標準テストを用いるであろうが、読書日誌や読みの徹底的なサンプル収集によって得られる質の情報、それは、指導者にとって、読み手としての児童をとらえる重要な情報であるが、その種の情報提供において、標準テストは適していないと述べている。これらの読みのありようをとらえた実態描出は、PLR を用いて、Reading Scale に照らし合わせることで、指導者が把握しうる児童のありようの貴重な

---

36) DES (1990) *An enquiry into LEA evidence on standards of reading of seven year old children,* DES, London

第 2 章　理論的基盤の生成期

　手掛かりとなるのである。[37]

　調査対象となった Lewisham 地区の小学校では、PLR を採用することで、ある学年、もしくは、年齢集団の読みの発達の過程を包括的にとらえることができたという調査結果を得たといわれる。[38]
　また Feeney は、第 2 学年を対象とした内ロンドン教育局の調査資料（1989）において、既存の the London Reading Test の観点からすれば、Reading Scale2 は同等の価値があると報告されているのを受け、Reading Scale1 についても、その有効性が立証されるべきだと考えた。教育局調査において、指導者が Scale で示された段階性の意味を十分に理解し得ない場合が報告されたのを踏まえ、Feeney の調査においては、全校を訪問し、指導者の収集サンプルや観察記録をもとに、Scale1/2 の説明も加えながら、徹底した個別もしくはグループでの第 2 学年担当者との面談調査を実施している。Reading Sacles と NC の到達レベルについて、ある指導者のコメントが紹介されている。

　　SATs の結果では、私のクラスの児童の読みの発達についてバランスの取れた見取り図が得られない。レベル 1, 2, 3 というのも同様で、レベル間のギャップが広すぎて、その間をどのように進んでいくのかわかりづらい。思うに、Reading Scale の段階を述べた表現の方が扱いやすく、うちの学校で、児童の進度についてモニタリングするときに用いている指針にも沿っている。Scale に書かれた表現の方が、児童が読み手として育っていく道筋をより言い当てているように思う。そこには、児童が既習のことがらを統合していくとき、次の段階へと進んでいく準備段階において生じる、読みの発達過程におけるグレー

---

37) 同、注 35
38) 同前、p.56

ゾーンといったものを許容する幅がある。[39]

　つぎは、「ある程度すらすらと読める読み手」と判断した指導者の児童実態に関するコメントである。児童の読みの様子を描写する言葉遣いに、Scale で使われた観点であり、表現方法が反映している事例として掲げられたものである。Scale で掲げられた側面がさまざまに見て取れ、複数の段階にわたった実態把握が自然となされていることを、PLR の特徴としている。

　A 先生
　　K 児は、昨年から、読み手としての自信をつけてきている。単語の意味を類推するのがむずかしいときもあったが、今では、進んで、予想して言い当てようとする。身近な単語の語彙を自分のものとし、文脈からヒントを得る、語頭の音からヒントを得る、未知の単語を、フォニックスを活用して部分に分けてから発音してみる、といった幅広いヒントを活用している。'can' と 'can't'、'do' と 'don't' のような肯定、否定の助動詞がごちゃごちゃになる。挿絵からのヒントを必要とする。'Don't forget the Bacon'（ベーコン、忘れないで）や 'Bad Tempered Ladybird（かんしゃくもちのてんとう虫）' といった本なら、すらすらと自信を持って読むことができる。'Fiddle-dee-dee（Storychest 読本シリーズ所収、ギーコギーコ）などは、すらすら読めるが、何度も読み返す必要がある。'Dilly the Dinosaur（恐竜ディリー）' のような本では、支援が必要。物語のテープを聞くのを喜ぶ。ひとりで静かに黙読するのを好む場合が多く、ぺらぺらと本の頁をめくってながめている。自分より年下の子どもに読んで聞かせるのが好き。押韻をよく覚え、歌もすぐ覚える。[40]

39）同、注 35 p.58

第 2 章　理論的基盤の生成期

B 先生

　A 児は、お話を聞くのが好きで、それについて話し合うことを楽しむ。一般的な知識が豊富で、語彙も豊かである。クラスやグループにとてもよく溶け込んでいる。熱心に、物事を考えるタイプ。一対一で、大人に向かって音読するのが嫌いで、集中力を欠くけらいがある。反対に、たくさんの聞き手がいることが大好きで、自分が自信をもって読めるものをクラスのみんなの前で読むのを好む。'Bad Tempered Ladybird'、'Willy the Champ（ウィリーがチャンピオン）'、'Smarty Pants（知ったかぶり屋）'などの本を、すらすらと十分理解して読むことができる。'Mrs. Plug the Plumber（水道屋のお栓さん）'になると支援が必要。ほとんどの単語はわかるが、わかりにくい単語を読むためにヒントとなる方略を組み合わせて使うよう仕向ける必要がある。たとえば、語頭の音韻を活用したり、単語の語形を使ったりはするが、文脈から読み進んでいけない。また、これまで何年も読んできた'Dark Dark Tale（まっくろけの話）'や'Happy Birthday Sam（お誕生日おめでとう、サム）'をよく再読する。クラスで、魅力的な本に出会うと、新しい本も読んでみようと動機付けられる。さまざまな形式の本をぱらぱらと眺めるのが好き。特にマンガ形式のもの。また、知識・情報の本を選んで読むこともある。情報を得るために適切な本が選べる。[41]

　これら教師のコメントを受けて、Feeney は、PLR の効果と可能性を実証するには、KS1 の継続的な実地調査の必要性と対象学年を広げた調査が必要だと強調する。以下は、調査結果の概括である。

---

40) 同、注 35、p.58
41) 同前、pp.58-59

- 読む力の運用力には、男女差が著しかった。女児の3分の2が「ある程度すらすらと読める読み手」から「際立ってすらすらと読める読み手」の間に含まれていたのに対し、男児の半数が、「初心者の読み手」か「すらすらと読めない読み手」かに含まれていた。
- サンプルの5%以上の割合であった多様な民族的背景の児童事例も分析対象とした。なかでも、イングランド人、スコットランド人、ウェールズ人（ESWグループ）とカリブ系児童の2グループが最も多数を占めるグループであった。分析が進むにつれて、カリブ系男児の運用力は、カリブ系女児に比べ非常に低いものであったが、ESWグループの男児と比べた場合、それほどの差は見られなかった。一方、ESWグループの男女差は、重要視するほどのものではなかった。が、トルコ系男児の場合は、トルコ系女児よりも低い運用力が認められた。
- バイリンガル児童の3分の1は、英語が流暢に使えると考えられた。かれらの69%は、すらすらと読める読み手か際立ってすらすらと読める読み手かのどちらかであった。同じスケール段階のモノリンガルの児童は、34%であった。
- 無料給食の配布の程度の高低によって学校差が著しかった。経済的に安定した児童の多い学校の46パーセントは、「すらすらと読める読み手」か「際立ってすらすらと読める読み手」であった。経済的に不安定な背景をもつ児童の多い学校では、21%が同じスケールに含まれていた。
- 年齢も重要なファクターであった。夏生まれの児童の半分は「初心者の読み手」か「すらすらと読めない読み手」であったのに対し、9月に入学した児童は3分の1がそうであった。
- 読みの指導法においてほとんど違いは見られなかったし、ある方法が他の方法より、特に効果的であるといった指導法も見られなかった。
- PLRとSATと教師の日常的評価レベルの相互関係は高かった。どちらの場合も、相互関係係数0.84であった。[42]

第2章　理論的基盤の生成期

　Lewisham という一地区の結果のまとめであり、汎用性を問えるものではないが、児童の年齢、性差、民族的背景、（地方教育局一斉調査による）英語習得段階、（無料給食を指標とした）経済的背景、Reading Scale 1 に照らし合わせた評価、指導者による日常的評価（Teacher Assessment）、SAT の結果などの複数の観点の相関において、第2学年の児童の読みの実態把握がなされているのがわかる。

　頻繁に用いられる"as a reader"という用語の reader の内実は、文字を読む人、読書する人というもちろんながら、社会的文化的な状況下のもとで育っていく「一人の読み手として」、児童の今の読みの実態をとらえることを基本としているのがよくわかる。そういう読み手人格とでもいえるものを、観察記録法を通して、日々の単位で、1学期、1学年の単位で、教師（担当教師と関連教師、管理職など）、保護者、そして児童みずからも参加して、言語運用力をプロファイルしようとする試みであった。言い換えれば、複数の言語文化背景や人種的民族的背景をかかえた内ロンドンの小学校実態に無理なく適応した学習観察法の開発であったのである。

　最後に結論として、以下のように述べる。

　　結論として、NC が、読みの評価に関連して指し示した見取り図は、「絶えず変化する砂漠の砂地」の類のものである。それゆえ、教師には、一貫した、かれらが身近に感じられる読みの評価のための枠組みを持つことが重要なのである。PLR 読みのスケールを活用した事例の継続的実証調査によって、（この文脈では、borough 単位を指す―引用者注）各種学校、教育委員会において、読み手としての児童の言語運用を計る物差しを持つことができた。それは、読みの過程を理解することに根ざしており、よき授業実践に根ざしている。もっとも重要なこ

42）同、注35、pp.59-60

とは、観察とサンプル事例に基づく読みのスケールの活用によって、教師から、読みの発達のさまを語る細やかで詳細な言葉を導き出すことである。それは、NCの数量的に表示された段階システムよりもはるかに情報量が多く、価値の高い方法によってなされるのである。[43]

ここにも、PLRが、評価法として児童の学びに寄与するツールであるとともに、自ずと指導者の子どもを見る見方を教え導いていく教師教育の場として位置付けられていることがわかる。スケールに詳述された実態をとらえた言葉、サンプルを取る際の発問の表現などに、教師の児童観察の質が如実に問われていく。

1.2 当時初めて活字化された小学校実践現場からの反応―小学校教諭の立場から

Anne Washtell[44]は、*Primary Teaching Studies*誌（vol.5 No.2, Feb.1990）に、PLRについて初めてとなる記事を寄せている。

> 13年間の教師経験において、ILEAが導入したもっともエキサイティングな指導だった。自分の授業実践において感じていた空白を埋めてくれるものとして、見事なタイミングで導入されたと思う。支柱として働き、かつ柔軟な枠組みを提供してくれ、そのなかで、ようやく全員の児童の進度や発達を同じ質の深さと明確さをもってモニターし、評価することができた。体系的ではあるが、フィードバックできるツールで、私ばかりでなく多くの教師が待ち望んでいたものであった。[45]

---

43) 同、注35、p.61
44) London Borough of WandsworthのWix Primary School教諭を経て、1995年当時、Roethampton Institute of Higher Education講師。

第2章　理論的基盤の生成期

　Washtell 氏は多くの人々から、「日々の、1学期、1学年にわたる児童の言語とリテラシーを理解し捉えていこうとするときに、どうして PLR が重要な役割を果たすと、そこまで確信をもっていえるのか。」とよく聞かれたという。氏は、「私にとって特筆すべきは、PLR は、子どもの読みの発達を評価するのに、保護者が重要な役割を果たすところである。加えて、私にとっては、バイリンガル児童にとっての母語と英語が等しく価値付けられている学習記録法を使ったのも始めてだった。私が教えている児童に見事に適応していた。」と答えたと記している。

　また、自分が理想とするモデルと児童を照らし合わせて判断しようとしてきたが、つねに児童の個別性は、それらのモデルとは、ずれていた。ヴィゴツキーの発達理論に基づく PLR においては、児童の今あるところを見て取った上で、授業を組み立てていくところに着目した、と述べている。

　加えて、当時、初めて中央集権的な NC が導入され、緊張感をもって対応していた小学校教諭の一人として、PLR は、出来上がった作品や学習結果にのみ注意を払うのではなく、個々の児童の意図するところ、学びの過程に着目させてくれたと指摘し、観察・サンプルシートによって折々に記録され集積されていった児童の言語運用の変化や停滞のありようが、NC の到達目標（Attainment Targets）にかかわる判断の基礎資料となったと述べている。

　　明らかに到達目標（以下、AT）に欠けているものは、どのように一人の子どもが何かを達成したか、ほぼ達成しつつあるか、まだ達成していないかについての根本的な情報を教師に提供してくれる機会である。他方、PLR は、あまりに明確に定義づけ、そのため非現実的な

---

45) Washtell, A. (1995) 'The Primary Language Record: Three Good Reasons for Using it.' *The Primary Language Record in Use,* O'Sullivan, O. (ed.) p.13

児童の見取り図になってしまうATによる判断に、個々の児童のデリケートなわずかな相違を加味していくことを可能にする。こうした児童のプロファイリングに積み重ねられた観察実態の活用がなければ、ATにかかわる児童の判断はできないと考える。私が思うに、ATだけでは、バランスの悪い、全く不正確な、児童のなしえたことの見取り図を与えることになってしまう。[46]

　指導主事と小学校教諭の2例を掲げた。限られた事例ではあるが、観察記録の積み重ねが実際に児童に相対する教師にとって、児童実態を知る教師としての自信を培い、専門的力量の礎となる可能性が報告されていたのではないか。日々刻々とその子なりの変化をみせる言語習得実態を観察記録することは容易ではなく、観察する時点は、つねに変化の一通過点でもある。PLRは、主体を常に教師に、現場の状況に置き、教師の自由裁量に委ねながら、児童を見つめる教師自身のまなざしを意識化できるよう観察記録を順序立てて、おのずと構造化された観察評価が日常化できるよう意図している。学習記録の記入観点のみならず、記入欄の順序性、配置自体が教師育てへと連動するよう機能的かつ意図的である。サンプル指針やスケールを具体的な手掛かりに、1学期から3学期にかけて一定の順序性で記入する体系的プロセス、質の違う（自由記述と個別のケーススタディに基づくもの）重層的な観察・記録法を行う場の設定そのものに、CLPEの教師教育のめざす国語科の包括的学習者実態把握プログラムが指摘できるのではないか。限られた窓口ではあるが、学習者の言語実態を一定の枠組みを借りながら、教師みずからが言語化できる力、そこに教師の「専門的力量」の根幹を見出そうとした内ロンドンCLPEの先駆的実地試案といえよう。

---

46) 同、注45、p.14

第2項　国際交流の場からの提案 - *The Primary Language Record & the California Learning Record in Use: Proceedings from the PLR/CLR International Seminar*（1995.10.22-24）を中心に

2.1　英米合同セミナー

　Ellis によれば、開発当時、依頼を受けてアメリカやオランダ等で PLR 研修を行い、PLR から正式認定された「カリフォルニア版学習記録」[47] などが、当地で普及されたという。1995年には、CLPE のカリフォルニアおよびニューヨークでの PLR 研修、実地指導を踏まえ、ニューヨークシティの、Central Park East School、Jackie Robinson Educational Complex で、THE PLR/ CLR（California Learning Record） International Seminar（1995年10月20日～22日）が開催された。そこには、ロンドン、カリフォルニア、ニューヨークの3箇所から、観察評価法の普及、実施に携わる研究者、教員が集まった。表6のプログラムにあるように、45に上るプレゼンテーションと研究者らを含めた国際交流がはかられている。「われわれの開発・推進は、どちらかといえば小規模なものである。大規模な組織的な背景も持たず、予算的にもほとんど恵まれていない。本質的に、三つの異なる教育制度のなかで共通の評価法の普及の一端を担う人々が営んできた草の根運動である。けれども、こうした限られた規模には似つかわしくないほどの影響力を与えてきたことに気づく。そして、評価とリテラシー教授の双方の発展において、実践的な重要な貢献を果たしてきたと考える。」[48] この CLPE 当時のセンター長 Myra Barrs の開会の辞に見られるように、きわめて意

47）アメリカ合衆国における状況については、堀江祐爾が「カリフォルニア州国語科手引書における指導方針―旧版と87年度版との比較を中心に」（第75回全国大学国語教育学会、1988年10月22日）として口頭発表している。
48）Cooper,W. & Barr, M. w/McKittrick, A.（1995）*The Primary Language Record & the California Learning Record in Use: Proceedings from the PLR/CLR International Seminar*（1995.10.22-24）, p.1（補注）中扉に10月22日～24日とあるが、20日（金）から22日（日）のミスプリントである。

表6　国際セミナー　プログラムとプレゼンテーション

1995年10月20日					
午前/午後	学校参観オプショナル・ツアー				
18:30	受付				
19:00	夕食会				
19:30	開会式（開会の辞 Myra Barrs（CLPE）				
20:00	国際交流ディスカッション・グループ1（顔合わせと基本的討議）				
1995年10月21日					
8:00	朝食				
9:00-10:30	分科会プレゼンテーション1	①自己評価とPLR/CLR A.Thomas, 代表、UK ②児童の実態記録－8年間の自己評価 V.Wallace　NY ③学生の自己評価K-12 D.Arntson/C.Hendsch CA ④「児童との個人面談」における教師と児童の会話の分析 B.Stierer　UK	⑤保護者とPLR/CLR M.Barrs, 代表、UK ⑥PLRと保護者 C.Kelly　UK ⑦保護者へのインタビュー －自分が知らなかったということを知らなかったということ A.Alvarez　NY ⑧保護者とCLR L.Graham./J.Ghio　A	⑨学校/校区レベルの専門性の向上 E.Avidon, 代表　NY ⑩ある校区における説明責任の向上－コミュニティー・スクールとPLR B.Silver/J.Spielman NY ⑪学校レベルの専門性の向上 A.Rodriguez　CA	
11:00-12:30	国際交流ディスカッション・グループ2（調査研究の交流と討議）				
12:30-14:00	昼食/ミニ講演会（スピーカー：Peter Jojnston/ Margaret Meek Spencer）				
14:00-15:45	分科会プレゼンテーション2	①専門性の向上 M.Barr, 代表、CA ②K-12初任教育におけるCLRの活用 W.Cooper/S.Thomas CA ③現職教育におけるPLRの役割－読むことの教育 S.Ellis UK	⑥ Learning Record とクロスカリキュラム J.Spielman, 代表　NY ⑦テクノロジーを用いた授業におけるCLRの活用 P.Syverson　CA/Texas ⑧授業におけるPLeR	⑪入門期における授業の状況設定 S.Schwabacher, 代表　NY ⑫重層的な授業状況の創造 J.Lynch　CA ⑬学習者の社会的学習	⑯教育の機会均等 V.Wallace, 代表　NY ⑰教育の機会均等と公正さ -児童文学への指導法の再検討 C.Luskin-Bove　NY

148

第 2 章　理論的基盤の生成期

		④指導における観察と記録の影響 T.Pickney/S.Texidor NY ⑤近隣小学校における記録を活用した PLR 実践の理解 E.Avidon/M.Hebron NY	の活用 S.Haynes　　　UK ⑨紙飛行機で学ぶ物理の授業－男子 2 人の 3 年間の継続調査 S. Gordon　　　NY ⑩理科の授業における話し合い－描画、彩色、会話に表れた興味・関心 P.Cushing　　　NY	状況 W.White-Diaw　NY ⑭観察に対応した授業状況の創造 Y.Smith　　　　NY ⑮入門期における観察法と formative 評価 F.Freemantle　　UK	⑱理科の図書で男児は何を学んだか E.Edelstein　　　NY ⑲特別支援教育における PLR の活用 O. O'Sullivan　　UK ⑳PLR と教育の機会均等 K.MacLean　　　UK
16:00-17:30	全体討議				
終了後	自由時間				
1995 年 10 月 22 日					
8:00	朝食				
9:00-10:30	分科会プレゼンテーション 3	①モデレーション / 説明責任 M.Barr　代表　CA ②文章表現の評価－K-3 対応の PLR 新書くことのスケール M.Barrs/A.Thomas UK ③説明ツールとしての PLR-ニューヨークシティにおけるモデレーションの展開 J.Benado/ S.Schwabacher　NY ④モデレーションと日常的教師評価に関する調査研究 M.Barr/ P.Hallam　CA	⑤バイリンガル教育 A.Alvarez　代表　NY ⑥補助教員の支援－バイリンガル児童の段階的英語習得 H.Hester　　　UK ⑦バイリンガルの 1 年生児童 K.Kakuda　　　CA ⑧PLR とバイリンガル教育 H. James　　　UK	⑨学校 / 校区レベルの専門性の向上 O. O'Sullivan, 代表 UK ⑩学校全体の評価フレームを構築するために PLR から洞察 B.Batton　　　NY ⑪学校区モデル D.Fisette　　　CA ⑫リテラシー発達のための影響力のある教授フレームワークとしての PLR G.Kanji　UK/Uganda ⑬学校モデル事例 R.Ferrero　　　CA	
11:00-13:00	参加者からのセミナー感想交流と全体討議				
13:00～	昼食　セミナー終了				

識的な「草の根運動」の推進者の集いであり、そこには強い自負が感じられる。表 6 を見ると、①観察評価法自体の特徴、② PLR ／ CLR 活用事例の分析・考察を中心にした保護者との連携、③学年・学校・校区等多様なレベルでの教師の専門性向上の考究、④バイリンガル教育との有効なかかわりが、緩やかに分科会として編成されているのがわかる。

Barrs が開会の辞で特に紹介した主要参加者は、次の通りである。(紹介の順に)

Barbara Flores (California State University　バイリンガル教育専門)

Hanna Walker (California State Department of Education　社会的にマイナーな学生の保護者との連携)

Henrietta Dombey (NATE 会長 (1995 当時)、University of Sussex. 改訂 NC と評価)

Margaret Meek Spencer (IOE, University of London, 名誉 Reader)

Peter Johnston (State University of New York 読むことと評価)

Edward Chittenden (ETS: Educational Testing Service　PLR 開発にも影響を与えた *Inquiry into Meaning* の共著者)

Brenda Engel (Lesley College Graduate School　ポートフォリオ評価推進)

Beverly Falk (NCREST: the National Center for Restructuring Education, Schools and Teaching, Columbia University)

Monty Neill (Fair Test: the National Center for Fair and Open Testing　CLR 開発の一員)

John Schoener (New York University　NY 市における PLR 紹介の中心人物)

Barry Stierer (Open University　Reading scales, 評価とモデレーションに関して、90 年以降 5 年にわたってセンター職員に協力)

2.2　観察評価開発・推進の国際交流の成り立ちとめざすところ

では、なぜ、CLPE の開発した評価法が、カリフォルニアやニューヨークシティで賛同者を得、協調しながら推進することになったのか。Barrs の開会の辞[49]にそって概括したい。

きっかけは、1987 年 Baltimore で開催された NCTE 大会で、Barrs[50] の

---

49) 同、注 48、pp.1-4
50) Barrs, M. (1990) 'The Primary Language Record :Issue in Evaluation' *Language Arts*.vol.3 March 1990. 筆者が、PLR についてアメリカの雑誌等に発表した初期のものである。

第 2 章　理論的基盤の生成期

PLR に関する口頭発表を、当時 California Literature Project 代表だった Mary Barr[51] が聴講したことに始まる。Barr は、CLPE の Barrs をカリフォルニアに招待し、California Literature Project に参加する教師に向けた、PLR の研修を依頼した。California Literature Project の最重要懸案事項は、既存の学習指導を損なうことなく、適切な評価方法を探し出すことであった。Barr は、PLR が、一つの答えとなると考えたのである。以後 2 年間、ロンドンから CLPE 職員が幾度か訪問し、研修を重ね、1990 年に、PLR の「カリフォルニア版学習記録」(the California Learning Record、以下 CLR)が完成し、実施に移された。95 年のセミナーには、開発当初のプロジェクトメンバーのうち 5 人が参加し、そのうちの二人は、小学校版に引き続き、中学校版 (a Secondary Record for California) の開発にも参与した経験者であった。また、セミナー参加者のなかには、18 ヶ月にわたり、カリフォルニア大学で Barr とともに研究に携わり、博士論文で PLR を取り上げた、テキサス大学の Peg Syvetson もいた。

　他方、ニューヨークとのかかわりも、CLPE 職員の訪問研修が基軸となった。Aaron Diamond Foundation および Norm Fruchter の助成を受け、1991 年から定期的にニューヨークを訪問し、3 つの教師集団とともに研修を実施している。① Vivian Wallace の支援を受けたセントラル・パーク・イーストを基盤とする the Center for Collaborative Education グループ、②カリフォルニア大学、Lehman College の the Institute for Literacy Studies の the Elementary Teachers Network グループ、および③カリフォルニア大学、City College、the Center for Educational Options の職員の支援を受けた the New York City Board of Education の'the Accountability Project'、の 3 集団である。これら 3 者は、ニューヨーク市立学校の公教育基金の援助を得て、

---

51) 1987 年から Myra Barrs とともにカリフォルニア版観察記録評価法の開発普及に努め、州の教育局の助成を受け、カリフォルニア大学で履行モデルを開発、実験的実施を行った。94 年には、非営利団体 Center for Language in Learning を開設し、K-12 に対応する CLR 評価システムを開発した。

後に NYAN（the New York Assessment Network）という評価ネットワークを立ち上げた。

　このように具体的な出発点のひとつは、アメリカ全国国語教育大会における Barrs センター長の口頭発表であった。Cox Report ①で推奨されたことも、アメリカの意識的な国語科教育関係者の耳目に達するところであったろう。けれども、カリフォルニア大学の Barr の求めていた、個々の学校現場の既存の学習指導を蔑ろにすることなく、そこに組み入れることのできる「適切な評価方法」の模索という根本的なニーズが合致したことが一番の理由であろう。セミナーの分科会プログラムにも明らかであったように、多言語文化背景、地域住民・保護者と学校の連携は、内ロンドン、カリフォルニア、ニューヨーク・シティが共有する必須課題であった。個の多様なニーズに応じた教師によるリテラシー教育改革の推進ツールの一翼を担う PLR/ CLR であったと予想できる。

　90 年代は、CLPE にとっては、ILEA 解体という開発基盤の喪失と NC 導入に付随した標準評価テストによる負荷が、実践現場から教師の日常的評価の意義を見失わせる状況が問題視される。カリフォルニアでは、州の評価システムが破綻し、財政援助が断ち切られ、日常的な教師による評価（informal assessment）は宙に浮いた状況を余儀なくされた。他方、ニューヨークでは、市長と州知事の交代による方針転換のために、PLR を軸にした開発は廃止される。CLPE と NYAN が密接にかかわった、州としての新システムの核となる部分から、教師による日常的評価が抜け落ちていった。

　「開会の辞」を結ぶにあたり、Barrs は、これらの喜ばしくない状況変化に対して、「けして「楽観的」であったからやり過ごせてきたわけではない。ただ、カリキュラムや日々の学習指導に寄与する適切な評価法の積極的探求として価値ある方法であるという揺るぎないポジティブな感覚を持ち続けてきた」だけだと述べる。ヴィゴツキーの「心理的道具」を引きながら、ロンドン、カリフォルニア、ニューヨークの 3 箇所で記録された膨

第2章　理論的基盤の生成期

大な観察記録データを媒介として、教える側と学ぶ側に新たな関係性を見出そうとする不断の試みであると結んでいる。

同じく、Barrs が PLR と現職研修へのかかわりを述べた論稿[52]のなかで、アメリカ側のセミナー参加者でもあった Ruth Mitchell（the Council for Basic Education, Washington）が、非常に的を得た言で、意を強くしたと述べた一節がある。

> 慣例的な評価方法の代替としての PLR の可能性は、アメリカ合衆国において、かなりの関心を掻き立てるという形で現れた。過度のテスト・システム状況にあって、この評価システムは、今日（1992年—引用者注）複数の地域で、テストを行うことなく児童の進歩の度合いを測ることができる効果な方法の発見という形で積極的に受け止められている。教師の判断に基づく PLR の評価の枠組は火急の必要性に合致し、時間をかけて判断をしていく方法の提供としても理解されている。'Educational Excellence Network Newsletter'（August 1990）掲載記事で、Ruth Mitchell は、イギリスの変化について、次のように結論付けている。「私には、PLR とその発展形のほうが、アメリカ合衆国の学校がモデルとした SATs よりも、どれほど将来性があるかわからないと思える。PLR は、ことさらに「評価」をしますよといった緊張を強いることなく、パフォーマンス評価を行い、かつまた、教師の専門性の開発を促すのである。」

1980年代後半から1990年代の約10年間を中心として、CLPE の観察評価法試案は、評価改革をめざすカリフォルニアの一研究者の目に留まり、個人レベルの接触が訪問研修の（一定の）継続的研修状況を拓き、カリフォ

---

52) Barrs, M. & Ellis, S. 'The Primary Language Record: Implications for INSET' *The Primary Language Record in Use.* CLPE.1995. pp.63-70 所収。（*Journal of Teacher Development.* Feb. 1992, p.18 初出）

ルニアとニューヨークで、推進にあたる人々の改革への熱意を最大のギアとして稼動していったと考えられる。規模という目で見れば、Barrsのいうように「小規模」なものであったであろうし、実験的なものであったろうが、教育改革を支える「草の根運動」が、教師の日常的な専門性、その力量に焦点を当てた教師教育システムの構築と軌を一にしていたことは着目に値するのではないか。観察評価法自体の有効性にとどまらず、有効に働くためには評価する教師に対する教育的装置として働く二面性が不可欠である。CLPEの現職研修の根本姿勢が、ここにも指摘できる。

第3項　Primary Learning Record(PLeR)への発展的展開とCreative Learning Assessment (CLA) の創造的学習評価の実験的試み

3.1　Primary Learning Record (PLeR) への発展的展開

　PLRの発展形として、NC導入と歩を合わせ、全カリキュラムで活用可能なPrimary Learning Record（PLeR）を開発し実地指導が行われた。小学校の全カリキュラムにおける言語活動と学びを教師が十全に把握するために、学習行為を、5つの側面からとらえ直す観点を提示した。これらは、相互補完的な統合体を異なる側面から光を当てたものである。学習者の観察記録をする際の有効な観点となり、教師の観察行為そのものを専門的行為へと育む可能性を示唆した。

　5側面は、①一人の学び手としての自信と自律／②（話す・聞く、読む、書く）学習経験／③②の言語モードにおける学習方略／④リテラシーに効力のある言語の知識と理解の習得／⑤自己の言語行為への反映、である。

　PLeRに関する教師のための指導書 *Patterns of Learning: the Primary Language Record and the National Curriculum.*（CLPE,1990）には、話す・聞く、読む、書くそれぞれの領域において、「授業環境」「学びの機会の創出と育まれる学習経験」「発達の行程」の3方向から、実地指導体験をもとに、小学校における言語実態と学びの内実をわかりやすく示すとともに、学習指導法の有効性の有無についても的確なコメントが示される。

第2章　理論的基盤の生成期

　先の5側面の①は、わが国でいうところの「意欲」に当たり、②は活動経験、③は活動の方略、④は概念化、⑤は応用と言い換えることができよう。②③④と時系列に段階を踏んで学んでいく展開が読み取れ、学習者自身にとっての学びの必然性（①）と学力として定着した一つの姿（⑤）が挟み込むかたちである。実際には、それらが相互にかかわり合って一つの学びを形作っている。心理的な要素とステップを踏んで学んでいく要素、学力の分析にかかわることがらと授業分析にかかわることがらというように、重層的に質の異なる5側面を意識しながら指導を行うことが推奨されている。⑤の段階に達すれば、（何かが使える力として身についたという自覚が生まれれば）それを使ってみようという新たな意欲に繋がっていくと考えると、⑤は①へと結び、回帰的な循環構造ともいえよう。学びという統合的な行為に分け入る側面を示すことで、授業を組み立てる教師に指導のプロセスを意識化させることができる。さらに着目すべきは、②学習経験が、③学習方略の前段階に据えられていることである。まず児童に経験する機会を与えたうえで、方略学習が来る。経験値が方略を取捨選択させ、有効であっても不具合であっても、その根拠は概念化されることで、学びの定着に導かれる。経験主義のイギリスの基本的な指導観を再発見できる。

　指導書のつづく章立ては、「（言語領域ごとの）評価のありかた」「全カリキュラムにわたる記録法の活用」「課題とすべきことがら－NCにおける教育の機会均等」「現職研修と教師の専門性の向上」となっており、付録としてNCも再掲され、現場の現状に密着対応型の編集姿勢が明らかだ。

　一見すると、PLeRの大要はPLRと変わらないように見えるが、まったく新しい形式ではないところに、センターのねらいが窺える。80年代後半の5年間の集中的なPLR開発、推進のプロセスは、一つの結果を導き出すに止まらず、次の新たな教育改革への道程として機能していることがよくわかる。実地指導を通して教師の観察記録に接しながらPLR活用の可能性を探っていったセンター職員。一方、教師もまた、記録を積み重ねることで、学び手としての児童の到達状況や言語で学ぶ実態を徐々に把握

してきた。その双方の経験が、他教科への応用を可能にしたと言えよう。状況に応じ微妙に変化しながらも原則は揺るがない PLR の懐の深さといったものを思わずにはいられない。

　PLeR 指導書では、理科と算数の授業におけるサンプルのとり方について、教科の特徴に応じた観点を追加提案している。先の国際セミナーでも、内ロンドン、カリフォルニア、ニューヨークの発表者が、理科における活用例を報告していた。

　困惑している当時の小学校教師に対して、「いま」ある不安や疑問に応え、指導に対する具体的な示唆を明確に与えるだけでなく、転換期という混乱期を生産的にとらえたともいえよう。教師の授業力、とりわけ、その推進力となる授業評価力を実践的な方法（一定のシステムに則った観察記録法）を明示することによって、センターは、再教育の好機と捉えたのである。

3.2　Creative Learning Assessment（CLA）の創造的学習評価の実験的試み

　2003 年以降、学習と指導の双方に創造性の回帰が望まれたことは、1 章で述べた。学びの創造性をいかに評価するかは、きわめて重要かつ難しい問題である。絵画、動画、音楽といった文字とは異なるモードとのかかわり合いのなかで、言語教育の可能性を実験的に問うたプロジェクトがあった。その二つの報告書（2005 [53]、2007 [54]）には、観察法を軸にした果敢な応用形が示され、CLPE 主催の 1 年間の実践研究プロジェクトに参加した複数の教諭の実践研究体験が報告されている。ロンドン市内 7 つの学校で、

---

53) Safford, K. & Barrs, M.（2005）Creative and Literacy:many routes to meaning children's language and literacy learning in creative arts projects A research report from the Centre for Literacy in Primary Education. http://www.clpe.co.uk.（2010 年 12 月 4 日検索）

54) Ellis, S., Barrs, M. Bunting, J.（2007）Assessing Learning in Creative Contexts: An action research project,led by the Centre for Literacy in Primary Education with Lambeth City Learning Centre and CfBT Action Zone funded by CfBT Education trust. http://www.clpe.co.uk.（2010 年 12 月 4 日検索）

第 2 章　理論的基盤の生成期

＜アート・パートナー＞（芸術分野の専門家）とともに、児童と教諭が新たな学習体験の機会を持った。このプロジェクトで生まれたネットワークは、その後、読書力向上プロジェクトと連携しながら、継続されている。ここでは、2006 年 3 月から 2007 年 7 月までに実施された「創造的学習状況におけるコミュニケーションと学習の評価（Assessing Communication and Learning in Creative Contexts）」[55]を中心に、創造的学習にセンターがいかにかかわり、プロの芸術家の賛同を得ながら地域連動型のプロジェクトとして立ち上げ、一定の成果を上げるにいたったかを概括したい。

　CLPE は、このプロの芸術家とのコラボレーションによって生み出される学習環境（必ずしも芸術家と協働しえなくても、教師により創造的な学習指導状況を創出することを求める）のなかで求められ、発揮され、習得されるリテラシーを、'Animating Literacy'と呼ぶ。'Animating Literacy'という用語は、本プロジェクトの意図を踏まえてのネーミングである。"enliving"の意味で、"Enliving Literacy" もしくは "Active Literacy" と言い換える。＜生命の無いものをあたかも生きているがごとくにする＞という本来の語義を踏まえている。文学テクストと関って使われる場合は、文学テクストを読み手の参画によって息づかせ、その活性化されたテクスト世界そのものにあって、学習者もまた真の意味で能動的でありうるリテラシー、といった意味合いで使われるようである。[56]

---

55) リテラシー学習におけるクラス/学校単位で芸術領域と連携することの意義を探る目的で始められた。結果、アート・パートナーとの授業構想が教師の考え方や実践的効果の可能性を内省する機会に繋がったといわれる。協力連携は、このプロジェクトの基盤をなす。ロンドン・サウス・クリエイティヴ・パートナーシップの助成を受け、そこにブリクストン／ノース・ランベス CfBT アクション・ゾーンに助成された 2 校および 3 地区のロンドン地方教育局が参加。ロイヤル・フェスティバル・ホール、ヤング・Vic シアター、英国国立オペラ協会、プレイス・ダンス劇場、ラーバン・ダンス・センターを含む、芸術団体および個人のアーティストからの援助を受けて実施された。
56) センター長 Ellis への著者のインタビューに基づく。（2008 年 12 月 5 日（金）、於：大阪教育大学柏原キャンパス）

3.2.1 プロジェクトの背景

Ellis は、当時の背景について、以下のように総括している。[57]

> DfES（Department of Education and Skills, 教育技能省）白書 *Excellence and Enjoyment: A strategy for primary schools* (2003)[58]の刊行は、当時10年間支配的に流布していた教育状況にあって、歓迎すべき変化の兆しであった。白書は、当時の達成点を指し示す一方で、多くの小学校においてカリキュラムの狭量さと硬直さに気づかせ、より豊かな学習経験を作り上げるべくカリキュラムを解釈し、適用させていくことが急務であることを示していた。白書に関わった執筆者は、より広範な、より創造的なカリキュラムを求め、それによって、すべての学習者にその可能性を十分発揮できるよう促し、動機付けることを示唆した。これによって、学校と指導者に、学習者の必要性と関心とにいっそう適合しながらカリキュラム構築をはかる歓迎すべき口実を与えたのである。過度に規範的になっていたカリキュラムを、指導者の手に戻すきっかけを与えるとともに、かれらの創造性と専門知識、技量を活用して、学習者にとってより意味のある学習経験へと展開させていく端緒となった。DfEE（Department for Education and Employment, 教育雇用省）白書 *All Our Futures: Creativity, Culture and Education*[59]も、同様に、学習者の可能性を認識するための本質的なものとして、創造的文化的教育をめざした全国的方略の必要性に重きを置いている。

2005年以降、この「創造的文化的教育」環境を、美術方面のプロ、ス

---

57) Ellis,S. & Safford, K. (ed.)(2005) *Animating Literacy: Inspiring Children's Learning Through Teacher and Artist Partnerships.* CLPE pp.9-15
58) DfES (2003) *Excellence & Enjoyment, A Strategy for Primary Schools.* DfES
59) DfEE/National Advisory Committee on Creative and Curtural Education (1999) *All Our Futures: Creativity, Culture and Education.* DfES

トーリーテラー、映画関係者、アニメーター、彫刻家の協力を得て、連携、協働しながら、それぞれの学校が自分でヴィジュアルアート、マルチメディア、ドラマ等、中心となる活動を選んで導入し、学習者の意欲を呼び覚まし、リテラシーへの力へとつなげていったのである。Ellis は、「まずは楽しいものでなくてはならないと考える。教師の中には、テストの点数が下がるかもしれない、達成度が落ちるかもしれないとの懸念を抱く者もいた。結果はそれに反し、達成度は予想以上に優れたものとなり、リテラシーが高まった。」[60]と振り返る。加えて「創造的な教育とは、子ども個々の言動の可能性を拡げるような教育形態を意味している。また、文化的教育とは、社会的価値や生活様式のいや増す複雑化と多様化に積極的にかかわらせることができるような教育形態を意味している。CLPE は、このプロジェクトを通し、教授法や評価法、学校のカリキュラム・バランス、および、学校と学校外の広範な世界との連携を意図したのである。」[61]と総括している。NFER のイングランドの小学校調査報告書 *Saving a Place for the Arts?*[62] も、先の 2 刊行レポート同様、芸術領域に焦点を当てたよりバランスの取れたカリキュラム構築の必要性を推進する＜創造的アジェンダ＞を加速度的に推し進めた。

　プロジェクトの人的背景として、CLPE 調査研究支援活動携わる教師の力が大きい。[63]

・基準値データやプロジェクト終了時の到達度データの収集、観察による生資料の収集、ならびに児童の言語発達とリテラシーの発達に関するケーススタディ先行情報の収集。
・ドラマ・ワークショップに参加し、読むことや書くことと同様に、話

60）同、注57
61）同、注57
62）NFER/London Government Association（2003）*Saving A Place for the Arts?: a survey of primary schools in England.* NFER.
63）同、注57および、同、注53を、著者がまとめた。

すこと、演じることを通して、児童が芸術の領域にも学びの場を広げていける機会を構想。
・様々な段階にいるグループの児童に対して、学年をあげて本プロジェクトの活動を提供。
・自らのリテラシー実践において芸術分野の専門家（art partner）との連携の振り返り。
・学校長・地方教育委員会委員を招いての発表会を振り返り、報告書の公刊へのまとめ。

以上のような教師の精力的な参加なくして、このプロジェクトは結果を出せなかったと思われる。Ellis は、そこに現職研修の好機を見て取り、教師の専門的力量形成のための教育力をつぎのように指摘した。

　児童の学習経験と自らの指導のありようを、個別に、または相関させながら振り返る時間を持つことは、教職という専門性を高めていく要である。年度末の実践報告書や口頭発表のために実践を書きまとめることは、この省察と自己評価のプロセスにあって重要な部分を占めていた。
　このような多様な専門的支援は、個々の向上プロジェクトを行うにあたって、教諭に必須の足場を与えてきた。実践者の実践調査の成功例を紹介しあうことは、自分の授業の導入をどのように形作り実施していけばよいかを理解するきっかけとなり、なくてはならぬものとなった。授業観察や評価方法を活用し、仲間との定期的で建設的なフィードバックにそって自分の授業実践を話し合う機会を設けたことは、この調査研究グループの自信にも繋がっていった。参加教師は、次第に、学習者について、教師の果たす役割について、芸術表現について、自分が何を学んできたかに気づかされていった。
　CLPE 主催のセッションに参加し、他者の実践プロジェクトを聞きながら、傍観者として少し距離を置くことで、児童の反応や授業展開

等に見られた一定のパターンや関係性について観察する機会を持つことができた。たとえば、リテラシー教授において、話し合うこと（talk）の役割がきわめて重要なものだと再確認された。どの実践研究にあっても、教師は、その働きの重要性に言及したからである。このように、学習と指導について、より包括的な見通しを得られたことは、教師個々が実践報告を行い、そこから改善するにあたり、効果的であった。

　これらの体験を通して、教職の専門家として、アート・パートナーに何を期待し、児童の学習に際し、かれらに最も効果的に動いてもらうにはどのような状況が適切なのか、教師は、少しずつ知識を蓄えていったのである。[64]

3.2.2　観察評価の観点と参加教師の反応事例

　つぎの表7は、創造的学習における観察評価の観点を示した記入シートである。「1 自信をもって、一人で、楽しんで」、「2 協働とコミュニケーション」、「3 創造性」、「4 方略とスキル」、「5 知識と理解」、「6 振り返りと評価」、「7 発展的ことがら」の7項目を軸とした観察評価フレームワークが提案されている。例として掲げられた事例に沿えば、2と6の中に直接的な言語活動が指摘できるが、日頃使ったことのないような芸術的/文化的スキルや方略を用いる過程において、多様な言語が湧き上がったことは想像に難くない。つづく表8（p.170）には、「創造的学習状況におけるコミュニケーションと学習の評価」プロジェクトの成果の全体像がまとめられている。

　創造的学習状況におけるコミュニケーションにおける言語表出は、児童に限らず、プロの芸術家と協働し、非日常の児童の学びに接する教師もまた、未知の体験であったに違いない。教師と芸術家の双方が、明確な知識と経験、そして、このプロジェクトに必要な高度な専門知識について、互

64）同、注57、p.11

表7 「創造的学習の観察フレームワーク」

Appendix 1c	The Creative Learning Observation Framework			[2]
Teacher/TA		Year	Date	Date
Name(s)				

Creative context

1 Confidence, independence, enjoyment
eg developing
・pleasure and enjoyment
・engagement and focus
・empathy and emotional involvement
・self-motivation

→ 1自信をもって、一人で、楽しんで
例 ①喜びや楽しさを拡げる／②参加の質や集中の度合い
を深める／③感情移入を深める／④すすんでやろうとする

2 Collaboration and communication
eg
・works effectively in a team
・contributes to discussion makes suggestions
・listens and responds to other's
・perseveres, overcomes problems
・communicates and presents ideas

→ 2協働とコミュニケーション
例 ①チームで効果的に活動する
②話し合いに貢献し、提案をする
③他者の意見に耳を傾け、反応する
④問題に対して根気強く向かい、解決しようとする
⑤思いや考えを伝え、発表する

3 Creativity
eg
・is imaginative and playful
・generates ideas, questions and makes connections
・risk-takes and experiments
・expresses own creative ideas using a range of artistic elements

→ 3創造性
例 ①想像的で遊びに満ちている
②着想を促し、問いを立て、関係づける
③あえて日頃やらないことに挑戦し経験する
④幅広い芸術的な要素を活用し自分の創造的な
思い付きを表現する

4 Strategies and skills
eg
・identifies issues and explores options
・plans and develops a project
・demonstrates a growing range of artistic/creative skills
・uses appropriate subject specific skills with increasing control

→ 4方略とスキル
例 ①課題がわかり、他の選択肢を模索する
②プロジェクトを企画し、展開する
③芸術的・創造的スキルの幅を拡げ、試してみる
④うまくコントロールしながら、適切で教科にそった特別
なスキルを活用する

5 Knowledge and understanding
eg
・awareness of different forms, styles artistic and cultural traditions, creative techniques
・uses subject specific knowledge and language with understanding

→ 5知識と理解
例①様々な形式、スタイル、芸術的/文化的伝統、創造的な
技術に気づく
②教科にそった特別なスキルや言語を理解して活用する。

6 Reflection and evaluation
eg
・responds to and comments on own and others' work
・responds to artistic/creative experiences
・analyses and constructively criticises work
・reviews end evaluates own progress

→ 6振り返りと評価
例 ①自他の学習成果に反応し、コメントする／②芸術的/創造的経験
に対して反応する／③学習成果を分析し、建設的に批評する／
④自分の進歩について振り返り、自己評価する

7 Areas for further development

You may need to refer to the NC PoS and ATs
© CLPE/CfBT July 2007

Ellis,S. Barrs, M. & Bunting ,J.(2007) *Assessing Learning in Creative Contexts :An action research project, led by the Centre for Literacy in Primary Education with Lambeth City Learning Centre and CfBT Action Zone Funded by CfBT Education Trust*. CLPE Appendix1c から。頁記載無し。

いに認識し、かつ、プロジェクトの主役は、学ぶ子どもであるという理解をもって臨むことが、両者のパートナーシップの基本であった。そうした学習構想にあって、教師自身はいかに学んでいったか、Ellis は次のようにも述べている。

　　アート・パートナーとの活動を通しクラスを観察する機会は、教師

にとってきわめて価値あることであった。子どもの学びとその発達に関して新しい側面に気づかせ、プロジェクトの進行にそって注意深く調和的に反応することが可能となり、個々の児童とクラス全体に対する影響を的確に判断する機会をもたらしたのである。今回の＜子どもの見守り（'kidwatch'）＞という方略は、教師に、互いの専門知識を連携させた実践において、児童個々の学びの反応を注意深く観察し、それらに耳を傾ける機会を与えた。

　予期せぬ結果に対して柔軟に対応することも、プロジェクトを成功に導く大切な要素であった。教師と芸術家が、新しい学習活動を開発し、失敗を恐れず、アイディアを試してみることのできる必要不可欠な許容力が試されたのである。柔軟性と許容力によって、パートナーは、児童の反応を敏感に察知することができ、かつ、プロジェクトの最大限の可能性にも気づかされていった。[65]

けれども、新たな挑戦には、予期せぬ撤退、変更が伴う。Key Stage1 対象のプロジェクト「ダンスは Key Stage 1 の学習をいかに高めるか‐教諭、児童ならびに芸術分野のパートナーがともに行った学習結果」（How does dance enhance Key Stage1 learning? A collection of experiences on the working relationship between teaches, children, and arts partners）では、プロジェクトの中盤、方向転換を余儀なくされたという。当事者の教師は、つぎのように振り返る。

　　我々が最初にとったアプローチが正しかったのかどうか、我々がたてた調査課題は適切であったのかどうか、そして「リテラシーの時間

---

65) 同、注57, p.12. Ellis は、また 'The influence of the Creative Learning Assessment（CLA）on Children's Learning and Teachers' Teaching.'（*Literacy.* vol.43 no.1.pp.3-10）として、Lambeth 区の協力校教師 Becky Lawrence と共著の形で、実施の具体と成果を報告している。

（Literacy Hour）」と無理やり関係づけることで、本来の創造的なダンスの機会を台無しにしてきたのではないかといった疑問が沸いてきた。そこで方向転換し、様々な観点からダンスを活用することにした。ダンスそのものを活かした授業からもっと効果を得られるはずだと思い立ったのである。児童をダンスの全領域に立ち合わせ、1つの自立した教科としたダンスを理解させる方向に変えていこうとしたのである。[66]

また、ある中学年の教師は、児童は日常的な学習活動とは異なる新奇さのゆえにプロジェクトを楽しむのだと述べ、Animating Literacy プロジェクトは、カリキュラムそのものを児童にとってより楽しいものにさせる契機を提供したと位置づけている。また、ドラマ・スペシャリスト、Susanna Steele（University of Greenwich）と共に実践を行った第5学年の教諭 Gill Dove（Michael Faraday Primary School）は、クラスで実力を発揮しづらいバングラデッシュの女子グループに焦点を当て、グループ児童の学びの進化を記録、報告している。Gill は、この特定の児童を取り立てたフォーカス・アプローチを活用することによって、クラスの全ての児童に利するところがあると、以下のように述べている。

> ある特定のグループにターゲットを定めて指導する成功例は、常に全クラスにわたって効果を及ぼすものである。我々はクラスの中に自尊感情と自信が湧き上がってくるのを見ることができた。話す・聞く、読む、書くといった目に見える形でその進度をはかることができただけではなかった。[67]

---

66) 同、注 57、pp. 39-46.
67) 同、注 57、pp.69-83.

また、就学前の幼児を対象とした「就学前期における創造性と言語発達（Creativity and verbal development in the Early Years）」[68]に参加した教師らは、「児童は、話し言葉と創造的なスキルの双方において進展をみせた。我々は、「就学前期の到達目標（Early Learning Goals）」を用い、プロジェクトの到達段階評価を行い、学習の実態をモニターすることができた。だが、このプロジェクトだけで子どもが進歩したといえるのか、もしくは自然な発達段階の一端が見て取れたのか、我々はまだ決めかねている。我々としては、その両者の相関の成せる技と考える。参加した全ての子ども自身が、自信にあふれた芸術家であったと考えたい。かれらは、大人が自分の活動を評価していることに気付き、それを自信に変えて、自らのリテラシーと創造的スキルを関らせながら成長していくと考える。」[69]と述べて、成長の事実と評価の難しさの双方を指摘した。

　ヤング・VIC 劇場とともに行ったプロジェクトにおいては、第6学年の児童は専門的な役割や課題を果たす新しい学習方法を経験した。照明技術やヘッドフォンの使い方、および、インターカム・システムについて学び、かつ技術用語についても学習し、劇場の実際の姿を体験した。このプロジェクトを通して第6学年の児童は、話すべき、読むべき、そして書くに値する＜実の物＞を与えられたと、その有効性が報告された。[70]

　また全校挙げて取り組んだ Southwark の Dog Kennel Hill Primary School では、＜創造性＞は全学校にわたるカリキュラムに組み込まれている。学校長 Pat Boyer は、芸術分野の児童の学習に与えた影響と、各教師の学校カリキュラムへの貢献度について、次のように振り返った。

---

68) 同、注57、pp. 20-27. キャンバーウェル・カレッジの学生と共に行った幼稚園クラスにおけるプロジェクトで、クラスを二つグループに分けてケーススタディを行ったもの。
69) 同前、p.26
70) 同、注57、pp.86-97

アート・パートナーは我々がカリキュラムの中でやりたかった事柄をぐんと高めてくれた。パートナーシップの多くを通して、我々自身の専門性だけでは不可能な事柄を行えた。我々だけでは到達し得なかったレベルや深さに、学習指導を引っ張ってくれたのである。アート・パートナーは単なる付け足しではない。たとえば「ラーバンダンス（the Laban [71] Dance）」は体育のカリキュラムに組み込まれ、またグローブ劇場プロジェクトはチューダー朝の学習に組み込まれた。このように、カリキュラムに計画されていた学習事項の質を高めてくれたのである。たとえばチューダー朝の学習では、グローブ劇場やシェイクスピアにまで広げることができた。確信を持って言えるのは、アート・パートナーの貢献に対して十分な時間を割き、それ故に学習の深まりが可能になったことである。事実、これこそが児童の最善の学習方法、あるべき姿の学習をいや増していく方法といえるのではないか。[72]

　一方、児童の学習態度や学びの動機に目覚しい改善が次々と報告、指摘される中、カリキュラムにおける創造性そのものを定義づけるのに四苦八苦する多くの教師の実態があった。ダンスやドラマのような表現形態において創造性はリテラシーや計算力のように明確な「教科」であるのか、もしくは、創造性というものは、すべての教科に影響を与える学習方法と言うべきなのか、である。

　これは、先の「創造的学習の観察フレームワーク」の観点設定にも言えることではないか。従来の個々の「教科」の特殊性を包括するものとしての「創造性」と捉えるべきものであろうか。つかみがたい「創造的なるもの」を、個人の学習態度（1　自信をもって、一人で、楽しんで）、他者との

---

[71］ハンガリーのダンサー、振り付け師。ラーバンが開発したダンスの動きの記譜法に基づきロンドン等にダンス学校を設立し普及させた人物。
[72］同、注57、pp.100-107

協働学習（2　協働とコミュニケーション）、その両者に必要な方法・技術と理解（4　方略とスキル、5　知識と理解）、自他の目による学びのメタ認知の機会（6　振り返りと評価）と不可分に結びつける学習環境、カリキュラム、学習対象と方法によって、教師が観察しえる形に顕在化させる。そのための芸術家と教師の事前準備であり、綿密な協働の構想なのである。そして、その構想協議段階から、教師の専門性を多面的に開発していく現職研修プログラムは確実に稼動していると言えよう。

　具現化した学習内容は、わが国の総合的学習においても大なり小なり試みられたことであろう。また、どのような豊かな創造的な学習を生み出すか、主役の児童の学びにいかに寄与するかも、洋の東西を問わず、教師であれば、つねに第一に標榜することである。けれども、ともすれば他領域の専門家を招聘すると、学習の場を任せきってしまい、傍観者に陥るということも少なくない。学習内容の新奇さのみに学びの可能性を委ねてしまうのである。一過性のイベント化である。

　CLPEのめざす教師教育の根幹は、学習の場にあって、児童を主役とするために、教師自身もまた常に学びの中心にあるようプログラム化することにある。そして、プログラム中に多様な他者との邂逅のなかに育まれていくものが、教師の専門的力量だと位置づけるのである。創造的学習評価（creative learning assessment）は、教師による観察評価ツールとして、児童の学習、学習指導、実態把握を含む教師の知識、カリキュラム、評価のすべてが相交わったところに位置するよう開発されたものである。要に位置する教師にとって、他者は、児童であり、保護者であり、同僚であり、他校の教師や主事であり、このプロジェクトでは、他領域の専門家である。不確定要素を常に孕んだ他者との関係のなかで、揺れ動く教師みずからを冷静かつ柔軟に見つめるところから、プロフェッショナルとして教師育成が図られ、その専門的なまなざしを通して観察評価を試みていこうとする提案である。教師の自己評価力の発展的な姿と言っていい。1985年に始まったPLRの開発当初から一貫する、指導（評価）方略の開発と教師育成が表

裏一体となった CLPE の基本姿勢が、ここにも見出せる。それが、教師間に共有されるためのプロセスの明確化によって、実働が可能となったのである。モデレーションの概念自体は、イギリスの試験制度において一般的なものであった。が、それを教師による観察記録法の調整段階として明確に設定したことが、教師集団の自主自学の姿勢の養成とあいまって、教師教育として効果的であったと考えられる。

第2章のまとめ

本章は、センターの理論的基盤の生成期の中軸をなした観察記録法の開発と推進の地道な道程とその応用・発展形を取り上げた。センターは、文教政策の激変の時期にあって、そうであればこそ一層、教師の自己評価力が効果的な授業の実現に不可欠であると提唱し続けてきたのである。その内実を複数の観点から明らかにしようとしたものである。

本章では、つぎの4つの観点から、観察記録法の内実を探究した。
①児童の既存の理解に基づいて学習を組み立てる構成主義に基づく評価システムの具体、
②観察記録例にみる教師による観察と読みのスケールの活用実態、
③ Sadler の評価モデル 'standard-based assessment'（スタンダード準拠評価）からの発展とモデレーションシステムの開発によるオリジナリティ、
④ 3種の発展形（NC に適応した PLeR（Primary Learning Record）、カリフォルニア版 PLR、創造的越境型学習環境に適応する CLA（Creative Learning Assessment）の内実に見る観察記録法の基本姿勢、

NC 制定以降、文教政策の変化に応じて変更、修正を重ね、名称変更しながらも、教師の児童実態把握の力量向上は、つねにセンターの国語科教育における教師教育の視野から外れることはなかった。学習環境（学校を軸とする家庭／地域も視野に入れた言語活用環境）において教師が日々行う継続的評価として 'teachers' assessment' の観点が繰り返し問い直されてい

第2章　理論的基盤の生成期

く。個人の判断は印象批評ではあるが、教師による専門的観察眼をもって捉えられる継続的主観的評価の有効性と可能性を問い、そこに国語科の教師教育の必然を見出していったのである。

　特筆すべきは、この教師教育の場としての観察記録法を、より客観性を有した実の場において稼働させるべく、モデレーション・システムを開発したことであろう。これによって質の異なる他者との重層的な対話が構造化された観察記録が可能となり、多面的な自己評価の機会がシステム化された。

　また、本章では、成果物としての観察記録法の内実を探るにとどまらず、その開発過程でセンター職員がおのずと開拓していったと考えられる実態調査、実地教育、評価や授業プログラムのモデル化の理論と方法、および教師との共同研究環境を構築、稼動させるための理論と方法という、実践科学研究そのものに焦点を当てようと試みた。それは、国語科教育研究の体現者としてセンターはどうあるべきか、この問いへの応えを問うことになった。

　この意味において、今日のセンターの活動基盤は、PLR開発の1年に端を発するといっても過言ではない。児童実態を見て取る観点は、教師の学習指導実態を可視化する観点に他ならない。そのための実地支援に、多くの時間と労力を割き、その過程は、PLRの指導書に如実に記録された。序章で述べたように、本論は、教師が自らの授業の省察観点をもつことを実践者としての基本に据え、そこから改革を始めていったセンターの教育改革姿勢に意義を見出すものである。

　同時に、PLR開発初年度から、センター職員も自らの指導力を内省しながら実地指導や研修プログラムに携わってきた。どのように振る舞い、身ごなしをしてみせることが、教師教育としての必須なのかを確認し、鍛えていったと考えられる。この重層的な自己啓発環境づくりがセンターの活動基盤を形成し、二重に人材を育てたのである。

表8 「創造的学習状況におけるコミュニケーションと学習の評価」プロジェクトの成果
Assessing Learning in Creative Contexts Project Research Findings:
The impact of the Creative Learning Assessment (CLA)

（学習 / Children's learning）

低い学力と判断される児童ほど創造的学習環境では到達度が高い／個人の可能性や学習スタイルの尊重／より自主的な学習活動／選択と決断の幅の拡大／生産的な話し合い／自作や他者の成果への省察を促進

CLAは創造的学習の展開にかかわる観察を構造化する。／CLAポートフォリオによって、進歩を振り返える教師と児童の機会を与える／CLAスケールは創造的学習展開のモデルを提供する／CLAスケールは他の領域のカリキュラムにも応用できるのではないか／少数の児童に焦点を当てることは全員に寄与する／幅広い検証に重点を置くべき／評価のための幅広い創造的状況に重点を置くべき／スケール活用を支援するため、モデレーションには事例が不可欠／自己評価や相互評価の促進／保護者への支援

（指導 / Teacher's practice）

個々の学習者に焦点を当てる可能性を開く／知識注入型の指導を減じる／教師の学習者へのかかわりを支援／授業構想と展開の支援／創造的学習展開についての的確な話し合い／協働的連携的運営の支援／関係構築を支援し、学習指導コミュニティの強化を図る／児童との振り返りの話し合いや学習の振り返り

（評価 / Assessment）

教師による評価のためのツールとしてのCLA

振り返りの時間をもつ価値を重視／創造的プロジェクトにおける活動時間の保持の必要性を重視／相互関係的な学習活動の促進／他のカリキュラムへの応用のためのモデルを提供

（カリキュラム / Curriculum）

創造的学習の多様な側面にかかわる知識を増やす／創造的学習展開についての理解を促進／芸術科目の知識を高める／教師の観察に寄与する／全校規模の展開の機会を促進

（教師の専門的知識 / Teacher knowledge）

問題点
OFSTEDやSATsからの要求が最優先になりがち／学校運営およびカリキュラムにおいてCLA活用の許容力に限りがある／教師の転出で学校の取り組みを維持しにくい／教師の運営力への不安がCLA活用に影響する

生産的要素
EAZのものの見方がCLAの発展に寄与／CLAはSEFに実証的なデータを提供／全国的な動向（例Every Child Matters/Primary National Strategy/ KS3 改訂カリキュラム他）がCLAを後押し／GTC等が教師の評価機能を強調／幅広い均衡のとれたカリキュラムを推進するQCAがCLAを支援／個々人の学習を重視する全国的動向がCLAの方略を支援／創造性への全国的重視がCLAの活動を支援

第3章　理論的基盤の拡張期
―文学を核とするリテラシー教授モデル（1996）の考察と検証―

第1節　段階別読本ではなく「現実にある本」（a real book）によるリテラシー教授の提案

第1項　先行研究や実態調査を踏まえた The Reading Book（1991）の提案

1.1　80年代後半の諸研究と The Reading Book （1991）

　The Reading Book（1991）[1]が刊行されたのは、NC 施行直後のことである。センターの活動史から見れば、ILEA 解体直後であり、80年代の活動に形を与え、教師教育に寄与、普及、推進する方法そのものを新たに模索し始めた時期と呼応する。それゆえ、The Reading Book には、80年代の先行研究、調査の反映が如実に見て取れ、それはそのまま、NC 制定への胎動期の一端を代弁する。

　NC 制定直下に出された The Reading Book「序文」には、Cox Report ② から「読むこと」の定義が引用されている。すなわち、読みとは、「単なるページ上の黒い印を解読する以上のもの、意味の探求そのものであり、読み手に能動的な（テクストへの－訳者注）参加を求めるもの[2]」である。

---

1) Barrs, M. & Thomas, A.（ed.）（1991）*The Reading Book.* CLPE
2) DES /WO（1989.6）*English for Ages5 to 16.:Proposals of the Secretary of State for Educational and Science and the Secretary of State for Wales.* HMSO.（NC 第2次草案（Cox Report ②）6.2項（The Reading Book,p.2 に引用。）

これについて、本書では、心理言語学[3]、社会言語学[4]、幼児の言語発達研究[5]の3方向から、教師はこれまで多くを学んできたが、さらに学び続けるべきだと述べる。
　The Reading Book の基本姿勢は、教師の理解を導く有効な手立てを探求し、提案し、教師自身の実践に委ね、フィードバックすることで、教師の自律性を育んでいくことである。教師が理解すべきだとされたのは、児童の読みのプロセスをどれほど多面的に継続的に捉えうるか、そのための教師の専門的知識をいかに刷新させるか、そして、なぜ自律した（児童）文学が読みの学習指導の場に有効なのかである。加えて、幼児の言語発達研究を踏まえ、就学前と就学後の学びを有機的に結びつけるために、家庭と学校との連携強化を繰り返し提唱する。
　参考にした主な先行調査のなかに、3分の2は黒人系の都市部児童を対象としたアメリカの読みの入門期に関する観察調査 *Inquiry into Meaning*（1985）[6] がある。特に、センターは、詳細な観察データをもとに詳述されたケーススタディに着目する。この調査では、特徴的な傾向も指摘されているが、センターは、個々の児童がたどる読みのプロセスの多様性と個別性そのものを掬い上げることを重視した。

---

3) 教師が学びうる知見として、Halliday, M.A.K（1975） *Learning How to Mean.*（E. Arnold）および F.Smith, K.Goodman 他の心理言語学の研究を挙げている。
4) Clark, M.（1976） *Young Fluent Readers.*（Heinemann Educational）や Torrey, J.（1973） *Learning to Read without a Teacher*（in Smith,F. ed. *Psycholinguistics Reading.* Holt, Rinehart and Winston.）のスコットランドやシカゴの調査研究をあげ、就学前の家庭における読みの発達事例から「必ずしも中産階級の児童だけが'流暢な幼い読み手'とは限らず、保護者の多様な支援や意識があれば、活字や本への十分な準備がなされていた」こと（スコットランドの図書館書籍の活用やシカゴのテレビから独学で学ぶ事例）を指摘した。
5) わが子を被験者とした幼児言語発達調査（たとえば、Butler, D.（1988） *Babies Need Books.*（Penguin）、Fox,C.（1984） *Talking like a Book.*（in Meek, M. ed. *Opening Moves.* University of London IOE.））を取り上げ、多くは白系中産階層の調査にとどまるが、密度の高い徹底した研究に学ぶところ大で、「社会的コンテクストの如何にかかわらずリテラシーが発動する行為状況は絶え間なく起こりうること」が確認され、就学前児童の読みの学びに教師の専門的関心を一層喚起できるとした。

第3章　理論的基盤の拡張期

　調査では、すらすら読むのが好きな児童は、どちらかといえば、テクストの大きなまとまり（より情報量のある単位）に直ちに反応しがちだが、正確に読むことに力点をおく児童は、それよりも狭い単位に留意し、段階を踏んで読み進めることを好み、わからない語に出会うと読むことをやめてしまう場合が多いと概括している。センターは、これらを一般的特徴として捉えるとしても、いずれも読みの過程の複雑な学びの反映であり、「読みの力は、どのような読みの単一の側面（たとえば、book language の感覚や活字の知識）で捉えられるものではなく、さまざまな側面が相互共鳴しあい一つの楽曲を奏でるような（orchestrated）包括的な行為（オーケストレーション）である」と考える。どのような読みのスキルの学習過程にあっても、このバランスとオーケストレーションの達成こそが、実の場の学習行為状況の根幹でなければならないとした。[7]

　また、ETS 調査は、読みの入門期の児童が、脚韻を踏む等の一定のリズムパターンやある種の物語形式に敏感に反応したと報告している。お気に入りのリズムや調子をもつ物語を読むことと読みの力の伸びが見事に呼応した事例も紹介された。センターは、ていねいな実態観察を重ねることで、テクスト特性と読みの過程との相関がさらに明らかになるのではないかと述べ、こうした実証的なデータの蓄積が、読みのカリキュラムを開発していくにあたり、教師の基本的な支えになると強調する。

　読みの学習にあたり、どのような児童書を用いるかは、センターのリテ

---

[6] Bussis, A. et al.（1985）*Inquiry into Meaning: an Investigation of Learning to Read*. Lawrence Erlbaum Associates, Publishers. ETS（Educational Testing Service）による、読みの入門期の読みの学びのあるがままの姿や既習もしくは経験知の読みの学習へのかかわりについて、ETS 調査班と現場教師、地域の主事が共同で行った 6 年間（最初の 3 年間に調査法も含め試行と修正を行い、後半 3 年間に 1 クラス 2 名、ニューヨーク市とフィラデルフィアの計 4 校の公立小学校 13 クラス 26 名に関する観察調査を実施）の報告書。第 3 部に、4 児童の読みの学びのケーススタディが観察記録をもとに詳述されている。センターの調査 The Reader in the Writer の調査法、ケーススタディ記述に、その反映が見られる。

[7] Meek, M.（1988）*How Texts Teach What Readers Learn*. Thimble Press, pp.7-8 に基づく。

ラシー教授プログラム開発においては、きわめて基本的な留意事項である。これは、NC導入以前に開発・実施された観察記録法PLRにも通底する。サンプルシートの記述項目に、児童の音読図書のタイトル、既読か初読の違いをつねに記録する。自由記述の観察シートにおいても、具体的な児童書の題名を記した上で、児童の発言や様子を書き留めておく。児童の読みの行為をすぐさま概念化し、一般的傾向として判断せず、この物語の読みにおいては、この児童はどう反応したのか、という折々の観察姿勢を基本としたのである。センターは、70年代から一貫して、個を的確に捉え、判断する日々の観察に基づいた教師の授業構想力と授業批正力を育むことを標榜してきた。こうしたセンターの教師教育の基本的な姿勢が、2006年以降、文学を軸とする読書力向上プロジェクトの中に有機的に組み込まれ、駆動力として働く教師力となって具現化していく。

　一方、Goodmanのミスキューアナリシスの提唱からも、影響を受けた。第2章に述べたように、NCの草案Cox Report ①、②では、センターのPLRが教師による日常的評価のモデルとして推奨されていた[8]。このような継続的評価の行程において、教師の体系的な観察はNCの到達レベルすべてにかかわっていくことが求められている。NC草案では、様々な変化に富む読みの困難を反映する児童の言語表現に対してミスキューアナリシスの活用することで、誤りもまた児童実態の現われ（'positive'な誤り）として的確に把握する手立てとなりうると指摘している[9]。センターの国語科教育研究の理論的支柱の一人であったMeek（1988）は、Goodmanのミスキューアナリシスによって「読み手の立てた予想や読み誤りについて情報を得、分析しながら、意味を探求していくプロセスにおいて、読み手は、いかに多くの情報源を引きながら読み進んでいくのか」[10]を知ることができると述べている。児童の誤りもまた、ひとつの情報として捉え、児童

---

8) Cox Report ① 9.20項、Cox Report ② 16.46項。
9) Cox Report ① 9.21項、Cox Report ② 16.47項。
10) 同、注7、pp. 2-3に基づく。

の音読を聞く際に、これまで以上に分析的であることができる。そのとき、文学はどのような学びの実の場を開きうるのか、学校外のコンテクストで身につけてきた読みの力と、どのように関係付けることができるのか。センターがめざしたのは、これらが統合された読みの学びの場を具体的にモデル化し、実例を加え、パイロット実践の実地指導を通して、修正、変更を図りながら、現職研修のプログラムに組み入れ、広く普及を図ることであった。

1.2 ＮＣが提唱した読みの力とその学習指導のありかた

　それでは、*The Reading Book* が下敷きとした NC において、初等教育段階の読むことの学習指導は、どのように記されていたのだろうか。以下は、1990 年 3 月に法令文書として公刊された *English in the National Curriculum.* (No.2)[11]の第 1 教育段階と第 2 教育段階の「読むこと」の概括規定である。初等教育だけを取り上げた Cox Report ①で雛型が模索され、多方面からのモニタリングや意見を集約して義務教育を扱った Cox Report ②の文言へとまとまっていく。90 年 NC として公刊されるに当たり、改稿、削除された部分は少なくないが、以下の引用部は、Cox Report ②の文言がそのまま継承されている。読むことの原則的な部分は、最初の草案時から一貫して提唱されてきたといえる。センターは、NC 草案委員会に実態調査事例等の資料を提供してきた主要機関のひとつであった。概括規定の事項は、センターをはじめとする実態調査の結果が少なからず反映されたものでもあった。

第一教育段階　読むこと　概括規定[12]
2　読みの活動は、家庭で培われた口頭表現や音声言語体験に基づき構築

---

11) DES/WO（1990）*English in the National Curriculum.*（No.2）
12) 同、注 11、p.29 Cox Report ② 16.22 項の文言と変更無し。

されるべきである。それゆえ、指導にあたっては、フィクションおよびノンフィクション双方にわたり、幅広い豊かな興味関心を掻き立てるようなテクストをもって当たるべきであり、教師の読み語りによって、また児童同士で物語を語りあったり読み語りあったりして、詩の音読をともに読み合い聞き合う定期的な場を保障しなければならない。

3 読むことにおいては、児童の言語能力や言語背景を考慮しながら、絵本、伝承童謡、詩、民話、神話、伝説、その他の文学作品を含むべきである。男女の区別なく、広範な児童文学に出会わせるべきである。ノンフィクションでは、児童の生活に密接にかかわったものを含むだけでなく、かれら自身について、また自分が暮らす世界についての理解を深めることのできるようなものにまで幅を拡げていくべきである。(例えば、天候、野生、諸外国、食物、交通、天体についての本である。)

　魅力的で読みたくなるように設えた児童図書や読みものに囲まれた環境に置かれるべきである。読みの教材には、ラベル、見出し、掲示物、子ども新聞、解説書、計画書や地図、図表、コンピュータからの印刷物、モニター画面など、現実社会に関連する資料も含まれていなければならない。

4 児童が作成した文章も－自分ひとりで書き上げたものであれ、教師が児童の話を聞き書きした物語や他の児童と共同で作り上げた物語であれ－おしなべて読みの対象テクストに加えるべきである。

5 教師は、児童の読みの営みに、保護者が積極的にかかわり共有するよう仕向けながら、家庭と学校の連携を欠かさぬよう配慮するとともに、状況的に難しい児童に対しては、支援をしなければならない。

Plowden Report に端を発した家庭と学校の緊密な連携とそれにともなう教師の家庭教育に対する配慮と指導力の養成は、NC の第 1 教育段階「読むこと」に明確に踏襲されている。学校外の読みの環境と読みの体験を前提として、広範な児童文学やノンフィクションとの出会いが求められてい

る。この「広範な児童文学」を用いた読みの学習指導と「魅力的で読みたくなるようなやり方で設えられた児童図書や読みものに囲まれた環境」の構築は、センターが一貫して主唱するリテラシー教授の要に他ならない。次の第2教育段階においても、それは同様である。

第2教育段階　読むこと　概括規定[13]

8　児童は、より経験豊かな読み手となるために、さらに広範な多種多様なテクストを読むべきである。教師の指導の下、読みに対する自らの嗜好性の幅を拡げ、より自律した内省的な読み手になることを奨励されるべきである。

9　読みの対象テクストには、広範なフィクション、ノンフィクション、詩が含まれているばかりでなく、児童の発達段階に適した雑誌も含まれていなければならない。これらの中には、異文化を背景とする翻訳物も含まれている。学校図書館や学級文庫の蔵書は、可能な限り多様性を確保されていなければならない。児童が手にする読みのテクストは、児童が自分から意欲的に読んでみようとするものでなければならない。たとえば、詩は、子ども向けに書かれた詩に限定すべきではないし、民話や寓話は、原語からの翻訳もあってしかるべきである。児童は、自分の読み取ったことを、他の児童や教師と話し合うべきである。

　初等教育の中核となる学齢期では、(児童作品も含む) 質量の豊かなテクスト体験によって「読みに対する自らの嗜好性の幅を拡げ、より自律した内省的な読み手になる」ことが求められる。言い換えれば、自律した読書人の育ちには、多種多様なテクストとの出会いが不可欠だという読みの教育観でもある。そのためには、「学校図書館や学級文庫の蔵書は、可能な限り多様性を確保されていなければならない。」加えて、初等教育に共通

---

13) 同、注11、p.30 Cox Report ② 16.24 項、16.25 項の文言と変更無し。

するものに、読みのテクストの'share'、「共有の場」の確保がある。教師と児童、児童と児童、保護者と児童など、学校内外に、本を核とする読みの共有の場の構築と日常化が重要視されている。第1章でも触れたように、とりわけ音声を通して文学テクストを共有する力、声による文学テクスト表現力（再現力）は、初等教育でマスターすべきものである。読むことの到達レベルの3，4に相当する。

　こうした質量豊かな読書において育まれる読みの力は、前期中等教育にあたる第3、第4教育段階で待ち受ける本格的な小説、詩、戯曲、および、社会文化的背景をもつ多彩なノンフィクションの読みにおいて、さらに本格的に多面的に試されることになる。さらに、マスメディア・テクストも加わり、読みの応用力が如実に求められ、義務教育修了時の資格試験GCSEに集約していく。

第3・4教育段階　読むこと　概括規定[14]
14　教師は、生徒に、短編、小説、詩、戯曲同様、自伝、書簡、日記、紀行文等、多様なジャンルのテクストも読むよう奨励すべきである。これらの中には、諸外国の作品の翻訳も含まれているべきである。
15　生徒は、次のテクストに出会うべきである。
・　豊穣な現代文学
・　20世紀以前の文学
・　言語としての英語および英文学の形成と精錬に多大な影響力をもったとされる諸作品（たとえば、欽定訳聖書、ワーズワースの詩作品、オースティン、ブロンテ姉妹、ディケンズの小説など）
・　シェイクスピアの諸作品

14）同、注11、p.31　Cox Report ② 16.30項文言と変更無し。16.31項の文言から3分の2を抽出。

第3章　理論的基盤の拡張期

このように、語彙やフォニックスを制限した段階読本だけに頼っていたのでは、上述したような NC がもとめる読みの力を十全に育むことは難しい。第 2 教育段階では、子ども向けに書かれた詩に限定する必要はないという文言も見られたほどである。この NC の読みの学習対象に対する考え方は、「現実にある本（a real book）」によるリテラシー教授の着想、開発、実施の動きに連動している。

第 2 項　作為的に加工された読本ではなく「現実にある本（a real book）」によるリテラシー教授
2.1 「テクストそのものが教える」

　センターが 2000 年中盤以降、読書力向上プロジェクト（Power of Reading）として現職研修プログラム化したのは、'a real book'、「現実にある本」を核にすえたリテラシー教授法である。その前史ともいえる刊行物が、The Reading Book（1991）であった。

　'a real book' の訳語としては、先行研究において「本物の本」「実の本」等の工夫が見られた。著者も「ほんものの本」という語を用いてきた[15]が、語のニュアンスとして＜偽ものの本＞の対義語のようにも読め、本論では、「現実にある本」という表現を用いた。

　'a real book' とは、使用単語、語句の質量ともに限定された練習読本ではなく、1 冊の絵本や絵読み物、児童文学として自律した児童図書そのものをさす。元来は、形骸的なフォニックス限定の入門期読本や段階別読本の弊害を打開するべく導入された。たとえば、Hudson,J（1988）[16]は、絵

---

15) 松山雅子（1986.12)「イギリスにおける読みの教材‐入門期における物語の活用：L.Waterland の実践を中心に」『国語教育研究誌』第 9 号（大阪教育大学国語教育研究室編刊 pp.1-17, 他。Waterland は、「一般的に、ほんものの本（a real book）には作者がいる。だが、読本には出版社があるだけである。」と図書選択基準にかかわって述べている。

16) Hudson, J.（1988）'Real Books for Real Readers for Real Purposes', Reading vol.22 No.2. pp.78-83

本の活用を説いた Bennt,J（1982）、児童書を媒介に学校と家庭と児童の連携の重要さを述べた Waterland, L.（1985）、保護者との連携し a real book の活用の有効性を述べた Prentice, J.（1985）等を掲げ、読みの入門期における a real book 活用法の提唱が相次いだことを指摘し、その有効性を重視した。当時の主流は、読みの入門期に焦点が当てられた「現実にある本」であったと考えられる一例である。

　CLPE は、より広義に、文学テクストとしての質を中心に据え、読み手自覚を育みながらテクスト特性との多様な質の邂逅の機会を具現化することを通して教える小学校 6 年間のリテラシー教授モデルを意図した[17]。それゆえ、CLPE では、多岐にわたる学習指導法（Teaching Approaches）の活用を促すが、すべて読みの対象となる文学の特性に分け入ることを可能する方略として提案され、物語を読む体験が開かれることを第一義とした。提案された教授モデルは、実地にあたり個々の教師の自在な活用に委ねながら、継続的に、児童の実態に沿った丁寧なフィードバック研修によって問い直され、微調整を重ねていった。Meek（1988）[18] のいう「テクストそのものが教える」ところに着目しようとした試みである。

2.2　*The Reading Book* の構成に如実なセンターの基本姿勢

　以下に掲げた *The Reading Book* の目次を見ると（表1）、第一に実態調査編、第二に学習指導への具体的提案の二段構えで構成されている。どのような学習指導モデルの提案であっても、実態把握を前提とするのが、センターの教師教育の基本姿勢である。第 1 部は、提案に先立つ現状把握で、第 2 部は、具体的なモデル案の構想過程における大小のパイロット試行を通して捉えられた実態調査を伴う実践研究の成果である。実態把握と一言で言っても、一様ではない。

---

17) CLPE センター長 S. Ellis ならびにプロジェクト・ディレクター Sue Mc Gonigle への著者のインタビューにもとづく。（於：CLPE、2012 年 3 月 28 日）
18) 同、注 7

第 3 章　理論的基盤の拡張期

表 1　*The Reading Book*　目次

```
序文（Understanding reading : an introduction）
第 1 部
1 児童の読むことの学び／＜一人の読み手の一日ⅰ＞
2 保護者との連携／＜一人の読み手の一日ⅱ＞
3 教師の語る読みの指導／＜一人の読み手の一日ⅲ＞
4 テクストの役割
第 2 部
1 学習指導方略ⅰ、ⅱ／2 本作りと出版／3 読書環境の提供／4
知識・情報の図書／5 コンピュータを活用してメディアを読む
／6 教育の機会の均等／7 バイリンガル児童の支援／8 保護者
との協働／9 読みの困難児／10 読みの進度と発達の継続的記録
（PLR の具体的な活用例）
```

　教師教育機関である CLPE の実態調査の基本は、（教師および保護者、ならびに児童間に見られる）児童の言語実態と、学習指導の事前、事中、事後の教師のありようの把握が常に表裏一体となっていることである。児童の出発点が見えない効果的な学習指導はありえず、教師の学習指導法はまた児童の反応によって反芻される。ごく当然のセオリーである。そうではあるが、わが国の教師教育を振り返っても、その実行がたやすくはないことを、われわれは経験的によく知っている。しかも、新しい文教政策が公刊されたときに数回行うといった規模や姿勢ではなく、CLPE は、それを至極当然のように継続して実践するのである。それゆえに、文教政策の作成過程にあって、つねに必要な情報や提言が発信できたのである。

2.3　教師が選ぶ 'a core of books' 選択と観察記録 PLR の実際活用の提案

　第 2 部は、学習指導方略の実例をともなう提案と日常的観察記録（PLR）との相関の必要性と有効性を実践的に説いたものである。ここで取り上げられた学習指導方略の多くは、つぎの *The Core Book*（1996）[19]において、

---

19) Ellis, S. & Barrs, M.（1996）*The Core Book: A Structured Approach to Using Books within the Reading Curriculum.* CLPE

さらに精選、補強された形で踏襲されていく。だが、*The Reading Book* の真骨頂は、教師による日常的な評価 PLR を文学の読みの学習指導にどのように位置づけるか、より実践的に具体例を挙げながら教師に指し示すところにある。

「第2部　1学習指導方略ⅰ」では、二つのタイプの指導方略を扱う。①テクストの＜大きなかたまり＞（意味の大要、書き言葉の構造、物語内容など）に対する児童の気づきを育む学習指導方略、②テクストのより狭い範囲のかたまり（単語レベルや文字と音の関係性）に注意を向けさせる学習指導方略である。*Inquiry into Meaning*（1985）で報告された入門期の児童の読み方の傾向が、センターの実地提案に反映されている。

また「1学習指導方略ⅰ」には、学習環境としての図書選択が扱われている。読本のセットを置かない学級文庫には何を置くべきか、読みの学習指導プログラム（the reading programme）において、どのような本を紹介すべきか、どのような本に重点を置くべきか、教師にとって熟考を求められる懸案事項である。

その一つの解決策として、コアとなる図書（a core of books）の選択が提案される。教師は、様々なやり方を工夫し、児童のコアブックの読みを支援できるとし、つぎの6点を掲げる。

①＜音読＞プログラムの基盤として、反復して読む本として用意する／②複本を用意する／③大型版の本（'big books'）を用意する／④リスニング・コーナー用に本の朗読テープを用意する／⑤（『かいじゅうたちのいるところ』のマックスのボートや『ロージーのおさんぽ』の農場のジオラマのような）ごっこあそびや造型的な活動を通して物語を探っていく／⑥児童が音読するのを定期的に聞くことによって読みの発達を跡付ける、などである。

まずは、教師が、コア・ブックを選出する行程そのものが重要であること、ならびに、ブックリストは随時修正更新されるべきであること、読みの学習指導の支柱となる、クラス全員が教師とともに共有できる共通の図書をもつ機会を創出すること、以上の3点が強調された。こうした教師へ

第3章 理論的基盤の拡張期

の提案と実地指導のなかから、コア・ブックコレクションが編纂されていったのである。

2.4 実態事例を通した読みの学習指導提案

　学びの必要条件であるテクスト選択を重視するセンターの姿勢は、第1部の構成にも如実である。児童、保護者、教師の順で述べた最後に、テクスト（児童文学）の果たす機能が取り上げられ、テクスト選択が学びの状況を根幹で支えるという姿勢が貫かれる。

　目を引くのは、各項目の間にコラムのように挿入された＜一人の読み手の一日＞であろう。本書のワーキンググループの一員、Kellyの2歳8ヶ月の姪（英語話者）の本やその他のテクストとの豊かなかかわりを終日観察記録したもの。リテラシー不安を覚える第2学年担任女児（英語話者、保護者は（南ガーナの）チュイ語）がペアやグループワークを通して、少し自信をもって学び始めた様子を同グループのRussenが終日観察記録したもの。そして、Kellyの第3学年担任男児について読みの経験の程度が創作活動や読みにどう関係するかに焦点を当て終日観察記録したもの（書く前のペアでの会話のプロトコルを含む）の3例である。PLRの活用と連動し、児童の学びをどのような観点で見ていくか、一つのモデルを示すとともに、教師が、児童の読みの力の推移を見通す一助となることが期待されている。

　読みの実態事例を掲げるというのは、本書全体に一貫する基本編集姿勢でもある。先のアメリカの調査事例、教室での児童観察事例、PLRの記録事例を随時はさみながら、本書1冊読み通すと、教師は、児童の読みの学びのプロセスを具体的なイメージとして把握し始めるにちがいない。これらにも具体的な児童図書の書名や表現が掲げられ、実の場における学びの事例でなければ、教師教育は実を上げないというセンターの姿勢を確認することができる。

第2節　Core Book の編纂によるリテラシー教授法の開発

第1項　Core Book（コアブック）を活用した体系的学習指導の開発

　1996年、現職指導の継続的な積み重ねを踏まえ、学習に寄与しうる児童図書リストを体系的に編纂し、実践的な学習指導法をまとめた *The Core Book:A Structured Approach to Using Books within the Reading Curriculum* (1996) [20] が刊行された。The Core Book (1996) に掲げられる選書意図には、実践に即した学習指導法の開発の基本姿勢が明示されており、これが、2006年以降のプロジェクトへと拡大継承されていったのである。

　　コア・ブックコレクションは、多面的な目的と役割に多様な方法によって応えることができる。読むことの体系的学びの構造を提供する、音読プログラムの基盤を示す、読みの困難を抱える児童を支援する、加えて、すべての児童に向けて、楽しい活動として読む行為を組み立てるものである。読み方を学ぶコア・コレクションと文学のコア・コレクションに二分することで、それぞれのコレクションの選択と活用にある合理性をもたせた。この両者の違いは、教師にとって有効であり、児童のコレクション活用においては、かならずしも、その違いを意識する必要性はない。

　　これらのコレクションは、こうすべきという規定力のあるリストではない。教師が自分なりに選書ができるよう、注意深く選んだコレクション母体である。既存の図書と組み合わせて使うことも、それらと差し替えることも可能である [21]。

20）同、注19
21）同前、p.10

特徴的なのは、推奨図書を学習目的に応じて「読み方を学ぶコア・コレクションと文学のコア・コレクション」という、識字力としての読みと文学の精読法という、基本・応用の二段構えであることである。指導に際しては、教師の裁量に任され、ひとつの目安としての二区分の提案である。
　表2-①のように、コア・コレクションを拡充することで、学級文庫を充実させることが期待されているのがわかる。NCの求めるところでもある。表2-②は、小学校 Key Stage1、2における体系的な学習環境のありかたを示したものである。読み方を学ぶコア・コレクションは、入門期、低中高学年それぞれに重なりを持ちながら、徐々に発展していく構成である。文学のコア・コレクションは、入門期、低中高学年と四段階で選書され、知識・情報コア・コレクションは、Key Stage ごとに二段構えで体系化されている。NCが提唱した学校全体の読書環境の拡充である。[22]
　The Core Book では、以下のように示される。「（児童）文学における意味や関係性を児童がより深く読み込んでいくために、また、読むこと、書くこと、話す聞くことの経験を発展させるために、ある特定の本、ある特定の作家、テーマ、ジャンルを深く知ることのできるような計画的な学習が不可欠である。このような機会が提供できれば、学びの経験に応じて児童の文学の精読力も豊かなリテラシーも発展していくのである。年間指導計画において、Key Stage において、初等教育全体において、コアブックは、バランスの取れた変化に富む言語カリキュラムを生み出すひとつのまとまった単元学習を展開するための主たる役割を果たす。単元学習は、他の授業のトピックとかかわらせることもできるが、ここで考える多くの単元学習の多くは、国語科の授業として明確に焦点化されているものがほとんどである。カリキュラムのさまざまな領域に対して、何でも屋の基礎教科（service subject）として扱おうとするものではない。[23]」

22）同、注19、p.18（2図ともに）
23）同、注19、p.24

表2-① コア・コレクションの構成

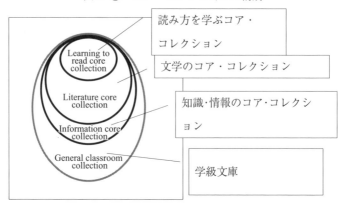

表2-② コア・コレクションの構成

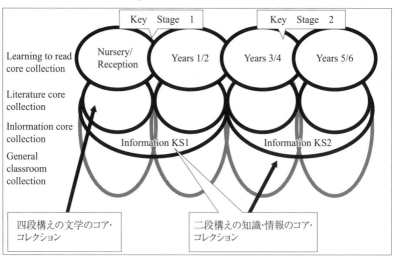

　さらに文学のコア・コレクションについて、児童のリテラシー実態把握およびNCとの関連性への配慮が強調されている。「精読を促すテクストの多くは、文学のコア・コレクションから用いる。それによって、すべての児童が、十二分に読みの力を試されるような読みの機会をもつことにな

る。このとき、読み方を学ぶコア・コレクションとの連携は言うまでもない。より丹念な学習活動を計画するには、個々の学級における読み書きの程度、幅を考慮しなければならないし、NC の到達レベルによって掲げられた学習成果の達成の度合いにも目を配る必要があろう。[24]」

第2項　単元学習構想にむけた5つの観点の提案

　こうした基本指針に基づき、本書では、単元学習のフレームワークを組み立てていくために、5つの観点を示し、具体的なワークシートを用いた学習指導計画案の作成を指し示す。5つの観点とは、学習材の選書に始まり評価に至る、5つの単元構想観点である。

1　**対象テクストの選書**
　　・既習の学習体験を踏まえ、テクストや学習機会の可能性をいかに提供していくか。
　　・異なるジャンルを導入するか。
　　・授業に取り上げたとき、テクストが児童の心を捉える点はどこか。
　　・他のカリキュラム等で扱うトピックとの関連はあるか。
　　・所要時間はどれくらいに設定するか。
2　**学習指導の意図**
　　・テクストの内容、主題、構造の主な特徴は何か。
　　・当該テクストおよび諸テクストから期待される学習結果は何か。
　　・テクストのテーマは何か。児童文学作家および絵本の作家のテーマは何か。
　　・学習過程をどのように設定するか。
3　**対象テクストと関連資料**
　　・他の授業で用いる多様なテクストによって経験する読みの幅やレ

---

[24] 同、注19、p.24

ベルと、対象テクストはどのように関係付けられるか。
- 年間カリキュラムに取り上げられる文化的な多様性と対象テクストはいかにかかわるか。
- 英語を母語としないバイリンガル児童にも、対象テクストは取り組みやすいか。
- 異なるメディアを通して、対象テクスト（の再話）に迫ることができるか。

4　学習活動とその結果
- 単元学習期間に構想された主な学習活動は何か。
- オープンエンドの学習活動か。差異を明らかにする活動か。
- 学習活動は、いかに効果的組み立てられ、導入され、展開することが可能か。
- 学習活動の特徴に応じて、グループ学習を組み立てる最良の方法は何か。
- バイリンガル児童を確実に学習活動に参加させ、学習成果を発表する機会を設けるために、どのような追加支援が必要か。

5　学習記録と評価
- 児童との事前の面談、学習日誌、読むことと書くことの学習事例記録、家庭学習や授業の宿題ノート、読書記録やその他の自己評価表は、すべて単元学習に組み入れられているか。

以上の観点を踏まえ、第2学年の単元構想案として、表3の事例[25]が掲げられている。

　選ばれた『ゆかいなゆうびんやさん』は、しかけ絵本の一種で、よく知られた伝承文学の登場人物のところに様々な手紙を届けるのが、ゆうびんやさんの仕事となっている。後日談のコレクションである。たとえば、シンデレラには、結婚後、出版社から自叙伝執筆依頼状が見本本と一緒に送

25）同、注19、p.28.　表4、5は、同前、p.29

られてくるといった具合である。元となる物語とそのパロディの双方を行きつ戻りつしながら読む楽しさを有している。「学習の意図」の2にある複数の再話を一つに結びつける手法とは、ゆうびんやさんの配達ルートの設定である。学習活動にあるストーリマップの作成も、配達ルートを視覚化することで、本来まったくバラバラな後日談を一編の物語として認識する助けとなる。

　物語は、ゆうびんやさんが、三匹の熊宛に送ったゴルディロックちゃんの誕生日パーティへの招待状を届けるところから始まる。赤頭巾のおばあさんの家に居座ってしまったオオカミ、魔女へのダイレクトメール等さまざまな郵便を配達し、最後に、ゆうびんやさん自らも、ゴルディロックちゃんの誕生日パーティの御相伴に預かって終わる。これら最初と最後の照応がゆるやかな枠組みとなって、その間に、よく見知った物語の思いもかけない後日談が次々と展開する構造である。関連資料を重ね読むことで、再話の魅力を質量ともにゆたかに楽しみ、学習活動6のなりきり作文で、部分的再話を経験するのである。学習活動の順序性をみると、この同化型の語りなおし活動以降、元となる伝承文学と再話の比較読み、同作家の重ね読みによる個々の特徴の探求といった分析的な研究読みが用意されている。低学年としての発展学習に他ならないが、第2学年の読み手としての研究読みの結果は、展示のアイディアの中に具現化され、学習全体が結ばれる構想となっている。

　以下の表4は、『ジャックとまめの木』のジャックになりきって、ママにかけた留守番電話の録音事例である。2番目の表5は、シンデレラ失踪の新聞記事である。学習指導の流れも、なりきり作文も、わが国の低学年指導と特段変わっているわけではないが、(児童)文学のコア・コレクションを構築し、そこから対象テクストを絞り込み、授業を組み立てていくよう促された、文学テクスト特性に着想の根幹が置かれる現職実地指導の結果であることは確認しておかねばならない。

表3　第2学年（Key Stage 1）　単元構想記入事例

題名『ゆかいなゆうびんやさん』　コア・ブックコレクション（Y1/Y2 文学のコア・コレクション）　学年　第2学年
（Ahlberg,J.& A.（1986）*The Jolly Postman or Other people's letters*.Heinemann）　授業時間数　1／2学期

学習の意図	対象テクストと関連資料	学習活動とその結果
1　伝承文学や伝承童謡に親しむ一助として本書を用いる。同時に、ヨーロッパにおけるジャンル事例も意識しながら、さまざまな文化圏における関係性に着目する。	『ゆかいなゆうびんやさん』 関連する伝承文学には以下のものを含む。 『ジャックと豆の木』『三匹のこぶた』『ゴルディロックちゃんと3匹のクマ』『赤頭巾ちゃん』『フロッシーと狐』『昔話撰集』	1　教師が、クラス全員に向けて、伝承文学や童謡を音読する。児童は、自分のお気に入りについて話す。本書やその他の本に掲載された物語に徐々に親しんでいく。ストーリーテリング（聞いた物語を次々と再現していく学習活動）をするにあたり、物語がよく心に残っているのはなぜか話し合う。
2　再話作成を通して、複数の既存の伝承文学を結び合わせ一つの絵本を創造していく作家の技法に気づく。	関連する伝承童謡 『マザーグース』『*No Hickory No Dickory No Dock*（ジャマイカのマザーグース *Jamaica Maddah Goose*）』 関連する現代の再話	2　よく知っている物語を何から何まですべて語ってみる。 3　グループで、注釈をつけながら、ゆうびんやさんの配達ルートのストーリーマップを作成する。 4　ストーリーマップを手がかりに、みんなでストーリーテリングを行う。
3　さまざまな表現形態を探り、伝承文学の登場人物になりきって書く活動を行うことを通して、多様な語りの視点を探っていく。	『ジムとまめの木（*Jim and the Beanstalk*）』『かしこいポリーとまぬけなおおかみ（*Clever Polly and the Stupid Wolf*）』『ぼろぼろ王子（*Paperbag Princess*）』 類似テーマの同作家作品	5　複数の伝承文学を一つに組み合わせる。 6　グループごとに中心にする伝承文学を選び、日記、手紙、留守番電話、（神父への）告白他、多様な表現形態を使って登場人物になりきって書く。
4　ストーリーマップの工夫や、ストーリーテリング（聞いた物語の再現）の下案としてストーリーマップを活用しながら、物語構造を理解する。	『もものきなしの木プラムの木』『ゆかいなゆびんやさんのだいぼうけん』『ジャネットとアランのおはなし玉手箱』『くらいもりのジェレミ』	7　伝統文学のさまざまな現代再話を読む。伝承文学と現代版を比べる表を作成し、分類を試みる。 8　同作家の複数の作品を重ね読み、テーマや表現方法の類似点について話し合う。 9　伝承文学（伝統的な物語を含む）トップ
		10を選び、展示する。たとえば、数点の伝承文学を選び、時代や文化の異なる再話を集め、展示する。赤頭巾ちゃん、シンデレラ、ロビンフッドなど。

第3章　理論的基盤の拡張期

表4　児童作品例　ママにかけたジャックの留守番電話

	留守番電話メモ ジャック：から ママ：へ 4月30日日曜日　ランチタイム もしもしママ、ぼくジャック。おそく帰るよ。ぼうけんしてるんだ。おしろやきょ人がいて豆の木のてっぺんはほんとうにびっくりしちゃう。きょ人はでっかくておそろしくてもじゃもじゃなやつで、いびきをかいててぞっとするようなくせをもっている。しろの中はあたり一面ふるいほねだらけ。きょ人はぼくのにおいをかいでは、ぼくをたべたいと言いつづける。そしてかれのいぶくろときたら、おそろしくごろごろ、ぐーぐー音をたてる。しんぱいしないで、ママ。つかまえられっこないから。ゆうごはんにはかえる。ただ、やらなければならないことが‥‥アー！！！ ビーピ、ビーピ…（p.29）
©CLPE	

表5　児童作品例　シンデレラ失踪の新聞記事

	行方不明！（新聞記事） 昨晩遅く、ガラスの靴を一足残して宮殿から若い女性が消えた。舞踏会に出席しただれも彼女を知らなければ、どこに住んでいるかも知らなかった。舞踏会の出席者の証言によれば、美しいブロンドの髪をした平均的な背格好で、左の頬に美しいそばかすが一つあるといった風貌をしていたという。また、このように言う人もいた。かの女の手は下働きのような荒れた手をしていて、疑わしいと思ったと。 このミステリアスな女性の足はきわめて小さく、2インチ半しかなかった。この人物を知っている者はだれでも、宮殿の王子様宛てに手紙を寄こされたし。有益な情報には、ごほうびが下されるであろう。（p.29）
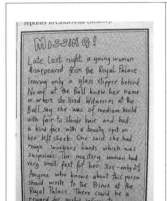 ©CLPE	

第3項　コアブックを軸とした実地指導事例から

　The Core Book（1996）では、リーディング・カリキュラムにおけるコアブックを活用した体系的アプローチを提案、導入を図った。管理職、担当教師とのインタビュー記録も踏まえながら、4校の実地指導事例を解説している。導入に当たり、学校の管理上、予算上の現実的問題、コレクション構築に当たってのスタッフ研修の必要性など、具体性に富むのが特徴的だ。

　CLPEは、学校によって状況は千差万別だが、成功裏に導入ができた学校に共通するのは、全学的アプローチの必要性を明確に理解したうえで普及に努めたこと、それぞれのリーディング・カリキュラムの中にコア・コレクションをいかに活用していくか、入念な計画準備段階があったことだとしている。そのうえで、主な検討すべき事項として、以下の10項目を掲げる。[26]

①　コア・コレクションの導入の理由
②　予算的見通しと授業時間数
③　導入から軌道に乗せるまでの準備期間に要する時間と計画性
④　リーディング・プログラムにおけるもっとも効果的な図書の活用
⑤　既存の読本とコア・コレクションとの関係
⑥　補助教員、転入教員、アシスタントを含む教職員の全員参加の実現
⑦　保護者の参加の勧誘
⑧　図書や資料の蔵書構築と体系化
⑨　児童の読みの進歩をどのようにモニタリングし評価するか
⑩　コア・コレクションはどのように評価され、発展させていくか

　以上を中心に、実践校がいかに検討を続け、問題に直面し、解決策をま

26）同、注19、p.52

さぐったか、その経験に学ぶのが最善の方法だとして、4校の事例を掲げている。

ここでは、エインズフィールド地区の Houndsfield Primary School の学校長 Waterman、プロジェクト主任 Howsen の二氏に、センター職員 Ellis がインタビューした記録に基づく事例を取り上げる。

第4項　Houndsfield Primary School の取り組み

W 校長の発言を要約する。[27] 経験知に学ぶというセンターの方針にそって、一定量の要約を掲げた。

> 就任当時、どの学年の壁にも段階別読本がずらりと並んでいた状況で、地方教育局が行った学校実態報告で高く掲げられていた、読みの水準向上、読みの評価法の開発、家庭と学校の連携、学習指導法の工夫、読書環境の拡張と拡充といった留意事項と真正面から向き合う必要があった。学校改善目標の優先順位を読むことに置き、各学年主任を中心として課題にあたっていった。コア・ブックの活用によって、われわれは、質の高いテクストを用いて読み手としての児童の発達を促し、動機付ける機会を得ることとなった。それはまた、これまでの読本の基本指針であった体系的な読みの発達を促すものでもあった。
>
> 協議は、学校を上げて、どのような読み手を育てていくのかということから始まった。これが、コア・ブックに対するわれわれの最初の課題であった。流暢な読み手育て、読書を楽しむ態度の育み、多様な作家やジャンルを知り、読むことが、われわれの思いであった。教職員のなかには、全体的な学習指導の改変を歓迎し、意欲を示した者もいた。他方、読みの水準が下がるのではないかという保護者の懸念を思うと、安全策である読本の提供が望ましいのではないかという者も

---

27) 同、注19、pp.53-54

あった。協議は幾度となく繰り返され、多くの時間が費やされた。結果、やりたい教師だけがやるといったパイロット実施ではなく、全教職員参加のもと、保護者も巻き込んで、学校全体で一貫してコア・ブックアプローチを採用することになった。学校全体のINSET（現場研修プログラム）を立ち上げ、Wayne先生を10日間の読むことのCLPE研修に参加させた。

　読み方を学ぶコア・コレクションと文学のコア・コレクションの両方を購入するところから具体的に一歩を踏み出した。丁寧に選出されたコレクションで、われわれの評価基準にもあっていた。わけがわからないところから選書する膨大な時間を節約することにもなったが、教師の多くが見知っている図書が少なくなかった。グループ読書のために、100種類の本を6冊ずつ複本として揃えた。コア・コレクションの完全セットは各学級文庫に常備、活用し、貸し出しはしないこととした。傍らには、これまでの読本の中から質のいいものを残し、適宜活用した。

　政府からの助成も得、初年度コア・ブックに16,000ポンド、関連資料に8,000ポンドを当てた。高額に思うが、われわれの年間予算中、1.5%に当たる。カリキュラムの主要な部分を支える環境整備として妥当な出費であった。INSETによって、これら図書資料活用の研修を重ね、持続的に教職員の意識改革を行った。初年度は、各クラスに、読み方セットと文学セットを2セットずつ用意し、次年度は、さらに読み方セットを2セットずつ各クラスに配布し、他の図書の複本や視聴覚資料を充実した。

　校長としての重大な仕事の一つは、読むことの学習指導指針の改変を保護者に説明することであった。1日に2回（午後と放課後）の保護者説明会を、ベンガル語、広東語、トルコ語、フランス語の通訳を伴って、3日間連続して行った。コア・ブックを展示し、児童も交えて本を選び、読んでみる機会を設けた。多くの保護者は、自分の子ど

第3章 理論的基盤の拡張期

も時代に経験したことのないような読書の楽しさに興味を示し、わが子がこれまでになく読書に興じている姿を目の当たりにすることとなった。

　教師が、読みの段階的発達のありよう、読みの方略の発達の仕方、個々の児童の読みの進度を記録する評価ポートフォリオについて解説した。家庭と学校を結ぶ学習記録帳など、児童の学びを的確にとらえる改善策を示すとともに、2週間に1度、放課後に、保護者の要望に応えた読むことのワークショップや本作りワークショップを開催し、保護者の対応にも努めた。

　読みの記録に関しては、学校全体で、4種類のPLR（観察記録評価法）の読むことのサンプルシート、二つのミスキューアナリシスや年間記録シートを活用している。Reading Scales1/2 を活用している教職員もいる。家庭と学校の連携日誌に書きとめられたメモをもとに、年間3回、保護者との懇談会を開いた。特別支援児童や読みの困難児に対する支援にも力点を置いた。

　以上が、インタビューに答えた校長の発言の大要である。多言語文化背景にある小学校であるだけにバイリンガル児童への配慮から、読本から現実にある児童図書へと大転換を図ることは、かなりの決断であったと予想される。学校内では教職員全員参加への細やかな研修の必要性、学校外では地域と保護者との継続的な意見交流、家庭学習の拡充への支援の重要性が、不可欠であった。

　プロジェクト主任Howsenは、児童文学を用いた授業実践への転換について次のように総括した。[28]

　　職員会議で、日常的な学習指導法をリストアップし、どれが有効か

28）同、注19, pp.54-55

否か吟味し、バイリンガル児童への視聴覚資料の活用等、再検討するところから始めた。各クラスに、コアブックはひとまとめにして置かれている場合が多く、それに児童と教師で選んだ120冊の児童図書が学級文庫に用意された。他教科のトピックに応じた公共図書館からのローンコレクションが、上記の学級文庫に加わった状態を、クラスの読書環境の基本とした。

　実践中に浮かび上がってきた問題は、主に三つである。まず、教師の中には、読本を使わず、児童の読みの力をどのように育んだらいいのか基本的に自信がなく、読本を途中で止めてしまっていいのかという罪悪感にも似た気持ちを抱く者がいた。ゆえに、最初は、読本も合わせて使いながらコアブックに対していたが、時間がたつにつれ、コアブックを用いた指導に自信が生まれ、徐々に読本依存から脱していった。それにともなって、ほとんど確たる情報を得られない読本の段階性に頼っているのではなく、観察記録をつけながら、児童の読みの推移を捉えることにも自信をつけていった。

　第二には、家庭と学校との連携は全体として成功であったが、努力にもかかわらず、100%の保護者参加とは至らなかった。すべての家庭との交流、連携をいっそう目指さねばならないと目標に掲げている。第三に、コアブックの中には、児童の興味を引かないものもあった。二学年ごとにコレクションは編纂されているが、既読図書を繰り返し読むのも限界があり、飽きてしまう傾向も見られた。そこで、コア・コレクションを学年ごとに二分割して活用するようにした。

　コアブックは、わが校の reading curriculum においても言語教育指針においても中核をなす。教育指針は、教職員が協議し、適宜更新していった。コアブックを用いた実践についてのアンケートを作成し、全員の授業実践を振り返る機会をもった。児童も保護者も読むことにこれまで以上の興味関心を示し、深くかかわるようになったという実態変化が報告され、生産的なフィードバックであった。経験豊かな読

み手は、テクストの質量を増やし、読みの活動も幅を拡げ、読みの経験の浅かった児童は、自信を深め達成感を高めることとなった。

　将来的な展望としては、本の身近な環境のさらなる拡充と継続的提供への努力である。玄関ホール、廊下の端のコーナー、階段の角などに児童図書を配置することで、児童はもとより、学校を訪れた保護者、弟や妹がいつでも本を手にできるように配慮してきた。今後は、学校にブックショップを設け、コアブックを中心に販売し、家庭での読書環境の支援を行う。本の購入にあたり、コアブック・リストを有用だと感じる保護者も多い。傷んだ本や紛失図書の補強、ビッグブックの購入、最優先事項でもあるバイリンガル児童の教育のために多様な母語で書かれた図書の拡充も懸案事項である。また、保護者向けの読むことにかかわるワークショップを増やすことで、家庭との連携を図っていきたい。

　文学をさらに深いレベルで読んでいく学習指導において、コアブックの活用をいっそう発展させていかなければならない。SCAA（学校カリキュラム評価局）の *Planning the Curriculum at KS 1 and KS 2*[29] の提唱事項を鑑みても、読むことの継続性を重視した単元学習を支える主たる駆動力は、コアブックであると確信している。

教師のこれまでの経験を蔑ろにすることなく、確信を持ってコアブックを活用していくための時間をかけた教師教育のありようが鮮やかに報告されている一例である。特に、センターの提唱する児童の読みの実態と推移の継続的把握のないところに、どのような優れた質の文学コレクションであっても、本当の意味で豊かな読みの学びの機会を創出しえないという基本姿勢を一貫して受け継ごうと腐心しているのがわかる。

29）SCAA（School Curriculum Assessment Authority）（1996）*Planning the Curriculum at KS1 and KS2*. SCAA.

1989年に開発・実施されたPLRが、1991年 *The Reading Book* によって、「現実にある本」、特に児童文学を軸にしたリテラシー教授プログラム（'literacy through literature'）のなかに統括され、1996年、コア・ブックコレクション編纂と単元学習の提案によって 'reading programme' として継承発展してきた。95年は、NC改定草案が出された年でもある。PLR開発がセンターに依頼されたのは、カリキュラム導入以前の1985年であった。*The Core Book*（1996）は、公の教育改革の動向を如実に反映しながら、約10年間のCLPEの現職研修（実態調査、開発、パイロット研究、実地指導等）の実質的な結実と考えてよい。先の学校事例は、それが現場でどのように実体験され、受けとめられて浸透していったかを知る貴重な資料である。

第5項　発展的継承としての読書力向上プロジェクト
（Power of Reading）

　読書力向上プロジェクト用の2010年版のブックリスト *The Core Book List: : Supporting a Rich Reading and Literacy Curriculum.*（2010）[30]の目次に明らかなように、コアブックの二分法は、1996年来一貫して踏襲されてきた。実践の洗礼を受けて刷新されたり、センター職員が新たに開拓したりして、総冊数、622冊のリストとなっている。（当該図書と同作者の作品や関連作品の併記は、数に含めていない。）

入門期とKey Stage 1 対象図書コレクション	
Foundation Stage 向け読み方を学ぶコレクション	59冊
Foundation Stage 向け文学コレクション	55
Year1 と Year 2 向け読み方を学ぶコレクション	61

---

30) Lazim, A.（2010）*The Core Book List: : Supporting a Rich Reading and Literacy Curriculum.* 2010 edition, CLPE　編纂は、センタースタッフ全員の継続的仕事の成果であるが、1冊のリストとして編集する実務的要は、センター付設図書室司書Lazimが当たった。

第3章　理論的基盤の拡張期

Year1 と Year 2 向け文学コレクション	76
Foundation Stage 向け／Key Stage1 向け	
知識・情報の図書コレクション	53

Key Stage 2 対象図書コレクション

Year 3 と Year 4 向け読み方を学ぶコレクション	54
Year 3 と Year 4 向け文学コレクション	84
Year 5 と Year 6 向け読み方を学ぶコレクション	41
Year 5 と Year 6 向け文学コレクション	82
Key Stage2 向け知識・情報の図書コレクション	57

　上記コレクションのうち、センターが推奨し、かつ小学校現場で取り上げられる頻度が高い、もしくはニーズが大きい文学コレクションを中心に、児童文学を軸としたリテラシー学習指導プログラムの提案と授業実践の結果を、2006年以降、以下の4冊のセンター刊行物とプロジェクト参加者だけが自由にアクセスできるwebデータ上に具体的に紹介、提案し、実践支援を行ってきた。教師の主体性を損なうことなく、「注意深く選んだコレクション母体」たらんとした基本姿勢は、一貫し変わることはない。

　　Book Power:Literacy through Literature Year 1（2008）
　　Book Power:Literacy through Literature Year 2（2010）
　　Book Power:Literacy through Literature Year 5（2008）
　　Book Power:Literacy through Literature Year 6（2006）→改訂重版（2011）
　　http://www.clpe/uk（Year3・Year 4）→改訂書籍版刊行（2013）

　センター長Ellisは、センターの読みの教育の中核は（児童）文学に置かれていると明言し、読みの入門期から高い質の児童文学が必須だと述べる[31]。児童は、質の保証された児童文学を通して「一人の読み手」「主体的で内省的な読み手であり、考える人間」となるための動機づけを得られ

ると強調する。

　具体的には、NCの学習対象に対応しながら、伝承文学（伝承詩含む）、評価の定まった児童文学や詩作品、戯曲、多言語文化背景の児童文学や詩作品から幅広い選書がなされる。「文学としてパワフルで、優れた言語表現で書かれた図書を取り上げることで、児童を作品世界に引き込み、かれらの考えや感情を揺さぶり、話し合いに参加させることが期待されている。」

　この文学の「パワー」が、児童のみならず教師もまた一人の読み人として国語科の授業づくりに参与せざるを得ない源であり、それに基づいたリテラシー教授であらねばならぬというゆるぎない信念が窺える。言いかえれば、読書力向上プロジェクトで提案される学習指導法とそれらが担うはたらきと活用の実際は、この文学の「パワー」を享受し、共有する学習基盤に端を発し、そこに収束するのである。'Power of Reading' というプロジェクト名が能弁にそれを語っている。

第3節　学習者実態調査によるリテラシー教授モデルの検証

第1項　調査の背景－2000年代の発展的活動の布石となった The Reader in the Writer（2001）

　これまで見たように、センターの国語科教育研究は、調査研究と実地指導の有機的な相関に基づいた具体的な研修プログラムによって広く普及活動へと展開してきた。本項では、センターが実施した児童の言語実態調査のうち、今日まで影響力の高い *The Reader in the Writer*（2001）[32] を取り

---

31) スー・エリス（2010）「小学校における創造性を重視したリテラシー教授法―すべての子どもが生き生きとした読み手であるために」「学大国文」（松山雅子　訳）pp.1-9 に基づく。
32) Barrs,M. & Cork,V.（2001）　*The Reader in the Writer:The Links between the Study of Literature and Writing Development at Key Stage2*.CLPE

上げる。書くことに、文学の読みの学習はいかに反映するかが、主たる調査課題である。90年代の提案や開発が、リテラシー教授プログラム化へと発展していくための大きな布石となった調査研究である。

「98年指針」が導入された直後のOFSTED報告書（1999）[33]には、指針は、書くことより読むことのほうに有効だったと報告された。その意味でも、センターの実態調査は時機を得ていた。CLPE調査研究委員会の助言者 Meek（2001）[34]は、こう指摘するとともに、本研究が、これまで学校が書く行為の重要な側面を評価対象として十分留意してこなかった研究実態の隙間を埋めるものと評価した。また、10歳から11歳児の望ましい書き手とはどうあるべきかについての問題提起の価値にも言及している。

一方、1988年、教師教育局の報告書[35]が刊行された。望ましい教師と認められる指導者は、「リテラシーにおける意味の創造（the creation of meaning）は根本的なことだ」と確信し、「リテラシー教授において、意味の創造を最優先し授業実践に反映させる」とともに、「テクスト内容と文章作成を第一に留意しながら、学習者自身がなぜ読むのか、なぜ書かねばならぬのか、それらの十分な理解を重視していた」[36]と指摘した。CLPEは、この報告書のいう「意味の創造」をリテラシー教授の中心に据えることに共感し、本調査研究において、Key Stage2の児童が文章表現に自らの意味を創り出し、それを他者に伝える方法を観察することをねらいに据えた。同時に、書くことの指導が児童にとって意味のあるものだということを、いかに教師が慎重に注意を払って扱うかを見て取ることを目的とした。

加えて、センターは、児童が読んだり学んだりした児童文学が、かれらの文章に与える影響を跡付けたいと考えた。文学テキストが文体的に児童

---

33) OFSTED.（1999） The National Literacy Strategy: an Evaluation of the First Year of the National Literacy Strategy. OFSTED
34) Meek, M.（1991）'Preface.' *The Reading Book*.CLPE.p.9
35) Medwell, J. Wray, D. Poulson, L. & Fox, G.（1988）*Effective Teachers of Literacy*. University of Exeter
36) 同、注35、p.26

の文章に反映するありようのみならず、書くことを通していかに意味が探求され、発展され、それとコミュニケートできるか、その方法の理解に文学的テクストがどのように影響するか、その方法を明らかにしようとした。*The Reading Book*（1991）からの発展的継承である。

　こうした表現形態としての文学への着目、ならびに、学習者の表現態度や表現そのものへの反映のいかんは、NC の「読むこと」「書くこと」に見られ、表現形態としての文学が、リテラシー教授に重要な位置を占めていることがわかる。特に、義務教育の後半、中学校段階に如実である。

前期中等教育に当たる第3、4段階「読むこと」の学習プログラム
19　読みを通して言語の知識を学習指導するにあたって、以下のことに焦点を当てるべきである。
- 文学言語の主要な特徴、ならびに、文学言語の意味伝達の方法
- 世代間や数世紀に渡り常に変化する英語という言語のありよう、ならびに、その変化に対する人々の反応や態度。[37]

第3教育段階「書くこと」の概括規定
- 広範な多様な物語を聞いたり読んだりした経験をもとに、また教師や他の生徒とそれら作品について話し合う経験を通して積み上げていく（機会をもたなければならない）
- 導入、場面設定、人物造型、出来事、結末といった物語構造に関する要素を、効果を徐々に増しながら扱えるようになる（機会をもたなければならない）[38]

第4教育段階「書くこと」の概括規定
- 人物描写、サスペンスや意外性をいや増す状況設定や要素、巧みにコントロールされた着地のつけかたの詳述を活かして、より意

37）同、注11、p.32
38）同、注11、p.39　25項

図的に仕掛けられた物語を構築するために、さらに幅広い文学との出会いの経験から学べる（機会をもたなければならない）[39]

　これらの下敷きとして第 2 教育段階が位置づけられている。「書くこと」の学習プログラムには、「状況設定や結末等は、読み手に明確に伝わるよう工夫しなければならないことを理解するなど、これまで読んだり聞いたりした物語体験を通して、物語形式を自分なりにコントロールする力を徐々に増やしていけるよう支援されるべきだ。[40]」という言及も見られる。これは、自分の物語体験をもとに教師や他の児童と自由に読みを交流できる文学を共有する機会があってはじめて効果を発揮すると考えられている。改訂が重ねられる NC においても、このことに変わりはない。NC 制定から 10 年を経てまとめられた *The Reader in the Writer* も、この基本姿勢に則ったものである。

第 2 項　調査の目的、方法

　本調査の課題は、以下の 4 点に絞られ、これらに沿って調査結果が報告された。[41]

1　文学の読みから児童はなにを受け取り、かれらの文章にその反映を検証できるのか。
2　どのような授業実践が、どの程度、文学から書くことを学ぶ児童を支援するのか。
3　読み手としての育みに寄与する経験は、同時に書き手としての育みに寄与しうる経験であるのか。

---

39)　同、注 11、p.41　31 項
40)　同、注 11、p.37　18 項
41)　同、注 32、pp.30-32

4　書くことを学ぶ Key Stage2 の児童、特に有効な文学とはどのような種類のものか。

　調査方法は、1998 〜 99 年の 1 年間、内ロンドンならびに大ロンドンから 5 校[42]の協力を仰ぎ、第 5 学年（10 歳児）各 1 クラスずつを調査対象とした。各校、原則として、一人の協力教師[43]に、担任クラスから児童 3 名を抽出し、通年で観察調査を行うよう依頼した。これらケーススタディは計 18 で、女児 8 名、男児 10 名、内バイリンガル児童 7 名で開始し、途中、ケーススタディ 6 つに絞り込まれた。（女児 3 名、男児 3 名、内バイリンガル児童 2 名）抽出児童に関しては、PLR の Reading Scale1 ／ 2 ならびに Writing Scale2[44]で、98 年 1 学期当初ならびに 99 年 3 学期に到達点を捉え、年間を通して観察記録評価法によって気づきが記録された。授業の観察、参観は、98 年導入された「リテラシーの時間（60 分）」に絞られた。
　年間指導計画のなかに、2 学期に伝承文学、3 学期に（犬の一人称視点で語られる）歴史物語を共通教材として導入し、相対的な分析検討のフレームとした。共通教材の選択理由は、当時導入されたばかりの「98 年指針」で、5 年生 2 学期は伝説や神話等を取り上げ、口承と文字記述の違いを学ぶ時期にあたり、3 学期は一人称文学を学ぶ時期となっていたからである。「リテラシーの時間」の運用法も含め、小規模ではあるが、「98 年指針」初年度の教師の戸惑いと適応の模索のすべてに沿いながら、本調査は「指

---

[42] A 校（クロイドン、全校生徒 15 学級 434 名、①特別支援児童 25.3%、②バイリンガル児童 4.8%）、B 校（サットン、13 学級 370 名、① 10.9%、② 3.4%）、C 校（タワーハムレット、14 学級 380 名、① 23%、② 92%）、D 校（サザーク、14 学級 320 名、① 36.4%、② 25.6%）、E 校（サザーク、11 学級 288 名、① 27.7%、② 8%）
[43] 平均教職年数 7 〜 10 年。全員、大学の専攻は、国語科教育以外。内 2 名が CLPE の 10 日間現職研修参加者。
[44] CLPE ①が 1997 年に開発。9 歳から 12 歳児を対象に、1 経験の浅い書き手、2 経験不足の書き手、3 平均的経験をつんだ書き手、4 経験を十分つんだ書き手、5 特筆に値するほどに経験をつんだ書き手、の 5 レベルで判断するスケール。*The Reader in the Writer*（2001）、p.235 所収。

針」初年度の実地指導そのものとも言いうる。

第3項　調査行程の大要

調査は、次の行程をとった。

1学期　管理職との面談による各校の基本情報の収集。教師へのインタビューおよびアンケート調査。1学期に最低、4セッションの授業参観と観察記録。被験者児童へのインタビュー（これまでの読み書きの経験や感想など）。ベースライン・サンプルとして児童の読むことのサンプルと文章サンプルをまとめる（教師）。収集データの第一次分析、フィードバック。

2学期　27回の半日訪問、観察の実施。教師との面談、児童へのインタビュー（読書傾向や書くことの喜び、疑問、難しさ等）を含む。

・1月に1日研修
調査関係者全員が集まる現職研修開催（講習とワークショップ）。（於：CLPE、終日）1学期の調査結果の概観の報告。児童の書く活動に特に影響を与えたと考えられた作品について、ならびにリテラシーの時間の運営状況について、教師間の交流、ディスカッション。小グループに分かれ、CLPE職員の指導のもと、児童の作文の見方（評価）の研修。2学期の共通作品（Kevin Crossley-Holland作 *The Green Children*.（Oxford Univ, Press.1994）[45]）を演劇的解釈活動（ドラマ）を活かして授業化するため、書く活動につながるロールプレイを体験する演劇専門主事によるワークショップ。

・4人の演劇専門主事の実地指導
各学級、1時間ずつ（リテラシーの時間を意識して）児童に向けた

---

[45] *The Green Children*. 邦訳『グリーングリーンの国から―ふしぎな子どもたちの伝説』太平社、1995年

| | ワークショップを実施。調査スタッフは同行し、観察記録をとる。 |
| 3学期 | 3学期の第1週目に1日研修を設け、全員で、2学期の *The Green Children.* 学習について意見交換、児童の反応、ロールプレイやドラマを踏まえて書く活動につなげる方法に焦点をあてた児童成果物のプレゼンテーション。テクストの特性が、児童の文章に質的にどのようなかかわりをみせたかを話し合う。研修後半、2番目の共通作品（Henrietta Branford 作 *Fire,Bed and Bone.* (Walker,1997)）を M.Meek が講師として解説、その後、センター職員による授業展開のモデルを提案。 |

最終学期も半日参観を継続。ケーススタディの6人に、読み手として書き手としての自分自身をどう思うかについてインタビュー。教師は、調査が授業へ与えた影響や新しく導入された指針について振り返りながら、最終アンケートの記入。到達点を示すファイナルサンプルとして、教師が児童の読みのサンプルと文章サンプルの収集と整理。

すべての収集データの分析と考察。

このように限られた規模ではあるが、規模が限られているだけに、一人の児童に関する通年の文学の読みにかかわった書くことの成果物が記録、収集され、センター職員と教師によって、詳細な分析、検討の場が可能となった。また共通作品の設定によって、異なる学習状況における多様性と差異性を実証的に把握する機会が生まれている。

このように、本調査は抽出児童の通年の学びをファイリングし考察することのみならず、教師がどのような指導や支援をしたか、しうる可能性があるか、課題を孕んでいるかを観察すること、教師自身が自らの授業を内省することを重視した調査である。実地指導とセンター講習を組み合わせた、あくまでも教師の現職研修の一環としての実態調査であることが明白である。

第4項　主な調査結果

2006年から本格的に始動する読書力向上プロジェクトへと繋がっていくと予想させる事項を中心に、調査の結果をまとめてみたい。

調査研究の結果、文学的テクストの読みが書くことの指導に緊密にかかわっていくための主な要因として、つぎの3点が掲げられた。

1 教師による音読、再読による、学習テクストの言語やスタイルへの意識づけ段階。
2 間接的な（書くための）構想段階（indirect planning）。（多角的なテクストの読みや深みのある話し合いを通して、児童は書くための準備ができた。）
3 書く過程における教師の果たす役割。（児童が書く過程において助言をし、書かれたテクストに反応を示し、児童の文章を児童に向かって音読してみせる教師の存在。）

これら3項目をみると、学習者に密着した指導者の態度がよくわかる。教師の音読をゆったりと聞くことで、テクストの細部にまで意識が届く。新たな興味が喚起され、それが構想段階に無理なく組み込まれ、いよいよ指導、助言のもと書き始める。まず、児童が書いてみる。書いた文章は、また先生に音読されることで、細部にまで気づきが生まれる。PLeR（Primary Learning Record）[46]の5つの側面[47]同様、学習経験があって、教師の指導があり、客観的に文章をみる、組み立てる方略の学びがあるという順序だった学習プロセスが見いだせる。

先の *Inquiry into Meaning*（1985）は、ある種のリズムや調子のパターン

---

[46] Barrs, M. et al. *Patterns of Learning: the Primary Language Record and the National Curriculum*.CLPE.NC 導入に応じ、全カリキュラムで使用可能な PLR の発展形として開発された観察記録評価法。
[47] ①一人の学び手としての自信と自律／②（話す・聞く、読む、書く）学習経験／③②の言語モードにおける学習方略／④リテラシーに効力のある言語知識と理解の習得／⑤自己の言語行為への反映、以上の5つの側面を提示した。

が認められるテクストが書く活動にかかわりが深かったと報告したが、1の教師による音読は[48]、声の調子や間、強弱やテンポによって'performative reader'として、児童をreading 'performance'の只中に引き込み、テクストに誘う教授法であると位置づけられる。音読のありようは、教師の声による「解釈」パフォーマンスで、児童は耳から「一つの解釈」を聞くことによって、その物語に出会うのだと、教師の役割を明確に定義している。

それは翻って、児童自身の文章を声に出して読んでみる、もしくは友達と音読しあうことにも通じる。耳から自分の文章に出会う。音読するという声のフィルターを通したパフォーマンスによって、児童は自分の文章の「最初の読み手」[49]となり、書き言葉に耳を向けるある種の「耳」を意識化し、育むことになる。これらの奨励事項は、後のプロジェクトの教授プログラムにおいてフルに活用される。3でいうところの教師による児童の文章の音読も、この効果を意図してのことである。

2でいうところの「多角的なテクストの読み」の機会の創出は、*The Reading Book*（1991）において示された「幅広い読みの方略の経験」と連動し、読書力向上プロジェクトへと受け継がれていく。その多様性のなかで、特に、ここでは書く事前の話し合い（talk）とそれによる十分な思考の場をもつことが重視されている。調査した6つの学級で、事前に文章作成の計画や形式について何も学習していないにもかかわらず、読み語られたテクストに対して十分深みのある話し合いのときをもつと、そのまま第一稿を書き始めるケースが見られた。「このようなことが起こる場合には、音読のただなかでテクスト自体が息づき始め（performed）、話し合いを通して、テクストを再訪し、児童の書く活動の導き的役割や支援の役を担うのである。」[50]と報告されている。

---

48) 同、注32、pp.38-40
49) 同、注32、p.41
50) 同、注32、pp.77-78 に基づく。

第3章　理論的基盤の拡張期

センター開設当初から現場と密接な関係を保ちながら現職研修を営んできた CLPE が、85 年にはじまった PLR の開発をきっかけとして、その密度をさらに上げ、現職研修の「専門性」をも高めていく。そのプロセスの道程に、本調査研究も位置づけることができる。

第5項　ケーススタディの考察のありよう

The Reader in the Writer（2001）は、その事例研究の分析、考察の記述に、実証資料としての価値が高い。事例研究としての質の高さはよく知られるところではあるが、ここでは、CLPE の現職研修のありようを知る貴重な資料として、その寄り添い方の具体を取り上げたい。

2番目の共通作品 *Fire, Bed and Bone* は、読書力向上プロジェクト開始時に刊行された *Book Power Year 6:Literacy through Literature*（2006）のなかに、単元事例として収められている。調査以降の数年間、複数の授業実践が重ねられ、実地指導の蓄積が、ひとつの教授プログラムモデルとなった一例として取り上げる。

2.1　B校第5学年　ソフィの場合

Fire, Bed and Bone は、14 世紀の農民一揆（ワット・タイラーの農民一揆）によって翻弄される貧農の家族とそこに飼われている老犬の生き様が、その老いた雌の猟犬の一人称で語られる。『炉辺、寝床と骨（餌）』という題名は、5 章に登場し、ここで犬の語りによって、人間とこの犬の関係が明らかになる。

> We were not, nor would ever be, truly wild. I had known **foreside, bed and bone**, Rufus's pat and his soft look. All of my life up till then had been lived in the village. But still I was no hand-fed house dog. I know what to do and how to do it.[51]（下線は引用者）
>
> （私たちは、これまでもこれからも野生だとは言い切れまい。私は、炉辺、

209

寝床、骨、そして Rufus のなでてくれる手も優しい面差しも知ってしまった。あのときまでの私の人生は、すべて村のなかにあった。だからといって、人間の手から餌をもらう飼い犬ではなかった。(森の中で) 何をすべきか、どのようにすべきかもわかっていた。)

　語り部の猟犬は、いわゆる半分野生で半分は飼い犬と化していると設定され、飼い主の Rufus と Comfort 夫妻への思いをしっかりと抱いている者として描かれる。猟犬は、時代の変動のなかで飼い主を失い、子犬も自らも危機にさらされる。飼い主夫妻は農奴の身分ゆえに、飢饉で困苦のなか重税を課す領主やその配下である王の軍勢に対する一揆を支援したとして禁錮刑に処せられる。一匹の猟犬の目で捉えた、翻弄される飼い主と犬自身の姿を並行して語りだす歴史児童文学である。1997年ガーディアン児童文学賞受賞作、カーネギー賞候補作品でもある。

　B校の協力教師は、この一人称文学を、異なる三様の語り部を想定し、それぞれの一人称視点で再話させる学習活動を実施した。留意すべきは、語りの人称の学習のための表現活動というのではなく、この児童文学の質的特徴が、読み手に、多様な観点から語り直させたい衝動に駆らせる要素があることであろう。犬という限られた視点から、動物の世界と人間の世界の双方が交互して語られるという設定の特殊性が、まず一つ挙げられる。それ以上に、語り部の造型が興味深い。

　第3章、貧しい農家の夫婦の会話が描かれる。語り部の犬は生まれたばかりの子犬とともに暖炉脇で体を寄せ合いながら、いつものように夫婦の会話を聞いている。夫 Rufus は、飢饉によって、最初の妻、わが子、両親、弟を次々病いで亡くし、村の半数以上が命を失った話を、今の妻 Comfort に話して聞かせる。妻は、決まって、それであなたはどうだったのと尋ねる。語り部 (犬) は、'Stories so full of sorrow need retelling.'（話は悲しみに

---

51) Branford, H.（1997）*Fire, Bed and Bone*. Walker Books. p.30

満ちていて、語りなおされる必要があった。）と語る。夫は、別の角度から当時の話を始めた。

この作品で語られるエピソードは、圧政に苦しむ農民の悲劇や苦悩、憤りと閉塞感、それらに伴走しながら、みずからもわが子を亡くす犬の悲しみや困苦に満ちている。違う視点から語り直せるものなら語り直したい思いにかられる理不尽さに満ちているといってもよい。

5年生女児ソフィの学習活動例を取り上げたい。

最初の言語活動は、教師による第1章の読み聞かせを聞き、語り部の犬とともに飼われている灰色の猫（Humble）の視点で、1章を語り直すものであった。

作品第1章、冒頭部、猫がはじめて言及されるところまでを引用する。

Chapter One

The wolves came down to the farm last night. They spoke to me of freedom. I lay by the last of the fire with my four feet turned towards the embers and the last of the heat warming my belly. I did not listen to the wolf talk. This is no time to think of freedom.

Tomorrow, in the morning, I will choose the place. Out in the byre, where the bedding is deep and the children cannot find me.

My back aches from the pull of my belly. However long I lap from the cold cattle though I am still thirsty.

I think tomorrow is the day.

I rest. The fire ticks. Grindecobbe grunts in her stall. Humble creeps in through the window and curls beside me, soft as smoke.

I can smell mouse on her. She has eaten ,and come in to the fire for the warmth.

Rufus snores on his pallet of straw. Comfort, his wife, lies curled around him, dreaming. Down by their feet the children cough and fidget in their sleep, as children do. Only Alice the baby, is awake. Only she hears, with me and Humble, the wild song of the wolves.[52]

　（1章　昨夜、狼どもが農場にやって来た。やつらは、森は自由でいいぞと、私に話しかけた。私は、足を暖炉の燃えさしに向けて伸ばし、残り火の傍らに体を横たえ、お腹の辺りを温めていた。狼の話なんて聞いていなかった。いまは自由のこと等、考えている暇はない。

　明日、朝に、場所を決めよう。牛小屋の外で、寝床がふかぶかとしていて、子どもに見つからないところを。

　お腹に引っ張られて背中が痛い。冷たい飼い葉おけをずっと舐め続けているのに、まだのどが渇く。明日こそが、その日だと、私は考えていた。

　私は体を休めていた。炉の火がチカチカしている。グリンデルコップは、住処でぶうぶう鳴いている。ハンブルは、窓を通ってしのび入ってきて、私の傍らで体を丸める。煙のようにふわふわだ。
ねずみのにおいがする。彼女はねずみを食べて、暖を取りに炉辺にやってきたのだ。

　ルーファスは、わらの寝床でいびきを立てている。妻のコンフォートは、その横で丸くなって夢の中。かれらの足先のほうには、子どもたちがいつもと変らず、小さく咳をしたり、もぞもぞしながらねむっている。赤ん坊のアリスだけは、起きていた。アリスだけが、私とハンブルと一緒に、狼の野生の歌を聞いている。）

児童ソフィは、以下のように再話を始める。

I heard the wolves again last night, howling at the tops of their voices, long and loud, big and bold.
I lay with shivers all over my body.

52）同、注51、pp.7-8

第3章　理論的基盤の拡張期

センターの分析者は、次のように解説する。

> 'long and loud, big and bold.' は、ソフィの加筆である。この種の文学的な慣用句に対して自信をもって用いている。1章には、猫について書かれているのは、3箇所だが（上記引用の波線部—引用者注）、ソフィはすべて活用している。本文では、窓からこっそり入ってきたとしか書かれていないが、ソフィは、次のように描写した。
> I came in through the window like the ghost of the cat next door, whose life was meant to end.
> このミステリアスな表現の加筆によって、狼の描写が生み出す不安の予兆を表し、音を立てずに徘徊する猫のさまを強調している。ソフィは、本文中の表現をそのまま活かすとともに、オリジナルな表現も加筆し変化も加えながら、猫 Humble の視点を貫いている。他の例には、'I lie watching Alice lift her small red fist up the dog's soft furry ear.' があり、原文は、'Alice reaches her small ,red fist towards my ear and smiles.' である。総体的に、1章の書き換えにおいて、ソフィは、原作の静けさや静謐な雰囲気をつかみ、再現を試みている。[53]

このように猫の視点で語りなおすことで、学習者は、原作の冒頭の「自由」の多義性が失われることにおのずと気づかされていく。お産を控え切迫した状況下の語り部の不自由さのみならず、それ以降の人間とその周りの動物に「自由」など無いに等しい支配と搾取が展開する予兆が、原作冒頭の特徴の一つである。

他方、語り部の犬のさまを、猫の視点で語ることで客観性が生まれ、学習者が読み戻る観点がさまざまに内包された表現活動である。

53）同、注32、pp.97-99

語り直しながら読み深め広げていく活動は、この他にも2箇所用意されている。子犬が成長して、ある人間に飼われるものの虐待を受け、母犬である語り部がそれを救い出そうと懸命になる段を教師が読み聞かせる。子犬Fleabaneの一人称で自分の捕われの経験を語る活動を行う。この子犬の内面に同化する言語活動である。

　三番目の課題では、教師が全21章中、20章までを読み語り、原作通り、犬の語りで、自分ならどのようにこの物語を結ぶか、結末を書かせた。21章の冒頭は、語り部の犬とパートナーの雄犬と彼らの子犬が、森の中で自由気ままに暮らす姿が描かれる。そのあと、このまま野に暮らすのか、残された妻Comfortら人間とともに生きるのか、結末の付けかたは、つねに犬と人間の世界が並行して語られてきた原作の語りの基本をどう結ぶかを問うものである。言い換えれば、題名であるFire, Bed and Boneとどう折り合いをつけるかという作品全体の自分の解釈を定めていく読解活動に他ならない。

2.2　D校第5学年　ヨーシフの場合

　スペイン人の母とアフリカ西部のシエラ・レオネ出身の父をもち、家庭では、カタロニア語と英語を話す。ロンドンに移ってくる前、バルセロナで3歳から6歳まで幼稚園や小学校に通い、カタロニア語で教育を受けた。ロンドンの小学校転入時、ほとんど英語が話せなかったが、英語が話せる両親の協力もあって進歩は著しい。担任は、PLRのReading Scaleでレベル2/3（すらすらと読めない読み手、ある程度すらすらと読める読み手）、Writing Scaleでレベル2（経験不足の書き手）と判断している。スペインでは平均以上の成績で、飲み込みも早い。書くための形式的なことの覚えは問題なく学習していけると思われるが、自分の思いや考えを表出する動機付けが必要だとしている。

　この学級では、担任が十分時間をかけて、本文の音読をし、特に第1章は丁寧な指導の時間を割いた。とりわけ以下の3段落を分析しながら読み

進めていった。(先の冒頭部から2段落を挟んだ続きのところで、語り部の犬がお産の場所として最適なところがわかるという部分の助走的な箇所である。)

> **I know** the world beyond the house .**I know** Rufus's byre. **I know** Joan's house, which stands beside the village field. I know all the village. **I know** the Great House fields. **I know** the Great House barn and sheep pens: **I know** the Great House fields. **I know** every small place where oats and beans and barley grow.
>
> **I know** where the rabbits creep out form their burrows. **I know** where the wicked wildcat leaves her stink on the grass as she passes. **I know** where foxes hunt, where deer step out on fragile legs to graze. **I know** where the wild boar roots and where the great bear nurses. **I know** where the little grey bear with the striped face digs for bluebell bulbs in springtime, when the woods are full of hatchlings that fall into your mouth, dusted with down, and the rabbits on the bank are slow and sleek and foolish.
>
> I am a creature of several worlds. **I know** the house and the village and have my path in both. **I know** the house and the village and have my place in both. I know the pasture land beyond the great field. <u>**I know** the wildwood</u>. **I know** the wet lands all along the river, where every green leaf that you step on has a different smell. **I know** the high, dry heath.[54] (太字、下線は、引用者。)

この授業例の場合は、I know で始まる構文の繰り返しに気づかせるところからはじめ、犬が自分のテリトリーを紹介したように、児童の家の周りについて、反復法を活用して詩にまとめる活動を用意した。この3段落は、一見、反復に過ぎるようにも見える。が、後に、Rufus夫妻が語り部の犬を村一番の猟犬として名を馳せ、かれらにとってももっとも優れた猟

---

54) 同、注51、pp.8-9

犬なのだという会話が出てくる。地理的な知識はもちろん、精緻な感覚で領地の隅々まで知り尽くしている老いた猟犬の自負の表れでもあることに、読み手は、後になって気づかされる。それだけに、ただ学習者の生活空間を紹介するという表現活動を越えて、書き表される場所やそこにあるモノを通して、それぞれの児童のアイデンティティを表出する言語活動でもある。それを通して、語り部の猟犬の内奥に読み戻らされる。知っている＜モノ＞を語り出しながら、知っている＜わたし＞を語り出していく、I know 構文の表現効果を軸にした物語の表現読解学習を意図したといえよう。

　児童ヨーシフの作品は、次の通りである。

1　I know my hostel, behind my door where I sleep , all cosy and warm in the winter dreaming.
2　I know the market, at the beginning of the street-it's busy , with strong smell of different foods.
3　I know the street of old Kent road they are busy all the time,
4　I know the cab drivers which are always busy.
5　I know the car park of Tesco which there's a lot of cars.
6　I know the coach park near my hostel.
7　I know the Royal Mail car park behind the football pitch.
8　I know the Royal Mail post Office where you can send packages <u>to Africa, Europe and the wildworld, the office is in the park.</u>
9　I know the old dirty laundry.
10　I know the school in Peckham queens road.
11　I know the clean and neat masque which you can pray to god.
12　I know the telephone boxes. [55]（行番号、下線は、引用者。）

55）同、注32、p.148

第 3 章　理論的基盤の拡張期

　センターの解説者は、かれが、この表現パターンを十分に活用している点をあげるとともに、一方で、表現特徴がかれに書かせていったともいえると指摘している。形式的に構成枠のない詩表現のため、ヨーシフは次々と詩行を積み重ねていくことができ、かれの周辺の世界を読み手は容易に想像することができる。かれは、詩行の長さを変えることで変化をつけている。冒頭行と 9 行目の対比は鮮やかで、強いリズムを演出する。原作に習い、自分にとって重要なものを長さや反復（7、8 行に郵便局は 2 回出てくる。）で表現する。また、原作の類似表現を工夫して織り交ぜてもいる。(I know the wildwood. → I know the wildworld.（8 行目））ヨーシフの場合は、詩創作がリテラシーの学習として重要であっただけではなく、転入生として不慣れな土地に対する所属意識を育む一助となったことが大きいと述べている。

　ヨーシフが行ったもう一つの書く活動は、手紙文である。重税に反対して一揆を画策したと疑われ、犬の飼い主 Rufus と妻は捕らえられる。子どもたちは隣家の Ede に預けられた。囚われの Rufus は身に降りかかった出来事や監獄での暮らしを、一人称で Ede に手紙で伝えるという設定である。手紙作成後、交換して読みあい、Ede になって返事を書く活動が続いた。担当教師によれば、ヨーシフは、原作の言語表現を借りて使うというよりは、エピソードから着想を得て、手紙に書き付けていった。[56] たとえば、以下の箇所が事例として挙げられている。

　原作で、

> Four figures slumped against the wall, facing inwards.　They sat on filthy straw, wet with their excrement. Chains held them to the walls.[57]（4 人 は、

56）同、注 32、p.150
57）同、注 51、p.35

内側に顔を向けあって壁に倒れ掛かっていた。かれらは、排泄物で濡れた、汚いわらの上に座っていた。かれらは、鎖で壁につながれていた。）

このように表された部分から着想を得たヨーシフの手紙の一部である。

Where we are there is a stench of human excrement. We have no freedom. We have to stay in a small cell like a box. There's me, Comfort, and two more men.[58]（私たちがいるところは、排泄物の悪臭がたちこめている。私たちには、まったく自由はない。箱のような小さな牢屋から出られない。いるのは、私と、コンフォート、そして二人の男だ。）

「98年指針」第5学年2学期、3学期のテキスト・レベル「領域1　フィクション・詩」の推奨指導事項を見ると、この調査研究で行われた文学テキストの読解、表現活動は、「指針」に無理なく対応していることが再確認できる。第5学年では、語りの視点、多様な人物造型に着目することで、書き手（作家）と語り手の違いを認識することが取り上げられ始める。具体的には、脇役や異なる立場の人物等に視点を置き換えて、同じ出来事を捉えなおしてみる読解力として学習に下ろされることが期待されている。（第5学年2学期＜A読解＞8）3学期には、視点人物に気づくとともに、そういう語られ方が読み手にどのような効果を及ぼすかに進み（3学期＜A読解＞2）、他の人物の視点から書き直す、作者の文体を模倣して書く（3学期＜A書記表現＞7/9）などの表現力の育みが奨励されていく。猫の視点で語りなおしたソフィの事例や、I know 構文を借りて、自分の心情を表出したヨーシフの作品に、「指針」の反映が如実である。

The Reader in the Writer は、

①導入されたばかりの「98年指針」の実践における具現化を見出す手

58）同、注32、p.150

がかりを得ること、
②推奨された指導事項を、ケーススタディを通して具現化することで、学習者の（今できることと可能性双方の）実態を浮き彫りにすること、
③教師が学習者実態を把握する機会を通して、自らの学習指導方法の適否を意識し、随時修正、変更を加えながら、学びの場をコントロールする形成的経験を積むこと、そして、
④文学テクストを軸としたリテラシー教授の可能性と課題を、実践的に教師とともに体験し理解すること、

をめざしたセンターの意識的な国語科教育の調査研究であり、教師教育の一環であった。*Fire, Bed and Bone* の学習は、後の読書力向上プロジェクト、第6学年用 *Book Power Year 6: Literacy through Literature*（2006）に、4週間20セッション（1セッション60分）から構成された単元モデルとして提案された。

第3章のまとめ

本章の主な考察対象は、*The Reading Book*（1991）と *The Reader in the Writer*（2001）であった。ともに、教師による日常的評価、観察記録法の開発過程で形作られたセンターの教師教育に対する基本的構え、方法が、敷衍した形で実施された授業モデルの実地指導とそれに伴う実地検証、実践研究をもとにまとめられた指導書である。

前者は、NC導入で戸惑いをみせる教師に向けて観察記録法の活用事例をドキュメントしながら、実践理論的、方法論的にわかりやすく解説した。これまでの授業運営に根ざし、丁寧な実態把握から授業の方向性を再検討する。そのうえで継続的に児童実態をとらえる。そういう授業構想のあり方が、新しい教育の枠組みにも対処していくことに繋がることを、観察記録法の活用方法として実際的に解き明かした。

後者は、「99年改訂NC」の細案「98年リテラシー指針」の「リテラ

シーの時間」の導入が推奨され、あらたな対応を余儀なくされた教師に対し、文学を軸とする単元学習プログラムをもとにしたケーススタディを敢行した報告書である。実態調査研究の行程が実地指導の場として無理なく機能するよう図られていたのは、上述した通りである。

　刊行年を見ると10年の隔たりがあるが、それぞれ時代の文教政策の方向性を捉え、学校現場への普及を図る意図が明確である。そして、普及を図るセンターとしての指導意図、観点、方法もまた、きわめて明確であったのは、本章で見てきたとおりである。本章で確かめられたセンターの現職指導の基本姿勢、方法は、80年代の観察記録法開発時に培われた実践理論であり、ノウハウであった。その意味で、両者ともに、80年代の継承発展形であり、独立採算制の新母体によって継承発展していく2000年代以降のセンターの理論的基盤となった20年間が見て取れた。次章から、その拡張発展のありようを、授業研究プログラム化された現職研修の体系性と具体を通して明らかにしていく。

　加えて、両者に共通するのは、文学の重視である。段階別読本ではなく、現実にある本との邂逅を、授業の中核に据える学習指導展開を実質的に試み始める。英語を母語としない児童、不十分な言語環境で生育せざるを得なかった児童等、学校に集うかれらの言語体験の質量は千差万別である。このような言語に触れる体験の少ない児童を含む学習実態のもと、センターは、文学を重点的に取り上げていく。教師の音読を聞く、絵本の絵を見る、話中の人物を粘土で作りごっこ遊びをする、自分でたどり読む等、何回でも繰り返し触れられるのが、教材としての文学である。多言語文化ロンドンに位置するCLPEは、誰もが英語に触れることのできる抵抗感の少ない入り口として文学を明確に位置づけた。その意味で、センターは意図的に学習指導の場に機能するテクストとして、文学を選んだのである。

　言うまでもなく、その根底には、イギリスの国語科教育が伝統的に文学言語へ信頼を置いてきた背景がある。*The Reader in the Writer* で取り上げ

た児童文学作品に基づく単元学習のサンプル調査一つをとってみても、個々の文学の個別性、独自性に根ざした学習指導であろうとする姿が如実であった。周知のように、一般的な文学作品というものはない。一つひとつの作品が個性的な価値を有する。それゆえ、その個性に応じて授業作りをする以外に方法はないのである。これが、センターが教師教育において重視し続ける教材分析力向上の理由に他ならない。これは一見当たり前のことのようではあるが、容易に実行に移せないことは、我が国の実情を少し思い浮かべれば事足りるであろう。次章で扱う読書力向上プロジェクトの単元学習は、抽出作品の特性に沿って指導展開が編まれ、学習指導法が選ばれ、NCに即応しながらも、その作品でこそ育みうるリテラシーを的確に捉えようとしたセンターの授業研究の成果である。

第4章　発展的実地検証による充実期

―読書力向上プロジェクト（Power of Reading Project、
　2005 – 2011）の学習指導構想と実際―

第1節　読書力向上プロジェクトの骨子

第1項　「98年指針」改定の要因と読書力向上プロジェクトのめざすところ

　先述してきたように、80年半ば以降、調査、観察、試行を積み重ね、文学を核とする授業研究の地盤が整った。そのうえで学習者に本格的に寄与するべく構想されたのが、2000年代後半の読書力向上プロジェクトである。このプロジェクトは、観察記録法に学ぶ自己評価力を身に着けた教師の育成と存在を＜基礎＞とし、センター編纂のコアブック・コレクションをベースとする教材、文学特性に根差したリテラシー学習指導プログラムを＜基本＞とし、そのプログラムを実現するための年間研修計画、教材研究の場の設定、授業を具現化する36の学習指導法、の相関からなる教師とセンター職員が一体となった＜応用・発展＞をめざす。実働的な授業研究の計画・プロジェクト体制である。通年の研修を通し専門的力量を育んだ教師が、個別の状況に学習指導計画を適応させながら、みずからの授業力を認定していくプログラムを構築していく。その意味で、センターの発展的実地検証の普及、推進の「充実期」と捉えた。

　NCを前提とするが、一つの固定された指導プログラムを追随するのではなく、状況に応じて教師が授業を駆動していくプロジェクトである。センターは、多様性を許容し柔軟に対応しながら、より効果的な学習指導を

具現化していく可変的動態として、プロジェクト体制に価値を見出したのである。その意味において、専門性を身につけた自律した教師の育成に、1年間の研修プログラムは必須であった。

　センターの教師教育において、教師は、支援・助言すべき対象に終始せず、共同研究者であり、文学の共有者であり、ともにたゆまぬ自己啓発の道程に身を置く者として、取り組みの初期段階から明確に位置付けられてきた。実験授業で無駄をそぎ落とし、必要を加え、形作られてきた授業モデルが、2000年代半ば以降、現職講習、実地研修を通して、多様な現場状況を加味しながら実質的に根を下ろしていく。プロジェクト構想に至る継続的なセンターの取り組みが、2003年以降の教育改革の動向を先取りした創造的教師教育の場であった。

　本章は、そうした教育改革の動きを整理し、プロジェクトの背景となった状況を捉えるとともに、プロジェクトのハード面とソフト面を具体的に取り立て、センターの意図した学習指導構想を明らかにすることを目的とする。

1.1 「98年指針」の改訂に至る要因

　2000年代は、NCの再改定が公刊されるのではなく、多様なモニタリング調査や実態調査研究の結果や意見を反映して「98年指針」の改定が行われた。

　Ofsted[1] による大規模な実態調査の結果、学校の中には「98年指針」の運用が形骸化し、「リテラシーの時間」において、教師も児童も自由が損なわれ、主体性や創造性の欠落が指摘された。特に、児童が抜粋や断片ばかりで、1冊の本を丸ごと読み通すような読みの時間が不足していたことが問題となった。これに加え、大小さまざまな調査報告等を踏まえ、The

---

1) Ofsted (2002) *The National Literacy Strategy: the first four years 1998-2002*, Ofsted Publications Centre.

Primary National Strategy（全国初等教育水準向上政策 2003.5）が設置され、*Excellence and Enjoyment:a Strategy for Primary Schools*（2003）が発表された。

　高い教育水準と広範で豊かなカリキュラムは表裏一体をなしている。リテラシーとニューメラシーは、必須の建材であり、それらを重点的に留意するのは当然のことである。けれども、重要なことは、児童が、幅広い多様な方法で広範な事項を学びながら、豊かで心躍る経験をすることである。われわれの新しい Primary Strategy は、リテラシーとニューメラシーの授業を組み立てながら、全カリキュラムにわたる教師と学校を支援する。けれども、教師自身のコントロールと柔軟な対応へとシフトしながらである。教師が必要性に応じて児童の力を引き出すための支援を提供し、よりよい指導をするために、教師自らの専門性と能力を構築することに焦点を置く。特に必要とする学校には、さらなる支援と挑戦すべき課題を付加する[2]。

「98年指針」よりも教師と学校の自治や主体的柔軟な指導に重視し、結果、児童の学びの楽しみの体験を損なわない授業の具現化を求めたのである。学習と指導に「創造性」を取り戻そうとした提言でもあった。第1教育段階における教師の日常的評価のあり方を支援する姿勢も打ち出された。

　結果「2006年改訂指針」[3]が公表され、教師と学校カリキュラムの主体的対応が尊重され、「98年指針」推奨の「リテラシーの時間」は、呼び名を'literacy time'、'literacy lesson' もしくは 'literacy' と表され、時間配分の過剰なプレッシャーから教師と児童を解き放つ工夫が取られていく。

　ここで着目された教師の「主体性」「創造性」「柔軟性」は、CLPE ①②

---

2) DfES (2003) *Excellence and Enjoyment: a Strategy for Primary Schools*.London: DfES. p.27
3) DfES (2006) *Primary National Strategy: framework for teaching*.

が一貫して、教師教育の柱としてきた事柄であり、現実にある本を1冊読み通す過程で、文学言語を軸としたリテラシー教授を体系化したセンターのプログラムは、狭量な読書体験の問題を解決するにふさわしいものであった。教育改革の求めるところをすでに具現化していた教師教育のモデルの一つが、CLPE ①②の活動だったのである。同様に、センターが、指針改訂草案委員会に実態調査研究の結果を提供し、内側からオピニオン形成の一翼を担ったことも忘れてはならない。ロンドンを中心とする限られた調査研究ではあるが、意識的な取り組みを継続し、その結果を公の政策に寄与していくセンターの基本的あり方が、ここにも指摘できる。

1.2 読書力向上プロジェクトのめざすところ

　80年代からの取り組みを読書力向上プロジェクトとしてセンターの目玉事業に押し上げたのは、改訂の動きを敏感に察知し、それまで積み上げてきた構想を広く普及させる意図に他ならない。2005年から通年の研修プログラムが本格的に開始される最初の指導書が刊行されたのは、その翌年である。

　次に掲げる目的[4]には、センターの国語科教育研究の蓄積に根ざした実地指導モデルの基本姿勢と時代の要請にその蓄積を惜しみなく提供していこうとする姿勢が読み取れる。

① 教師の本に関する知識を深め、読むことへの熱意をいや増す
② 授業において児童文学を創造的に活用する幅を拡げる
③ 読書に対する子どもの楽しみを拡げ、リテラシーを向上させる
④ リテラシーの達成度を上げる
⑤ 文化的に豊かで多様な幅広い図書や読書資料によって、児童の読書体験を広げ、深める

---

4) http://por.clpe.co.uk　2012年10月15日検索。

⑥ 初等カリキュラムにおいて、文学を活用するより厚みのある教授法を開発する
⑦ 創造的で刷新的な教授法を駆使し、読む、書く、話す、聞くことのために、児童文学を活用した最善の授業実践の普及に努める

　読書人としての教師養成、児童文学の創造的活用が、ひいては児童の読みの楽しみを基盤としたリテラシー向上に寄与するという基本姿勢である。つねに、ロンドンの地域性を踏まえ、多民族共存性を重視しながらのプロジェクトであった。
　プロジェクト参加校の実情にあわせ適用できるよう、「2006年改訂指針」推奨事項に対応した学習目的を置き、対象絵本の物語特性を十全にいかした教授プログラムを提案している。既存の各校の教授計画との違いは、現職講習[5]において以下のように示されている。

　　第一の主たる違いは、センターの目指すプロジェクト・プランは、一人の読み手として書き手として児童をとらえてはなさないテクストの選択に始まり、選書したテクストの質の高い文学としてのパワーを最大限に行かすことを意図していることである。
　　プロジェクト・プランは、いわゆる「学習目的」とか「ジャンル」といったものから学習を立ち上げていくのではなく、特定の文学的な質、出来事、人物像、テクスト特性を探求していくよう組み立てられている。
　　第二に、プロジェクトの強調点は、教師による音読、ブックトークなどの学習指導方略である。特に、児童のさまざまな反応を教師が聞き書きすることを重視したより自由度をもった「ブックトーク」の場

---

[5] Vernon, J. & Forsyth, A. (2010)*The Power of Reading Project Southwark LA.Inset Day 1*(Thursday 25th November 2010). CLPE. p.7

の創出である。
　第三に、読書力向上プロジェクトのさらなる強調点は、児童の理解と反応を深める方法として、書くための助走段階として、ドラマ、図画工作、音楽といった創造的な方略の活用である。

　このように、プロジェクトにおける物語読解は、話すこと聞くことの力を十全に活かしながら、読み拡げ、分かち合い、それがひいては書くための構想段階として機能するようプログラム化されている。他者に発信したい自分の読みを十分に掘り起こす単元学習の結果として、適切に綴る、句読法に留意する、パラグラフを意識した文章を書くといった行為が、児童一人ひとりにとって必然的な学びに繋がることを期待するのである。文字解読にばかり囚われず、読み手として文学に出会い、自分の読みの方略を通して読み耕し読み楽しんでいく、そのプロセスを中軸にすえたのが、読書力向上プロジェクトの基本である。
　「2006年改訂指針」の特徴の一つに、国語科教育において、多様な「活字化されたテクストおよび映像化されたテクスト（a wide range of texts on print and on screen）」の「読むこと」の力が求められ、児童の日常的メディア環境にさらに即応したリテラシーの教授が基盤に据えられた。語・文・テクストの3レベル構成ではなく、11のカテゴリーの内に組み換えを行っている。
　特に、読むことにかかわるのは、「6　テクスト読解と解釈（Understanding and interpreting texts）」と「7　テクストに取り組み、反応する（Engaging with and responding to texts）」である。全学年を通じて留意すべき学習指導事項は、次の通りである。
　6　テクスト読解と解釈
　　児童は、情報、出来事や考えを検索し、選択し、表現することを学ぶ
　　児童は、情報、出来事や考えを予測し、推測し、解釈することを学ぶ
　　児童は、テクストの構造や組み立てがわかり、注釈することを学ぶ

児童は、語彙的、文法的、文学的特徴を含む、書き手の言語使用のあり方について説明し注釈することを学ぶ
7　テクストに取り組み、反応する
児童は、目的をもって、楽しみのためや学習のために一人で読むことを学ぶ
児童は、テクストに読み入るために多様な方略を活用し、想像的に反応することを学ぶ
児童は、書き手の意図や観点、ならびに、読者に対する総合的な効果について価値判断することを学ぶ

一見して、「98年指針」と内実が一変したということではない。膨大な量の指導事項を精選し、量に埋もれがちであった質を前景化させようという改訂の試みである。

前章までで、イギリス初等教育における教育改革が、いかに具現化され、普及・浸透が図られたか、CLPEの不断のチャレンジを具体的に明らかにしてきた。とりわけ、すべての児童のための初等教育を確立しようとする教育改革は、リテラシー導入期である低学年の学習指導の刷新に如実に反映される。CLPEは、文字学習の入門期に躓きを覚える児童に対してスキルの反復練習に陥ることなく、スタート段階から文学の一人の読み手、一人の表現者として学びの場に立たせる学習指導プログラムの開発に腐心してきた。以下、センターの国語科教育の改革の実践的推進のありようを探りたい。

第2項　読書力向上プロジェクトの展開
－開始当初3年間（2005年度～2007年度）の活動報告書から

プロジェクト開始当初3年間の活動報告書（2005年9月～2008年7月）[6]

6）O'Sullivan,O. & Mcgonigle,S. (2009.5)　'The Power of Reading: A CLPE project/Enjoyment and creativity for children and teachers: raising achievement in literacy/Project research summary 2005-09' CLPE.www.clpe.co.uk（2009年12月1日検索）

には、当時の児童と教師に対するプロジェクト成果が表1のように報告されている。また、当時の課題も明記されている。

・児童について

2004年のある全国規模の調査では、7〜14歳の児童・生徒の5分の1が、自分のお気に入りの本の名前を挙げられなかった。[7] The Prince of Wales Arts and Kids Foundation によって施行されたこの調査では、男児の24％、女児の16％は、すぐさまお気に入りの書名が挙げられるほど、読書に親しんではいなかった。また、13〜14歳被験者の場合、30％が、読んでみてもいいと思う書名が挙げられなかった。

表1　センター創設当初3年間の読書力向上プロジェクト成果
（2005.9 － 2008.7）

3年間の児童に対する成果	教師に対する成果	学校に対する成果
A　読み手としての動機付けに有効 　2007-2008年収集データによれば、「読むことができ実際に読んだ」（can/do）児童が50％以下だったが、ほぼ80％に改善した。 B　児童の到達レベル（NCに設定された）が著しく改善されたことによって、読むことを楽しむことと読みの力の到達度の相関がみてとれた。	A　児童文学についての知識が高まり、児童の興味を引く児童文学の役割を認識するようになった。	A　リテラシーの指導とクロス・カリキュラムの構想において、創造的な授業開発を支援しえた。
C　楽しんで書くことも増え、その到達レベルも上がった。 D児童の話す・聞く力も高まった。	B　教師を活性化させ、リテラシーの創造的指導へと組み換えていくよう促すことができた。	B　多くの児童がより幅広い学びへと向かえるよう支援した。結果、学習態度に改善がみられた事例が多く指摘された。

7）同、注6

・教師について

　CLPEスタッフが広範な聞き込み調査を行った結果、多くの教師が幅広い児童図書に親しんでいない傾向が明らかになった。1999年カーネギー・メダル受賞図書 *Skellig*（D. Almond）[8]や同2001年受賞作 *The Other Side of Truth*（B. Naidoo）[9]ですら読んでいなかった。読んでいることは望ましいことだというのが大方の教師の受け止めかたではあった。PGCEコースにおいても、児童図書に関する知識を増やすことを推奨するところもあれば、全く触れないところも見受けられた。ごく少数派の教師だけが定期的に児童図書に目を通しているという状況で、結果、授業構想において、児童図書自体と読書行為の双方に十分に優先的配慮が払われていなかった。

　児童のみならず教師の側にも、児童文学に親しむ習慣のなさが問題視され、大学院教員養成コースにおいても同様であった。読み手が次代の読み手を育てるという意識の希薄さが、プロジェクトが問題としたところであった。

第3項　2008年度〜2009年度のアンケート調査から[10]
　　　　　－児童文学の知識に支えられた教師の自信の育み

　2008年〜2009年のプロジェクト参加者へのアンケートでも、プロジェクト開始時、児童文学に対する知識がある、かなりあると答えた教師は、16％であったが、1年後、95％が児童文学に対する自信を表明したという。参加教師は、少しずつ身につけていった自信をもとに、3つのゆるやかな学習指導法で、児童の読書意欲、モチベーションを耕していった。センターは、大小さまざまなスケールで、動機付けられた児童のありようを

---

8) Almond, D. (1998) *Skellig.* Hodder Children's Books.
9) Naidoo, B. (2000) *The Other Side of Truth.* Puffin.
10) O'Sullivan, O. & McGonigle, S. What do you know about children's books?: Research, invention and development in promoting children's reading. (2010年11月25日午後開催研修配布資料。頁記載無し。於：CLPE)

定期的に観察記録し、プロジェクトの効果を計っている。

　3点は、以下の通りである。児童と教師が同じ作品を共有する場の創出の工夫である。
1　教室に魅力的な本の配置されたコーナーを設営する。
2　リテラシーの授業中でも、それ以外の時間でも、定期的にクラスの児童に向けて音読する。
3　読んだことについて自由に児童と話し合う場に誘う。(Tell Me法の活用)

第4項　2008年度～2009年度のアンケート調査から
　　　　－物語の抜粋から物語全編の読解表現活動に

　2009年度プロジェクト開始時、ノッティンガムで行われたプロジェクト研修でのアンケートの結果、40名の参加者のうち53％の教師だけが、児童文学を全編取り上げて授業を行っていた。年度最終時のアンケートでは、91％の参加者が全編に取り組んだと答えている。選書した本を注意深く何度もじっくりと読み拡げていくことができ、時間をかけて1冊の本を紐解いていくことができた。そのため、教師からのコメントには、児童も、言語表現の特性や描かれた出来事や登場人物のさまざまな側面について話し合いながら、そのつど立ち止まり、物語の「内奥に足を踏み入れる('step inside')」ことができるという気づきも寄せられた。

　Collins (2005)[11] は、かつて一日の終わりの小学校の授業風景は、教師による読み語りが定番であったが、詰め込み過ぎのカリキュラムのために激減してしまったと指摘する。読書力向上プロジェクトは、その対策として、国語科の授業内外で時間を見つけ、読み聞かせをするよう奨励してきたという。参加教師によると、読みの経験の浅い児童、特に男児にとって、本に出会わせていくために重要であったと答えている。ワンズワース地区

---

11) Collin, F. (2005.4) "She's sort of dragging me into the story!" Student teachers' experiences of reading aloud in Key Stage 2 Classes. *Literacy*. Vol.39 No.1.UKLA pp.10-17

の第5学年の男児のコメント、「自分で読むときは、言葉にばかり気がいってしまうけれど、読んでもらうと、描かれているイメージのほうに集中することができる。」が、教師の観察記録から紹介されている。センターは、教師による音読は、児童の個人的な物語への嗜好性や読みの傾向を培っていく一助ともなり、また、聞きながら心の中に絵を描くことで人物や状況設定について想像をめぐらし理解を深める手がかりとなると、調査結果をまとめている。

第5項　2005年度〜2009年度の5年間を振り返って

5年間の読書向上プロジェクトを振り返ると、[12] 教師の児童文学の理解の深まり、教師による音読の効果、児童文学についての自由な話し合いの機会の創出、読書環境の整備等の主たる創意工夫や開発によって、児童の読書に対する意欲は多面的に変化を見せたという。アンケートに参加した教師が共通して掲げた事項は、次の通りである。

- 児童は、学校内で、家庭で、それまでより頻繁に読書を選ぶようになった。
- 児童は、教師に、自分がどう読んだかを話すようになった。
- 児童は、より長い文章を、より集中して読むようになった。
- 児童は、それまで以上に自信をもって、本を手にとって眺め、自分で選ぶようになった。
- 児童は、より自らすすんでテクストの深い意味を探ろうとしている。
- 児童は、それまで以上に自信をもって本について話し合うようになった。
- 児童は、書くことに対してより意欲的になった。

「自信」「意欲」という言葉が繰り返し登場し、読み手自覚の形成に、プ

---

12) 同、注6.

ロジェクトの成果を見て取っているのが知られる。さらには、書くという行為を通して、自分の読みを形にすることができるという経験は、読みの発展に繋がるばかりでなく、書いたものを読みあう達成感が、書き手自覚に繋がっているという指摘も繰り返しなされている。そのとき、身体表現や絵を描くなどの視覚化によって十分な構想段階を経て書く場が設定されるのが、一貫した特徴であり、その効果を上げる教師は多い。[13]

　2007年度の調査結果を再掲すると、「読むことができて、（実際に）読む児童（'can and do'）」は、50％から80％近くに増え、特に男児のそうした傾向は、女児より、7％上回っていた。NCで目指された到達レベルとの関係でプロジェクトを捉えると、次のような結果が得られた。

　2008年度の4つの地方教育局管轄で（社会的要請が複雑で、給食の無料支給が全学的に高比率であり、バイリンガル児童の割合も高い学校が、大半を占める）参加校において、

- NCの2つ以上の下位項目レベルにおいて進歩が見られた児童‥67％以上
- NCの3つ以上の下位項目レベルにおいて進歩が見られた児童‥33％以上
- NCの4つ以上の下位項目レベルにおいて進歩が見られた児童‥14％以上

という結果が報告されている。

　5年間のプロジェクトを再考した本資料の最後は、次の言葉で締めくくられている。[14]

　　読書力向上プロジェクト（POR）は、小学校の教師が児童文学の読み手となるよう奨励するというシンプルな発想から始まった。にもかかわ

---

13) O'Sullivan,O. & McGonigle, S. (2008.5)*Teachers and Children: creating readers, The Power of Reading Project Report 2005-2007*.CLPE.pp.18-20
14) 同、注6.

第4章　発展的実地検証による充実期

らず、プロジェクトは、児童の読書への情熱に気づいた国語科主任、担任教師、補助教員、児童自身、かれらの保護者という全校をあげた、リテラシーの学習指導の幅広いプログラムを成功裏に導いてきた。（教師による音読、児童図書全編の活用、学習活動の緊密な連関による体系的単元構想、読書環境の整備と本についての自在な話し合いの場の創出という）創意工夫や開発は、実践的なものであるが、同様に、先にあげたすべての立場の者に、楽しみを与えうるものだということだ。調査・研究、開発、発展というサイクルは、本に関する個人の専門的知識を高めることによって、教育実践において生産的な変化をもたらすことができることを披瀝してくれた。

第6項　読書力向上プロジェクトの内容および実施規模

　読書力向上プロジェクトの実施規模について、2008年刊行の『小学校国語教育事典』[15]には、100校を越える小学校が参加したと紹介されている。センター長、Ellisによれば、2009年5月段階で、参加校は約600校、900人の教師と27,000人の児童が参加し、旧内ロンドン教育局地区を中心に、カンブリアからサウスハンプトンにいたる他地域の小学校にも拡がりをみせていた。[16] 2011年9月10日当時のweb上のホームページ[17]には、6年の実施期間中、PORは、「ロンドンのCLPEセンター基盤の10のプロジェクトと全国的な19の地方教育局を軸とした31のプロジェクトとして結実した。カンブリア県からサウザンプトンやブリストルにいたる広範囲

---

15) Mallett, M. (2008)*The Primary English Encyclopedia* (3rd ed.)（Routledge. p.43）には、「PORは、読むことへの関心と熱意を掘り起こし、100を越える学校がプロジェクトに参加している。あわせてThe Department for Culture, Media and Sport（文化・メディア・スポーツ省）から助成金を得、保護者との創造的パートナーシップ構築をめざすプロジェクトも、センター中心に推進され、わが子の学びについて保護者の理解を促す試みも並行して行われている。」とある。
16) Sue Ellis所長への著者のインタビューにもとづく。（於：CLPE　2010年11月17日）
17) http://por.clpe.co.uk（2011年9月10日検策）

の地域において、累計1200校、2000人に及ぶ教師と60000人を越える児童が、プロジェクトに参加した。」と報告されている。

　センターの意図するところは、1年間の研修後、個々の状況に応じた読書力向上プロジェクトを、教師自身がアレンジし、実施することである。自ら的確に学習指導のありようを認定していくことのできる教師の専門性こそが重視されている。その意味において、研修参加人数は、自らの判断力に基づいて授業を組み立て、実施し、フィードバック／フィードフォワードできる専門的力量をもつ自律した教師集団を意味していることが期待されている。

第7項　読書力向上プロジェクトの現職研修プログラム（講習、実地指導、相互発表会）

　プロジェクト研修は、表2のような通年の展開を原則とする。一般に全8～10回の通年研修である。前半は、すべてを丁寧な教師教育に割き、実践理論の基本的理解、学習指導の意図と先行実践の分析、教材となるコアブックから授業に取り上げる複数冊の教材分析ならびに個々の教材分析を持ち寄った読書会が行われる。目的、方法、教材の三者について個々の教師が的確に判断できるようになるために、1、2学期をかけて準備がなされる。その間、観察記録法の紹介等を通じて、児童の学習実態を捉える機会を設けるよう促すのが、一般的である。そのうえで、個別のカウンセリングを通して、参加者個々のプロジェクト実践が企画され、実地指導のもと、パイロット実践を開始する。このような後半が始まるのは、表2の例では、第6回目からである。

　第7回は、実践のフィードバックが設定され、それを踏まえ、続く第8回で、さらなる実地指導のフォローが用意されている。このようにある決まったプログラムを順守するのではなく、教師は、実践前、実践中に、十分に時間をかけた座学の機会を得ることで、自らの学習指導をつねに客観的に振り返る自己評価力を鍛えていくよう配慮された研修構成である。多

第 4 章　発展的実地検証による充実期

表 2　読書力向上プロジェクト通年研修モデル

	読書力向上プロジェクトの展開		対象	内容
1	オープニング・コンフェレンス (Launch conference)	1学期10月某日午前	参加校の学校長／参加教師	プロジェクトの目的・方法の説明／児童文学の重要性（ガーディアン紙の児童図書批評担当者 J.Eccleshare の講演）／プロジェクトの実施概要と問題意識／児童文学作家の講演
2		午後	参加教師	プロジェクト第1クールの主要事項（コレクションの構成／学習（読書）環境の構築と整備／教師による音読の意図と効果／プロジェクト課題図書の配布／教師による次回の読書会のための課題図書のブックトーク（Tell me法の紹介含む）
3	センター研修 2回目	11月某日半日研修		リテラシーにかかわる文教政策の概観 リテラシーにかかわる理論の概説 児童文学とリテラシー教授にかかわる諸研究の概説 評価法にかかわる概説 課題図書の作品分析と話し合い 学習指導方法の概説と実践事例の紹介
4	センター研修 3回目	2学期中某日半日研修		
5	センター研修 4回目	2学期中某日半日研修		
6	実地指導			
7	センター研修 5回目	3学期某日半日研修	参加教師	実践に基づく指導 課題図書の作品分析と話し合い
8	実地指導			
9	PORコンフェレンス	終日	参加校の学校長／参加教師	参加教師による各クラス実践のプレゼンテーションと全員によるディスカッション

＊　上記以外に、依頼に応じて、学校／学年単位で、随時事前指導を行う。(別途費用)

様な学習指導状況に対応し得る教師の育みに、一貫して力点が置かれた読書力向上プロジェクトである。

　初回の全体説明会と最終回の成果発表会に、学校の予算責任者である学校長を招待することも特徴的な運営方法の一つである。教師の参加費用、学級文庫用コアブック・コレクション等の諸費用は、すべて学校長の采配で決定される。センターは、管理職の十全な理解が、プロジェクトの形骸化や限定的運用に陥る危険性を回避する重要ファクターと捉えている。管理職招待は、学校全体のプロジェクト体制構築に向けた重要な管理職教育の機会と位置づけられている。

第2節　国語科カリキュラムにおけるプロジェクトの位置
　　　　―小学校事例の考察から―

　読書力向上プロジェクトでは、その形成過程においても、プロジェクト開始後の講習や実地研修過程においても、つねに学習指導モデルと実践状況は不断にかかわりあい、微調整が繰り返される。それゆえ、各校、各学年、各クラスにおいて、その実地状況は多様で、小学校におけるプロジェクト実践の典型をとらえることはきわめて難しい。共通するのは、上述したように、①実践教師がまず読み手として児童文学に出会い、実践に不可欠なプロセスとして、個人的にも研修グループとしても分析・解釈の時間を自覚的に持っていること、②一定の講習受講を踏まえの実施であり、プロジェクトの基本方針の共通理解に立った教師の主体性と専門性に則って行われること、③文学の文学たるところに機軸を置いたリテラシー教授の試みであること、この基本3点である。

第1項　Michael Faraday Primary School　2010年秋学期第3学年学習指導プランとPORモデル

　ここでは、著者が学校訪問を許可されたロンドン南部ワルワースの

第 4 章　発展的実地検証による充実期

Michael Faraday Primary School の 2010 年秋学期の第 3 学年の学習指導プランとセンターモデルを合わせ見ることで、プロジェクト実施の実態事例を報告する。[18]

　Michael Faraday Primary School は、3 歳児から 11 歳児、約 350 人規模の公立小学校である。学校の名前は、この地域で生まれ、後に著名な科学者となったマイケル・ファラデーに由来する。就学前のクラスと入門期クラス（レセプション）、ならびに各学年 2 クラスずつからなる。各学年に加配教師もしくは補助職員を配置し、すべての児童が平等に、専門家の支援が受けられる学校環境づくりが、本校の基本教育指針である。2010 年 9 月に新校舎に移転したが、それ以前の古い校舎で雨漏りと戦いながら、児童の創造的な学習活動と成果物の展示であふれる本校の教育実践は、全国的に耳目を集め、OFSTED 評価もきわめて高い。観察記録法（PLR）開発時の協力校でもあった。

　低所得者住宅地区の中に位置し、朝食をすませてこない児童のための簡単な食事を常備する、給食の質を確保し、すべての児童の健全な食生活を守るなど、多面的なケアに心砕く小学校の一つである。玄関からすぐのところに円形のアリーナがあり、個別授業やランチ、周囲のソファに座って読書等、開放感あふれるしつらえが工夫されている。読書力向上プロジェクトに参加し、廊下の隅、読書コーナーなど学級以外のそこここに児童図書が配置され、他校とは異なり、家庭への貸し出しも許可している。紛失もあるが、家庭に本があることを優先するとは、Fowler 校長の言葉である。クリスマスには、ひとり 1 冊の本を学校がプレゼントするなど、読書環境の充実に地道な努力を重ねている。各教室には、廊下に面して出窓が

18）訪問時、学校長 Karen Fowler 先生の案内で、学校中を参観し、一部のクラスではプロジェクトの最中でもあったが、多様な社会的経済的問題を内包した小学校で、授業をゆっくり見学することは叶わなかった。その代わり、Fowler 先生にインタビューする機会を得、その折、学習指導の週ごとの授業プランを拝見することができた。（2010 年 11 月 26 日（金）午前中訪問）

あり、室内外の双方向で児童の作品や学習資料の展示に活用している。

　学校は、建物内に独立した貸し教室と保護者のカウンセリングルームを設け、保護者の英語教育、子育て相談、土曜日には保護者が絵を描いたり、音楽を演奏したりする諸活動に提供し、保護者のわが子の教育への意識改革を図るのみならず、保護者自身の生活にも気を配るこまやかな配慮がみられた。Michael Faraday Primary School は、新校舎移転を期に、学校内の設備、部屋のレイアウトといったハードから児童の学習環境をていねいに組み立てることで、児童図書や児童の成果物というソフトの効果もさらに増すという学校づくりの方針が貫かれていた。

　事例としてあげるのは、第3学年の2010年秋学期、単元「冒険物語とミステリー」の中で、取り上げられた R.Swindell の *The Ice Palace*[19] を軸にしたリテラシー学習指導単元である。

　センターの web 上に公開された本作品を軸にした単元は、3～4週間をめどに18セッションからなる教授プログラムモデルである。凍てつく寒さの中、弟をさらっていった氷の宮殿の主スタリークのもとに弟の救出に向かうイワンの冒険物語である。様々な困苦に出会うたび、主人公の心は揺すぶられる。葛藤の末、スタリークと最後の対決のとき、イワンは「きょうだいはもうけっしてはなれない　この心の冬よ　とけてなくなれ！」と叫び返す。さらわれたすべての子どもが開放されただけでなく、孤独なスタリークの「心の冬」も溶かされて終わる。迷い無き勇者の物語ではない、幼い主人公の心の彷徨がていねいに描かれ、印象的な短編作品である。

　ここでは、本校の第1週目に計画された最初の4セッションを取り上げ、プロジェクトのモデルをいかに具現化していったか、一例を示す。

19）Swindell, R. (1977) *The Ice Palace*.　Hamish Hamilton（『氷の国のイワン』大塚勇三・訳、岩波書店、1981. 教材としては、1992年 Puffin 版を使用。）

第2項　読書向上プロジェクト単元 The Ice Palace の教授プログラムモデル

学習の意図は、以下の通りに設定されている。
1　物語の状況設定を視覚化する
2　登場人物に感情移入する
3　ジレンマを探る

プログラム中の書く学習活動は、次の4点である。
1　詩の shared writing と詩の創作
2　指示書を書く
3　なりきり作文
4　説明文を書く
5　登場人物に向けて説得力のある文章を書く

これらに基づいた全体のモデル・プログラムの構成は、表3に訳出した18セッションからなる。一貫して、書く活動を読解法の一つとして複数設定する。第3学年であることから、描画や話し合いと書く活動の連携が多い。

詩作を例に取ってみると、読解の場面に応じて目的も詩形も異なっている。訪問時に実施されていた第1から第4セッションに関するモデルプランを見ると、物語導入部の舞台設定の理解（1セッション）やクライマックスへ向かう本格的な助走の発火点となる場面（弟を探し求める主人公の少年が不思議な老婆と出会い、弟をさらった氷の宮殿の主と直接対決に向けた秘策を伝授される場面）の読解に、shared writing を活用した詩作が取り入れられている。前者は、凍てつく村の雪景色状況を表す表現群をとらえ、叙景詩にまとめる学習活動。後者は、弟救出の要となる老婆に出会う場面に至るまで、氷柱等、姿を変えて一貫して少年を手助けしてきた老婆のありようを振り返り詩の形にまとめる学習活動。叙事詩、物語詩に近い。前者は、かつて主人公が立ち向かった対決を思い起こさせる厳しい冬の状況の読み取りに通じ、後者は、主人公への助言という観点から老婆の人物造型

表3　*The Ice Palace* を軸とした読書力向上プロジェクトのモデル学習指導プログラムの流れ（18セッション（1セッション60分））

(Michael Faraday PS のプログラム第1週目の教授プランのもととなった最初の4セッション)

<u>1セッション　詩の shared writing</u>
- 冒頭文 'If you turned your head into the east wind and you could see for ever you would see Ivan's land'（「東風のふいてくるほうに、顔をむけてごらんなさい。そうして、いつまでもながめていられたら、イワンの土地が見えることでしょう。(P.3)」）を読む。
- 電子黒板（IWB）で、森、村、ツララ、雪景色の映像を提示する。自分の雪にかかわる体験も含め、ペアで、雪原から感じたこと等話し合う。
- 雪景色を描写した単語や句を集め、それらをどのように組み合わせていくと一編の詩ができるかを一斉学習で示す。自分で、同様に詩を創作する。
- 'and those he took were never again'（「そして、さらわれていった子は、二度とすがたを見られないのでした。(p.8)」）までを音読して聞かせ、ここまでの物語の印象について自由に話し合う。
- 図工の時間を使って、黒い大きな紙に松の森や山の雪景色を描く。クラスに展示し、これ以降の学習の成果を書き込んでいくこともできる。

<u>2セッション　フリーズ・フレーム、ロールプレイ、音声パフォーマンス</u>
- 児童を複数のグループに分け、村が幸せに満ちていた夏の様子を、グループで、フリーズフレームで表現する。子どもらはどんな遊びができただろうか。大人はどんな仕事をしているだろう。
- 次にスタリークが現れるやも知れぬ冬の様子を、グループで、フリーズフレームで表現する。家族はどんな行動に出るだろう。親はどうやってわが子を守るだろう。子どもたちはどのように感じるだろう。
- 児童にフリーズフレームに題名をつけさせる。ドラマセッション中に含んでも、フリーズフレームを写真にとった後、行ってもいい。
- 危機について、親は子どもらになんと説明するだろうか。家族で話し合う場面のロールプレイをする。グループ活動の後、クラス全員で共有する。
- 村人たちは、（冬になってやってきては毎日一人ずつ子どもをさらっていく）スタージックをどのように呼ぶだろうか。呼び名をリストアップしてみる。クラスを3グループに分けて、音声パフォーマンスをする。あるグループは、「スタリーク」と繰り返しささやき続け、他のグループは、スタリークの他の呼び名を言い続ける（例えば、'child taker, infant snatcher, winter terror, heart wrencher など）。最後のグループは警告を発し続ける。（例えば、気をつけろ、外に出るな、戸を閉めて、後ろを確認しろなど）数人のグループで自分たちで工夫した音声パフォーマンスを試してみてもいい。録音をしておくとさらにいい。

<u>3セッション　指示書を書く</u>
- 村の子どもたちは、スタリークに対する恐怖に対して、どう対処するだろ

第4章 発展的実地検証による充実期

う。スタリークにまつわるどんな遊びがあるだろうか。「オオカミさん、今何時？」によく似たスタリーク遊びが考えられるのではないか。凍って固まった姿になったり、手を叩いたら溶けたり、姿の周りをスキップして回ったりである。時間を取って、自分たちで考案したスタリーク遊びを遊び、ペアになって、遊び方を書いた指示書を書く活動を行う。成果物を集めて、スタリーク遊びの本にまとめ、クラスに常設する。

<u>4 セッション　二者択一判断の小路（Conscience alley）となりきり作文</u>

- p.14（夜中に、さらわれた弟を探しに家を出て行こうと、イワンが服も脱がずに床に入った箇所）を読み、p10（'And little Ivan walked in Starjik's sled tracks to the end of the village and stood there a long time, gazing into the north.'「そして、ちいさなイワンは、スタリークのそりのあとをたどって、村はずれまであるいていくと、ながいこと、そこに立ったまま、じっと北のほうをみつめていました。(p.8)」）へ読み戻る。／－イワンは何を考えていたのか。どうしようと心に決めたのか。
二列に分かれて並んで立つ。雪に覆われた森の大きな画像を教室に提示すると、さらにいい。1人の児童がイワン役となって、助言を求めて歩くと、両側から対照的な声が聞こえる。片方は、弟を救い出すよう励まし、他方は、家に留まって両親のもとにいるべきだと。（判断の小路法の例）
／－イワンの学校のノートを破って取ってきたかのように演出して、紙を配り、家に残してきた父母に向けて、何をしようとしているのか、なぜそうしようと決めたのかを説明し、父母に心配は要らないことを納得させるような手紙を書く。

（上記を受けて、最終セッションまでの流れ）

5 セッション　キャラクターマップ法（Roll on the wall- 人物の姿の輪郭を描いたシートの内側と外側に書き込むブレーンストーミング法の一種→主人公イワンの人物理解）

6/7 セッション　情報文を読む、書く（極寒の雪原で生き残る方法の探究）

8 セッション　ストーリーマップ（イワンが陥った困難を跡付ける活動）

9 セッション　役になりきって踊る、踊りの輪の絵を描く、作文を書く（スタリークのトリックの一つで、子どもらが雪原で歌い、踊り、演奏をする輪に、イワンを誘い込み、井戸に落とそうとした場面）

10 セッション　詩の shared writing から詩創作と関連する絵を描く（スタリークの宮殿にさしかかったとき突然老婆と出会う。老婆は、これまでイワンの流した涙の凍りついた玉を拾い集め、スタリークに言うべき言葉を教え、これらの涙の氷玉を顔に投げつけるように言う。これまで窮地を助けてくれたツララ、熊、ふくろう、もみの木などが老婆の化身であったことがほのめかされる場面。本文の 'I am the owl who showed you the way…' から引用し、これ以外に老婆がイワンを助ける方法を書き足しながら、詩を完成させる。）

11 セッション　インタビューとなりきり作文（老婆へなぜイワンを助けるのかインタビュー。）
12 セッション　視覚化法と絵を描く（スタリークとの対面の場面。スタリーク像を視覚化しながら想像し理解をうながす活動）
13 セッション　話し合いと登場人物への手紙（スタージックが、子ども時代、心が冷たいといわれ阻害され、孤独であったことから、子どもをさらい、凍らせておけば、いつも友に囲まれていられると語った場面）
14 セッション　絵コンテ作成と物語の再現（ストーリーテリング）（最後まで音読し、ペアで、これまでの主な出来事を振り返り、絵コンテにし、それをもとに、結末場面までに起こってきたことと絡めながら、物語の最終部を自分たちで語り直す。）
15/16 セッション　語り手を決めて物語の再話（Story writing）（イワンか、助けられた弟の視点で、物語の最終場面を語り直し、本を作成する。）
17/18 セッション　まとめ（イワンが囚われの子どもたちと弟を解放するにいたったことを忘れない村人は、帰還の日を「イワンの日」として祝ったのではないか。テレビ・ドキュメンタリー作成にあたり、村人へのインタビューやイワンの子孫へのインタビュー等で構成する。）

*　単元中に、冬のふくろう、熊、オオカミなどの生態を調べ、情報の本やPowerpointにまとめるなど、知識・情報テクストの読むこと書くことの学習を随時、組み合わせることもできる。
*　図工、音楽、体育の授業との連携も具体的に推奨。

関連読書として、R. Browningの物語詩 *The Pied Piper*（ハメルンの笛吹き男）

を読み取る活動に繋がっていく。

　詩という形態は、第2セッションでは音声パフォーマンスとして取り入れられる。読解法としての身体パフォーマンスということでは、第4セッションの判断の小路法も同様で、弟救出へ出かけるべきかいなか、主人公の決断のときを取り上げる。

　訪問時の実践では、センターがモデルとして提案した学習指導目的の「1 状況設定を視覚化」「2 登場人物への感情移入」を中心として、新教材に読み入る最初の4つのセッションに取り組んでいた。

　つぎに、Michael Faraday PSの週間教授プランをみてみよう。

第3項　Michael Faraday Primary School　のリテラシー学習指導プログラム　週間プラン

　表4に（pp.246-247）、1週間の単元プランをまとめた。表3に掲げたモデル・セッション1～4に沿い、図工の時間等ともかかわらせて対応しているのがよくわかる。第1から第3セッションは、月火水の3日間に分けて順々と進め、4セッションには金曜日が当てられている。前日木曜日、第4時間目は、（スタリークにさまざまな呼び名をあて音声パフォーマンスをする）3時間目を受け、氷の宮殿の主スタリークの基本的人物理解のためにキャラクターマップを用いて、さらに1時間とった構想である。

　第1週目は、主人公が弟救出に氷の宮殿に向かうまでを扱う。作品冒頭文では、イワンの冒険もすでに過去のことになり、イワンその人も大人になって村から出て行ってしまって久しい。それでも冬になると、松の森の村人は誰しもイワンが昔冬の恐怖から解放してくれたことを思い出す。本編は、その特別な思い出の冬、イワンの弟がさらわれた日から帰還までの物語である。

　冒頭第2文には、「そこは、夏はみじかく、あれ地の草花のようにあおざめて、うす明るく、冬は長くて、つららのようにつめたいところです。(p3)」とあり、夏と冬を一文のうちに対照的に書き分ける。つづく本編の導入は、これを受けて、さらに村の夏と冬の対照的な村人の様子がていねいに語りだされる。月曜日から木曜日までは、このような冒頭部の状況設定の読解を、ブレンストーミングや表現集め、それを基にした詩の創作によるイメージの造型化、フリーズ・フレームによる視覚的な対比的状況の認識と理解、音声パフォーマンスによるスタリークの到来がもたらす呪術的な冬の空気の体感、といった物語の舞台設定を異なる読解表現活動を重ねながら物語世界に児童を誘う助走をなしている。これらの活動を踏まえることで、児童は、旅立とうとするイワンに向かい、賛成と反対の二様の意見を口々に述べる助言者の「判断の小路」活動ができる。相対する二つの意見は、主人公に対する助言に留まらず、最後の直接対決まで、イワン

表4 モデルプログラムを適応したMichael Faraday PS 国語科週間教授プラン

資料 テクスト レベル (リテラシー単元)	Michael Faraday Primary School　English Weekly Plan 国語科 週間教授プラン 2010年秋学期（10月1日〜1週間。1／4）（担任　Sharon /Scott） (Portland Street , Walworth,London SE17　2HR) 語／文レベル、フォニックス（文字と音） 話すこと・聞くこと：物語構造の語りなおし　今週の綴りの学習		テクスト／関連資料（EAL/SEN） *The Ice Palace*(R.Swindell, Puffin, 1992) 雪景色の視覚資料（Pawerpoint）、A3用紙の雪景色の絵。ポストイット（付箋用）、スマートボードノート。登場人物（スタリーク）の姿を線で隈取ったワークシート	
第3学年 冒険物語・ミステリー				
	一斉学習、話すこと・聞くこと、 shared　reading／shared　writing	中心学習活動 （グループ別学習：EAL/SEN、グループ担当　CT/TA/SSA）	発表会（一斉授業）	評価
	学習の意図	学習活動	学習活動		
月曜日	・雪景色を描写する。	冒頭文 'If you turned your head into the east wind and you could see for ever you would see Ivan's land' を読む。 Powerpointで視覚資料（森、村、つらら、雪景色）を提示する。見た印象や自分の経験等をペアで話し合う。 状況設定にかかわる表現を、電子黒板（IWB）上で印をつけて共有、確認する。 A3用紙の雪景色の絵を各グループに配布し、付箋に、情景を描写する単語や句を抜書きする。電子黒板で全員で共有、確認する。	図工の時間を使って、黒い大きな紙に松の森や山の雪景色を描く。クラスに展示。	p.10の 'and those he took were never seen again' までの物語冒頭を読む。話し合い、展開を予想する。	別表を参照
火曜日	・雪と氷についての詩を創作する	昨日描いた絵や集めた言葉を活用して、単語や句がどのように一編の詩になっていくか、クラス全員にモデルを見せる。次の言葉からはじまる詩を各自創作する。'The snowflakes …''The icicles…''The trees''The mountains…'	クラスで集めた表現集を活用して、雪や氷の詩のリストを作成する。 LAの児童ー'The snowflakes are…'や表現集の言葉から始まる詩の創作。／Core・HAの児童ー表現集の活用。	クラスで創作詩を読みあう。	
水曜日	対照的な状況下を、フリーズフレームで表現する。	村が幸せに満ちていた夏の様子を、グループでフリーズフレームで表現する。背景画として、電子黒板で景色を映す。子どもらはどんな遊びができただろうか。大人はどんな仕事をしているだろう。次に、スタージックが現れる矢も知れぬ冬の様子を、グループでフリーズフレームで表現する。家族はどのような行動に出るだろう。親はど	音声パフォーマンスを創作する。あるグループは、「スタージャック」と繰り返しささやき続け、他のグループは、スタージックの他の呼び名を言い続ける（例えば、'child taker,infant snatcher, winter terror, heart wrencher' など）。最後のグループは警告を発し続ける。（例えば、気をつけて、外に出るな、戸を閉めて後ろを確認しろなど）	フリーズフレームの写真に見出しを書く。	

		うやってわが子を守るだろうか。迫る危機について、親は、子どもにどう説明するだろう。フリーズフレームを写真に撮る。			
木曜日	スタージャックを描写する。	オオカミにそりを引かせてやってくるスタリークの様子を描写した箇所を見る。彼は、イワンに似ているだろうか。どう違うだろう。特に、違いに十分着目してスタージャックはどのようにイワンと対照的なのかを話し合う。(例えば、英雄対悪漢、正義対悪)	スタリークのキャラクター・マップを作成する。スタリークの姿を線描したワークシートを配布し、線の外側に、イワンについてわたしたちが知っている事実を書き出していく。線の内側には、スタシックの心情や性格を書き付けていく。	キャラクター・マップを元に、イワンの心情を話し合う。いつもこのように感じているのだろうか。彼の気持ちを変えたのは何だろう。	
金曜日		p.14（イワンが服を脱ずにとこに入った箇所）を読み、p.10（And little Ivan walked in Starjik's sled tracks to the end of the village and stood there a long time, gazing into the north.）へ読み戻る。イワンは何を考えていたのか。どうしようと心に決めたのか。 成否を決める判断の小路法（Conscience alley）――一人の児童がイワン役となって、助言を求めて歩くと、両側から対照的な声が聞こえる。片方は、弟を救い出すよう励ます、他方は、家に留まって両親のもとにいるべきだと。	イワンが父と母に書く手紙をshared writingで作成する。何を説明すべきだろうか。（例えば、1 イワンは何をしようとしているのか、2 なぜそうしようと決めたのか、3 父と母の心配は要らないことを納得させる） LA/Coreの児童―書き出し文のついた手紙の雛型を与える。HAの児童―独自に考え、手紙を作成する。手紙を説明した文章を1段落でまとめる。	何通かの手紙をクラスで共有する。イワンは、どう感じるだろう。父と母は手紙を読んだとたん、どう思うだろうか。	

（補注　表中のLAは国語が苦手な児童／Coreは平均的到達度を示す児童／HAは高い到達度を示す児童を意味する。）

の心中で反芻され拮抗し続けた心の二面性に他ならない。判断の小路は、森をさまよう主人公の道程のシミュレーション活動としての役割を担う。その意味では、モデルプランの学習目的「3 ジレンマを探る」の導入でもある。

　第2週目以降も、原則的に、プロジェクト単元モデルに準拠した実施計画が立てられている。1セッションは1時間で、一斉学習とグループ（個別）学習が組み合わされる。「2006年改定リテラシー指針」によって、それ以前の「リテラシーの時間」の15分、20分を単位とする明瞭な区分の仕方に柔軟な対応が奨励される。先章に見たように、原則的に、1週間に

最大限7時間半までは国語科の授業に配分できることから、読書力向上プロジェクトに5時間、それ以外の時間において、(グループ別に)フォニックス、綴り他の基礎学習、(当時実施されていた)全学的な詩の朗読会にかかわる学びの時間を加えて、7時間〜7時間半の国語科の学習が組まれていたと推測される。

表4に如実なように、中心的な学習はグループ別（個別）学習である。表中のLAは、国語が苦手／到達度が低い児童、Coreは平均的到達度の児童、HAは、到達度の高い児童を表す。当該校の個別学習はゆるやかな能力別学習で、支援の仕方を変えながらも、物語の特性にきちんと出会う学習の機会を保障する工夫が明らかである。センターが力を注いできた文学を文学として受けとめる授業実践の基本を十分踏襲した実践事例である。

第4項　読書力向上プロジェクトの参加者ブログ

小学校におけるプロジェクトの実施状況を知る手がかりは限られているが、有効な資料の一つに、プロジェクトが開設した参加者用のブログ（the Power of Reading blog、参加者以外非公開）がある。日々の実践での気づきや児童反応など、教師の学習指導の記録メモという体をなす。相互交流の場であり、センターの教師指導のツールであり、教師の実践の振り返りの場として機能している。

以下は、2010年11月の抜粋である。

2010年11月3日　水曜日

ようこそ、読書力向上プロジェクト2010年ブログへ！

読んだ本のことや読書力向上プロジェクトを実施した経験で他の参加者と共有したいこと、授業中の学習活動や取り上げた本について提案したいことについて書き込むために、このブログを活用してください。　CLPEプロジェクト・チーム　　　　　　6:50am　0コメント

第 4 章　発展的実地検証による充実期

2010 年 11 月 10 日　水曜日
North　Somerset（サマーセット州）の読書力向上プロジェクトから
　「*Traction Man* に取り掛かりました。リテラシーの授業なんか大嫌いといつも言っていた男児が、すばらしい冒険物語を語り出しました。」教師 A, Uphill Primary School

　「*Traction Man* の単元の最後に、アクションマン・デイを開催しました。一人ひとり、家からおもちゃのヒーロー人形等をもちよって、物語遊びをし、そこからわくわくするような物語を創作した。」
教師 B, Birdwell Primary School.
　「カーテンを吊り、クッションや人形を置いて、読書コーナーを作りました。子どもたちは、コーナーにいるのが大のお気に入りです！
教師 C, St.Peter's Primary School　　　　　　　1:47pm　0 コメント

2010 年 11 月 10 日　水曜日
　「児童は、喜んで、新しい読書コーナー作りにかかわった。自分たちで、コーナーのトピックを宇宙に定め、学期の半分を使って、そのトピックで学んでいくことになった。」
　　　　　　　　　　　Merton　読書力向上プロジェクト・チーム

　「*Into the Forest* にかかわるわくわくするような学習活動を行った。いなくなった父親について、意欲的な書き込みをたくさん行えた。」
　Merton　読書力向上プロジェクト・チーム　　1:54pm　0 コメント

2010 年 11 月 23 日　火曜日
Warwickshire 読書力向上プロジェクトから
　「読書環境を少し変えてみた。一箇所に集めるのではなく、いくつかのコーナーに区分した。指人形やぬいぐるみを置いて、コーナーに

行きたいような雰囲気作りを心がけた。」

教師 D, St.Patricks Primary School

「児童は、*Beegu* の世界にどっぷりとつかって楽しんだ。かれの気持ちにすっかり感情移入したのである。かれらは続き話を創作した。宇宙の家に帰って、主人公ビーグーに何が起こったか、自分の本を創作した。ドラマにして楽しんだり、絵に描いたりもした。存分に楽しんだ児童は、いまは、教室のロールプレイ・コーナーを *Beegu* コーナーにしようと計画を練っている。」

教師 E, Weddington Primary School　1:45pm　0 コメント

2010 年 11 月 25 日木曜日
内ロンドン Central B グループ（Key Stage 2）読書力向上プロジェクトから

「5/6 年の学級で、*Skellig* を始めところだが、児童はもうすっかり「はまってしまった。」」　　　　　　　　　　教師 F, St. Paul's, Southwark.

「わたしたちは、ちょうど *Ice Palace*（氷の国）の学習を終えたところ。児童は、すっかりテクストに没頭してしまって、テクストからどんどん栄養を吸い取ってあらゆる書く活動に展開していった。児童は、本当によい質の文章表現を行えた。」

教師 G, Michael Faraday, Southwark

「わたしのクラスに、ずっと読書が苦手だった 6 年生の男児がいた。*The London Eye Mystery* の学習を始めて以来、「前は、読むのが嫌いだったけど、なんか今は心の中で何かがわくわくするんだ。」と言い始めた。」

教師 H, St.Francesca Cabrini, Southwark.　1:42pm　0 コメント

第4章　発展的実地検証による充実期

　以上、一部を引用しただけであるが、読書環境の改善、児童の児童文学への反応がいきいきと報告され、職員室を覗いたような錯覚を覚えるほどである。まさにPLRでいうところの日常的な観察記録が、Core Booksを軸に展開する感がある。このブログも、教師の自己評価力の育みの一環として位置づけられよう。
　次に、教師のコメントにセンター職員が応える一例を掲げる。先例の1年前のブログである。

2009年（日にち記載なし）
　「児童の学びの実態データを収集するに当たり、少し困っている。どなたか助言をもらえるとありがたい。内の学校では、児童が読めるか、読めないかについて記入するシートを用いている。1年生の担任として、どんな評価基準に基づいて、児童が読むことができるかどうかを判断したらいいのだろう。
　うちのクラスの児童全員が多種多様なレベルにおいて読むことができる。ある児童は、一定の頻出語や2音節、3書記素からなる単語に限って読むことができる。このレベルにおいて、活字が読め、テクストについての一定の質問に答えることもできる。児童全員が（さまざまではあるが）それなりに十分読むことができる場合、それが入門的レベルにあってもだが、この場合、それらの児童を「読むことができる」グループに入れてよいのだろうか。それとも、入門的レベルは、「読むことができない」グループに入れるべきだろうか。どのような助言も大歓迎。」

教師 I, 3:24pm　1コメント

第1学年における＜読むことができて読む＞のか、＜読むことができるのに読まない＞のか？
　「こんにちは。

今、あなたのメッセージを拝読。あなたのように低学年児童をあつかっている場合、おっしゃったようなデータの取り方は、少し注意が要るように思う。中高学年の児童の場合なら、もっと明快にデータに対応できる。大切なのは、読みに対する態度に変化が見られるかどうか、それをとらえられるかどうかである。あなたが期待するレベルの読みができるかどうかが関心事であろう。それなら、児童は意欲的に読んでいるか、読みの学習活動に十分な動機をもって参加しているか、本や読むこと対する関心を示しているかどうか、ではないだろうか。多くの児童が、まさに読むことの入り口に立ったばかりでは、さらに難しいことだろう。児童の実態を見て、このデータの取り方がそぐわないと思ったら、やらないこと、それについて頭を悩ませないこと。少しでも参考になれば、うれしい。」

Olivia（プロジェクト主任）4:58pm　0コメント

2009年2月3日火曜日
読むことができる／読むことができない

「Olivia、いろいろなことがすっきりわかった気がする。整理してくださって、ありがとう。

Webサイトの紹介もありがとう。ようやく使い方がわかって、特に、学習指導方略にところが気に入った。効果的な資料と方略がリンクしているのがとても明快。ビジュアル・リテラシーに関心のある先生方には、以下のフリーサイトの中に、本とリンクした有効な資料が見つけられる。」

教師 I, 9:19pm

このようなオープンエンドなブログが、共通のプロジェクトを出発点として、教師間の指導方法やアイディアの交流の場となり、プロジェクト課題図書の輪読会の場となっていったことが知られる。センター職員にとっ

ては、教師の理解度、プロジェクトの進行度合いを随時チェックでき、臨機応変に助言・支援可能な現職研修ツールの一つとして活用されている。

　まずは、教師自身が、文学を共有するという経験を日常化することを第一義とし、そこから、自分の読みを言語化して（意識的なプロジェクト仲間という限りではあるが）パブリックな場に発信し反応を交換しながら、無理なく自己評価、自己研修の場として稼動していったと考えられる。加えて、教材価値への言及、学習指導法、評価にかかわる発見や疑問、感想が綴られ、教師同士の共感や異なる観点からのコメントが重なる、そこにセンター職員が対応する。このようなブログの展開の渦中で、教師教育としての有効なシステムとしての意義を、職員はもとより、受講者側からも、認識されていったのではないか。なにより、ブログは、記録である。継続的記録データはおのずと、参加教師とセンター職員双方に相対的、分析的な思考を呼び覚まし、自己の再発見の機能を果たしてきたといえよう。何気ない感想や疑問が言語化することによって着目に値する、自身の文学の読みや教授のありかたと児童反応等の変化や推移のデータとなる。それに気づくことも、センターが推進する日常的な教師による観察記録法の意義を体感することに通じるといえようか。

第3節　読書力向上プロジェクトの単元構成－体系性と柔軟な運用

第1項　児童文学を核とするリテラシー学習指導法（Teaching approach）

　本項で取り上げる学習指導法は、読書力向上プロジェクト実践指導書4冊（Y1/2/5/6）と参加者用webサイトで活用される36種類である。プロジェクトを支えるソフト面の一例である。

1.1　主な学習指導法一覧‐複数の分類の相関に見る教授モデルの基本特徴

　6年間の教授モデルに共通する学習指導法をまとめると、表5のように

なった。表の上から 15 の方略が全学年に共通するもの、つづく＊マークの 5 つが 1 年から 6 年までほぼ全学年に配当されているものである。36 方略中、計 20 の学習指導法が中心的な役割を果たしていると考えられる。それ以外の 8 つは、学年の進行に伴って、特徴的に表れたものとして、別に取り立てた。また、表 6（pp.256-257）は、9 つのグループにわけ、学習指導法に番号をつけ、意訳を施したものである。

　プロジェクトが提案する教授モデルは、児童文学作品全編を学習対象として、①人物造型と状況設定（characters and settings）、②テーマと主題（themes and issues）、③プロットと構造（plot and structure）、④言語表現と文体（language and style）の 4 つの主要な学習指導観点から総合的にアプローチしていくものである。そうすることで「文学研究へどのようにアプローチしていくかを考えるひとつのコンパクトな方法を提案する」[20]ことを意図している。

　各学年の指導書は、「これら 4 つの観点のどこからでも文学作品にアプローチできるが、もっとも児童にとって取り組みやすい観点から始めるというのなら、①人物造型と状況設定と②テーマと主題であろう。」[21]と述べ、物語や人物への第一印象をまずは言葉にして表す機会を与える重要性にも触れている。これら読解表現活動は、「児童に、より集中して本を読むこと、話したり書いたりして自分の読みを内省することを奨励するようデザイン」されている。児童は、「ひとりの書き手として、読解活動から書くことについて多くを学び、児童文学作品を、自分自身の書くという行為の出発点であり、インスピレーションの源として活用できる。このように文学を用いた教授プログラムは、リテラシーの学習をひとつに束ね、形を与える手段となる」ことが期待されている。

---

20) スー・エリス（2010）「小学校における創造性を重視したリテラシー教授法‐すべての子どもが生き生きとした読み手であるために」『学大国文』（松山雅子　訳）pp.1-9 にもとづく。
21) たとえば、*Book Power Year6*（2006）pp.1-2 を参照。

第4章　発展的実地検証による充実期

表5　読書力向上プロジェクトにおける第1学年～第6学年の学習指導法適用モデル

<table>
<tr><td rowspan="26">6年間の教授モデルに共通する方略</td><td></td><td>Y1</td><td>Y2</td><td>Y3/Y4</td><td>Y5</td><td>Y6</td></tr>
<tr><td colspan="5">Responding to illustration</td></tr>
<tr><td colspan="5">Reading aloud</td></tr>
<tr><td colspan="5">Retelling and Storytelling</td></tr>
<tr><td colspan="5">Role-play</td></tr>
<tr><td colspan="5">Visualising</td></tr>
<tr><td colspan="5">Drawing</td></tr>
<tr><td colspan="5">Drawing and annotationg</td></tr>
<tr><td colspan="5">Text marking</td></tr>
<tr><td colspan="5">Story mapping</td></tr>
<tr><td colspan="5">Shared writing</td></tr>
<tr><td colspan="5">Wrinting in role</td></tr>
<tr><td colspan="5">Word collection</td></tr>
<tr><td colspan="5">Bookmaking</td></tr>
<tr><td colspan="5">Research</td></tr>
<tr><td colspan="5">Debate</td></tr>
</table>

＊	Hot seating
＊	Freeze-frame
＊	Drama
＊	Performing poetry
＊	Poetry writng

	Y1	Y2	Y3/Y4	Y5	Y6
Shared reading	■				
Booktalk	■	■			
Re-enactment	■	■			
Storyboxes		■	■		
Comparison			■		
Tell Me			■		
Readers theatre				■	■
Storyboarding				■	■

255

表6　学習指導法の9分類

学習指導法（Teacing Approach）			
①学習の導入	①-1	教師による音読	Reading aloud
	①-2	図絵に反応する	Responding to illustration
②ブックトークからの発展的学習	②-1	ブックトーク	Booktalk
	②-2	読書ジャーナル	reading journals
	②-3	物語に基づくゲーム／詩についての話し合い	Book-based game, Poetry talk
③キャラクターマップ、絵コンテ、木作りなど、視覚化を活用した理解表現学習	③-1	視覚化する	Visualising
	③-2	絵（線描画、色を塗るなど）を描く	Drawing (painting. illustrating 含む)
	③-3	絵を描いて注釈を記入	Drawing and annotating
	③-4	テクストに書き込む	Text marking
	③-5	ストーリーマップの作成	Story mapping
	③-6	本作り	Bookmaking
	③-7	絵コンテの作成	Storyboarding
	③-8	物語の舞台づくり（ストーリーボックス）	Storyboses
	③-9	図工制作やデザイン、ICTの活用	Art and design, Design and technology
④音声表現活動や身体的活動を伴った理解表現学習・ドラマ	④-1	(教師／児童が)語り直す	Retelling
	④-2	一人ずつ順に物語を語り継ぐ	Storytelling
	④-3	ロールプレイ	Role-play
	④-4	ホットシーティング	Hot seating
	④-5	フリーズフレーム	Freeze-frame
	④-6	ドラマ	Drama

第4章　発展的実地検証による充実期

	④-7	詩を演じる	Performing poetry
	④-8	物語の再現	Re-enactment
	④-9	リーダーズ・シアター	Readers theatre
	④-10	演技、音楽、ダンス	Performance, Music and dance
⑤指導者主導型の一斉学習	⑤-1	〈教師がモデルを示す〉シェアード・ライティング	Shared wrlting
	⑤-2	〈教師がモデルを示す〉シェアード・リーディング	Shared reading
⑥テクストの特徴的な組み立てや表現の仕掛けに気付く方略の学習	⑥-1	言葉集め	Word collection
	⑥-2	比較する（比較表／比較グリッドなど）	Comparison (comparison on chart／grid 他)
	⑥-3	Tell-me法	Tell Me
⑦書くことの学習（含む、多様なメディアを活用した表現学習）	⑦-1	なりきり作文	Writing in role
	⑦-2	詩創作	Poetry writing
	⑦-3	説明文の書く	information writing
	⑦-4	手紙を書く、歌詞を書く、戯曲を書く	writing letter／song／playscript 他
⑧話し合いの活用、	⑧-1	ディベート	Debate
	⑧-2	ディベートと議論／ディスカッション	Debate and augument／discussion
⑨情報読みの学習（調査・研究）	⑨-1	調査研究	Research（作家研究含む）

　具体に沿ってみていこう。まず6学年にわたり、各教授モデルに、どの学習指導法がいかに活用されるかを探った。先の4冊の指導書やwebサイト上には、児童文学1作品ごとに数セッションからなる単元学習が10前後提案されている。各セッション（60分の授業1コマの意）を調査し、授業展開のいつどこでどのような言語活動において活用されるかを検討し

257

た。

　つぎの表7（pp.260-261）に、便宜上9のまとまりに分類し、使用頻度別に36学習指導法を整理した。左半分がそれに当たる。右端には、プロジェクトが示す、児童文学1冊丸ごと用いた学習指導法の4分類（a　人物造型と設定　bテーマと問題意識　cプロットと構造　d言語表現と文体）を併記し、相関わらせ俯瞰できるようにした。加えて右半分には、基本的な4観点（A　音読と再読、B　テクストへの反応と振り返り、C　解釈と多様な表現活動、D　探求と分析）の項目を挙げ、個々の学習指導法の対応するところに○印を入れ、相関が読み取れるように整理した。基本的4観点の中では、C「解釈と多様な表現活動」に属する方略が群を抜いて多い。そのほとんどが、9分類中、③視覚化の活用と④音声表現活動や身体的活動の活用であるところが、この教授モデルの特徴とすべき点である。

　では、学年によって、使用頻度は変わるものなのか。低学年1・2年生と最高学年6年生を取り上げ、表8対照表（pp.262-263）にまとめた。低学年では中心的だが高学年で激減するのは、⑤指導者主導型の一斉学習で学ぶ読み方や書き方の基礎（Shared reading/Shared writing）で、反対に高学年で激増するのは、⑥テクストの特徴的な組み立てや表現の仕掛けに気付く方略の学習（Tell Me法ほか）と⑦書くことの学習（含む、多様なメディアを活用した表現学習）である。発達段階に応じた結果であろう。が、Shared reading/Shared writing は、入門期や低学年限定ではなく、中高学年にあっても、作家独特の表現手法、構文、パラグラフ構成等を随時取り上げ、クラス全員の理解を促す方法として用いられている。

　また、ディベートや議論（debate/augment/discussion）など、⑧話し合いの活用も高学年主体に用いられ、すべての学年を通じて頻繁に活用される話し合い（talk）とは区別して扱われている。一方、両者に共通して頻出するのは、③キャラクターマップ、絵コンテ、本作りなど、視覚化を活用した理解表現学習、④身体的活動を伴った理解表現学習・ドラマで、先の教授モデルの特徴をあらためて確認することとなった。

1.2 読書力向上プロジェクトの学習指導法

先のAからDのグループ分けに沿い、表7, 8に基づいて、36の学習指導法を整理したい。

A 音読と再読（reading aloud and re-reading）
① 教師の音読の果たす役割

①-1「教師による音読（Reading aloud）」は、読書力向上プロジェクトにおいて、指導者に向けて、次のように解説される。

> 音読する（Reading aloud）ことは、教師が成しうる最も重要なことだといってほぼ間違いない、頻繁に定期的に日々の授業の一端として組み込まれる必要がある。
> 音読では、文字言語はゆっくり読まれ、それによって児童は、文の調子やそのパターンを聞きとっていくことができる。教師の音読を通し自分では関心を抱かないような物語を体験し、楽しみ始める。注意深く選んだ児童文学を音読することで、教師はクラス全体が読書コミュニティになるよう支援するのである。児童は、幅広い本のレパートリーを共有しあい、楽しみ、物語世界を堪能する。本について話し合い、物語世界を探り、読み戻ってみると、児童は、物語に読む価値を見出し、個人的な経験を育み、喜びを見出す。児童に読み語る前に、教師はまず自分で読んでみる必要がある。読み語る最良の方法を考える機会となる。児童が文章の調子や意味するところに反応するためには、聞き手を引き込むようなやり方で音読しなければならない。[22]

教師の音読が、文学との出会いや物語体験の質を決定づける必須条件と

---

[22] Bunting, J. et al.（2010）*Book Power: Literacy through Literature Year2*. CLPE. p.5

表7 学習指導法の言語活動分類と頻度対応表 (作成:松山)

Teacing Approach	全学年共通方略	頻出する方略	頻度の少ない関連方略	Book PowerY1,2,5,6所収の解説による4分類と丸本による学習指導法の基本4観点				児童文学作品全編を用いた学習指導法 (Ways of approaching whole books)
				A 音読と再読 (Reading aloud & re-reading)	B テクストへの反応と振り返り (responding & reflecting) この本のどんなところが気に入ったか。/何がどう考え(感じ)させたか。/それは、あなたにとってどんな意味があるか。	C 解釈と多様な表現活動 (Interpre-ting & perfor-ming) この物語や詩は、あなたにとってどのような意味をもつか。/そのような意味を他の人にもどうすれば伝えられえるか。	D 探求と分析 (Exploring & analysing) このテクストは、どのように働きかけているか。/いかにテクストは形作られているか。	
①学習の導入	Reading aloud (+ re-reading)			①-1	○			a) 人物造型と状況設定 (Chara-cters & settings)
	Responding to illustration			①-2		○		
②ブックトークからの発展的学習		Booktalk		②-1	○ (KS1)			
		Reading journals		②-2	○			
			Book-based game, Poetry talk	②-3		○		
③キャラクターマップ、絵コンテ、本作りなど、視覚化を活用した理解表現学習、	Visualising			③-1		○		
	Drawing(painting, illustrating 含む)			③-2		○ (KS1)		b) テーマと問題意識 (Themes & issues)
	Drawing and annotating			③-3		○		
	Text marking			③-4		○	○	
	Story mapping			③-5			○	
	Bookmaking			③-6		○		
		Storyboarding		③-7			○	
		Storyboxes		③-8		○ (KS1)		
			Art and Design, Design and Technology	③-9		○		
④音声表現活動や身体的活動を伴った理解表現学習・ドラマ	Retelling			④-1		○		c) プロットと構造 (Plot & structure)
	Storytelling			④-2		○		
	Role-play			④-3		○		
		Hot seating		④-4		○		
		Freeze-frame		④-5		○		
		Drama		④-6		○		
		Performing poetry		④-7				

		Re-enactment		④-8			○ (KS1)	
		Readers theatre		④-9			○	
			Performance, Music and Dance	④-10			○	
⑤指導者主導型の一斉学習	Shared writing			⑤-1			○ (KS1)	
		Shared reading		⑤-2	○			
⑥テクストの特徴的な組み立てや表現の仕掛けに気付く方略の学習（Tell Me法）	Word collection			⑥-1			○ (looking at language)	
	Comparison (comparison chart／grid含む)			⑥-2			○ (diagrams)	
		Tell Me		⑥-3	○			
⑦書くことの学習（含む、多様なメディアを活用した表現学習）	Writing in role			⑦-1			○	d) 言語表現と文体 (Language & style)
		Poetry writng		⑦-2			○	
		Information writing		⑦-3			○	
			writing letter／song／playscript等	⑦-4			○	
⑧話し合いの活用、	Debate			⑧-1			○	
		Debate and augument/discussion		⑧-2			○	
⑨情報読みの学習（調査・研究）	Research（作家研究含む）			⑨-1			○	

され、教師の語り声が、クラスを「読書コミュニティ」という文学共有空間へと変えていく端緒を開くのである。高学年においても「音読という貴重な体験から得られる喜びを確保する」[23] ことが重視される。Shared reading、Guided reading、Independent reading の3基本を組み合わせ、児童自身が読む機会を構築していく高学年[24] であっても、教師による音読は

---

23) Bunting, J. et al.（2006）*Book Power: Literacy through Literature Year 6*. CLPE. p.2
24) 同前、p.2

表8 低学年と高学年の使用頻度対照表

Teaching Approach	全学年共通方略	頻出する方略	頻度の少ない関連方略		Y1		Y2		Y6	
①学習の導入	Reading aloud			①-1	3		2		1	
	Responding to illustration			①-2	12		7		1	
②ブックトークからの発展的学習		Booktalk		②-1	15	20%	18	20%	0	4%
		Reading journals		②-2	6		3		5	
			Book-based game, Poetry talk	②-3	1		0		0	
③キャラクターマップ、絵コンテ、本作りなど、視覚化を活用した理解表現学習	Visualising			③-1	7		4		5	
	Drawing(painting, illustrating 含む)			③-2	9		9		10	
	Drawing and annotationg			③-3	6		5		4	
	Text marking			③-4	1		1		6	
	Story mapping			③-5	6	25%	7	22%	7	23%
	Bookmaking			③-6	14		5		2	
		Storyboarding		③-7	0		0		3	
		Storyboxes		③-8	2		1		2	
			Art and design, Design and technology	③-9	0		2		2	
④音声表現活動や身体的活動を伴った理解表現学習・ドラマ	Retelling			④-1	3		1		1	
	Storytelling			④-2	7		6		0	
	Role-play			④-3	15		12		15	
		Hot seating		④-4	1		5		0	
		Freeze-frame		④-5	3		0		0	
		Drama		④-6	13	34%	6	25%	14	22%
		Performing poetry		④-7	3		5		5	
		Re-enactment		④-8	10		2		0	
		Readers theatre		④-9	0		0		3	
			Performance, Music and Dance	④-10	0		5		2	
⑤指導者主導型の一斉学習	Shared writing			⑤-1	13	9%	12	8%	2	1%
		Shared reading		⑤-2	3		0		1	

262

⑥テクストの特徴的な組み立てや表現の仕掛けに気付く方略の学習（Tell Me 法ほか）	Word collection		⑥－1	2		2		5	
	Comparison (comparison chart／grid 含む)		⑥－2	0	2%	3	5%	4	19%
		Tell Me	⑥－3	0		2		25	
		Investingating the setting	⑥－4	2		0		1	
⑦書くことの学習（含む、多様なメディアを活用した表現学習）	Writing in role		⑦－1	6		10		26	
		Poetry writng	⑦－2	1		2		7	
		Information writing	⑦－3	2	6%	6	14%	0	20%
		Writing letter／song／playscript	⑦－4	3		3		3	
⑧話し合いの活用	Debate		⑧－1	0		0		9	
	Debate and augument/discussion		⑧－2	8	4%	4	2%	5	8%
⑨情報読みの学習（調査・研究）	Research（作家研究含む）		⑨－1	1	0.50%	7	4%	4	2%

学びに不可分な方略として組み込まれる。くわえて、どの学年でも、教師の音読を通して文字が息づき、「文の調子やそのパターンを聞きと」ることができ、新たな読書レパートリーを拡張する契機となること、クラスが「読書コミュニティになる」ことが、文学を丸ごと取り上げるリテラシー教授の根幹であると、繰り返し強調される。教師の音読を通して出会った作品を、児童が自分で再読（re-reading）する意義も強調されている。

　各セッション（60分）には、中心となる学習指導法が明示され、手順や組み合わせについて実践的なモデルが示される。一般に、セッションの表題には、中心となる学習指導法が掲げられる。「①―1（教師による）音読」を表題として掲げる事例はわずかである。だが、他の学習指導法のほとんどすべてに伴って用いられ、これは高学年まで6年間変わることがない。もっとも頻出度の高い基本的な学習指導法である。

②学習の導入として組み込まれる「①-1 教師による音読」

　1年生の単元モデルの第1セッションを例に使用例をみてみよう。つぎの表9（p.266）のとおり、80％のセッションが「①-1 教師による音読」以外の表題がついているが、他の学習指導法を中心とする授業でも、まず教師による全文もしくは部分音読（太字下線）に始まる。または、表紙読みなど絵をもとにした第一読解や話し合いの後、全文音読する。多様な方法に一定の教授フレームを与え、授業の流れをある程度定式化し、自由裁量の大きいオープンエンド型の創造的理解表現活動であるロールプレイやフリーズフレーム他の方略への助走ともなっている。児童にとっても、具体的な学習課題へ集中していく準備段階に他ならない。

　学習指導法としては特化されないが、どの授業においても頻出する言語活動に、話し合い（talk）がある。「②-1 ブックトーク」とは別に、ペア、グループ、クラス、児童対児童、児童対教師など、授業形態は教材と課題の質に応じて多岐に変化するが、書く活動の事前学習、ストーリーマップの作成過程、ロールプレイやフリーズフレーム、図画工作による成果物（たとえば、ストーリーボックスなど）に対する事後評価等、授業展開の導入、展開、まとめのいずれにも話し合い（talk）が挿入される。

　児童は、自分の思いや考えを相手に向かって言葉にして伝え合う経験を頻繁にもつよう仕向けられている。音読が、教師による、授業への導入や新たな課題へ向かう基盤づくりを担うとすれば、話し合いは、児童自身が学習課題を自分なりにこなしていくための明確な動機づけを行い、考えを自覚化する対話型の自学自習力ともいえようか。このリテラシー教授法の「読書コミュニティ」に形を与える二声である。

③中心的な学習指導法として「①-1 教師による音読」を設定したセッションの事例

　1年生、ファンタジー絵本『かいじゅうたちのいるところ』[25]の第1セッションに、「②-1 ブックトーク」と組んで、つぎのように活用されている。

① クラス全員に絵本を読み語る。それから、もう一度、全文を読み語る。
② このあと、物語の内容や絵について自由に話し合いながら理解を深めていくように、いくつかの場面に戻ってクラス全員で話し合う。
③ 再度、全文を音読する。このとき、児童にも、本文の言葉を教師といっしょに言うように促す。これによって、文章を部分的にはっきりと覚えていくことができる。

このように指導者による音読が三度あり、最初の2回と最後の1回の間に、絵本の頁を選びながら理解を広げ深める「②—1ブックトーク」が挿入される。この段階で、児童は質問し、感想を言いあい、物語世界に十分入り込むことが期待される。かいじゅうのセリフも自然と言い合う読みの雰囲気が耕された頃合いで、三度目の教師による音読があり、児童も（部分的に模倣しながら）音読に参加するよう促される。つぎの授業では、教師が語りの地の文を読み、児童全員が登場人物になって、ドラマへと発展していく。全体像を充分理解させ、その後の創造的な理解表現活動の基盤を確実にする学びである。

『ふくろう君とにゃんこ嬢』[26]は、物語詩の韻文のリズムや響きに丸ごと出会わせる意図で、最初から全文を教師が音読して聞かせる。『かいじゅうたちのいるところ』も、原文は1文でできており、全文通読に適した教材と判断されたものと予想できる。また、インド民話絵本『ごはんは抜きよ！』[27]のように、第一、第二セッションと、少しずつ読み語り、続きを予想させ、その後、全文を音読する導入法もある。反復による場面展開が特徴的なテクストゆえである。

---

25) Sendak, M.（1967）*Where the Wild Things Are*. Random House Children's Books
26) Lear, E.（1991）*The Owl and the Pussy Cat*.Walker Books.
27) Souhami, J.（1999） *No Dinner!*.Frances Lincoln Ltd.

表9　第1学年学習指導単元モデルの導入部における教師の音読

	第1学年の単元	第1セッションの表題（中心となる学習指導法・TA）と授業展開モデルの概略	第2セッションの表題（中心となる学習指導法・TA）と授業展開モデルの概略
1	ビーグー（ともだちになって）	②—1 絵に反応する（responding to illustration） 絵本の表紙をもとに話し合う。（物語展開の予想）→ 全文の音読 → 絵本の各場面の細部に注視しながら、最初の予想を再考	
2	カッチョマンがやってきた！	②—1 絵に反応する 物語導入部までを音読 → 読まれたところまでをもとに話し合う、フリップチャートに書き込む、ロールプレイ、フリーズ・フレームなどの言語活動を通して読みを広げる → 物語の最後まで音読	
3	ふくろう君とにゃんこ嬢	①—1 音読と再読（Introducing the book: Reading aloud and re-reading） 絵に着目させて話し合ったり、難語に説明を加えながら、全文を音読→ 物語に出てくるものを小道具として事前に用意しておき、それらを活用して、物語をさらに身近に感じさせる → 全文を再読	
4	ごはんは抜きよ！	②—1 ブックトーク＋②—2 読書ジャーナル 表紙を見ながら、話し合い、児童の発言を教師がクラス読書ジャーナルに書く → 導入部を音読 → 読まれたところをもとに続きを考える	①—1 音読と推測（Reading aloud and prediction） 既習の部分を振り返り、物語展開の予想を確認 → 物語の最初からさらに次の場面まで音読 → 続きを予想する → 最後まで全文音読
5	物語の木	③—1 視覚化法（Visualizing） 題名から物語を想像→導入部のストーリーテリング（順に再現）→展開の予想	④—6 ドラマ・④—5 フリーズ・フレーム・④—3 ロールプレイ 次の段落を音読　演劇的な活動と話し合いや会話の創作→ 物語の最後まで音読
6	ジャミラの服	導入 表紙の絵から物語を想像→導入部の音読→自分の経験などと照らし合わせながらクラス読書ジャーナルに教師が記入。→物語の展開の予想	③—1 視覚化法（Visualizing） 絵本の中の人物の絵を再び見ながら人物の思いを想像→その絵にまつわる部分を音読（目を閉じて音読を聞かせる）→人物の輪郭線を描き、その内側に人物の思いを書き込み、外側に人物がまとった布地の描写を記入。
7	きゃああああああ ああ クモだ！	導入 自分のペットについて話し合う。クモをペットにできるか考える	②—1 絵に反応する＋②—2 読書ジャーナル 絵の最初のページの絵を見て、絵から読み取れることをクラスで話し合う。→全文を音読 → Tell me発問をもとに話し合い、クラス読書ジャーナルに教師がまとめる
8	かいじゅうたちのいるところ	①—1 音読＋②—1 ブックトーク 全文を音読→絵や場面などに留意させ話し合いながら全文を再読→再び全文を音読。このとき児童にも部分的にいっしょに音読を促す。	

| 9 | かたつむりと クジラ | ②—1 絵に反応する
表紙の絵から物語を想像→導入部（カタツムリとクジラが航海に出るまで）の音読→Tell me 発問で話し合い→ある場面（クジラが浜に打ち上げられる）までの音読→Tell me 発問で話し合い→物語の最後までの音読 | |
| 10 | 作家研究 クエンティン・ブレイク（ミスター・マグノリアの場合を例に） | ②—1 絵に反応する
表紙の絵から物語を想像→児童の表紙からの発言をクラス読書ジャーナルに教師がまとめる→全文を音読 | |

④各学年の単元における（教師の）音読

　2年生『ムファロの美しい娘』[28]では、最初の授業で表紙絵からの人物の第一読解、つぎの授業では再度表紙からの物語予想に時間を充分取る。そのつど教師が児童の発言をクラス読書ジャーナルに記録、全員で共有する。全文が音読されるのは、その後である。留意させたい挿絵の頁ごとに時間を取りながら全文を音読の上、"Tell Me"法の基本発問にそって話し合い、ペアで付せん等に考えを書き込み、先のジャーナルに貼りつけたり、教師が加筆したりして物語の全体像を把握する。つぎの授業では、教師が再読し、主要な出来事を思い出しながらストーリーマップを作成する。このように、各授業において具体的な読解活動に入る前提に、教師によって読み語られた物語言語が重視されている。

　中高学年でも、教師による音読は、ごく自然な授業手順として組み込まれる。6年生の中編児童文学『おやすみなさい　トムさん』[29]の場合、最初の授業で、教師が第1章を音読し、班に分かれ演劇的表現活動を通して作品の導入部を読み込む。次の授業で第5章まで読み語り、人物像を分析し、続く2時間で、ペアで5章全体を少年の視点で語り直す、ストーリーマップの作成、少年の視点からの粗筋作成、と読解を深めていく。長尺な作品のどこをどのような学習指導法とかかわらせ読み語るかが、授業構想

---

28) Steptoe, J.（1987）*Mufaro's Beautiful Daughters*. Puffin.
29) Magrian, M.（1981）*Goodnight Mister Tom*. Puffin.

の決め手となる。物語構造の特徴に応じ、その作品でこそ出会わせたい物語性を軸に教師の音読が工夫され、多様な解釈を誘引するのである。

B　テクスト反応と振り返り（responding ＆ reflecting）
①本についての話し合い（ブックトーク）の場をリテラシー教授の機会へと拡充する読書ジャーナルと Tell Me 発問法

　Bグループには、「②-1 ブックトーク」「②-2 読書ジャーナル」「⑥-3Tell Me 法」の3方法がある。ブックトークは、言葉の通り、本について話し合う方法だが、Tell Me 法と組み合わせることで、国語科の授業としての話し合い（talk）の方法を身に付けていく。自由に思いを口にする自在さを保証しながら、言葉が出てこないということのないように、考え方の4観点を与え、主体的に抵抗感のない話し合いの場を作り上げる方法である。

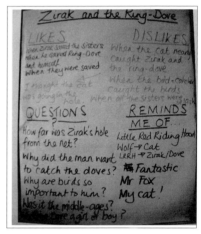

Shared reading に、Tell Me 法の4つの基本発問（好き／嫌い／疑問／経験との対話）を活用し、児童発言を教師が記入していった事例　©CLPE

　読書ジャーナルは、こうして紡ぎ出した発話を書き言葉で記録し、文字や綴り、構文への関心を喚起し、内省的な読みを支援する。低学年では、教師が聞き書きし、右上のような4観点に整理し全員で共有する。一人読みの確立に向け、内省的な読みの方法とふるまいを身につけるべく、全員で、ペアで事前練習を重ねていくのである。三者のかかわりについて、プロジェクト指導書では以下のように紹介される。

本について話し合うことによって、学習者がテクストについて学んでいく基盤が形作られる。頻繁に定期的に、全員で読んだ本について話合う機会が確保される必要がある。本について話し合う、このような機会を多くもつほど、テクストのより明確な意味の把握に繋がっていく。A.Chambers の著書 *Tell Me:Children, Reading & Talk*[30] に引用されている子どもの言葉が、それを如実に物語っている。「話してみるまでは、その本について自分がどう考えているかなんてわからないんだ。」

このブックトークは読み書き双方を支援するが、特に力を発揮するのは、リテラシーが十分に身についていない児童に対してである。これによってクラス全員が理解を共有し、作品の考え方や主題について、より客観的な議論も可能になる。

Chambers の 4 つの基本発問は、テクストへの児童の反応を引き出す最初の手掛かりとして、指導者の問いかけとして、また児童みずから自問しながら読み進む方略として有効である。発問は、以下のとおり。「この本の中で、気に入ったところがあったかどうか、話してくれる？／特に、ここがきらいというところはあったか？／どこか、わけのわからないところはあったか？／なにかパターンのようなものやこれまでの物語経験を思い起こさせるところはなかったか？」

これらの発問は、「なぜ」と因果関係を尋ねる発問と比べ、オープンな問いかけである。どの児童にもなにかしら自分なりに言うことができると、手ごたえを感じるよう仕向けられる。全員がテクストに参加し、テクストへ分け入る観点を共有することが可能なのである。4 発問は、4 つの四角に区切ったワークシートに記入していくと、クラ

---

30) Chambers, A. (1993) *Tell Me:Children,Reading & Talk*.Thimble Press. Tell Me 法については、拙稿「言語芸術としての動画テクストの教材化と教授法－英国映画研究所（BFI）の短編映画を用いた試み」、『中西一弘先生古稀記念論文集』（大阪国語教育研究会編刊、pp.46-53　2004.2）に詳細をまとめた。

ス読書ジャーナルや個人ジャーナルの一部となり、のちの授業においてクラスで振り返る重要な読みの跡付けとなる。これら４つ、好き、きらい、疑問、思い起こすこと、の観点から児童の発言を大きな紙に書き留めていくと、教師の読みの実態把握に役立つとともに、児童がクラスの読みを共有するツールになる。

　これは未知の作品を読み進む際に特に効果的である。いったん児童が Tell Me 発問の活用法を習得すれば、おのずと話し合いの観点として活用されていく。Tell Me 発問には、応用発問、発展発問と豊富にあり、見逃しがちなテーマや主題についての理解に繋がる精読を促す手がかりとなる。[31]

　一般に読書力向上プロジェクトでは、クラス版と個人版の読書ジャーナルの併用を推奨する。個々の読みが教師によって整理、集約、共有されるクラス版ジャーナルは、学習指導プログラム中、教室内に掲示される。教師は、必要に応じて加筆、補筆し、読みの過程に応じた様々なフィードバック・ツールとして機能させながら児童の読みを広げ、深めていく。個人版ジャーナルは、個々の児童の学習記録であり、読みの跡付けであり、内省的な読み手を育む思考の場（'a thinking space'）を提供する方法として定着がめざされている。クラス版で、ある観点からの読みを誘発し共有させたうえで、個人版ジャーナルに、自分の考えや気づきを記録しておくよう促す手順が一般的である。低学年の場合は、クラス版に書かれた単語の綴りや構文が、（視写も含め）児童の文章表現のモデルとなる。全体と個の双方に言語化された児童の読みから、さらにいかに読み広げていくか、教師の判断力と柔軟な指導力に委ねられている。

---

31) 同、注22、pp.5-11 にもとづく。

第 4 章　発展的実地検証による充実期

②低学年および高学年の事例

　ブックトークは導入の働きばかりではない。1 年生の作家研究単元「ケンティン・ブレイクを読む」の最終 2 時間をさいたブックトークがある。Q.Blake は、1999 年から 2001 年の 2 年間初代子どものための桂冠作家[32]に選ばれた、幅広い人気を集める子どもの本の画家である。それまでの 11 セッションで学習した 3 品を振り返り、この作家が桂冠作家としての称号を受けたことに同意するかどうか、ディスカッションを行う。まず、ペアになって、特に楽しく読んだところを互いに話し合う。そこから何を学んだと思うか、考えてみる。これら二つの問いに対して、まず考えるところを書いて、互いに思うところを交流する。将来の作家論へのはじめの一歩となるブックトーク例である。

　文学に出会った最初の反応を言語化するときから好悪の感情や疑問にとどまらず、思い起こすものを問う 4 番目の発問が加わることが、Tell Me 法の特徴である。物語の典型的イメージや慣例的表現、期待される物語展開などに想をめぐらす経験との対話が 4 番目の発問である。主観と客観の両輪を常に対にして自らの読みを自問する。物語はつねに読み手（自分自身）に働きかけるコミュニケーション・テクストであることを前提とした、児童文学を通して教えるリテラシー教授の基本学習指導法である。

C　解釈と多様な表現活動（interpreting and performing）

　この C グループの 16 の学習指導法が、読書力向上プロジェクト主要部分をなす。
　① 　学習の導入―「①-2 絵を読む（Responding to Illustration）」
　② 　視覚化を活用した理解表現学習―「③―1 視覚化する（Visualising）」／「③-2 絵を描く（Drawing）」／「③-3 線描画を描き、その周囲

---

[32] 桂冠詩人（Poet Laureate）に倣い、子どもの本の優れた作家または画家に、隔年で授与する称号「子どものためのローリエット（Children's Laureate）」

に注釈を記入する（Drawing and Annotating）」／「③-6 本作り（Bookmaking）」／「③-8 ストーリーボックス作り（Storyboxes）」／
③　音声表現活動や身体的活動を伴った理解表現学習・ドラマ―「④-1 語り直す（Retelling）」／「④-2 ストーリーテリング（Storytelling）」／「④-3 ロールプレイ（Roleplay）」／「④-4 ホットシーティング（Hotseating）」／「④-5 フリーズフレーム（Freeze-frame）」／「④-6 ドラマ（Drama）」／「④-7 詩のパフォーマンス（Performing Poetry）」／「④-8 劇で再現する（Re-enactment）」／「④-9 リーダーズ・シアター（Readers Theater）」
④　指導者主導型の一斉指導―「⑤-1 シェアード・ライティング（Shared writing）」
⑤　書くことの学習―「⑦-1 なりきり作文（Writing in role）」

　いずれも、児童の読みに基づきなんらかの表現行為が誘発され、表現することと読解が表裏一体となって学習を構築する。一貫して、自分の読みは、内省的な営みであるとともに、どのようにも表現されて他者に伝えうるもの、分かち合うものであるという基本的な読書観が指摘できる。言い換えれば、Cグループでは、「この物語は、自分にとってどんな意味があるか。」「その意味を、他者にどのようにすれば伝えられるか。」の二つの問いは不可分に学ばれるべきものであり、身につけるリテラシーとして位置づけられている。絵を描くこと、フリーズフレームで一枚絵を身体で表すことなど、すべて自分の読みを他者に伝えようとする手段であり方法である。作品としての描画の質や卓抜な演技力が目的ではない。表現してみなければ自らの読みはわからないという読みの教育観であり、自他の間で双方向のベクトルが行きかう「読書コミュニティ」の構築をめざした学習指導なのである。

①物語の骨子の理解や人物理解につながるビジュアル・リテラシーの活用
　Power of Reading Year1 には、「①-2 絵を読む」について、教材選択の段

第4章　発展的実地検証による充実期

階から、語る絵を吟味するプロジェクトの基本姿勢が明記されている。

　　この指導書所収の絵本は、すべて質の高い絵であることと、その絵が言語表現と一体となり読者に向かって意味を語り出す方法の質的高さゆえに選ばれている。児童には、こうした絵を楽しみ、反応する時間と機会が必要で、テクスト理解のために、絵が果たす役割について時間をかけて話し合う場も欠かせない。絵本の絵と同スタイルで描いたり、彩色したりする模倣活動も、児童の反応を広げる機会となる。[33]

児童をテクストへと誘う手がかりとなる方法である。絵の印象や疑問を語り合うだけでなく、表紙絵と同じ場面が物語中に出てくるかどうか、どのような文脈で登場するかと考えを広げると、絵が果たす役割にも着目できる。実際にスタイルを真似て描画する活動を加えると、絵を読むまなざしが磨かれるというように、1年生の段階から、絵を対象とする場合でも、理解と表現が対になって構想されているところが特徴的である。

これは、高学年まで一貫している。5年生のテニソンの絵本版『シャルロットの妖姫』[34]や『インド伝承物語集四季のにぎわい[35]』など、挿絵の質の高さと「ビジュアル・リテラシーにかかわる発展的な学習活動を可能にする資質」のゆえに教材として選択されている。[36] 前者は、詩的言語から想像していた人物像と絵本版の挿絵を見比べ、画家の描画の特徴に着目し、人物像をふくらませる手がかりとする好例である。

『シャルロットの妖姫』は、アーサー王伝説に由来するビクトリア朝の著名なバラッドで、定番教材である。絵本の挿絵読みが挿入されるのは、

33）Bunting, J.（2008）*Book Power: Literacy through Literature Year 1*.CLPE.p.9
34）Lord Tennyson, A.（1986）　*The Lady of Shalott*. Oxford University Press.
35）Jaffrey, M.（1985）*Seasons of Splendour: Tales, Myths and Legends of India*. Pavilion Books Limited.（Puffin. 版 .1987）
36）Bunting, J. et al.（2005）　*Power of Reading: Literacy through Literature Year5*. CLPE. p.6

第三連ランスロット卿がキャメロット城をめざし川の中洲のシャルロット城の傍らを行き過ぎる段である。幽閉され鏡に映る像を通す以外に外界と接点のない姫の破たんのきっかけとなる勇者登場の場面であり、呪いが行使された瞬間でもある。

　目を閉じて、児童は教師の音読を聞き、詩の言語から人物を想像し、自分の抱いた視覚イメージと言語の働きについてディスカッションする。その後プロの挿絵を見、特徴的な描線が人物の強靭さをいかに造型しているかを話し合う。ケートグリナウェー賞受賞作家 C．Keeping のモノクロやセピア色の線描画による独特の画調は、児童の想像力を掻き立てるに十分である。

　児童は話し合いの後、画家を真似て木炭やインクで貴公子を描き、特徴的な描画の理由を言葉で書き加え、クラスで相互説明会をもって1コマの授業が終わる。イメージ画は、後の詩創作の着想に活用される。[37]

　次の授業で、禁を犯すほどに姫の心を動かしたランスロット卿について、主要な問いかけをもとに全員でディスカッションし、本格的な人物理解を行う。彼の言動、詩における役割、姫の存在を知っていたか、姫が死んだことに気づいていたか、等である。このような人物造型から詩世界へと読み入っていく導入部の役割を、先の絵読みや描画活動が担うのである。[38]

　一方、5年生の事例では、民話の再話例として絵本版を取り上げる。自作の再話と比較し、画家の原作解釈に着目し、自らの再話を振り返る学習展開である。『父が語る人生の知恵』[39]の単元中、「太陽の東　月の西」（'East o' the Sun, West o' the Moon'）の挿話を取り上げた2週間全10時間の授業が、その好例である。最終授業に「①-2絵を読む」が活用されて

---

37) 同、注36、pp.27-28
38) 同、注36、pp.27-28
39) Price, S.（1993）. *Head and Tales*. Faber.

いる。6時間目に絵本版を複数紹介し、話し合いの場を設け、その後3時間使って自分自身の再話をまとめる。最終授業で再び絵本版 P.J.Lynch の挿絵[40]を見せ、画家が物語の特異な時空間をいかに絵で伝えようと試みたか、自分ならそれをどう絵で表すか、話し合う。その後、挿絵画家のスタイルを真似て物語の場面をポスターに描き、挿絵を添えて再話を完成させ、学習は終了する。画家のスタイルの模倣は、出来上がりの良し悪しを問うのではなく、構図、色彩、アングル、線描など、プロの画家の筆致を丁寧に見つめる機会をもつことを重視する。その児童なりに、画家の場面の捉え方、解釈のありように関心を抱くことは、読み手としての再話者を意識しながら原作を再読する活動である。

②**自分の読みをみずから意識的にとらえ始めるための導入法─「③-1 視覚化する」「③-2 絵を描く」「③-3 線描画を描き、その周囲に注釈を記入する」**

「③-1 視覚化する」「③-2 絵を描く」について、1年生では、つぎのように説明されている。

> 児童に絵を描くように促したり、人物や場所を視覚化するように仕向けたりすることは、物語の世界へと向かうかれらの歩みを手助けする。教師は、自分の心の目に映る場面（the scene in their mind's eye）を描いたり、空想の中で「その場所を歩きまわ（'walk around it'）」ったりするよう促す。これがいったんできれば、言葉を通してそれを息づかせることも、絵を描いたり、色を塗って再現したりすることもできる。これは、自分が読み取りに的確に反応し始める方法であり、一つの世界を作り上げるために、書き手が言語表現やイメージをどのように用いたのかを分析することを手助けもする。[41]

---

40) Lewis, N. illustrated by P. J. lynch, (1991) *East o'the Sun West o'the Moon*. Walker Books.
41) 同、注33、p.9

高学年でも、低学年同様、児童は絵を描くことを楽しむと指摘する。低学年は、絵を描くことと文字を書くことが混然一体となった表現活動だが、高学年は、絵を描くことは、書くことの動機づけ、着想や構想の補助という重要な役割を果たすものとして積極的な導入が促される。[42]

　1年生の南アフリカの家庭物語絵本『ジャミラの服[43]』の第2セッションでは、前時の表紙についての話し合いを受け、再度表紙を見せ、ジャミラが華やかな布地をまとっている姿に着目させ、彼女は今何を考えていだろうかと発問する。その後、目を閉じさせ、主人公が母のドレス用の布地を初めて身にまとうまでの一節を音読して聞かせ、布地の肌触りの感じ、見え方について説明するよう促す。また、布をまとったとき、どんな感じだったと思うかと重ねて問う。ペアになって、布地をまとうジャミラの線描画を描き、描線の内側には布地の特徴を、外側には彼女の心情を記入する。

　同じ1年生の『ともだちになって（Beegu）』[44]では、Tell Me法を軸にブックトークを行い、クラスの読書ジャーナルに教師が人物の線描画を描き、内側に心情語を赤ペンで、外側に性格や言動を青色で書き分け、注釈記入例を示している。書く活動に入る前やその渦中で絵を描く機会を設け、児童の動機づけを行い、なによりも考える機会を与えることを重視する。特に、描いた絵に注釈を書き加えていく方法は、物語の状況設定であれば、児

1年生向け単元Beeguから人物プロフィール事例（キャラクターマップ）©CLPE

42）同、注23、p.6
43）Daly, N.（1999）*Jamela's Dress*. Frances Lincoln Limited.
44）Deacon, A.（2003）*Beegu*. Huchinson.

童の想像を掻き立て、かつ「ある特定の視点から視覚化するよう仕向けること」が期待されている。人物の描画の場合も、自然と本文の再読が促され、低学年であっても「テクストの言語表現を引用するよう励ますこともできる[45]」とある。

③同化や異化を促す多様な視点から物語を読む
　―視覚化と演劇的活動

「③-1 視覚化する」方法は、心の中に絵を描くという意味で高学年にも活用される。5年生のファンタジー『クリンドルクラックスがやってくる！[46]』は短いエピソードの連続で、短文の連鎖が緊張感をいや増し飽きさせない。いじめられっ子が大トカゲをやっつけヒーローになる展開を楽しむのが中学年の物語享受だとすると、典型人物の組み合わせが生む悲喜劇を意図した手法に気づき、脚本家として映画にも携わる作家リドリーの語り方を客観的にとらえようとするのは、5年生の学習である。

第3週目第11セッションで、児童は、残り42章から最終章67章まで、初めて物語の結末を知る。下水道にうごめく大トカゲ、クリンドクラックスの立場に立ち、大トカゲと彼の存在を信じる少年ラスキンとの攻防について創作詩を作る学習活動が設定される。本文には、少年の内言や彼の目でとらえた状況のみが記され、大トカゲが擬人化されることはない。いきおい児童は少年に寄り添って物語を読みついできた。そこで、詩作する14、15時間目までの3時間は、「③-1 視覚化する」→「④-5 フリーズフレーム」→「③-2 絵を描く」と、大トカゲに対するイメージを視覚的に身体的に顕在化しながら、詩作への着想、構想を練る過程に充てられる。

この「④-5 フリーズフレーム」とは、静止画、一枚絵を身体で形作る一種のパフォーマンス・アートである。主要な出来事や状況設定をどのよ

45）同、注33、p.9
46）Ridley, P.（1991）*Krindlekrax*. Puffin.

うに読み取ったかを、グループで身体表現を通して一枚の解釈絵として表わす学習法である。おのずと誰の視点でどんなアングルで見られる一枚絵にするかを考えることになる。物語テクストの語り方や表現の細部に目を向け、自分たちの読みを一枚の絵として身体でどのように表現し、他者に伝えるかが求められる。劇遊びやストップモーションとは一線を画し、内の目と外の目の双方を携えて物語の場面を切り取るフレームが、グループの解釈を代弁するものである。相互発表では、グループの一人がコメンテーターとして一枚の解釈絵を説明し、観客の児童が絵の人物の肩にタッチし、フリーズを解いて思いを尋ね、演者がそれに応えながら、全員でテクストを読み込んでいく手がかりとする学習指導法である。

「④-3 ロールプレイ」「④-6 ドラマ」は、「物語世界に即時に入り込む道筋を提供し、能動的にテクストに分け入る機会を与える。(略) 特定の人物になりきったり、人物の視点に立つと物事がどのように見えるか想像したりできる[47]」。「④-4 ホットシーティング」も「詩や物語の主要人物になりきって、(円座の中央に坐して−引用者注) 他の児童からインタビューを受ける[48]」というように、これらは同化を軸にした演劇的活動の主流である。他方、一枚の絵にするフリーズフレームは、眺められる情景を創り出そうと試みることで、物語世界を自分がだれの視点で読んでいるのか、作家の語りの視点はどこにあるのかを考えることになり、異化の読みの機会を提供する。

先の事例では、詩作に向け、第11セッションで、大トカゲが何を思い、どう感じていたかを探るため、少年が初めて下水道へ降りていく場面の叙述を読み語り、トカゲが下水道で何を見て過ごしてきたのか、心に描くところから始める。児童に目を閉じさせ、「緑色のぬるぬるはエメラルドのようにかがやき、水面は絹のようになめらかだ。[49]」を何回か教師が音読

---

[47] 同、注33、pp.7-8
[48] 同前

第4章　発展的実地検証による充実期

し、何が見えたか、どう感じたか、少年を見た大トカゲはどう感じたかと問いかける。大トカゲやかれの世界を描写した部分から特に心に残る単語や表現を集め、記録する。つぎの授業で、下水道の場面をフリーズフレーム法で再構築する。四つん這いになって歩くパントマイムをし、そばには「何百というドブネズミどもだけ[50]」がいるなか、下水道を這い上がり、マンホールからトカゲ通りに這い出ていく。フリーズを解いて聞き出した説明や気づきは、継続的に記録（読書ジャーナルなど）に書き加える。

詩作への構想過程最後の第13セッションは「③-2 絵を描く」が中心である。住処である下水道、もしくはトカゲ通りに這い出た大トカゲの絵を描くよう指示する。描いた絵の下欄に、自分の絵の特徴とその理由説明を記入させる。相互交流し、この話し合いを通して浮かんできた単語や表現を先の記録に書き加える。以上の構想過程を経て、教師がクラス一斉指導「⑤-1 シェアード・ライティング」を用いて、創作詩の最初の2行を書いてみせる。この冒頭部もしくは自作の詩行を用いて創作を始める。条件は、大トカゲの立場に立ち、彼がマンホールからトカゲ通りに這い出てきた場面の詩を創作すること。これまで書き溜めた単語や表現を活用することが促され、完成の後は、先の絵とともにクラス詩集として、学級文庫に加える。

この大トカゲは、少年の父親が動物園の飼育係で

web上に投稿されたプロジェクト写真からフリーズフレームを写真に撮り、そこに役柄としての気持ちなどを記入した事例　©CLPE
（4年生 Swaffield Primary School, Wandsworth）

---

49)『クリンドルクラックスがやってくる！』（唐沢則幸・訳、徳間書店、1996年6月30日）、p.155
50) 同前、p.157

あった頃誤って逃がしてしまったトカゲが、母親が頻繁に捨てる食パンを食べ、下水道で異常に成長し凶暴化したという仮説に立って語られている。この失敗のため職を解かれた父親は働く意欲を失い、家族を顧みず、母親は毎日不平を並べる。大トカゲの立場に立つことによって、動物園と下水道、人間と動物、父親と息子など、この物語の下敷きになっている複数の関係性が包括的に読み取れる学習活動である。

　一方、6年生の『おやすみなさいトムさん』では、主人公になりきり、彼の視点に立って何が見えるか想像し、言葉にすることで、母の虐待から逃れ、田舎町に疎開してきた孤独な少年への理解を促し、かつ愛される空間としての家を再発見していく過程を少年のまなざしで捉える学習が設定される。

　疎開児童、孤独な大人と子ども、児童虐待などの問題をベースにした中編児童文学を5週間25時間で行う教授モデルである。2週目の6、7セッション2時間を使い、演劇的視覚化（dramatic visualizing）が導入される。既習の場面設定である里親トムの小屋の屋内と屋外、疎開してきた村のそこここがどのようなところであるか、演劇的視覚化法でイメージを創りあげていく。具体的には、児童に疎開児童ウィリーになってトムの家の居間のまん中に「立つ」、もしくは、教会の表庭に「立つ」よう指示する。それぞれの立ち位置から何が見えるか、人物になりきって説明する。見ている方向はどこでも構わない。班ごとに異なる場所に「立って」、見えるものを述べ、他の児童はそれを注意深く見守る。最後に、自分が思い描いていた「絵」と他の班が見ていた「絵」を比べ話し合う。児童の発言から印象的な語句を随時記録させる。個人作業に移り、読書ジャーナルに、先の場面から一か所を選んで絵に描き、そこから見えるものを文章で書き込む。クラスで発表しあい、交流する。

　これら高学年の2例は、身体表現と視覚化を組み合わせ、状況設定に必然的に組み込まれた人物造型を、内面と外側の両面から捉える機会を具現化し、児童の解釈を深める。その読みを他者に説明することで分かち合い、

更なる内省のきっかけとなる。この行程は、書くための十全な構想段階でもあり、児童の読みを書き言葉によって跡付けていく一連の学習展開が見て取れる。

④その他の学習指導法

「④-1 語り直す」「④-2 ストーリーテリング」「④-8 劇で再現する」「④-9 リーダーズ・シアター」も頻出する方法である。物語を語り直すことは、「物語創作のパワフルな方法のひとつ」[51]とみなされる。物語を語り直す助けとして、物語の「骨子」の理解を促すため、絵コンテやストーリーマップの活用が推奨されている。[52] ストーリーテリングは、図書館の素話ではなく、一人の児童が物語の短い一部分を語り、隣の児童がその続きを語り継ぐという持ち回りで物語のあらかたをとらえる方法である。児童に自信を持たせながら物語に集中させることができ、語り出す単語や語句を注意深く選ばせることにも通じ、これも、書く活動への導線のひとつと位置づけられている。

「④-8 劇で再現する」は、多様な物語遊びの延長線上にあり、誰かが創り上げた世界に足を踏み入れ、探索していくような臨場感のある学びの場を創出する。ロールプレイが人物関係に焦点を置くとすれば、これは場面構築とそこへの参加に比重がある。

一方、「④-9 リーダーズ・シアター」は、戯曲にそって劇化する方法である。読解にふさわしい限られた場面を取り上げるのが一般的で、教師がオリジナル戯曲を用意し児童に演じさせる場合と、児童に戯曲化させ演じさせる場合がある。意図は、物語がいかに形作られていくか、人物やプロットなど物語の基本要素はどうなっているのか等、積極的に話し合う動機づけになること。物語の基本要素がいかに状況設定を作り上げていくか、

---

51) 同、注36、pp.5-6
52) 同前

戯曲化、リハーサルの段階で、様々な必然的判断の場に出会わせることである。

「④-7 詩のパフォーマンス」は、詩的言語の押韻やリズムなどに着目した立体的な詩の世界の再構築法である。「すべて詩というものは、ページから離れ、声を帯びることが求められる。[53]」たとえば、『シャルロットの妖姫』の最終授業はパフォーマンスで締めくくられる。事前準備の群読の授業の後、3時間かけて、バラッドを心に思い浮かべ、音楽に反応しながら絵や詩句や動きを想像する機会を設ける。具体的には、チャイコフスキーの「悲愴」を聞き身体表現を試み、作品と楽曲から誘発される思いの質を話し合う。曲をもとに詩の場面の絵を描いたり、バレーの舞台装置をデザインする。詩創作や心に浮かんだ曲のイメージを書き留める。このように「悲愴」の曲調に刺激された表現活動を重ね、この楽曲を用い、ある場面を表すダンスを創作する。最終授業で、児童の絵、創作詩、舞台デザイン、ダンスリハーサル中の様子を活写した写真などの成果物すべてを展示し、群読やダンスの発表会を催す。中学校の国語科にも通じる文学の学習指導である。

⑤読解と密接にかかわる書く活動―「⑤-1 シェアード・ライティング」／「⑦-1 なりきり作文」

「シェアード・ライティング」は、「児童が書き手であるというのはどういうことかを経験するには、おそらく最も重要な支援の方法である。[54] 教師が、児童の発言を即座に聞き書きしてみせることによって、児童といっしょにひとつの言語表現を作り上げていく方法である。「話し合いながら互いの考えを共有し、作業パートナーとして教師と児童が活動していく。書く過程において書き手が下すべきすべての判断の機会に児童を導

---

53) 同、注36、pp.5-6
54) 同、注33、p.9 詳細は、*Shared Reading Shared Writing*, CLPE. 1990

第4章　発展的実地検証による充実期

き、紙の上に文字を使って自分の考えを形作っていくのを支援する。[55]」
児童がひとりで書くための行為モデルを提供し、児童文学をもとにポスター類、詩創作、本作りなど学びの成果を形にしていく。綴り、句読法、構文などの基礎技能にとどまらず、文字によって意味を生成する糧そのものを共有することが意図されている。

「⑦-1 なりきり作文」は、登場人物になりきることで、低学年の児童でも、その人物の視点を意識しながら再読の機会をもて、その視点に立って出来事をとらえることも可能となる効果的な読解方法である。低学年のブックトークやロールプレイを通して物語の状況設定に関心を抱かせる活動は、なりきり作文の準備期でもある。

たとえば、1年生単元『かたつむりと鯨』[56] 最後の3時間は、鯨が浜に打ち上げられ身動きできないとき、小さなかたつむりが機転を利かせ困難をきりぬける場面を取り上げ、夕方6時のTVニュースで報道されたというロールプレイを行う。テレビ・レポーターとなって実況中継を行い、鯨やかたつむりにインタビューし、視聴者役の児童はニュースを見て感想を言い合い、ニュースを見逃した児童に内容を語り伝える等、複数の役を演じる。最後は、地方新聞の記事にまとめる。事件の当事者、伝達者、視聴者と

ストーリーマップ作成に向けて、状況設定画像を用いて、発問をし、記入しながら、児童の言葉を引き出す。画像の shared reading である。これをもとに児童のマップが作成される。web 上に投稿されたプロジェクト成果物から（3年生 Edmund Waller Primary School、Lewisham）©CLPE

---

55) 同、注33、p.9
56) Donaldson, J.（2003）*The Snail and the Whale*. Macmillan Children's Books,（『カタツムリと鯨』柳瀬尚紀訳、評論社、2007年10月5日）

いう三様の立場で、庇護される対象だった小さな生き物が巨大な生き物の窮地を救う物語のクライマックスを多様に読み入る活動である。ロールプレイを通して、さまざまな「声（voice）」を意識させ、なりきり作文へと児童を導いていく。役になりきることで、自分の読みとは異なる感情を追体験し、それが言語表現に反映することが期待されている。

D　探究と分析（Exploring ＆ Analysing）

　最後のグループは、批評読みにつながる高度な段階である。③視覚化を活用した理解表現学習から「③-4　書き込み法（Text marking）」「③-5 ストーリーマップの作成（Story mapping）」「③-7　絵コンテ（Storyboarding）」、⑥テクストの特徴的な組み立てや表現の仕掛けに気付く方略の学習から「⑥-1 言葉集め（Word collection）」「⑥-2 比較法（Comparison）」、⑧話し合いの活用から「⑧-1 ディベート（Debate）」「⑧-2 ディベートと議論・ディスカッション（Debate ＆ Augment,Discussion）」の計7方法が掲げられている。

　「③-4 書き込み法」は、下線やマーカーなどで印をつけ、本文の行間に気づきを記入していく分析的な読みの方法である。気づきは、特徴的な言語表現を抽出するものと、意味が創り出されていく表現手法の特徴や効果を注釈するものの2種類である。本文を拡大コピーした資料を配布し、ペアで書き込みをしていくやり方が一般的で、児童間の話し合いもテクストの細部に焦点化されることが望まれている。「読むという行為は、テクストに能動的にかかわる行為であることを明瞭に指し示す[57]」学習指導法である。

　たとえば『クリンドルクラックス』第2セッション、児童は10章までの読み語りを聞き、人物像について考究する。凶暴化した同級生エルビスの傍若無人ぶりが初めて描かれる4章[58]の拡大コピーが配布され、ペア

57）同、注23、pp.8-9
58）原作4章pp.11-13は、翻訳では1章の最後のpp.18-21にあたる。

第4章 発展的実地検証による充実期

で検討する。検討後、4人班に再編成し、書き込みをもとに比較しあい、他の場面での気づきとも関係づけ、小見出しを立てて主人公の宿敵エルビスの人物像を表にまとめる。ひとつの探求課題に沿って、書き込みメモをもとに重層的な話し合いが積み重ねられ、まとめの分析表に収束させる授業展開である。

Web 上に投稿されたプロジェクト成果物から ストーリーマップ ©CLPE
(児童のフリーズフレームを写真に撮り、マップに組み入れた事例。3年生 Lauriston Primary School. Hackney)

プロジェクトで活用されるマップ法には、我が国でも卑近な、発想を掘り起し広げ関連付けるマインド・マップの他、状況設定マップ (Map of story settings)、「③-5 ストーリーマップ」「③-7 絵コンテ」が提案されている。状況設定マップは、たとえば、先に見た6学年の歴史物語『炉辺、寝床と骨』のように人物が放浪する展開の場合、主な村の状況をグループで描き、作中で猟犬が描写した本文と照らし合わせながらランドマークを記入し、状況把握の手がかりとするものである。

「③-5 ストーリーマップ」は、物語をエピソードに分節する活動で、視覚化することで、物語全体の骨子を俯瞰しやすくする意図がある。物語の特定場面を取り立て視覚的に分節し、会話表現などを書き加えながら部分精読の手がかりになるのは、「③-7 絵コンテ」である。これら3つのマップは、物語の舞台設定、全体構成、特定場面を、それぞれ語り直す学びの方法であり、反復やパターンなど語りの特徴に気づき、物語の組み立てをとらえる方法である。

以上が、物語の全体や場面の成り立ちに視覚的に分け入る方法だとすると、テクストの細叙に気づかされていく学習指導法として「⑥-1 言葉集め」「⑥-2 比較法」が提案されている。前者は、ある人物を造型する特徴

的な単語を集める、ある状況設定を読み手に印象付け物語を転換していく単語を集めるなど、対象作品特有の語彙データを構築する。単語レベルから作家独特の表現法やスタイルに迫らせる活動である。後者も、言葉集めの方法を活用し対照表を作成する。共通点、相違点を軸に、二作品、二場面、二人の人物、過去と現在など、作品構造にかかわる二者を抽出し比較する。この語彙データは、特徴的なパターンを発見する実証的な手掛かりとなる。根拠を伴った作品批評を行うための方法論の学びでもある。

　最後に、対立概念の明確な音声表現形式である「⑧-1 ディベート」「⑧-2 ディベートと議論・ディスカッション」が提案される。これは、「Bテクストへの反応と振り返り」と密接に関係づけられ、Bのブックトークや Tell Me 法が主観的なテクスト反応を引き出すことを主とするのに対し、Dのディベート等は、より客観的批評的な反応を呼び起こすことを主眼とする。議論を通して、自分の抱いた思いや印象は、作家のどのような表現のしかけに端を発するか、分析することが求められる。

　高学年主体の学習指導法であるが、1 年の絵本『かたつむりと鯨』にも、その萌芽が指摘できる。鯨に乗って旅に出たかたつむりが、空の広さ、海の大きさに目を奪われ「あたしちっこい」とつぶやく。一方、陸に打ち上げられた鯨は「おいらの体はでっかすぎる！」と呻く。物語の全体をつかんだ後、児童に問われたのは、かたつむりは最初から自分の小ささはわかっているし、鯨が巨大なのも自明にもかかわらず、こうつぶやいたり、呻いたりするのは、どういう意味なのかである。'I feel so small when..' 'I feel too big when..'、という話型を活用し、自分の考えを耕してディスカッションに入る。

　6 年生『チャールズ・コーズリー詩撰集』の最終 2 時間の授業では、「なぜコーズリーの詩を学ぶのか」についてディベートが設定されている。学習の流れは、まず既習事項をもとに、コーズリーの詩作品について重要だと気づいたところを出し合うブレーンストーミング。「詩作品の内容、主題」「詩人のスタイル」「詩人の表現法」「作品の雰囲気や抒情」の 4 観点

から、詩人の特徴を班で出し合い、根拠となる具体例や詩行を指摘し、メモを書き込む。つぎの授業で、「なぜコーズリーは学ぶに足る良い詩人なのか」「この詩人の作品を読んだり、話し合ったりする価値のあるものにしているのは、なにか」という問いをもとに、根拠を挙げて賛成側と反対側に分かれ、ディベートを行う。この単元の発展学習として推奨されているのは、このディベートを経て、詩人についてのラジオ番組を作成し、録音のうえ、他のクラスと交流するような「④-7 詩のパフォーマンス」である。詩作品の紹介、お気に入りの詩の解説と朗読、この詩人を学習する意味、詩人と作品についてのパネルディスカッション用の質問に答える準備など、班ごとに異なる課題を行い、15～20分のラジオ番組として編成、録音し、学級文庫に常設する。1年生と6年生では質的な差はあるものの、文学を分析的に考究するための思考の機会をていねいに学習指導プログラムに組み込んでいくのである。

第2項　リテラシー教授プログラム―低学年（Key Stage1（Year1・Year2））の読書力向上プロジェクトの学習指導モデル

　2005年から開始された読書力向上プロジェクトであるが、第1学年の指導書が刊行されたのは、2008年である。それまで研修参加者向けのweb上に公開されていた教授プログラムや関連資料とその実地指導経験をもとに、*Book Power:Literacy through Literature Year 1*（CLPE.2008）には、9冊の児童文学を軸とする単元と作家研究単元の計10単元が収められた。

　小学校6年間における低学年の位置づけを捉える手立てとして、表10に、Key、Stage 1／2の各学年の単元学習において中心となる児童文学を、NCの学習対象の分類法を踏襲して、①伝統的文学（伝承文学／伝承童謡）、②評価の定まった（創作）文学（散文／韻文／戯曲（6年生のみ採用））、③多言語文化を背景とするテクストの3グループに整理した。多言語文化背景のものは複数グループに収めた。センターの地域性を反映させたものである。作家研究単元は④として別立てにした。

表10　Key Stage 1/2のモデル学習指導プランの文学教材

KS1とKS2のPOR教材一覧	伝統的文学テクスト		評価の定まった文学テクスト			多言語文化を背景とするテクスト	作家研究
	伝承文学	伝承詩	散文	韻文	戯曲		
KS1 Y1	『ごはんは抜きまよ！――おばあちゃんとかぼちゃのお話』No Dinner!（インドの昔話, Soubami, J. 再話）	『ふくろうとねことちゃん』The Owl and the Pussy Cat （ノンセンス物語詩, Lea,E.）（邦訳 柳瀬尚紀, おおぶちみき, 青心社 2005.2）	『ともだちになって』Beegu （空想物語, Deacon, A.）（邦訳 いずむらまり 大型本のみ 徳間書店 2004.1）　『カッチョマンがやってきた！』Traction Man is Here（空想物語, Grey,M）（邦訳 吉上恭太 2008.6）　『きゃああああああああああああモ！』Aaaarrgghh,Spider! （ノンセンス物語, Monks,L.）（邦訳 まつかわまみ, 評論社 2004.3）　『かいじゅうたちのいるところ』Where the Wild Things Are（絵本, Sendak,M）（邦訳 神宮輝夫 冨山房 1975.12）	フクロウと子猫（エドワード・リアのノンセンス詩）『1』（邦訳 柳瀬尚紀『1できらくっていと、とても愉快！』西村書店, 所収）		『ごはんは抜きまよ！』（伝承インド）	タウェンティン・ブレイクの絵本
KS1 Y1	『物語の木』The Story Tree（ドイツ, インド, アフリカ系アメリカ, 英国, ユダヤの昔話, Lupton, H. 再話）					『物語の木』（世界の伝承文学）	『マグノリアおじさん』Mister Magnolia （未邦訳）
KS1 Y1				『かたつむりと鯨』the Snail and the Whale （物語詩, Donaldson,J.）（邦訳 柳瀬尚紀, 評論社 2007.10）		『ジャミラの服』Jamela's Dress （南アフリカを舞台とする家庭物語, Daly,N.）	『10わのインコどこいった！』Cockatoos,（邦訳 さかいさきこ, 小峰書店, 2001.11）　『みどりの船』The Green Ship（邦訳 千葉茂樹, あかね書房,1998.5）
KS1 Y2	Mufaro's Beautiful Daughters （ジンバブエのシンデレラ・ストーリー, Steptoe,J.再話）		Man on the Moon (a day in the life of Bob) （空想物語, Bartram,S.）	The puffin Book of Fantastic First Poems （伝承詩, 現代詩の入門詩集, Crebbin,J.編）		Mufaro's Beautiful Daughters （ジンバブエのシンデレラ・ストーリー）	Emily Gravett の絵本
KS1 Y2	The Princess and the White Bear King （北欧, Batt,TR 再話）					The Princess and the White Bear King（北欧）	Dogs, Meerkat Mail, Little Mouse's Big Book of Fears
KS1 Y2	A Fistful of Pearls （イラクの9つの伝承文学再話, Laird, E. 再話）					A Fistful of Pearls （イラクの9つの伝承文学再話）	

KS1とKS2のPOR教材一覧	伝統的文学テクスト		評価の定まった文学テクスト			多言語文化を背景とするテクスト	作家研究
	伝承文学	伝承詩	散文	韻文	戯曲		
KS1	*Lia and the Secret of Rain* (洪水と干ばつに苦しむケニヤを舞台にした現代の民話, Conway,D.)					*Lia and the Secret of Rain* (洪水と干ばつに苦しむケニヤを舞台にした現代の民話, Conway, D.)	
						Mia's Story: A sketchbook of Hopes and Dreams (南アメリカ、アンデス山脈の麓に暮す貧しい一家が夢をかなえる物語, Foreman, M.)	
						Grace And Family (ガンビアを舞台にした家庭物語, Hoffman, M.)	
KS2 Y3・4						*Gregory Cool* (Tobagoへの旅・冒険物語, Binch, C.)	
	Tales of Wisdom and Wonder (各国の伝承文学集, Lupton 再話)		[ぼく、ネズミだったの!] *I was a rat* (冒険物語, Pullman,P.) (邦訳 西田紀子 偕成社 2000.9)	*The Kingfisher Book of Children's Poetry* (近代詩集, Rosen, M. 編)		*Tales of Wisdom and Wonder* (各国の伝承文学集. Lupton 再話)	
	Fly,Eagle,Fly! (ガーナの寓話、Gregorowski, C. 再話)		[バージャック] *Varjak Paw* (動物物語、SF Said) (邦訳 金原瑞人・相山夏奏 偕成社 2008.1)	*The puffin Book of Utterly Brilliant Poetry* (現代詩集, Patten,B 編)		*Fly,Eagle,Fly!* (ガーナの寓話、gregorowski, C. 再話)	
	Firebird (ロシア民話、Pirotte,S. 再話)		[アイアン・マン・鉄の巨人] *The Iron Man: A Story in Five Nights* (現代の寓話、Hughes,T.) (邦訳 神宮輝夫 講談社 1996.5)	*A Foot in the Mouth. Poems to Speak,Sing, and Shout.* (パフォーマンス詩集, Janeczko,P. 他編)		*Firebird* (ロシア民話、Pirotte, S. 再話)	
	The Frog Prince Continued (カエルの王子の後日譚、Pirotte,S. 再話)		[シャーロットのおくりもの] *Charlotte's Web* (動物物語、E. B. White) (邦訳 さくまゆみこ あすなろ書房 2001.2)				
	Orchard Book of Greek Myths (ギリシャ神話、McCaughrean 再話)		『森のなかへ』 *Into the Forest* (空想物語絵本、Browne,A.) (邦訳 灰島かり 評論社 2004.7)			*Hot Like Fire* (クレオール語や標準英語で書かれた生活詩集, Bloom, V.)	

KS1とKS2のPOR教材一覧

		伝統的文学テクスト		評価の定まった文学テクスト			多言語文化を背景とするテクスト	作家研究
		伝承文学	伝承詩	散文	韻文	戯曲		
KS2	Y5	*Greek Myths*（マンガ版、Williams,M. 再話）		*The Tinder Box*（アンデルセン童話）				
		Golden Myths and Legends（世界各地の神話・伝説集、McCaughrean,G. 再話）	*The Lady of Shalott*（テニソンの物語詩、Lord Tennyson,A.）	『クリンドルクラックスがやってくる』*Krindlekrax*（冒険空想物語絵本、Ridley,P.）（邦訳 唐沢則幸 徳間書店 1996.6）	*Talking Turkeys*（視覚詩・ラップなどの詩集、Zephaniah,B.）		*Golden Myths and Legends*（世界各地の神話・伝説集）	
		Head and Tales（民話、寓話7編、Price,S. 再話）		『8つの物語』*The Rope and Other Stories*（ピアス作4短編物語集現実に根差した物語、Pearce,P.）（邦訳 片岡しのぶ・あすなろ書房 2002.5）	*Around the World in Eighty Poems*（世界各地の詩集、Berry,J.編）		*Seasons of Splendour: Tales, Myths and Legends of India*（インド伝承物語集）	
		Seasons of Splendour: Tales, Myths and Legends of India（インド伝承物語集、Jaffrey,M. 再話）		『トイレまちがえちゃった！』*There's a Boy in the Girls' Bathroom*（学校物語、Sachar,L.）（邦訳 唐沢則幸 講談社 1998.7）			*Around the World in Eighty Poems*（世界各地の詩集）	
		The Magic Lands:Folk Tales of Britain and Ireland（英国とアイルランド民話集、Crossley-Holland,K. 再話）		*Shakespeare Stories*（シェイクスピア物語、Garfield,L. 再話）（Y5/Y6共通）				

KS1とKS2のPOR教材一覧	伝統的文学テクスト		評価の定まった文学テクスト			多言語文化を背景とするテクスト	作家研究
	伝承詩	伝承文学	散文	韻文	戯曲		
KS2 Y6			『おやすみなさい、トムさん』Goodnight Mister Tom (Magorian, M.)	『コーズリー編・子どものための詩撰集』Charles Causley: Selaected Poems for Children (1950年代〜2000年の詩作品集)	『マクベス』Macbeth (シェイクスピア戯曲) (邦訳 小田島雄志 白水社 1983.10)	『おやすみなさい、トムさん』(母の虐待を受ける疎開児童とアフリカ系移民の老養父の物語) (邦訳 中村妙子 評論社 1991.8)	フィリップ・プルマンの児童文学
			『SF作品集』Science Fiction Stories (Blishen, E. 編)	『町から町へ』Locomotion (Woodson,J.)		『町から町へ』(アフリカ系アメリカの少年の韻文体の物語)	『時計は止まらない』Clockwork (邦訳 西田紀子 偕成社 1998.11)
			『肩甲骨は翼のなごり』Skellig (幻想譚, Almond,D.) (邦訳 山田順子 東京創元社, 2000.9)				『花火師リーラと火の魔王』The Firework-Maker's Daughter, (邦訳 なかがわちひろ ポプラ社 2003.8)
			『炉辺,寝床と骨』Fire,Bed and Bone (野良犬の視点から書かれた歴史小説, Branford, H.)				『黄金の羅針盤 上下』NorthernLights:Bolvangar (邦訳 大久保寛 新潮社 2007.9)

第1学年の学習指導モデルが取り上げる児童文学作品の場合、
① 伝統的文学
　伝承文学—＊インドの昔話『ごはんは抜きよ！（No Dinner!）』／＊さまざまな文化背景の昔話『物語の木（The Story Tree）』
　伝承童謡—『ふくろう君とにゃんこ嬢（The Owl and the Pussy Cat）』
② 評価の定まった（創作）文学
　散文–空想物語絵本『ともだちになって（Beegu）』／『カッチョマンがやってきた！（Traction Man Is Here）』／『かいじゅうたちのいるところ（Where the Wild Things Are）』／『きゃあああああああクモだ！（Aaaarrgghh,Spider!）』／
　韻文—『かたつむりと鯨（The Snail and the Whale）』
③ 多言語文化を背景とするテクスト
　『ジャミラの服（Jamela's Dress）』＋＊印の作品2点
④ 作家研究 Quentin Blake（3作品の重ね読み–『ミスター・マグノリア（Mister Magnolia,）』、『10わのインコどこいった！（Cockatoo）』、『みどりの船（The Green Ship）』、

以上の9作品、1作家が学習対象の中軸として取り上げられた。すべて絵本を1冊丸ごと学ぶ学習単元である。第1学年から、作家研究と題して、同作家の絵本の重ね読みがプログラム化されている。散文、韻文と区別はするが、散文の文体は、説話的な語りの文体が主流で、韻文は、物語詩で、全体的に語りの文体が基盤となっているのがわかる。イギリスではきわめて著名なナンセンス詩 E.Lear の『ふくろう君とにゃんこ嬢』のような英文学伝統からの選書もあれば、アジア、アフリカ、カリブ海系、ヨーロッパ等の文化の広がりをもつ伝承文学の選書もある。物語詩の観点から見ると、動物（生き物）の擬人化法による新旧の物語詩に出会える工夫も指摘できる。現代の古典的絵本ともいえる M.Sendak の『かいじゅうたちのいるところ』もあれば、『ともだちになって』（2003年 The Kate Greenaway Medal の最終選抜候補作）『カッチョマンがやってきた！』（2005年同前賞最

終候補作／ボストン・グローブ＝ホーン・ブック賞受賞作）等の最近の話題作の選書も見られる。『きゃあああああああクモだ！』『10わのインコどこいった！』等のスパイスの効いたユーモアあふれる絵本もあれば、『ともだちになって』『かいじゅうたちのいるところ』『みどりの船』等の子どもの心の内奥に語りかける絵本も用意されている。作家、時代、ジャンル、テーマ等による単純な選書ではなく、小学校の導入学年において、文学的テクストを文学として出会わせるとはどうあることで、それによってどのようなリテラシーが育みうるのか、が問題とされている。これを教師教育の起点として、実践との連携を図りながら、時間をかけた選書とその教授プログラム・モデルを提案してきた。ここでは、第1単元『ともだちになって』の教授プログラムを中心に、具体の一例を考察する。

2.1　低学年単元『ともだちになって』（*Beegu*）[59]の教材分析
あらすじ

　宇宙から地球に不時着したビーグーが、地球という星を探検していく発端部、さまざまな人間との出会いと別れの展開部、両親に救出され宇宙船に戻る結末部と大きく3部、全16見開きからなる。未知の場所に迷い込み、様々な経験の後、無事に家に帰るという行きて帰りし物語である。物語の時間は、ビーグーが地球に滞在したほぼ1日である。そこには、主人公を拒絶する大人と肯定する子どもという対照的な人間との出会いがある。では、ハッピーエンドかというと割り切れない思いが残る不思議な読後感である。時系列に沿ったシンプルで直線型の物語展開だけに、主人公が抱いた地球の印象の一言ではとらえがたい複雑さが、いっそう印象付けられる。

---

[59] Deacon, A.（2003）*Beegu*.Hatchinson, 教材には Red Fox.2004年版を使用。邦訳、『ともだちになって』（いずむらまり　訳、徳間書店、2004.1）

メディアとしての絵本の語り

　絵本というメディアの語りは、映像表現（絵）と言語表現の相関が生む関係性の語りである。この作品の場合、主人公の言葉はマンガのようにフキダシで視覚化されるが、ランダムな図像の羅列で、ビーグーの言葉は読み手には理解できない。つまり、降りたった地球の生き物と同じ位置に、読み手の子どもも立たされることになる。語りは三人称で、短文を中心に21文と端的な語りで、けして饒舌ではない。が、その語りと絵語りによって、宇宙の両親も地球の誰もが知らないビーグーを、読み手だけが共有する。

　場面転換を印づける言語表現としては、以下の反復表現がある。わが子を探す母の存在が繰り返し、イメージ付けられ、発端部の最後と結末部の冒頭に配されている。

　　From far away she thought she heard her mother calling…（pp.6-7）
　　Once again, from far away she thought she heard her mother calling.（p.22）
　　（「はるかかなたから、母さんが呼んでいるのが聞こえたような気がした。」[60]）

　画像の構図も描画内容も、遠くはるか空を眺める主人公の後姿をとらえた類似反復で、言語表現とかかわって転換点を印象付けている。読み手は、主人公の肩越しに夜空を見上げ、丘の下に広がる都会の街並みを眺める同化型の見開きが、物語展開の句点の役割を果たす。

　物語の冒頭、「ビーグーはここの住人ではありませんでした。かのじょは迷子になったのです。」と始まる。居るべきところではないところに迷い込んだ非日常から始まる物語である。'here' は、読み手にとっての「こ

---

[60] 邦訳は、主人公の一人称を用いるため、心情がストレートに語りだされ、迷い込んだ状況とのかかわりで人物造型する原作とはニュアンスが異なっている。未知の世界に迷い込んだビーグーの頼りなげなありよう、不安、疎外感を、原作は三人称の語りで抑え気味に語りだす。稚拙ではあるが、なるべく原文の構文に沿った拙訳で、検討することとした。なお引用の絵本表紙の著作権は、©Hatchinson に帰属する。

第4章　発展的実地検証による充実期

こ」であり、読み手の住む世界に、なんらかの事故で不時着した生き物の地面に横たわった姿から、少しずつ読み手の心の中に視覚的に人物造型されていく。

　表紙を開くと、中扉があり、右手前に気を失っている耳の長いウサギにも似た黄色い生き物が横たわり、左奥には、地面に半分めりこんだ宇宙船が煙を出している。アングルはやや手前から奥を俯瞰するもので、あたかも読み手のすぐ前に生き物が倒れているという感がある。しかも、大人の視線ではなく、背のまだ低い子どもが見下ろすアングルが演出されている。それだけに、容姿はもとより、体の大きさがつかみがたい。街中ですれ違う大人との背丈の違いが対照的に繰り返し描かれ、主人公の思いのほかの小ささを印象付けることとなる。

　また、本編の最初の頁でビーグーが初めて出会ったにあった「ここ」の住人は、同じ長い耳をもつウサギたちであった。外観の類似性は、ビーグーの姿の基本的輪郭を定着させ、先ほどのフキダシに如実なように、姿は似ていても言葉が通じない状況が強調される仕掛けである。

権力の象徴としての身体の造型

　視覚的イメージの類似性を活用した残像効果は、そこここに見られる。人物造型例として、大きさの対比が生む象徴的な人物関係は、幾度となく繰り返される。大人とビーグーの大きさの決定的格差。一方で、背格好の似ている＜小さな＞ビーグーと子どもたちの類似性が反比例的に強調される。（p.3.　p8.　p9.　pp.16-17 など）この物語では、大きさの違いは＜力（権力）＞の差を代弁する。

　もっとも象徴的な見開きは、校庭で遊びに興ずるビーグーと子どもたちが左頁、そこへ排除にやってきた教師が右頁、対照的な両者が同じ時空間に居合わす場面（pp.16-17）である。一見して、笑顔の子どもと硬直した大人の表情の対比もわかる。右頁の上端に届かんばかりに縦軸いっぱいを使って書かれた教師の全身像。頁の縦軸の半分に満たない子ども像。

295

けれども、この作品は、大人対子どもの一元的な対立に終わらない。右頁には、教師の傍らに、下向き加減の女児が書き込まれている。楽しげな子どもの中にあって、この女児の身体性は異質である。この女児の姿は、ビーグーと別れを惜しむ子どもらの中にはいない。ビーグーを異なる者として教師を呼びにいったとも読める。それは、無事に救出されたビーグーが両親に語った言葉、「地球の生き物はたいていは大きくて、不親切。でも小さい生き物のなかには、ともだちになれそうなのもいた。」にも如実に反映する。子どもは友達、大人は敵という単純公式では収まらない世界観を絵が語り出す。

円環の残像効果

　大人と子どもの背の高さの違いを、垂直のベクトルが生む力の格差のモチーフとするなら、円形の反復は融和や共有のモチーフといえようか。

　中扉は本来円形であるはずの宇宙船が地面にめりこんだ視覚イメージから始まる。環状のイメージが最初に表されるのは、やっとビーグーが見つけた寝場所である、捨てられた子犬の眠る段ボール箱であった。子犬に囲まれ、その真ん中に眠る姿である。(pp.10-11)

　捨て犬センター職員につまみ出されたビーグーは、街をさまよい、ついに'the perfect place'を見つけたと思う。格子越しに覗いた校庭に遊ぶ子どもの姿である。遊ぶ児童の背中越しに覗くビーグーの姿を丸いフレームで取り立てて強調する。(p.15) この物語中、初めて完全な円環が描かれた場面である。読み手は、手前の男児らの視点と重なる形で、興奮気味のビーグーと真正面から相対する構図となっている。円で切り取られた特別な瞬間の演出である。

　先の校庭の場面では、ビーグーは赤い輪くぐりに興じていた。この赤い輪は、この後、物語の最後まで、彼女の手から離れることはない。唯一覚えた人間の言葉'Good bye'を子どもらに返すときも、ビーグーは子どもと遊び興じた赤い輪を離そうとはしない。

また一人になったビーグーは両親を思いながら、輪を手に寝入ってしまう。両親が我が子を見つけたときにも、その輪は傍らにあった。帰還後、両親に話すフキダシのなかにも、輪の絵は幾度か登場し、地球に迷い込んだ体験は赤い輪と対に語られる。
　ビーグーが赤い輪を手にして以降、空の満月、宇宙船の円形窓というように、環状のモチーフが頻出する。「ビーグーは、ひとりぼっちは嫌でした。だれかともだちが必要でした。(p.9)」その「ともだち」と遊び興じた輪であった。「ともだち」は、教師がビーグーをつまみ出したときに、「『まってえ！』彼女のお友達はさよならを言いたいと思ったのです。(p.20)」と行動を起こした者たちでもあった。「さようなら」という言葉は、別れを告げる言葉であるが、この作品においては、きちんと出会った者同士だけが交わす言葉として描かれるのである。'See you'（またね）ではなく'Good bye'（さようなら）であることも、唯一無二の出会いと別れであることを暗に示している。
　他にも、ビーグーの喜びを表わす描線の反復、ビーグーの体の色である黄色の繰り返しが生む喜びの焦点化法など、視覚的な語りの特徴は少なくない。そして、それらは、児童がひとりで気づくことのできる視覚性である。人物の心情や置かれている状況、人物関係、残像効果による象徴性など、絵を注意深く読むことで、児童が物語世界を読み拡げていける教材といえよう。
　Book Power:Literacy through Literature Year 1 （2008）では、教材的価値をつぎのようにまとめている。

　　わかりやすい簡単な絵本。テーマは、別離、喪失感、思慕と願い、異端であること等の広いテーマを扱う。宇宙船の事故で、地球に不時着した宇宙人の子どもが、自分の居場所を探してさまよい歩く。地球の人々はまったく親切ではなく、彼女は、友達と受け入れてくれる場所を求め、繰り返し拒絶を経験する。子犬や校庭で遊ぶ子どもらに受け入れられた

と思っても、すぐさま大人につまみ出される。結局、彼女は、両親に発見されるまで、拒絶され続けることになる。

　絵本の絵は、この世界が＜小さい人々に＞に対していかに敵対的でよそよそしいものかをさりげなく語りかける。多くの面で、主人公ビーグーは＜子ども＞を代弁する。ビーグーの物語には、自分の体験と一致するところも多い。また、まったく異なる始めての場所では、どのような気持ちになるか、クラス全員で考える機会を提供するところが数多くある。[61]

2.2　低学年単元『ともだちになって』（*Beegu*）の学習目的と展開
(1) 単元学習の目的
　単元の学習指導の目的は、つぎのように設定されている。

①心に訴えかけてくる物語に読み入る。
②自分の日ごろの経験とかかわらせながら、物語のテーマや問題について話し合う。
③ロールプレイやドラマ、絵を描くことを通し、物語テクストに創造的に反応する力を育む。
④人物理解を深めるために、人物になりきって書く。

　まず自分なりに「読み入る」こと、「自分の日ごろの経験とかかわらせながら」物語の内奥に向かっていくことという、読書体験の基本が重視される。この基本的な読書体験は、物語の質と児童の発達段階に合わせた適切な学習指導方略によって可能になるという指導観である。それが、読むことと書くことの両側面からの対になった③と④である。
　特に、「③ロールプレイやドラマ、絵を描くことを通し、物語テクスト

61）同、注33、p.13

に創造的に反応する力を育む。」という学習目的は、「・ドラマ、人形劇、図画工作などを含む、創造的活動を通して、物語を探求し、解釈する。(『ごはんは抜きよ！』)」「・ドラマ、ストーリーテリング、作詞、図画工作などを含む、創造的活動を通して、物語を探求し、解釈する。(『物語の木』)」「・劇化する、絵を描く、話し合う、書く、音楽や図画工作を通して、本に対する創造的な反応を広げる。(『かいじゅうたちのいるところ』)」と若干の表現を変えながら、第1学年で10単元中に7単元に、第2学年においても、10単元中7単元に掲げられている。文学の探究と解釈に、創造的な方略を活用した学習指導の必要性を強く打ち出している読書力向上プロジェクトの基本姿勢が明らかである。

　④は、フォニックスの習得過程にある第1学年の児童には難しさも感じるが、③のロールプレイ他の人物と同化させる創造的な探究、解釈活動が構想段階として有効に機能し、言葉を紡ぎださせていく。正確な文字、綴りで書くという記述、形式の基本取得の学習は、(実践においては、各学級の実情にあわせ、取立て学習もなされるが)、shared writing を繰り返し行って、書きたいことが生まれたそのときを逃さず、段階的に、継続的に書く行為を経験させていく指導法が試みられている。

(2)「リテラシー指針」の適応

　上述した学習指導目標は、教材特性に基づいているとともに、「リテラシー指針」とも連動している。

1 物語中の言葉を用いて（story language）出来事を順序だてながら、物語を語り直す。
2 即興劇やロールプレイを通して、身近なテーマや人物像について探求する。
3 考え、出来事、人物に対する理解を表しながら予測を立てる。
4 楽しみのためや学習のための目的に応じて書く。

特に、「1 物語中の言葉を用いて（story language）出来事を順序だてながら、物語を語り直す。」は、第1学年の10単元中、6単元に見られる「指針」の推奨指導事項である。時系列に沿った物語の再現力が、基礎力として重視されているのが明白だ。'story language' への着目という点からは、7単元に及ぶ。「2 即興劇やロールプレイを通して、身近なテーマや人物像について探求する。」「3 考え、出来事、人物に対する理解を表しながら予測を立てる。」は両者ともに50％を占める。演劇的解釈法の活用は、低学年から重視され、テーマや人物像の理解に役立てることが求められる。同様に、次の展開を推し量る予想力も、読みの推進力として、第1学年から明確に取り立てられる。

(3) 単元学習指導展開の骨子

　本単元の展開は、大きく2つ、基本（1～3）と発展（4）に別れ、前者はさらに3段階からなる。

1　全文の第一読解　第1/第2セッション
2　人物や状況設定に着目して場面を読む
　2－①　故郷の宇宙と不時着した地球を対比させながら、人物をとらえる(1)　第3～第7セッション（宇宙の様子を中心に想像する読み）
　2－②　全文通読と事前の授業を踏まえ、ストーリーテリングと重要な場面の身体表現　第8セッション
　2－③　故郷の宇宙と不時着した地球を対比させながら、人物をとらえる　(2)　第9/10セッション（地球上の出来事の中から、初めて受けとめてくれた子どもと出会った校庭場面を中心にした読み）
3　物語の結び方を読む　第11セッション　（主人公の親子の再会)/第12セッション　（事後物語の創造）
4　表現活動を通した読みの発展

第4章　発展的実地検証による充実期

本絵本の全体構成を、次頁の表11にまとめた。次に、学習指導の展開を掲げる。

(3)-1　全文の第一読解
第1セッション　表紙読みからの創造的広がり

1　表紙を示し、ペアで第一印象を話し合せ、ホワイトボードを用いてクラスで意見を交換するか、ラミネート状に加工した表紙絵を配布し、グループで話し合う。
・この絵を見て、どんな感じがしたか。
・何が起こったのだと思うか。
・どんな物語が始まると思うか。

2　第一印象や上記の質問に関する意見をクラス全体で再確認し、フリップ・チャートにリストアップし、児童の反応や疑問をさらに話し合って深める。

©Hatchinson

> かのじょは家に帰りたい。
> ビーグーはおびえている。
> かのじょは悲しくて、不安だ。
> かのじょはママを探しているようだ。
> ビーグーはアメリカにいるみたいだ。
> かのじょは動物みたいだ。
> かのじょは遊び相手がいない。
> ビーグーはかわいい。
> ビーグーはハゲているみたいだ。
> ビーグーは大きな鼻がある。
> ビーグーは宇宙人みたいだ。
> かのじょは長い髪みたいだ。
> ビーグーは迷子で一人ぼっちみたい。
> ビーグーは、スポンジみたいにふわふわしてそうだ。
> かのじょは、すてきで親切そうだ。

Web上のプロジェクト　児童の発言を教師が聞き書きしたY2の表紙読みの実例（St. James the Great RC Primary School, Southwark）

©CLPE

301

表11　絵本 Beegu の絵の概要と拙訳

p1 (地球に不時着したビーグーと壊れた宇宙船)	ビーグーは、ここの住人ではありませんでした。 かのじょは、迷子になったのです。	pp16-17 (遊ぶ子どもたち。教師の登場)	そして、本当にそのとおりでした。
pp2-3 (野ウサギに遭遇)	だれも、かのじょが何を言ってるのかわからないようでした。	pp18-19 (つまみ出されるビーグー)	でも…みんながみんが、そう考えたわけではありませんでした…
pp.4-5 (風に舞う落ち葉)	ちっともじっとして聞こうとさえしない者もありました。	pp.20-21	「まってえ！」 かのじょのお友達は、さよならを言いたいと思ったのです。 「さようなら。」
pp.6-7 (丘の上から空を見上げる)	ずっとはるか遠くから、お母さんが呼んでいるのが聞こえたような気がしました。	pp.22-23 (丘の上から空を見上げる)	また、ずっとはるか遠くから、お母さんが呼んでいるのが聞こえたような気がしました。 でも、そんなはずは…
pp8-9 (街中をさまようビーグー)	リーン、リーン。 でも、お母さんではありません。ビーグーは、ひとりぼっちはいやでした。だれか友達が必要でした。	pp.24-25 (赤い輪を手に一人眠るビーグー)	ありませんよね。
pp.10-11 (捨てられた子犬と丸くなって眠る)	そして、ついに見つけたのです。	pp26-27 (両親との再会)	あったのです！
pp12-13 (つまみ出されるビーグー)	(捨て犬センター) 「なんてこった。」 けれども、そこでも、ビーグーは歓迎されないようでした。	pp28-29 (宇宙船の窓から、地球を見るビーグー。手には、あの赤い輪)	ビーグーは、地球上であったことをみんな両親に話しました。地球の生き物は、たいていは、大きくて不親切。でも、小さい生き物の中には、友達になれそうなのもいたと。ビーグーは、あの小さい連中のことをずっと忘れないと思いました。
pp14-15 (校庭で遊ぶ子どもたちを発見)	そして、ビーグーは、理想的な場所を見つけたと思いました。	pp30-31	ビーグーは、かれらも、ビーグーのことを忘れないでいてほしいと思いました。

第4章　発展的実地検証による充実期

　　先に掲げた St James the Great RC Primary School の第2学年の書き込み例を見ると、何某 'looks like' 〜の話型で発想を促したことが推測される。「家に帰りたい」「一人ぼっち」といった心情を読む者、「長い髪」「大きな鼻」のような外見、容姿を指摘する者、背景の高層ビルに「アメリカ」を連想する者等、表紙読みから物語の予想が始まっているは明らかだ。そのあと、教師による全文音読で、物語が明かされる。

3　物語の最後まで音読する。（教師による音読）
4　時間を取って、全員で、絵本の細部を丁寧に見て、何が起こっているのか、どのように感じられるかを話し合う。ビーグーの複雑な思いを絵が明瞭に表している。
5　さきほどのチャートの記入リストを見直す。
（先の事例も、何回となく書き加えられていった一例と考えられる。）

第2セッション　Tell Me 法の活用からポストイットへ、読書ジャーナルへ

1　全文再読（教師による音読）。
2　Tell Me 法を活用して、物語に対する自分の意見を言うよう促しながら、話し合う。
　・どこか特に気に入ったところ、または嫌いなところがあったか。
　・わけがわからないところはあったか。(Tell Me 法の基礎中の基礎3つ)
3　ポストイットを配布し、上記の問いかけの答えを書かせ、それをクラスの読書ジャーナルとしてまとめる。貼り付けたポストイットの中から、教師が児童と一緒になって適切なスペルでジャーナルに書き付けることもできる。
　　読書ジャーナルは、物語を一緒に読み話し合いながら、主な意見を取り出すのに有効である。ジャーナル上にスペースを設け、児童が絵を描きこんだり、コメントを書き入れたりできるようにすること。このジャーナルは、学習の最後に、自分たちの学びを振り返るクラスのツールとなろう。

ここでは、Tell Me 発問の基本発問四つのうち、さらに児童に抵抗感のない三つが選ばれている。好きか嫌いか、疑問点はなかったか、以上ならば、どの児童も、その子の反応に応じて言葉にすることができる。発想のハードルは低めに設定して、それを文字化する、自分なりに綴ってみる、教師の聞き書きを模写して書くといった文字による視覚化のほうに重きが置いているのがわかる。それらを読書ジャーナルという形で、児童の実態に沿って、個人ジャーナルか、クラスで1冊のジャーナルに貼り付けていく。こうして、自分たちの読みの跡付けが残り、何度も繰り返し振り返るツールになることが意図されている。

4　児童の心配や疑問に、物語はどれほど応えていただろうか。
　Tell Me 法の3発問が再読への観点として活かされていくことが望まれている。一つひとつの学習活動が（当然のことながら）バラバラではなく、児童個々の読み方に厚みとなって集約していくことが目指されている。

(3)-2　人物や状況設定に着目して場面を読む―第8セッションの役割を中心に

　導入段階から本格的な読解段階へと進むのが、第3セッションから第10セッションである。この物語は、異性人らしき小さい生き物、ビーグーが地球という見知らぬ星に不時着するという非日常に始まる。ビーグーの失意の中で始まった物語は、その解決へと向かう欠落の回復という典型的物語の方向性を内包している。
　学習は、大きく3つに分けられる。最初の五つのセッションは、ビーグーの帰るべき場所である惑星はどのようなところか、想像を広げる活動が、複数の学習指導方法によって繰り返し取り上げられる。ビーグーの戸惑いをヒントにしながら、ビーグーの星を予想していく。地球との比較しながら読み進める段階である。絵本に具体的に描かれていないことを想像

第4章　発展的実地検証による充実期

していくのが、この第1段階の読みだとすると、第3段階の9、10の2セッションは、絵本に描かれたビーグーと小学校の児童との出会い、教師による別れの場面をていねいに読んでいく段階である。この対照的な読みの活動に挟まれる形で、2段階目の第8セッションが、線対称軸のように置かれている。

第8セッションの学習指導方法は、ストーリーテリング（物語の再現活動）である。児童一人ひとりが、1分ずつ担当し、交代しながら、読んできた物語を再現する活動である。ここでは、大きな車座に座らせ、一人ひとり順々に語り継がせていく。時折、必要に応じて、教師がポーズを取って、複数の児童を輪の中央に立たせて、重要な場面を演じるよう促す。語りの輪は、そのとき舞台となって、見る者と見られる者がともに物語のある場面を共有する同心円空間になる。基礎的読解から精読へと推移していく中間に位置づけられた物語世界の共有の場が、本単元に限らず、読書力向上プロジェクトのモデル・プログラムの特徴の一つである。

つぎに、この第8セッションの前後に位置づけられた、ビーグーの故郷の想像読みと、絵本の絵の語りを創造的に読み解く学習指導の詳細をみていきたい。

(3)-2－①　故郷の宇宙と不時着した地球を対比させながら、人物をとらえる（1）
　　―第3セッション～第7セッション（宇宙の様子を中心に想像する読み）

第3セッション
1　ビーグーの姿を線描させる。
2　ペアになって、線の外側には、人物についてわかっていると考えていることを、線の内側には、人物が地球で過ごした間に感じたり思ったりしていたことを単語や句の形で書き入れる。
3　クラス全員で、指導者の用意した拡大版の絵に、児童の書き出した語や句をまとめる。書き出した言葉の意味ならびにそのスペルの両方について話し合う好機となる。

4　上記で作成した拡大絵を、教室の作文コーナーに提示し、児童が一人で書く際の参考になるように配慮する。

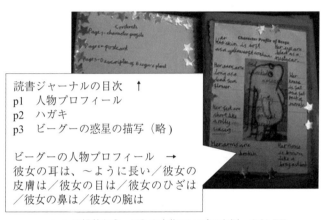

読書ジャーナルの目次　↑
p1　人物プロフィール
p2　ハガキ
p3　ビーグーの惑星の描写（略）

ビーグーの人物プロフィール　→
彼女の耳は、〜ように長い／彼女の皮膚は／彼女の目は／彼女のひざは／彼女の鼻は／彼女の腕は

webへの投稿から　Y2の人物マップの事例　©CLPE

　上記の事例は、第2学年の実施例である。先の表紙読みでは、'looks like'〜構文で、気づきを出し合い、教師が聞き書きしていた。この事例では、'Her 〜 are A as B' の比較構文で、気づきを列挙していく方法が取られている。単語、句、取り混ぜて自由に言葉を出させる場合もあろうが、児童の実態に応じて構文を意識した発想法が工夫されると予想できる。話型を意識させ、教師が聞き書きし、それをモデルに自らも文を綴っていく。話型から文型へというステップを踏みながら、構文を中心とした文法学習指導が積み重ねられていくと考えられる。熟練の書き手（教師）と学習途上の徒弟（児童）の関係である。

第4セッション

1　児童に目を閉じさせ、「ビーグーの住んでいる惑星はどんなところだと思うか。」と発問し、想像させる。
2　自分の頭の中に浮かんだ情景について、ペアになって話し合う。
3　話し合ったアイディアを実際に絵に描く。

4 クラスの何人かの児童に、自分の絵を見せながら、思い描いた惑星について、クラスに向かって話すように促す。

第5／6セッション
1 クラスにあるロールプレイ・コーナーを、宇宙船にするにはどうすればいいかを児童と一緒に話し合う。どのような外観に作るか、どのような掲示物が必要か等、作業計画用のリスト作りをする。
2 次に、宇宙船では、どのような書いたものが置いてあるか、児童とともに話し合う。別に時間（他の教科など）を取って、星図、船長の航海日誌、火星の新聞や火星からの手紙などを作成する。
3 絵本で、ビーグーがどのように話しているかを注意して確かめる。（絵本のフキダシに宇宙文字がある）宇宙文字を発明し、違うフォントを使って描くのを楽しむ児童もいるだろう。

第7セッション
1 靴の空き箱を活用し、宇宙空間を創造するストーリー・ボックスを作る。中には、宇宙船や地球外生物などを入れる。惑星の表面を紙や布地などを貼って仕上げてもいいし、写真やその他のイメージ素材をデザインに組み込んでもいい。

第3セッションで人物像を、第4セッションで状況設定を、自由な想像や着想からイメーを広げさせる。これら導入を踏まえ、教室のロールプレイ・コーナーの企画過程をとらえて、様々な書く活動を経験する第5／6セッション。一連の学習活動をもとに、個人（もしくはペア）でストーリーボックスの作成を通して、自分の解釈を可視化する第7セッションが用意されている。この段階では、宇宙船のビーグーの両親やビーグーになってロールプレイをするのではなく、主人公が帰るべきところである宇宙船という第三の物語設定をとらえるために、コーナーの飾りつけ、設えの工夫という実際的な方法で創造的な読みの活動を行わせる。「星図、船長の航海日誌、火星の新聞や火星からの手紙」といった、さまざまな形式

を意識した書く活動は、先の作業リストに沿って児童がなすべきと話し合った事柄である。ビーグーの宇宙語にヒントを得て、文字学習の入門期の学習者にも、綴りを苦にすることなく、創造記号を駆使した主体的な表現活動の場を具現化していく。また、クラス全員のコーナー作りで終わらず、個々の読みの具現化をもって一連の学習過程を収めるあり方は、このプロジェクトの学習活動の基本的な組み立て方の一つと言ってよい。

(3)-2-②　故郷の宇宙と不時着した地球を対比させながら、人物を捉える　(2)
―第9／10セッション（絵読みから解釈活動としてのフリーズフレームへ）

第9セッション

1　5つか6つのグループにわけ、校庭の場面を演じる。教師の役、ビーグーに話しかけた児童の役に分かれる。
2　合図があったら、それぞれのグループは、教師がビーグーをつかまえるところでフリーズフレームする。
3　グループを2班に分け、それぞれの班が残りの班に向かって演じる。フリーズフレームを行ったときには、見ていた班の児童は、フリーズしている児童のもとへ行って、軽くタッチし、どんなことを考えているか、感じているかを尋ねる。
4　最後に、クラス全員で、ビーグーはどんな気持ちだったか、話し合う。

第10セッション

1　なぜ、一人の女の子は先生を呼びにいって連れてきたと思うか、児童といっしょに話し合う。先生はどうするべきだったと考えるかについても話し合う。
2　ペアになって、先生の取った行動は正しかったかどうか、それはなぜかを話し合わせる。そのとき、自分たちの話し合いを、対照表（a comparison chart）に記録させる。

絵本の校庭を描いた2見開きをもとに、対照的な児童と教師の役に別

れ、フリーズフレームを行う。絵本では、遊びに興ずるビーグーや児童のもとに向かって歩いてくる教師像、摘み上げて連れていく姿は描かれているが、捕まえる瞬間は描かれていない。絵本から想像しながら読み拡げる活動である。フリーズフレーム後、やっと見つけたビーグーの 'the perfect place' から引き裂かれていった思いについて、全員で、自由に語らせる機会を設けている。これはひいては、第11セッションから第16セッションまで後日譚づくりや類似物語の重ね読みに繋がり、ビーグーの一人称で演じる最終セッションに集約していく。

　第10セッションは、一人、他の児童と少し異なる行動をみせる女児に着目させる。異分子の闖入に不安を覚えたのであろうか、女児は教師を呼びにいったように読み取れる構図になっている。主人公に対して、異をとなえるのが大人ばかりではないというこの場面が、本作品が単なる宇宙人の冒険譚に終わらせないリアリティを加味している。学習者の中には、この女児の気持ちもわかるという者もあろう。教師の行動に対する価値判断も、この女児の存在ゆえに、簡単には割り切れないものが残る。白黒を即断できないグレーの部分を、児童は、対照表に書き出しながら、ビーグーの地球上での体験のありようを読み深めていくことが期待されている。

(3)-3 物語の結び方を読む　—第11／12セッション

　上述のような読解活動を踏まえ、作品の結末をあらためて考えさせるのが、この2セッションである。まず主人公の親子の再会をとりあげ、つぎに、事後の物語の創作を通し、本作品の結末のつけ方について、考えをめぐらせていく学習活動である。

第11セッション

1　最後にビーグーと両親の再会場面を、3人一組になって演じさせる。
2　何組かの児童に、クラス全員に向かって、ロールプレイを発表させる。この物語の結末のつけ方について、児童はどのように考えるだろうか。

3 クラス読書ジャーナルにフキダシをつけて、宇宙人の家族の会話を書き込む、もしくは何らかの掲示物の上に書き込んでいく。

第12セッション

1 ビーグーが宇宙に帰ってから、地球の「小さい連中」に書いた（描画を含む）葉書のようなものを作成する。

　ビーグーは両親に、地球の生き物はほとんどが大きくて、どれほど不親切かと語ったとき、'but there were some small ones who seemed hopeful.'（「でも小さい生き物のなかには、ともだちになれそうなのもいた。」）と付け加える。このビーグーの表現のニュアンス（some・・・seemed　hopeful）をいかに読むか。低学年の児童なりに、着目させることが意図されている。批評読みへのはじめの一歩である。

(3)-4　表現活動を通した読みの発展活動
　　　－第13セッション～第17セッション

第13・第14セッション

1 Shared writing 方法を用いて、指導者は、フリップ・チャート上に文字で書き込みながら、クラスの児童の考えを形づくっていくのを支援する。そのとき、ビンーの視点から、まるで彼女が語っているように書いていく。書き手が下さなければならない決断や決定事項について、十分に児童と話し合う機会が生まれる。

　（書き手というものは、書いている途中でも、いかに使う言葉やアイディアそのものを変更していくものか、具体的に指し示すことにもなろう。綴り

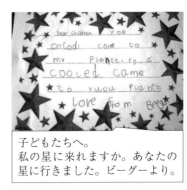

子どもたちへ。
私の星に来れますか。あなたの星に行きました。ビーグーより。

Y1児童のハガキ事例　©CLPE

第4章　発展的実地検証による充実期

2009年11月11日
＜小さい人たち＞こんにちは。楽しく過ごしてますか。だって、わたしはそうだから。天気はどう？だって、こっちの星は雨だから。今なにしているの。だって、わたしは本を読んでるから。
ビーグーより　©CLPE

それから、かのじょは、宇宙人の家にぶつかっていった。そのとき、宇宙人は、家の中から出てきて、怒った。そして、なんのために、（あなたは）わたしの家をこわしたのか。

自作物語の簡易製本

や句読点にも注意する必然性を生み出す活動である。-引用者注）

2　物語をひととおり語り終え、指導者が書きとめられたら、絵を描いて、みんなが喜ぶ本作りをするように促す。

第15セッション

1　簡易な本の台紙を作成し、児童に配布し、自分の物語を書かせる。
2　さまざまな本のアイディアをクラス全員で話し合わせる。ビーグーオ

Y2児童のハガキ事例等　©CLPE

リジナル・ストーリーを語り直したい児童、ビーグー以外の冒険物語にしたい児童、自分自身の宇宙冒険を書きたい児童などがいるだろう。
3　書きあがったら、クラスの読書コーナーに並べておき、児童のひとり読みの素材とする。(その児童にしか読めない文字やスペルであっても、他の子に読み語ることができる、意も含まれていると考えられる－引用者注)

第16セッション

1　「この物語に似た他のお話を知っているか。」他にどのような宇宙が舞台の物語を知っているか、児童とともに話し合う。読んだことのある本だけでなく、テレビや映画などで知っている宇宙人の物語があれば、それも話させる。
2　テレビや映画の作品をクラスで視聴することで、このジャンルについて、より焦点を絞った話し合いが可能になる。スピルバーグ監督のETの冒頭部を視聴する。ETが置き去りになり、子どもに発見される場面等を活用する。
3　ストーリータイム中に何回かに分けて全作品を視聴していく事前学習として、クラス全員で、映画がどのような方法で雰囲気やサスペンスを造型し、宇宙人のキャラクターに感情移入するように工夫しているか話し合う。

第17セッション

1　クラスに向かって、まるでビーグーが物語を語っているように、ビーグー物語を演じる。彼女の困難なありようについて、どう思うかを反映させて演じるよう促す。
　　この作品は、避難民や亡命者の家族など、自分の学校における弱い立場の児童の経験について思いをめぐらす重要な学習環境をもたらす。

　第13・第14セッションでは、shared writingを活用して、綴り方、大文字の使い方、句読法など、綴りの基本や書くための形式的基本について、教師がモデルを示す。児童の創作の事前指導に、2時間十分時間を取って

いる。「書き手が下さなければならない決断や決定事項について、十分に児童と話し合う機会が生まれる。」とあるように、これら基本的な学びは、一人の書き手としての判断や決定の瞬間において必ず意味を自覚しうるという指導観である。加えて、三人称で書かれた作品を一人称で口頭で語り直す、それを教師が書き言葉として語り直すという学習は、作品全体を主人公の観点から組み直す読みであり、人物の心情に寄り添う読解の一端を担う。加えて、第17セッションの主人公になって一人語りを演ずるための準備段階としても重要視されているのがわかる。

　第15セッションは、実際に自分で物語を書く段階となる。引用した事例を見ると、物語を口頭で語りながら、それを文字化していったのではないかと予想される。順接の接続詞を多用し、文を重ねていく。スペルや構文的には判読の難しいところもあるが、おそらく口頭では文法的にも安定した物語を語り出していたのではないか。

　第16セッションでは、素材としての宇宙や宇宙人、宇宙人と地球人の邂逅が生むさまざまな喜びや緊張感などを話題にし、類似する物語の読書（視聴）経験を話し合う。ETと男の子の出会い、秘密の共有といった映画の視聴も、Beeguの物語世界と同調するところが少なくない。異なる表現メディアの類似作品を読み重ねたうえで、最後の第17セッションとなる。主人公の心情に寄り添って、一人称で語り直す活動である。文章で書くのではなく、演じる（ロールプレイ）ことを通して、主人公に同化した読みを表現し、共有する機会を保障する。異なるものの捉え方をする人々が混在し、構成されている地球という星でビーグーが経験したことがらの是非について、本作品は、良し悪しを即断するのではなく、主人公の戸惑いとして読者の判断に委ねるような書きぶりをとる。最後に用意された主人公の気持ちにそって一人語りを演ずる学習行為は、自分なりの価値づけを少なからず意識しながら、この語りの特徴に児童を沿わせる営みである。そこには、多言語文化社会下のリテラシー教授の構想というセンターの基本も窺える。

このように『ともだちになって』を軸に組み立てられた学習指導プログラム・モデルをみると、全体を読む、人物を読む、状況設定を読む、比較しながら読む、視点を変えて読む、重ね読むという多様な読みの機会に、（綴りや書くための基礎形式の学びから、人物像や舞台設定の理解を促す活動、さらには創作まで）書き手主体を意識した多様な書く活動が組み合わされ、そのほとんどすべての段階で話し合いの場がもたれ、折々の自分の読みが言葉となり、他者と共有され、フィードバックされていくことが期待されているのに気づく。我が国の国語科の学習指導でも、複数の言語領域の組み合わせは、つねに重要視されてきたことである。留意すべきことは、多様な学習指導方法とその体系的活用が、対象とする文学の質に適応しているか否かである。教師が、その判断ができるかどうかである。
　センターの教授モデルは理想形ではない。読書力向上プロジェクトにおいて、モデルを有効な実働プログラムとして機能させるか否かは、教師の力量にかかっている。通年の研修を通して育む専門的力量である。児童実態を知り、教材の質を知り、自らの授業を冷静に価値判断できる教師が、個々の学習指導を不可分にかかわらせて体系的な学びを形作っていくという、センターの基本的な指導観が、上述した第1学年の教授プログラムの根幹にも明確に据えられている。
　その上に立って、全行程は、最後第17セッションに収束していくよう編まれている。学びの最後に感想を書くのもよし、後日譚を創作するのも、本の帯を作成してもいいが、この教授モデルでは、類似の学習活動は事前に組み込まれ、学習の総仕上げには、作家の語りそのものと読み手が相対する機会を用意している。作品を対象化した感想文や批評ではなく、主人公になりきって物語を一人語りする。そのために、児童は否応なく主人公と相対し、対話を重ね、その思いをビーグーとなって語り出すという同化型の読解表現活動である。三人称の語りでは言語化されない主人公の思いを、児童の理解の程度に応じて一人語りとして物語る活動である。それはまた、宇宙船に帰還した場面（最後から二番目の見開き）、「地球上で

あったことをみんな両親に話しました。地球の生き物は、たいていは、大きくて不親切。でも小さい生き物の中には、ともだちになれそうなのもいたと。」という件のロールプレイと読み替えることもできる。この一節を踏まえ、ビーグーとして児童はどのように「みんな」話すことになるのか。物語の語り部になるという表現行為を通し自らの読みを言葉にする学習活動。自らの読みも物語という表現形態をとって表出されることに学習指導価値を置く。そこに、センターの文学を軸としたリテラシー教授観が指摘でき、児童を解釈行為への入り口に立たせるのである。

2.3 低年単元「作家研究」--Q・ブレイクの三絵本（*Mister Magnoria, Cockatoos, The Green Ship*）

ここでは、読書力向上プロジェクトの最終単元として設定された「作家研究」を取り上げ、第1学年の仕上げであり、発展的学習指導のありようを捉えたい。

学習対象となる3冊は、物語詩 *Mister Magnoria*、ユーモラスな短編 *Cockatoos*、イギリス児童文学の伝統である休暇物語の枠組みを用いた子ども時代の特別な時間を語った *The Green Ship* という味わいの違う3作品が取り上げられる。ここでいう作家研究は、絵本作家が「イラスト、色彩、イメジャリー、言葉を用いて、思いや考えを掘り起こし、表す方法の、独自性を探究する」ことである。そして、なによりも児童が、ブレイクの絵本の世界に 'steep in（十分に浸る）' 機会を与えることを大前提とする教授プログラムが構想されている。[62]

(1) 単元学習の目的

単元の学習指導目的はつぎのように設定されている。

---

62) 同、注33、p.69

①クエンティン・ブレイクが、どのように意味を描き出し、伝えようとするか、その方法を探求し、解釈する。
②一人の画家／作家による様々な本を、よみ深め、読み入る。
③児童が批判的に絵を「読み」、詳細に読み入るよう仕向ける。
④意味を伝え合うために絵を活用できる方法について理解を広げる。

　①②は、個としての作家への着目である。作品内容を楽しむのみならず、その世界を誰がどのように創り出したのかという観点からの読みのアプローチの意識化が図られ始める。③④は、*Beegu* 単元にも見られた理解と表現が表裏一体となった対の目的設定である。読み解くもの、表現手段としてコミュニケーションツールとなすもの。その双方にかかわって絵（静止画）は、明確にリテラシー教授の対象として設定されている。

(2)「リテラシー指針」の適応
　関連する「リテラシー指針」は、以下のとおりである。
a　一人の画家／作家のスタイル（文体）を言葉で表し、考察する。
b　自分の読書のために本を選び、その理由をいう。
c　本に対する自分の読み（反応）について自信をもって話す。
　作家（絵本作家を含む）の表現スタイル、自分自身の本の選択基準、そして読みの反応のいずれにおいても、自分の言葉で説明できる力が標榜されている。

(3) 単元学習指導の展開
　単元は、作家の導入のための2時間を取った後、***Mister Magnoria***、***Cockatoos*** と2冊を読み継ぐ13セッションと ***The Green Ship*** 1冊で13セッション組んだものと2系列提案されている。全体で6〜7週間を取る場合、まず前者、続けて後者と学習することになるが、時間的な制約や児童実態によっては、前者のみ、導入部と後者のみという実践も可能である。また、

導入時に同作家の絵本や挿絵がついた絵本を大量に用意し、十分読み親しむセッションを設けることから、教師が児童のお気に入りを追加することもあろう。[63] 発展的な量の読書は、わが国でも心がけることである。留意すべきは、そこから抽出した数冊の絵本を用いて、どのような作家研究をプログラム化するかであろう。プログラムの全体は、次頁の表12に整理した通りである。

(4) 単元学習「作家研究」の導入の2つのセッション

導入は、ブレイク作品の自由読書である。量のなかに身をおいて、お気に入りを選び、ペアになって読みあったり、感想を交わしたりして感想をカード等に書き留める。カードは、クラス全員で共有するために、単元期間中掲示されるクラス読書ジャーナルの一部ともなる。この個人やペアで選書する活動が、質の読書への助走となるよう意図されている。

第1セッション

多くのブレイクの絵本を自由に見たり、教師が読み語りをしたりして、絵の特徴的な色彩や線描に親しむ。「これまで読んだことのあるブレイクの本はなんだろう。」「ブレイクの本は好き?」と問いかけながら、児童の反応を、Shared writingで既習の方法を用いて、教師がクラス読書ジャーナルに聞き書きをしていく。ブレイクのホームページを電子黒板上でいっしょに検索。リンクには、児童用に用意され

教室の展示例　©CLPE

---

63) Q. ブレイクの創作絵本およびR. ダールやM. ローゼンが文、ブレイクが絵というコラボ絵本や読み物、詩を加えると、300を越す著作があり、イギリスの児童にとって、きわめて親しみのある画家の一人である。

表12 第10単元「作家研究」のモデル学習指導プラン

		第1セッション	第2セッション	第3セッション	第4セッション	第5セッション	第6セッション	第7セッション	第8セッション	第9セッション	第10セッション	第11セッション	第12セッション	第13セッション
Quentin Blake作の3冊の絵本	ナンセンス詩	*Mister Magnolia*	*Mister Magnolia* → *Cocktoos* の学習指導の展開	Quentin Blakeの作品世界への導入/クラス読書ジャーナルの活用：②-2	ブックトーク ②-1	*Mister Magnolia* 図絵に反応する ①-2	詩を演じる ④-7	ブックトークをロールプレイ ②-1、④-3	絵を描いたり色を塗ったりする ③-2	シェアドライティング（スト―リ―テリング）⑤-1	一人ずつ順に物語を語り継ぐ（ストーリーテリング）本作り ④-2、③-6	*Cocktoos*				
	ユーモアと皮肉の物いだ物語（戯画化された教授）|									一人ずつ順に物語を語り継ぐ ④-2	一人芝居演技 ④-10	ブックトーク ②-1	図絵に反応する ①-2	マインドマップの活用 ③-5
	6～7週間														
作家研究：クェンティン・ブレイク	子どもと老人が空想遊びを満喫し、大切な子供時代のひとときを示す物語	*The Green Ship* の学習指導の展開	ストーリーマップの作成 ④-2	一人ずつ順に物語を語り継ぐ（ストーリーテリング）、ストーリーマップの作成 ④-2、③-5	図絵に反応する ①-2	ドラマ、ロールプレイ、なりきり作文（演技を通して）物語の再現 ④-3,6,8、⑦-1	絵を描いて注釈を記入 ③-3	シェアドライティング ⑤-1	絵を描く ③-2	なりきり作文 ⑦-1			ブックトーク ②-1	

318

た特別資料もあり、児童の興味喚起に役立てる。web情報から得た感想をポストイット等の付箋に書き、「ケンティン・ブレイクって、どんな人？」と書いた大きな紙に貼り付け、クラスで共有する。児童が自由に検索できる環境を保障し、ペアになってリンクから発見したこと、感じたことは、随時、付箋に記入し、先の掲示紙に貼り込んでいく。学習の当初から児童の興味を作家に焦点化していく方法である。

第2セッション

　学習の課題は、「自分のお気に入りのブレイク作品はどれか。それはなぜか。」である。ペアもしくは3人の小グループで、たくさんのコレクションの中から1冊ずつ選び、音読し、それについて話し合う。フキダシカードに、感想や気づきを書き込み、掲示紙の表紙の周り等にディスプレイし、クラス全員で共有する。作品評価を通して作家を捉えるという作家研究の基本に沿う学習指導である。

(5) *Mister Magnolia* を読む
(5)-1　表紙読みから群読へ　一目で読み、耳で読む導入段階

　脚韻と言葉遊びが楽しい物語詩である。第3セッションは、いよいよ第1冊目の作品、*Mister Magnolia* に入る。『ともだちになって』同様、表紙読みから始まる。「この人は誰だろう。」「どんな人だと思うか。」「みんな、この人が気に入ると思うか。」「この絵本作家は、そんな風に感じさせるようにどんなことをしたと思うか。」率直な感想や印象の表出と、表現の仕掛けへの着目という主観客観一対となった表紙読みである。表紙の周りに、これらの発問に対する児童の反応を書きとめ、後の授業で振り返ったり、クラスの読書ジャーナルにコピーを貼って共有したりする。その後、全文を教師が音読して聞かせる。

　第4セッションは、クラス全員のコーラス・リーディング（群読）である。大きな用紙か電子黒板に、全文を提示し、グループ換えをしながら、詩のさまざまな部分を音読させる。ペアを指名し、詩行の音読を担当させ

反復される「でも、マグノリア氏は片方しか靴がない。」は残り全員で読むなど、和声を楽しむ。楽器演奏をつけたり、BGMと組んで、朝礼等で発表したりする。また、Shared readingからGuided reading（モデルを踏まえて自分で読む）段階に進んだ児童の中には、自分で群読法を考える者もいることが予想される。このように、児童の実態に沿いながら、耳から詩を享受するセッションである。

　詩句を口ずさむだけでも、音の楽しさと反復のリズムは心地いい物語詩であるが、絵本の絵の語りを加えると、また一味違う物語世界が生み出される。たとえば、7見開き目の'scoot'は、絵を見ると、大人用のバイクではなく、子ども用の手押しスクーターで、靴をはいたかれの後ろ足には6人の小さな子どもがしがみついて、楽しげである。詩句だけで音読を楽しみ、また絵本に戻ったとき、言葉と絵がいっしょになって語り出す、この絵本の面白さにさらに気づかされていくのではないか。

(5)-2　再読と表現手法の模倣

　第5セッションは、絵本全体を再読し、絵本作家の独特な言語表現について考える活動を行う。

　まず、Tell Me法の基本4発問から最もシンプルな2問を活用。絵本全体を、好きなところときらいなところに焦点をあって話し合う。（ブックトーク）次に、「ブレイクの物語の書き方や用いた言葉のなかで、特に気に入ったものはあるか。」「なにか物語中でわけのわからないところはないか。」と話し合いを膨らませ、児童の気づきをクラスの読書ジャーナルや掲示紙に付け加えていく。

　教師が、マグノリア氏の役になって、児童の第一印象や質問に応えていく。どんどん質問をするように促しながら、絵本になんども読み戻る場を創出していく。

　このようなteacher-in-role法は、低学年の場合、読解を拡げ、深めるためによく用いられる指導方略の一つである。中高学年においても、内容的

第 4 章　発展的実地検証による充実期

Mr Magnolia

1 Mr Magnolia has only one boot. ＊
2 He had an old trumpet that goes rooty-toot-
3 And two lovely sisters who play on the flute-
　But Mr Magnolia has only one boot. ＊
4 In his pond live a frog and a toad and a newt-
5 He has green parakeets who pick holes in his suit-
6 And some very fat owls who are learning to hoot-
　But Mr Magnolia has only one boot. ＊
7 He gives rides to his friends when he goes for a scoot-
8 And the splash is immense when he comes down the
　chute- But Mr Magnolia has only one boot. ＊
9 Just look at the way that he juggles with fruit!
10 The mice all march past as he takes the salute!
11 And his dinosaur! What a MAGNIFICENT brute!
12 But Magnolia – poor Mr Magnolia has only one boot..Hey- ＊
13 Wait a minute…Now then…Keep going…What's this?
14 Woopee for Mr Magnolia's new boot!
15 Good night!
（マグノリア氏は片方しか靴がない。
古臭い音を奏でる古いトランペットを持っている。それに、フルート
を吹くすてきな二人の妹もいる。
でも、マグノリア氏は片方しか靴がない。
かれの池には、カエル、がまがえる、イモリがいる。
かれの服をつっつくインコもいる。
ホーホーと泣き声を練習中のとても太ったフクロウもいる。
でも、マグノリア氏は片方しか靴がない。
スクーターで行くときは、友達を乗せてやる。
そして、滑り台をすべると、水の跳ね返りは半端じゃない。
でも、マグノリア氏は片方しか靴がない。
ほら見てごらん。果物でお手玉をするところを！
ねずみの一団が通り過ぎるときは、敬礼して迎えるんだ。
それに、かれの怪獣ったら！なんてスンバラシイ怪物だろう！
でも、マグノリア氏は、かわいそうなマグノリア氏は片方しか靴がな
い。こんちは・・・
ちょっと待った！いやまったく・・そのままそのまま・・
で、これはなんだ？
マグノリア氏の新しい靴にバンザイ！
お休みなさい。）
（補記　著者が、原詩の行頭に、絵本の見開き番号を付し、5 回反復
する冒頭行には＊の印をつけて、訳出した。）

クラス読書ジャーナルの表紙読みの事例　©CLPE

かれはお金持ちで、たくさんの物持ちだ。/ かれは緑のオウムを持っている。/ 靴をなくしたときは、マグノリア氏のことを思い出す。/ 値段の高そうな服を着ているようだ。/ かれはサーカスの司会者みたいだ。/ かれはとてもかっこいい。/ かれはとってもお金持ちだ。/ かれはバカげている。/ かれはカラフルだ。

321

に言語表現的に難解な箇所、人物や状況設定にかかわるより深い読みを促したい場合などに、教師がある役割を演じることは少なくない。Baldwin & Fleming（2003）[64] は、リテラシー教授に創造性の復権が謳われた2003年以降の動きに敏感に対応し、演劇的解釈法の積極的活用を提案した。そこでは、'teacher-in-role' は「おそらく最も影響力のある演劇的方法」とする。「自分が役を演じなくても演劇的解釈法を活用した授業はできるが、'teacher-in-role' は見立て遊び（ごっこ遊び）の合図となり、教師によって創造性と想像性が価値付けられ、促進される。非常に、児童の関心を引き、なによりも児童は演じる能力を問われない。（略）教師は、いっしょになって場に参加し、場の仲間として児童の考える行為を支援し、伸ばし、意欲付けをすることができる。」いつ役になりきり、いつ教師に戻るのか、そのスイッチの切り替えもまた、教師に求められる力量ということになる。

こうして主人公とのインタビューの場において、人物像が膨らみ、それを表した作家の表現にも着目させた上で、次に画家としてのブレイクの独自性に児童を誘っていく。

第6セッションは、ブレイクの描き方をまねて、実際に絵本中の人物や出来事を選び、絵を描かせる。教師は、ブレイクが、まず線描画を描いたうえで、水彩絵の具で彩色する方法をとることを話して聞かせる。児童は、細めの黒のマジックで線描を行い、そのあと水彩絵の具で色を塗っていく。

(5)-3　物語詩の一部を借りた詩の創作と「なくなった靴」の物語創作

第7セッションでは、Shared writing で詩の連を創作し、原詩に追加していく活動へと繋げていく。連のパターンは、以下の通りである。

64）Baldwin, P. & Fleming, K.（2003）*Teaching Literacy through Drama*. Routledge.

'Mister Magnolia has only one boot

He has a ……

And …….

But Mister Magnolia has only one boot.'

　第1学年の場合、児童の思いつきや考えは、教師が聞き書きしながらモデルを書いていくことが重要視される。原詩に加えて、教室に掲示し、共有する。文字を書く、綴るという行為の躓きを、教師の聞き書きによって回避し、自然と口をついて出てくるまでになった詩句のパターンを表現モデルに活用する。自分流にパターンを用いた詩創作のシミュレーションを通して、主体的に詩作を楽しみ始める。口頭表現と書記表現がシンクロナイズし、対となって、言語遊戯を享受する学習指導である。

　第8、第9セッションでは、ペアになって、マグノリア氏の靴はどうしてなくなってしまったのか、という観点から物語を創作する。書き始める前に、クラスで、それぞれの物語を口頭で共有する機会を設ける。その上で、ペアで、手製の綴じ本に書き込んでいく。出来上がったら、ペア同士で物語を読みあう。最後に、クラスの図書として一つに製本し、図書コーナーに開架する。口頭によってさまざまに補足されながらも、創作物語を＜書く＞体験である。時間のかかる文字活用や綴りの習得にも留意するが、口頭による語り言葉の育みを大切にすることで、児童の＜物語る＞経験を第一義とした授業展開が意図されている。

(5)-4 クェンティン・ブレイクらしさはどこにある？

　第10セッションから14セッションまでは、ユーモラスな数の数え絵本 *Cockatoos* を扱う。*Mr Magnolia* に始まった授業展開は、次の学習課題、「この絵本が、クェンティン・ブレイクの作だとどうしてわかるのか。どんなところが、ブレイクの作品をこんなにも特徴付けているのだろう？」で結ばれる。大きな用紙の中央に、作家の名前を書き、口々に、ブレイクらし

いと思うところ（たとえば、色彩、人物像、題材、好んで使う状況設定、作家が用いるイメジャリーや言語表現）を出して、教師が聞き書きし、マインド・マップを作成していく。この学習活動の留意点は、マップを作りながら新たな想を拡げることよりは、それまでの学習で考えていたことを言語化する、顕在化することのほうに力点を置くことである。

(6) *Cockatoos* を読む

　導入の第10セッションから、作家を意識した学習は始まっている。ブレイクの次の言葉がまず紹介される。「絵本を描くことでおもしろいのは、絵そのもののなかに物語があるということ。その絵の中に必要な言葉が潜んでいることだ。」児童にこの言葉を示し、ブレイクの考えに賛成かどうか、話し合う。

　その後、この発言を、実際に *Cockatoos* で検証する活動に入る。言葉のない絵本を作り、最初の頁の言葉だけ（Professor Dupont had ten cockatoos. He was very proud of them.（「ジュポンはかせのごじまんは、10わのインコ。」）[65]）を読んで、あとは頁をめくるごとに、児童といっしょに物語を語り通す。

©Randon House Children's Books

　「絵そのもののなかに物語がある」を実際に体験したあと、11セッションで始めて、物語全体を読み語る。

　博士は、毎朝温室にいくと大好きな10羽のインコに向かって「やあ、おはよう。わがうるわしきつばさのともよ！」と決まって挨拶するのが日課である。インコは、この毎日の慣わしに飽き飽きし、一度姿を消すと博士はどういうだろうと考

---

[65] 邦訳は、『10わのインコどこいった！』（さかいきみこ　訳、小峰書店、2001年11月）によった。頁記載は無し。

えた。次の日から、博士は家のあちこちを探して回る。見開きごと、頁ごとに探す場所は変わるのだが、その最後は、'They weren't there.' で結ばれる。たとえば、

'He looked in the bathroom. They weren't there.'
'He looked in the lavatory. They weren't there.'

のように反復する。博士はインコが見つからないというが、絵の中には、インコがちゃんと隠れている。読者は、それを知りながら、博士の狼狽振りを見る趣向である。教師の音読を聞いた後、この反復表現を言いながらインコ探しの話の中に児童を引き込み、探し回る博士の動作化も促す。

次の第 12 セッションで、Tell Me 法の基本発問から 2 つ、好きなところ、嫌いなところを軸に話し合いを始め、つづけて疑問に思うところへと移っていく。ブックトークの最後は、ページや見開きの最後に反復される文 'They weren't there.' について、どう思うかを話し合う。言葉が語ること、絵が語ること、両者が合わさって児童に語りかけてくることに、気づかせていく発問である。その表現の仕掛けをした作家ブレイクに繋がる活動でもある。

第 13 セッションは、絵読みに焦点が当てられる。各頁や見開きに描かれた部屋の絵をカラーコピーしてラミネート版を作り、ペア毎に違う絵を配布する。絵になにが描かれているか、ていねいに観察する。観察に当たっては、観点のリストが配られる。

- ついおかしくて笑ってしまうようなところはあるか。
- 間違った部屋を探していると思うところはあるか。
- 本当にいいなあと思うところはあるか。
- 嫌いだなあと思うところはあるか。
- なにか古いもの、反対に、なにか新しいものはあるか。
- 自分の部屋にあったらいいなと思うものはないか。

この後、ブレイクの画法で（線描画を描いて、水彩絵の具で彩色）、観察した部屋の中からお気に入りのものを絵に描く。それぞれの絵から見つけたものを、クラス全員に発表し共有する。作家の言葉に始まり、1年生でも可能な分析的な読みを重ね、作家らしさを、児童なりに定義づけるところで終わる学習展開である。

(7) 学習活動を作家研究法として位置づける単元学習
　　－ *The Green Ship* を用いた13セッション
(7)-1 *The Green Ship* の基本的特徴

　The Green Ship は、これまでの言葉遊び的なユーモアに満ちた2作品と趣が異なり、二度と戻ることはない、それゆえに光輝き、けれども過ぎていくべきものとしての子ども時代を描いた静謐な絵本である。イギリス児童文学の伝統的な休暇物語の枠組みとイギリスの庭という特別な文学的舞台の相交わるところに、この物語世界は生み出される。これまでの2作品と共通するのは、「絵そのもののなかに物語がある」というブレイクの創作法である。実際の授業においては、先の2作品に続けて行う場合もあれば、1作目の次に、この作品を学習する場合もあるなど、児童実態を知る教師のプログラム構想に委ねられている。言語遊戯性の強い先の2作品とは味わいを異にする本作品をどう扱うかは、教師が意図する作家研究の質を左右する。

　夏休みに、田舎のおばの家に遊びに行ったアリスとぼくは、遊びにも飽きて、禁じられている隣の屋敷の庭にもぐりこむ。森のような庭を探検していくと、開けたところに、樹木を刈り込む等してつくった船のようなオブジェを発見する。木の上の小屋に上がると、本物の舵や望遠鏡、古いランプが置かれていて、「ほんとうに海にいるみたい」[66]だった。その庭の主は、トリディーガさんというやせた老女で、子どもたちに舵や望遠鏡の使い方を教え、世界地図を見せて、毎日のように世界中を航海して回る。「花だんはイタリアの遺跡。庭に一本だけはえていたヤシの木は、エジプ

第4章　発展的実地検証による充実期

ト。」といった具合に。夏、天候はどんどん暑くなり、とうとう赤道に「ついたことになった。」あくまでも見立てごっこをしているという醒めたまなざしと、子どもと老人が本気で遊ぶ確かな時間とが、不思議なバランスで共存する作風である。いわゆる現実と非現実の境目が容易に消え去るような幼年期の子どもではなく、子ども時代の終末期に近づきつつある子どもが遊ぶ＜緑の船＞の航海なのである。

©Randon House Children's Books

　田舎で過ごす最後の日、二人は、隣家で一泊することになる。その晩は、大嵐になる。トリディーガさんは、「あらしのとき、船長だったらどうするかしら。そうよ、あらしのまんなかにむかって、すすむのよ。おもかじ、いっぱい！」と舵をきる。雷雨の一夜が明けると、明るい朝。嵐を乗り切ったあと、トリディーガさんはツタを引きずっていって船をつなぎ止め「とうとう」寄港したのである。

　その後も毎年、二人は庭を訪ねる。庭師も船の手入れをするには年を取りすぎたが、トリディーガさんは意に介さないようにみえた。毎年毎年、訪ねるたびに、少しずつ木は自然のままに生い茂っていく。物語は、もうじき、それがむかし「船だったことを知る人は、だれもいなくなってしまうだろう。ぼくたちのほかには…。」と結ばれる。

　その変化を、見開きごとの庭の絵が能弁に物語る。「絵そのもののなか」に時間は冷静に確実に流れ続けていく。庭を発見した日から家に帰るまでの数日間に13見開き、その後の何年もの時間を2見開きで描き出す。嵐

66）邦訳は、『みどりの船』（千葉茂樹　訳、あかね書房、1998年5月）によった。頁記載は無し。

の夜、1晩には2見開きを当てる。物語の時間の流れを、ブレイクは、複数の方法で描き分け、子どもと大人がともにある時間、淡々と過ぎていく時間が、この物語の秘められた主人公ではないかと思わせるほど、絵そのものに丹念にその移りゆきを物語らせる。

　他方、先の2作品と違うのは、侵入者を見つけたトリディーガさんが最初に言った言葉、「水夫長！あそこにいるのはだれでしょう。密航者ではないかしら？」が、読み手がはじめて出会う人物を瞬時に性格づけるとともに、それ以降始まる独特な物語世界を開く最初のひとつきとなる。「ぼく」の語りだす状況や人物観察や心情もまた、絵を意味づけて効果的である。語る絵と語る言葉が不可分にかかわりあってひと夏の特別な時間とその後が語り通される絵本である。

　指導に当たっては、先の2冊以上に、何度も何度も教師が繰り返し読んで聞かせ、児童に十分物語世界に読み入らせるよう強調されている。

(7)-2　学習指導の展開

　物語に十分親しむために、第1、第2・3セッションで、繰り返し、物語を互いに語り直す、ストーリーマップを書いて再現する、そのマップに、人物の会話表現や事件の場所や時間など注釈を記入する等の活動を重ねる。その前後に、教師が何度も本編を読み語り、物語の基礎読解を深める。つぎに、第4セッションで、*Cockatoos* で行ったのと同様に、各頁や見開きの絵をカラーコピーしてラミネート版を作り、ペア毎に違う絵を配布する。何が描かれているか、どんな印象をもつか、それはどのような表現か話し合い、カードに書き出し、クラスで共有したり、読書ジャーナルに貼り付けたりする。

(7)-3　物語世界を立体的に立ち上げる部分精読セッション

　第1〜第4セッションが、第一段階の絵本読みとすると、第5セッションは、それを踏まえ、語り手を特定した teacher-in-role によって、隣家の

第4章　発展的実地検証による充実期

緑の船を発見した最初の日を取り立てた部分精読へと移る。教師が、姉のアリスになりきり、クラスの全員が弟になって、隣家の庭で遊んだ初日の帰り道の会話を想像しながらロールプレイする。その後、今度は児童がアリスになって、船を発見した最初の日のことを母に書き送る手紙を書く。(なりきり作文)

　緑の船のストーリーボックスを作成し、児童に提示し、そのボックスを用いて、物語を再現して語る、自分の物語を創作して語る活動を行う。それを書き留める、録音する、クラスで発表するなど、発展的な活動も期待されている。先のロールプレイが同化の読みに力点があるとすれば、ボックスの小道具を使いながらの物語の語り直しは、いま少し異化の読みといえるだろうか。

　また、教室内にあるロールプレイ・コーナーを児童とともに緑の船に作り上げることから始める同化型の活動も提案されている。児童は、乗務員である二人の子どもになりきり、さまざまな書く活動を経験するよう導かれる。嵐の晩をいかにやり過ごしたかなどを書く航海日誌、緑の船の船員募集広告、船員の日課のリストアップ、注釈つきの航海地図、航海ルートの説明書、そして、最終航海日に二人の子どもが出す家族へのハガキ等である。これらは、『ともだちになって』で、宇宙船内を設えるために行った書く活動の発展形である。既習の学習体験が、新たな作品の読みに応用され、方略として定着が図られる。

(7)-4　登場人物を読み入る

　第6セッションは、ペアで一人の登場人物を選び、絵に描き、どのような人物か注釈を書き入れていく。絵を見せながらクラスで発表し合い、共有する。

　これも、『ともだちになって』の導入セッションで行ったキャラクターマップ法の応用である。たとえば、隣家の老女を取り上げたとすると、ビーグーとは異なり、視覚的にも、会話表現においても、さらには、一人

称の語り手「ぼく」の人物評においても、質の違う情報が多様にあり、注釈も質量ともに豊かなものになると予想される。豊かな注釈にもかかわらず、老女は「ぼく」にとってミステリアスでつかみがたい存在として描かれている。語り手が見て取ることのできない部分が多い分、児童の想像に委ねられるところが少なくない。

　姉のアリスや「ぼく」を取り上げても、彼らの行動は読み取りやすいが、年ごとに変化する隣家の庭とそれに対する老女や庭師のありようについて、どのように感じているかは、明確に言及されていない。庭師にいたっては、視覚的な情報を読み取るしか、有効な手立てはない。4人の人物は、それぞれ描かれている（書かれている）部分よりも、描かれていない（書かれていない）部分が多い。『ともだちになって』では、主人公のキャラクターマップであったが、この作品では、児童の選択に委ねている。どの人物に関心を抱いたか、注釈をつけ、発表し合うことで、さらにどの人物にどのような興味を抱いたか。人物造型への関心が、「絵そのもののなかに物語がある」ブレイクという作家への関心へと繋がっていくことが期待されている。なぜ描かないのか、なぜ書かないのか、という問いは、児童を作家へと向かわせる一つの糸口になるからである。

(7)-5　物語の核となる場面を詩の創作活動を通して精読する

　本作品は、庭の船の発見、航海あそび、最終航海日の嵐、消えゆく庭の4つの主な場面で構成されている。子どもと老人がともに興じるごっこ遊びの日々には、一点の曇りもない。ところが、田舎で過ごす最終日、子どもらの最終航海日に、始めて悪天候に遭遇する。その翌年もその次も訪ねた庭は次第にその形を変え、船は森へと戻っていく。老人も遊びを共有する年齢ではなくなった。これら後半の描き方は、読み手の心のなかでどのように結ばれるのだろうか。「それからもぼくたちは、まいとし、トリディーガさんをたずねていった。やがて、水夫長は、マストやえんとつの手入れをするには、年をとりすぎてしまった。でも、トリディーガさんは、

ちっとも気にしていないようだった。」

　読み手もまた「ちっとも気にし」ないだろうか。物語はたんたんと庭の顛末と二人の子どもの心情を語りきる。読み手は航海をともに楽しめば楽しむほどに、描かれた終わり方を読んで、自分の心のなかの物語にも折り合いをつけなければならない。その意味で、読み手に能動的な物語への参与をうながす仕掛けをもつテクストである。

　これら特徴的な2箇所―嵐の晩の航海、原形をとどめない船―のいずれかを選び、Shared writing 法で、詩を創作する。第4セッションで絵につけた注釈を読書ジャーナルで振り返る。本文の'(And) what a storm it was!'（「その日のあらしの、すごかったことといったら！」）もしくは'year by year, the trees are growing back into their old shape'（「まいとしまいとし、すこしずつ、木は自然のままにおいしげっていった。」）を冒頭詩行に活用する。第8セッションでは、緑の船をさまざまな緑色の組み合わせを用いて描く。右の例は、そうした絵と自分なりに創作した詩の例[67]である。

(7)-6 「なりきり作文」を活用した船の発見時の部分精読

　第9、第10、第11セッションの3つのセッションを用いて、隣家の庭に忍び込み、緑の船を発見した場面を、繰り返し創造的に部分精読する。

その日のあらしの、すごかったことといったら！
暗くて、ほとんどなにも見えない。ぼくは、船が爆発するんじゃないかと思ったほどだ。雨は船を叩き続けた。雷は、僕の鼓膜をがんがん打ち、痛い。稲光で、船が燃えてしまうのではないかと思った。

創作事例
©CLPE

67）同注33、p.78

①教師が本文をナレーターになって音読し、児童に姉か弟役を演じさせる。まさに船が目に飛び込んできたそのときにストップモーションをかける。教師は、教室中を歩き回り、個々の児童に、何が見えたのかと尋ねる。一枚の解釈絵として他者に見せることを意識しないフリーズフレーム法の準備段階的活動ともいえる。

　絵本では、子どもらの姿を手前に置き、右手奥に緑の船を描く。読み手は、子どもらの背後に立って状況を眺めるという完全な同化視点には位置付けられない。手前のかれらと同様に草むらのこちら側から向こう側をのぞき見ながら、子どもらの表情も横から眺められる。同化と異化のはざまに立つような読み手に、身体パフォーマンスを通した同化体験への絞り込みは効果的である。

　②アリスか弟のどちらかになりきって、発見したときの物語を創作する。書き慣れていない児童は、グループで創作する。書き慣れ始めた児童は、Guided writing 法で、指導者の個別支援を受けながら自分なりの創作を行い、挿絵も描くよう促す。できあがった児童作品は、本の形に綴じて、読書コーナーで共有する。

　これも、なりきり作文という形で、同化型の読みに焦点化する学習体験である。①②ともに、船の発見時の「私」に絞り込む。飽和状態であった夏休みの日々に、非日常の扉が開いた瞬間を捉えさせるのである。先の第5セッションで、教師が「ぼく」か姉になり、庭を発見して遊んだ初日の帰り道の会話をロールプレイした。以降、物語の展開に沿って、部分的精読が重ねられていく。第9～第11セッションは、作家研究単元の総仕上げに至るまえに、あらためて物語の冒頭に戻って、隣家の庭で過ごした特別な休暇の発端を軸に全体の読みを再構築させたのである。

(7)-7　作家の批評入門　―読書力向上プロジェクトのめざすひとつの到達点

　最後の第12、第13セッションは、一般的な作家の評価を聞いて、自分たちなりの価値付けをする批評入門の活動である。

第4章　発展的実地検証による充実期

　「クェンティン・ブレイクは、初めて「子どものためのローリエット（Children's Laureate）」の称号を受賞し、「もっとも愛される子どものための画家」として広く知られている。」児童は、この評価に賛成するかどうかを話し合う活動を行う。

　これまでの作家研究単元の学習を振り返り、ブレイクの作品を思い起こし、ペアになって、特に面白いと思ったところ、楽しく読んだところはどこか、話し合う。何を学んできたと思うか、考えてみる。これら二つの問いに対する自分の考えを、1文で書いてみる。書く前、書いた後に相互に考えを交流する機会を設ける。単元の最後として、書いた意見をすべて掲示し、クラス全員で共有する。

　ここで見られた他者の評価を軸に、一連の学習で読み重ね、拡げ、深めながら、一人ひとりの児童が読み手として物語世界とどのように相対してきたのかを振り返り、自分なりの価値付けをするという作家研究単元の結び方は、第6学年の作家研究単元 Philip Pullman[68] にも同様のものが見られる。Amazon に投稿された書評、Pullman 作品（『黄金の羅針盤』）を映画化した監督の評、一般的な評価を掲げ、学習での読みを振り返り、自分なりの考えを書き表す。また、作家が学校を訪れたとしたら、言いたいことはないか、質問するとすれば何を尋ねたいかを考える。作家への手紙として書きまとめる、といった一連の学習が用意されている。

　対象作品の質的、量的な難易度は、1年生と6年生では大きな隔たりがあるが、共通するのは、批評に至るまでに、想像的に、創造的に、能動的に、そして、その結果、読者として新たな楽しみを覚えながら、作品の多様な側面に出会いうるような学習指導方略が綿密に体系的に組まれたプログラムに支えられていることである。これは、どの単元にもいえる共通点でもあるが、作家研究単元の場合は、特に、画家であれば、その描画法を、作家であれば、その独特な語彙使用、構文、語りの視点の設定などの表現

---

[68] 同、注23、p.61

スタイルを、部分的焦点化法で模倣する学習活動の設定が特徴的である。学習者が、描画法や文章スタイルについての知識・情報を得た上で、それを意識しながら再読し、模倣表現をする。分析的で理性的なプロの表現法への着目が、さまざまな学習指導方略によって具現化され、加えて、児童の考えは、必ずペアやグループで、クラスで即座に共有される、読書ジャーナルや掲示物を通して何度となく振り返る等、次の読みへの駆動力として留まることなく機能する。児童の学びを学習プログラムに組み込み、次の学習を促す必須の要素となるように周到な（文学特性に根ざした）配慮が窺える。

　また、精読箇所の限定も特徴の一つである。作品全体を俯瞰するといった読みの場が、ストーリーマップ、絵を描く、単語集め、ロールプレイ、Tell Me 法による難易度のついた発問など、さまざまな方略で設定されている一方で、精読の箇所はかなり慎重に限定されている。物語の導入部、事件の発端部、後の伏線となる人物の行動や心情および状況設定の変化、結末部といった限られたところから、1、2箇所のみ取り上げ、そこを複数の学習指導方略で幾度も学び重ねていく。主要な箇所を均等に重視するというのではなく、たとえば、発端部だけを読み広げ、深めた経験をもとに、作家の表現方法やメッセージ性に対して、自分の読みを一つの検証としながら批評を行っていくのである。批評という行為は、中学校に繋がる重要な読みのありようであるが、小学校段階では、自分の読みの経験、ある観点や方略によってテクストと出会い、反応し、共有した経験から、一定の確信をもって判断できること、言いうることを表明できる読み手を育てることに重きが置かれている。そして、何より重視されているのは、このような読み手としてのありようを物語享受の醍醐味として自覚的である読書人の育成に他ならない。

　第1学年の *The Green Ship* では、最後の批評入門の直前に、児童が三つのセッションを学び重ねて、ていねいに読み戻ったのは、庭の船の発見の場面であった。休暇にも退屈し始めていたそのとき、禁じられていた隣家

の庭に忍び込み、思いもかけない緑の船を発見した特別な遊びの始まりを、ロールプレイ、ストップモーション、なりきり創作、本作りといった複数の方略を重ねながら、何度となく絵本に読み戻り、1年生の児童なりにしっかりと遊びの入り口に立たせている。児童を一人の読み手として物語遊びの入口に確実に立たせなければ、プロジェクトで求める批評活動は成り立たない。

　児童にとって、その船で遊びたくなったか、ならなかったか、その一点だけをとっても、作家を価値付けることができる授業構想である。一人の読み手としての物語享受のないところに、本来、批評的読みは成り立ち得ない。この観点に立つとき、授業で具現化することのできる＜物語享受＞とはどうあることか。その質と量が織りなす教授プログラムの構築から迫り、教師教育の核としたのが、CLPEの読書力向上プロジェクトが見据える批評読みの入門指導である。

第4節　読書力向上プロジェクトの実際
―現職研修・授業の実際とアンケート調査

第1項　読書力向上プロジェクトに参加する教師の研修プログラム
はじめに

　教育改革がゆたかに推進されていくためには、教師教育への不断の努力が不可欠なことは、これまでに見てきたとおりである。カリキュラム構想、教材発掘と開発、それに伴う多様な学習指導方略の開発と効果的な活用の具体的提案、児童実態の把握という一連の実践的課題は、教師の自己評価力に基づく自律性のいかんにかかっている。これを一貫して教師教育の根幹に据えてきたCLPE①②は、読書力向上プロジェクトを、センターの発展的実地検証による充実期の要として、2005年以降、本格的に推進してきた。雛形の教授プログラムを実施するだけでも、応分の教師向け研修が必要とされる。ましてや、センターが標榜するプロジェクトとなれば、常

表13　著者が参加した読書力向上プロジェクト通年研修

	読書力向上プロジェクトの展開		対象	内容
1 2012年10月11日（木） POR Launch Conference Central D Schools グループ 於：CLPE　（1日）	オープニング・コンファレンス （Launch conference）	1学期 10月某日 午前	参加校の学校長／参加教師	プロジェクトの目的・方法の説明／児童文学の重要性（ガーディアン紙の児童図書批評担当者 J. Eccleshare の講演）／プロジェクトの実施概要と問題意識／児童文学作家の講演
2 2010年11月25日（木） POR Southwark　LA グループ 於：CLPE　（半日）		午後	参加教師	プロジェクト第1クールの主要事項（コレクションの構成／学習（読書）環境の構築と整備／教師による音読の意図と効果／プロジェクト課題図書の配布／教師による次回の読書会のための課題図書のブックトーク（tell me法の紹介含む）
3 2012年3月27日（火） POR Cambridgeshire LA グループ 於：Huntingdon Marriott Hotel （9:30~15:30 半日×2）	センター研修 2回目	11月某日 半日研修		リテラシーにかかわる文教政策の概観　リテラシーにかかわる理論の概説
4	センター研修 3回目	2学期中某日 半日研修		児童文学とリテラシー教授にかかわる諸研究の概説　評価法にかかわる概説
5	センター研修 4回目	2学期中某日 半日研修		課題図書の作品分析と話し合い　学習指導方法の概説と実践事例の紹介
6	実地指導			
7	センター研修 5回目	3学期某日 半日研修	参加教師	実践に基づく指導　課題図書の作品分析と話し合い
8	実地指導			
9	PORコンファレンス	終日	参加校の学校長／参加教師	参加教師による各クラス実践のプレゼンテーションと全員によるディスカッション

＊　上記以外に、依頼に応じて、学校／学年単位で、随時事前指導を行う。（別途費用）
　　第1回～3回に記載された年月日は、著者が参加したものである。

第4章　発展的実地検証による充実期

に児童実態を見て取り、随時状況を判断し、モデル・プログラムを適応させ、その効果を自己評価する教師の駆動力が必須条件となる。読書力向上プロジェクト参加者に提供される通年研修において、この教師の専門的力量形成をいかになしうるのか、先述してきた文献考察に加え、著者が参加しえた事例を報告することを通して、内実の一端を明らかにしたい。一般的な研修行程は、表13の右から2列目の通りである。限られた参加体験ではあるが、イギリスの国語科教育改革を実のレベルで突き動かす一助として、教科教育センターの教師教育の実際に触れえればと思う。

　先述したように、一般的に、読書力向上プロジェクトの通年研修は、講習、課題、授業実践における実地指導、成果発表会の組み合わせから構成される。ある年度の研修を一貫して追うということは難しく、センターのご理解を得て参加した講習の実際を記録しえたかぎりではあるが、ここに記し、講習の内実に迫りたい。参加した年月日に沿うのではなく、プログラムの展開の順に掲げることで、全体像を類推することとした。

　プロジェクトには、時代の潮流を反映したサブタイトルがついている。たとえば、最初の4年間（2005年から2009年）は、'Enjoyment and creativity for children and teachers: raising achievement in literacy'であった。2011－2012年度は、'Promoting enjoyment and achievement in literacy'、2012－2013年度は、'Raising standards through enhancing children's and teachers' pleasure & involvement in books and reading'である。「達成度（achievement）」「水準（standards）」と用語は微妙に変化するが、一貫して、本や読書を通しての児童と教師双方の「楽しみ（enjoyment）」や「喜び（pleasure）」が、リテラシー教授の根幹に据えられている。成熟した読み手（教師）と学習途上の読み手（児童）が文学を共有する時空間の創出に力点が置かれているのである。

1.1 読書力向上プロジェクトの初回オリエンテーション・コンファレンス（POR Launch Conference）内ロンドン Central D グループの場合　2012年10月11日（木）於：CLPE

　プロジェクトは、初回オリエンテーション・コンファレンス（POR Launch Conference）から始まる。先述したように、参加校のプロジェクト主任だけでなく、予算責任者であり、学校全体のカリキュラムを統括する学校長を招待し、プロジェクトへの基本的な理解と具体的な支援を促すために設けられている。管理職教育と言ってもいいであろう。

　午前中は、管理職も入れたオリエンテーション、午後は、主任向けのより実践的なオリエンテーションである。先の表の研修2回目から5回目を、INSET DAY　1~4とし、4回のセンター職員による講習が続く。2012-2013年度読書力向上プロジェクトの内ロンドン、Central D グループ年間講習予定は、右下に掲げた通りである。

　初回オリエンテーション・コンファレンス（2012年10月11日（木））には、内ロンドン地区内登録校25校、主任教師44名、管理者を含め、計52名が参加した。基礎段階（Foundation Stage）3名、Key Stage 1（1/2年生）14名、ならびにKey Stage 2（3～6年生）22名であった。受付は9時スタートで、紅茶やクッキーが食堂に用意され、自由に歓談しながら、9時30分の開始を待った。スクリーン上には、これまでのプロジェクト成果が上映され、カリブ系BGMも流れる中、コンファレンス会場の雰囲気づくりに配慮が窺えた。p.340に掲げた当日発表の時程に沿って、研修の流れを報告する。

2012-2013年度	
年間スケジュール	
初回コンファレンス	10月11日（木）9:30-15:30
INSET 1	11月29日（木）13:30-16:30
INSET 2	2月7日（木）13:30-16:30
INSET 3	3月21日（木）13:30-16:30
INSET 4	5月23日（木）13:30-16:30
最終コンファレンス	6月11日（木）9:30-15:30

第 4 章　発展的実地検証による充実期

(1) プロジェクトの背景

　午前中前半は、プロジェクト主任 McGonigle によるプロジェクトの背景説明と問題意識の喚起、ならびに児童文学批評の専門家でセンターの非常勤職員も務める Eccleshare の児童文学概論であった。

　読書力向上プロジェクトが必要とされる背景として紹介されたものは、以下の資料である。[69]

① PIRLS（Progress in International Reading Literacy Study）(2001) および、その結果をもとにまとめられた NFER レポート（2003）に見られる第 4 学年・第 6 学年の傾向。

　　「イギリスの児童は、諸外国に比べると読書量はきわめて多いが、読書を楽しんでいるかといえば、そうではない。」

　　「53％は、十分読書を楽しんでいるが、23％は、楽しいときもあると回答。」

　　「女児は、男児より読書を楽しむ傾向が強い。」

　　「一人の読み手としての達成度において、国際平均よりも、イギリスの男女差のほうが高い。」

② PIRLS（2006）読み手と読書についての全国的な報告の紹介。

　　「イギリスの児童・生徒は、2006 年度 PIRLS の国際平均よりもはるかに到達度が高い。一方、イタリアやドイツ等のヨーロッパ主要諸国に比べ、かなり低い結果であった。」

　　「2006 年のイギリスの落ち込みは、さまざまな能力レベルにおいて明白であった。」

　　「イギリスを含む諸国の大半において、女児の平均値が男児よりもきわめて高い傾向にあった。」

---

[69] CLPE. (2012)*The Power of Reading: Central D Schools 2012-13:raising standards through enhancing children's and teachers' pleasure & involvement in books and reading.*（2012 年 10 月 11 日）コンファレンス当日配布資料、pp.7-8 にもとづく。

表14　読書力向上プロジェクト Launch Conference 時程
　　　　（2012年10月11日の場合）

```
読書力向上プロジェクト Central　D グループ
2012-2013 年度コンファレンス 2012 年 10 月 11 日（木）時程

9:30-9:40     開会の辞　センター長（常勤）　Sue　Ellis
9:40-10:35    プロジェクトのテーマ（児童と教師）解説
              POR 主任　Sue McGonigle
10:35-11:00   小話　児童文学の重要性
              センター長（非常勤）兼 The Guardian 紙児童図書
              書評編集長　Julia Eccleshare
11:00-11:30   休憩
11:30-11:45   プロジェクト日程説明と児童実態調査の基本
11:45-12:30   児童文学作家特別講演
              Elizabeth Laird（The Garbage King　作者）
12:30-13:30   昼食
              （Key Stage 別のプロジェクト課題図書の配布）
13:30-14:50   プロジェクト第 1 段階の重点事項
              実態調査／読書環境作りの重要さ／教師による音読
              ／課題図書について
14:50-15:30   ブックトーク－次回の読書会に向けた課題図書の紹
              介　E. Laird The Garbage King、B. Naidoo The Other
              Side of Truth
```

「イギリスの 10 歳児の読書に対する態度は、多くの諸外国に比べ劣っていた。2001 年以降右肩下がりの傾向にある。女児は、一般に、どの国においても、積極的であった。読書に対する態度と達成度には、一定の関係性が指摘できた。」

「PIRLS 報告書においては、社会的困難状況と読書との間には、積極的な関係性はまったく見られなかった。」

　ここで指摘された、読書に楽しさを感じている実態と読みの到達度の関係性については、2004 年の Sainsbury と Schagen[70]による報告書も取り上げ、参加教師に、読書への意欲づけについて問題意識を喚起していった。2004 年の報告書は、読書に対する積極的な態度と意欲との積極的な相関

性や、読書頻度と読みの力の間の明らかな関係性が指摘されたものである。引き続き、3種の報告書が紹介された。

③ Progress in International Student Assessment（PISA）(2000) の結果の提示。

　「読書に対して熱意を持ち、日常的に読んでいる読み手は、高所得の仕事をもつ高学歴の保護者の家庭の児童よりも、読みの到達度は高かった。」

④ English 2000-05:A review of the evidence（Ofsted:2005）の報告から。

　「グループによる協働学習指導法や個別学習指導法などのより積極的な活用には、なお、多くの教師がこれまでの授業を変えていこうとするチャレンジ精神をもつ必要がある。児童に十分かかわり、意欲を促すために幅広い学習指導法をさらに活用するよう動機づけが必要である。」

　「読むことと書くことの学習において、児童の話し聞く（talk）活動がいかに重要かについて、すべての学校が意識的であるとは限らない。」

　「教師が過剰に「指針」を遵守しようとしたばあい、「指針」の推奨学習指導事項は、ノルマのリストのごとく形骸化してしまう。」

　「詩の学習指導は、詩が表した思想や情感に対する個々の児童の反応を引き出すことのないままに、形容詞や比喩の活用、文の長短の比較といったことに埋もれてしまっている。」

⑤ 'English at the Crossroads': An Evaluation of English in Primary and Secondary Schools（Ofsted）[71] 報告から。

　「よき教師のいるところ・・・実用的な学習活動も創造的なそれも、

---

70) Sainsbury, M. & Schagen,I.（2004）Attitudes towards reading at ages nine and eleven. *Journal of Research in Reading*. 27, 4, pp.373-386

71) Ofsted（2009.6）*English at the Crossroads:an Evaluation of English in Primary and Secondary Schools 2005/08*.

児童・生徒の興味関心と深くかかわりを持っていた。効果的にペアやグループ学習を取り入れ、考えを話し合い、学習者同士で考えあう一助となっていた。自信をもって、あえて冒険的な指導に踏み込んでいた。特に、学力の高い学習者のばあい、いつもとは異なる学習指導法を用いることで、より積極的な反応を引き出すことができていた。」

「一方で、教師によるチャレンジの質は、時にあまりに低い事例も見られた。このようなやる気を削ぐような学習指導では、女子よりも（低学力グループの大半を占める）男子のほうに、学力停滞を招くのではないか。」

以上のように、5つの報告を端的に紹介し、児童の読みの実態のみならず教師の学習指導状況に、参加者の意識を集中させていった。加えて、講師は、2005年と2008年のOfsted報告を比べ、より質の高いテクストを全文用いて読んだり、話し合ったりするとともに、個人の読書のための十分な時間を確保する教師の数が増えてきたと紹介し、喜ばしい傾向と強調した。一方で、なお見られる指導者の傾向として、①導入に時間をかけすぎて、児童が自分で課題に取り組む時間的余裕がない場合が多いこと、②句読法、複文等の文章の形式的側面に時間を割きすぎ、児童が自分の考えを広げたり、組み立てたりする過程で教師が支援する時間が犠牲になっていることを指摘し、参加者の考えを引き出していた。

これら実態報告書の紹介の最後に、*Excellence in English*（Ofsted 2011）[72]を取り上げ、スクリーン上で、読書の楽しさを本格的に導入した学校カリキュラムや教師の指導等を映像で紹介し、それらの学校のSATsの結果も満足のいくものであったと、学習者の読書への意欲づけの必要性を繰り返し強調した。

これを踏まえ、参加者は、つぎの3点に基づいてグループで話し合った。

---

[72] Ofsted（2011.5）*Excellence in English: What we can learn from 12 outstanding schools*. Ofsted.

- 児童は、読むことに情熱を失いつつあるか。
- 他と比べ、特に熱意があるグループとか、反対に熱意を喪失しているグループはないか。
- 児童の熱意をかきたて、消してしまわないために、学校として何ができるか。

話し合いの中から全体に共有された意見には、「やはり、読書よりは、ゲームで遊ぶほうが多い。本好きの児童でも、本よりゲームを選んでいる。」「図書館に行く、保護者が読み語ってやるといった環境が少ない。学校内外を視野に入れた、環境作りが必要ではないか。」「読むことが難しくて、楽しむまでにいかない児童もいる。」「十分な支援を与えていない。」「読書への熱意は見られるが、読むという難しい行為をいかに楽しくするかが課題である。」等があった。初回でもあり、ランダムな現状が語り合われていたが、それらを受けて、センター講師は、プロジェクトの目的やこれまでの経験的知識を提示していった。

web 上には、150 以上の単元モデル、授業事例、成果物が掲げられており、参加者がダウンロードして利用可能なことを紹介するとともに、センターは、クラスの実態に沿って、モデルを自由に改変し適応を図るときの手助けをするために、要望があれば、各校のプロジェクト参加教師との事前指導や打ち合わせの機会を設定する用意があることを明言した。

研修の最初の講習は、こうして、プロジェクトを自ら稼働させていく教師の内省と自覚の喚起から始まったのである。

(2) プロジェクトの基本指針
つぎに基本指針が確認された。
① **読み手としての教師**

一人の読み手としての熱意が児童に伝わる授業かどうかが、大きな意味をもっている。それを支えるものとして、①慎重に選択した児童図書であること、②学習指導方略の適切な活用と体系性、③ web 資

料の活用、④研修への積極的参加と児童文学についての話し合いの場の創出を、掲げた。
② **読み手としての児童**
　　　もっとも主要なテーマは、動機付けである。読み手として意欲づけられば、それは、書き手としての意欲喚起に繋がっていく。
③ **読むことは特別な行為である**
　　　読むという行為は、すべての児童の参加を呼び覚ますものである。テクストを変形する働きを有している。

　上記三点の順序性に、プロジェクトの基本姿勢が反映されている。まずは、児童のモデルとなる成熟した読み手としての教師の存在である。その教師による選書であり、方略とその体系的活用の工夫であり、読書会は、その教師の文学の読みを精錬する場として必須なのである。こうした成熟した読み手の「熱意」が、児童を読み手へと導く動機づけとなる。二番目の指針は、リテラシーという枠組みの中で読むことを捉えようとするもので、理解と表現が表裏一体となって実の力となるさまを、具体例をあげて基礎理解を深めていった。三番目は、教師、児童双方にかかわって、読み手であるということはどのような営みの中に身を置くことなのかを、指し示したものである。テクストに能動的に参与し、自分なりの内なるテクストを形成する営みに見られる、読み手の能動性と創造性、およびテクストとの対話性について、読書反応理論を振り返り、教師個々に確認を促した。

(3) **学習指導方法への実践的な意識化**

　教師の基本姿勢が確認されたところで、方法論へと移る。リストを配布し、まずは方略の全体像を捉えさせる。音楽やダンスによる読解表現などは、シェフィールドの4年生のファンタジー作品 *Varjak　Paw* の実践例を動画で紹介し、興味づけを行った。センターが特に力点を置いたのは、本章でも繰り返し強調した、教師による音読とそこから派生するブックトークであった。Tell Me 発問の基礎、応用、発展の3段階すべての問いが資

第4章　発展的実地検証による充実期

料化され、これまで以上の有効な活用を示唆した。

　また、絵を描く、図工的なものづくり、音楽の活用等、読み取ったことをもとに、ひとつの世界として創出することの重要性が強調された。これら読むことを出発点として、話し合う、演劇的活動を行う、絵を描く等の読みの具現化活動をすることが、書く行為に結びつく。

　講師は、なりきり作文等が効果を発揮するのは、それまでの視覚的、聴覚的、身体的な言語活動と連動するからだと繰り返し強調した。国語科の学習指導において、作家の言葉に対する自分の読みは多面的な角度と方

Penwortham Primary School、4年生 Varjack Paw 単元フリーズフレーム
©CLPE

法によって掘り起こされねばならないもので、ましてや、読みを言語化するためには、言葉が読み手の中で醸成されてくる時間と状況と過程が必要だということを、一人の読み手でもある教師ならば、おのずと腑に落ちるであろうと言うのである。また、書くことにかかわっては、書く力の弱い児童のための詩創作の有効性を指摘した。

(4) Eccleshare の児童文学概論　―大人と子どもを繋ぐ児童文学のはたらき

　センターの嘱託職員であり、Guardian 紙の児童図書書評欄の評者で、児童文学批評家としてよく知られた話者の名物講演といった風情であった。年間、1万を越える児童向け新刊本が出版されているが、児童書に対して

345

楽観的でいられるかは、また別の問題だと述べ、読み手としての大人と子どもを繋ぐより積極的な努力の必要性を強調した。児童文学は、単に学校の文化だけを扱うのではなく、すべての人の文化に通じるものである。本の中で、保護者、一般の大人、そして子どもが結びつけられていく。具体的には、大人が読み語ることで、大人と子どもという二人の読者を繋いでいくのである。

また、今日、絵本の重要性は言うまでもないが、選択に当たっては、あえて危険を冒す経験を与えるような作品に留意したい。読み手がある決断を下さねばならないような経験ができる絵本の価値をこれまで以上に重視すべきではないかと締めくくった。

(5) 講習プログラムの大要説明[73]

つづいて、参加者が留意すべき事柄や基本的な課題が説明された。以下に、列挙する。

① すべての講習への出席。欠席の場合は、必ず連絡の上、フォローアップを受けること。
② プロジェクト課題図書、関連資料、学習指導法の解説と実地指導を踏まえ、1年間に4冊以上の課題図書をもとにした単元学習を実施することを目的とする。
③ プロジェクトの開始時と終了時の児童実態を記録しておく。
④ 実践にかかわる具体的な資料や写真等の映像記録を持ち寄り、講習中に話し合い、みずからの実践を振り返る機会とする。
⑤ 児童文学2冊を取り上げ、講習中およびブログ等で読書会をもつ。事前に読み終えて参加する。
⑥ プロジェクトの最終コンフェレンスで、自分のプロジェクト実践を簡略にまとめ、管理職と参加者全員にプレゼンテーションする。

---

73) 同、注69、p.5にもとづく。

⑦　学校全体にプロジェクトを普及させる。
　これらを踏まえ、学期ごとに期待される各校の活動は、次の通りである。

第1学期（秋学期）のハーフタームを用いて [74)]
- 学級の読書環境をチェックし拡張する。
- （まだ十分に定着していない場合）学級内に、教師による音読の習慣をつける。
- 試みにブックトークをやってみる。
- 児童の実態を調査し、つぎの講習で提出する。
    - NC の読むことと書くことのレベルに関する基本的データ
    - 'can do'（読める / 読む・読める / 読まない・読めない / 読む・読めない / 読まない）フレームで評価したデータ
- 教師の読書会のために、*The Other Side of Truth* と *The Garbage King* の2冊を読む。
- 単元で取り上げる児童書や学習指導展開について十分理解する。

第2学期（春学期）のハーフタームを用いて
- 2学期の後半の指導計画にプロジェクトの単元学習を組み込む。
- プロジェクト課題図書のなかから1冊を選び音読してきかせ、単元内の学習指導法をいくつか試みる。
- 年間を通して、少なくとも3種類以上の学習指導方略を取り入れることを指導者としての目標とする。

　上記のように、各学期のすべてではなく、ハーフターム（前半や後半）に集中的にプロジェクトを取り入れていくことが推奨され、現状を踏まえた意識的折衷法とでもいえるスタンスが貫かれている。教材となる児童書

74）各学期にはハーフターム休暇が1週間から2週間あり、前後に二分される。

の冊数や取り上げる方略数を見ても、センターのモデル・プログラムの遵守ではなく、個々の教師の判断に基づいた有効な適用が期待されているのがわかる。それゆえの教師教育なのである。

(6) 児童文学作家特別講演（Auther in Focus）Elizabeth Laird と課題図書の配布

カーネギー賞受賞者 Laird が自作 The Garbage King の創作過程を語るミニ講演会。わが国の小学校研究大会等と同様、作家講演は、当日の参加者のもっとも楽しそうな時間であった。エチオピア、サマリア、イラク、パキスタン、オーストラリアとイギリスを離れて取材を重ね、各地の伝承文学を収集再話するとともに、過酷な地で暮らす子どもの実話に基づく創作を発表している。

2012年度の課題図書の中にも Laird の作品があり、参加者は読書意欲をかき立てられたとみえ、配布されるや昼食時を使って、読み始める教師がほとんどであった。（＊印が、Laird 作品）

Key Stage 2（Y3~Y6）担当教師用の2つのコレクションは、以下の通りである。

○教師読書会用課題図書コレクション

The Garbage King （E. Laird）　　　＊
　　（『路上のヒーローたち』石谷尚子　訳・評論社）

A Monster Calls （P. Ness）

The Boy in the Striped Pajamas （J. Boyne）

The Other Side of Truth （B.Naidoo）
　　（『真実の裏側』もりうちすみこ　訳・めるくまーる）

The Fire Eatere （D.Almond）
　　（『火を喰う者たち』金原瑞人　訳・河出書房新社）

100 Best Poems for Children

The Rabbits　（絵本　Shaun Tan）

　　○　読書力向上プロジェクト Key Stage2 用課題図書

第 4 章　発展的実地検証による充実期

Hiding Out　（E. Laird）　　　　　＊

A Fistful of Pearls.　（E. Laird）　　＊

A Little Piece of Ground　（E. Laird）　＊

Charlotte's Web（E.B.White

　　（『シャーロットのおくりもの』さくまゆみこ　訳・あすなろ書房）

The Iron Man　（T.Hughes）

　　（『アイアン・マン‐鉄の巨人』神宮輝夫　訳・講談社）

Krindlekrax　（P. Ridley）

　　（『クリンドクラックスがやってくる！』唐沢則幸　訳・徳間書店）

Ice Palace　（Swindells）

　　（『氷の国のイワン』　大塚勇三　訳・岩波書店）

Hot Like Fire & Other Poems　（V.Bloom）

Varjack Paw　（S F Said）

　　（『バージャック』金原瑞人　訳・偕成社）

The Miraculous Journey of Edward Tulane　（K. DiCamillo）

　　（『愛を見つけたうさぎ‐エドワード・テュレインの奇跡の旅』子安亜弥
　　　訳・ポプラ社）

Into the Forest　（A.Browne　絵本）

　　（『森のなかへ』灰島かり　訳・評論社）

Fly, Eagle ,Fly :An African Tale　（C.Gregorowski）

Gregory Cool　（C.Binch）

The Pebble in my Pocket: A History of our Earth　（M.Hooper）

Tales of Wisdom & Wonder　（Lupton 再話）

(7)　プロジェクト第 1 段階の重点事項

　　―実態調査／読書環境作りの重要さ／教師による音読／課題図書について

(7)-1　児童実態の把握

　当日午後の部には、Foundation Stage 担当者 3 名を含む 42 名が出席した。

まず、強調されたのは、学級児童の学びの出発点を明確に把握することであった。can ／ do 法で学級の実態を調べ、web 上の表に記入しておく。
　can ／ do 法が活用しにくい場合の対処法として、①ペアの活動の観察、② web 上にあるアンケート項目を使って、児童にインタビューする等のケーススタディのやり方を提案。観察記録法をベースにしたより簡便な方法を中心に紹介し、個々の教師に日頃の児童実態把握を振り返らせる。教師が、このような基本的情報を把握した上で、文学に焦点を当てた授業を開発、展開していく手順の大切さを繰り返し強調した。

(7)-2　読書環境の再考とリテラシー環境の拡充

　つぎに重視されたのは、学校、学級における読書環境実態調査である。実態を振り返る観点は、環境改善の観点でもあることは言うまでもない。もう１枚の調査シートは「学級のリテラシー環境」に関する状況把握である。「学級文化や学級社会のありようが、リテラシー観を形作り、指導のありかた、評価方法のすべてに反映する」という基本指針に基づく。ともに読み合い、反応を交流し、話し合うといった社会的活動が、センターがめざすところの読むという行為（読書）であることを繰り返し強調。そうした読みのただ中で、児童は、教師を一人の読み手として見つめている。児童と教師と文学が、ひとつの創造的なコミュニティを創出していくべきだと推奨された。
　以下の配布資料に見られるように、上記の概説を反映して、後の参加者による話し合いのテーマは、メッセージ性をもった学級のリテラシー環境とは、どのようなものかに焦点化されていた。児童図書が豊富に並んでいるだけでは、リテラシー環境として機能しないことを、参加者に印象づけたセッションであった。
　この後、教師による音読の重要性が具体的に説かれるとともに、読み語られた物語に対して、児童の反応を引き出すための Tell Me 法を詳述。基本発問から応用発問、発展発問に至るすべてをリストアップし、文学の特

表15 読書力向上プロジェクト実施に向けた学級環境実態調査
（当日配布資料p.10）

教師名（　　　　）	学校名	
学年（　　　　）	（　　）年度	
読むこと	自分の学級にいまあるもの	どんなところを拡張していきたいか
a 読書のために明確に区切られたコーナーがあるか。		
b コーナーの場所を変える必要があるか。		
c 幅広い児童図書があるか。 絵本／詩／短編／長編／読本／知識情報の本／参考書／児童作品		
d 児童図書をどのように分類し、ラベルを貼るか。		
e 配架の仕方は適切か。 本棚の配架、その他のラック、ブックボックス、ビッグブック立て等について状況をメモし、改善点も書き留めておく。		
f 定期的にリニューアルする図書展示コーナーを常設しているか。（たとえば、作家特集、テーマ別、プロジェクト用テキスト、児童の反応、書評など）		
g 読書コーナーを読書のためにより居心地よく親しみやすくするために、どんなことをするか。（たとえば、カーペットを敷く、クッションや玩具等の小道具、観葉植物、ポスターを加える）		
h 本の朗読テープや再生機が常設してあるリスニング・コーナーがあるか。		

表16　学級のリテラシー学習指導環境のチェックポイント

学級のリテラシー環境について
「学級文化や学級社会というものが、リテラシーを定義づけ、指導のありかた、評価のあり方を決定付ける。」(Turner, J. C. The Influence of Classroom Contexts on Young Children's Motivation for literacy)
・読むことは価値ある行為だという社会的コンテクストを設定する。読むことは、児童はともに読み合う、本について語り合う、考えを分かち合うといった、社会的にかかわる行為である。
・学級の設備や状況設定をいかに活用するかは、学級になにが用意されているかよりも、はるかに重要である。
・ざっと読む、選択する、読む、話し合うために、一定の空間と時間が用意されている。
・読み手としての教師―読書態度、話し合いを通して、自分にとって本や読書がいかに重要かを示す。
話し合いの課題 ・あなたの学級のリテラシー環境は、本や読書の価値について、どのようなメッセージを与えるか。 ・あなたの学級のリテラシー環境をどのように改善することができたか。 ・あなたの学級のなかに、どのように、読み手の読書コミュニティを発展させることができたか。

性に沿った問いかけの体系性に注意を促していた。

1.2　2010年度読書力向上プロジェクト（Southwark教育地区）現職講習（INSET　DAY1）

第1回目

(1)　第1回目の前半部 - 学習指導方略の理解を中心に

　2010年11月25日（木曜日）、センター研修室にて、プロジェクトの現職講習の第1回目に参加する機会を得た。担当講師は、センター職員、Jenny VernonとAnne Forsythであった。以下、時程に沿い、講習の概略を示し、あわせて、初回の講習を踏まえた次回までの教師への課題を掲げた。

　前半部は、基礎的な留意事項の振り返りにはじまり、学習指導法の概説

と活用について、教師間の話し合いがもたれた。最後に、芸術家と連携した詩の創作プロジェクトへの発展を提案し、具体的な展開を説明して、中休みとなった。

2010年11月25日（木）　13:30～16:30

13：30～14:00　セッション1　　オリエンテーション
① プロジェクトのwebサイトの使用説明
② 学習指導展開への適応について
③ Primary National Strategy およびクロス・カリキュラムとの関連性
④ 授業構想上の留意点
⑤ 参加教師のためのブログ

14:00～14:55　セッション2　主な学習指導方略の解説
　フリーズ・フレーム、二者択一判断の小路、ホットシーティング、ペアの即興劇、集会の設定（教師がある役割を演じることで、児童全員をなんらかの集団に設定し、発想を拡げたり、課題解決に向けた話し合いに発展させたりする方法、teacher-in-roleと呼ばれる場合もある）他について、簡単な解説を行い、特にリーダーズ・シアターの詳細な解説資料を配布した。講習では、個々の方略をもちいた実践事例[75]を静止画および動画で紹介しながら、参加教師の経験も加え、方略の効果と留意点を再確認していった。参加教師にとって、これらの方略の多くは馴染み深いもののようであった。講習は、物語の読解プログラムのどこでどのように活用するのが適切で有効であるのかに、一層の留意を払うことに焦点が当てられていた。

14:55～15:05　読書力向上プロジェクトの物語作品をもとに、プロジェクトの一環として、プロのアーチストと協働でSouthwark

---

[75] Michael Faraday Primary School、Peckham Park Primary School、St.James Hatchman Primary School、St. Maragw Ciltherm Primary School の内ロンドン内小学校の実践が報告された。

Poetry Anthology（詩集）作り

　Southwark 教育局の助成を受けた委託事業とプロジェクトを組み合わせた、この地区の参加教師限定の発展活動である。詩の創作自体は頻繁に取り入れられるが、選集を編集し、児童に無料配布するには、特別予算が不可欠である。学習困難地域を抱えた Southwark 地区が学習環境向上をめざし、複数年取り組んできた啓蒙活動である。

　各校担当のアーチスト名が明記されたリストが配布され、会場は俄然活気づいた。Southwark 地区の全公立小学校において、（全学年にわたる）協力教師のクラスで、画家、映像作家、アニメーター、詩人などのプロの芸術家の協力を得て、物語の読解に基づいた創造的な詩創作ワークショップを行う試みである。2005 年のセンター・プロジェクト Animating Literacy 以降、センターが培い、維持してきた人的ネットワークを活かした創造的な授業展開の可能性を具体的に提案した。

　読書力向上プロジェクトの基本精神は、ここにも発揮されていた。初対面のアーチストと教師を結ぶ方法として、センターは、プロジェクトの単元作品を両者に提示し、物語に対する読みを交換し、アイディアを練り上げていくことを提案した。文学を軸とする両者の連携を推進するために、ミーティングの設定・運営もしくはメールによる連携の促進役をセンターが担うのである。センター職員は黒子に徹し、教師が、自らの読みを披歴して、未知の分野のプロとコミュニケーションを図る環境整備を行う。同じ文学を読んだという以外に接点がほとんどない両者が、その文学を軸にどのような詩創作の学習指導を展開するか、知恵を絞るのである。プロの専門性に委ねることの多い企画ではあるが、同じ文学の読み手という観点から、教師はただ受け身に徹するのではなく、プロの芸術家の指導の観点や方法を相対化できる。センターは、そこに教師教育の可能性を見出しているのである。

15:05 〜 15:20　休憩

(2) 第1回目の後半部 ‐ 絵本単元 Into the Forest を用いて
(2)-1 絵本から文章を抽出し、さまざまに音読

　後半は、アンソニー・ブラウンの絵本 Into the Forest[76] を軸にした学習指導プログラムの主要部分取り立てて、実践的に考えていく講習であった。本書については、第3、4学年を中心に第2教育段階のモデル・プログラムが提案されている。言葉と絵という異なるモードが組み合さあって一つの世界を織りなすマルチモーダル・テクストである絵本の特性を踏まえ、教材分析法であり、学習指導法にも適用できるものとして、言葉だけを取り出したテクストの音読や表紙の象徴性からの導入を巧みに図る。よく練られた講習であった。

15:20 〜 15:45　セッション3　前半のフィードバック、物語テクストの紹介と学習指導プログラム

　絵本 Into the Forest は、嵐の夜におびえる少年の寝室に始まる。父の不在がさびしくて仕方がない少年。母は、何も答えようとしない。ある日、病気の祖母に食べ物を届けるように言われる。母は、けして近道をせず、森の周りをぐるっと回っていくように言うが、父が帰宅するやも知れぬと思うと、少年は初めて森の近道を選ぶ。つぎつぎに持ち物をほしがる人物に遭遇するが、少年はうまくかわして進んでいく。が、とうとう寒さに木の枝にかかっていた赤いコートを着てしまう。身にまとったとたん恐れや不安感があふれ、道に迷う。が、やっと祖母の小屋にたどりつき、祖母に再会する。振り返ると、父がいた。父と二人帰宅すると、今度は母が満面の笑みで出迎えてくれた。父を求める少年の心象風景がそのまま絵本となっている。絵語りの比重が極めて高い絵本である。
　配布資料最初のページには、絵本 Into the Forest から文章だけを抽出し、

---

76) Browne, A. (2005) *Into the Forest*. Walker

3分割したものが掲載されている。教師の音読に対して、自由にコーラス読み（部分的な群読）をしながら児童を参加させるとしたら、どうするかを話し合うグループワークを行い、発表し合った。

著者が参加したグループの場合、つぎのような児童のパフォーマンスの可能性を考え

Spalding Monkhouse Primary School, 3年
©CLPE

出した。下線部が教師と一緒に音読するところで、波線部がエコーのように繰り返す部分という、児童のコーラス読み事例である。

Suddenly I saw one. It was nice and warm, but as soon as I put it on I began to feel scared. I felt as if something was following（following　following....）me. I remembered a story that Grandma used to tell me about a bad（bad bad bad....）wolf. I started to run, but I couldn't find the path. I ran and ran（ran and ran　ran and ran....）, deeper into the forest, but I was lost. Where was Grandma's house?（略）

他のグループの例では、強調読みやエコー、クレッシェンドやディクレッシェンド以外にも、合いの手を入れるものも見られた。一人称の語り手の語りに、読み手が即座に率直な反応を返す。劇的な活動への入門的音読でもあると思われた。たとえば、丸カッコ内の部分が合いの手の例である。

The next day Mum asked me to take a cake to Grandma, who was poorly.（Ah...Oh, no....）I love Grandma. She always tells me such fantastic stories.（中

略)'Don't go into the forest,'said Mum.' Go to the long way round.' But that day for the first time, I chose the quick way. (O, Oh……)

　声で、文学の一節を共有する場の創出であるとともに、言葉だけから想像しうる物語世界を思いめぐらしたうえで、絵の語りに出会うという分解、再構築型の読みが展開されていく。

(2)-2　表紙の絵を読む

　このあと、絵本の表紙を提示し、物語の内容を知った上で、表紙の果たす役割や伝承文学との間テクスト性を観点に、フロアと表紙読みの時間を十分とったうえで、2〜3週間の単元モデルの展開を具体的に示した。

　2〜3週間の単元モデル第1セッションには、表紙から展開を予想する活動が用意されている。

　この日の講習では、第2／第3セッションにあたる本編第1ページの絵（寝室のベッドで少年が窓外の激しい稲光を見ている場面）を用いて、学習指導方略「図絵に反応する（responding to illustration）」を参加者全員で行った。まず①見えるものを言語化する。つぎに②一語で、感じ取れる少年の気持ちを表す。そこから③一番ぴったりしているものを選ぶ。こうして個々に行った絵読みから生まれた言葉をつぎつぎに発表し、パソコン上に打ち込んで、スクリーン上で全員で共有していった。最終的には、そこからシェアード・ポエトリーライティングに発展していく展開である。

　つぎのAは、参加教師の発言した①見えるもの、Bは②少年の心情を発言の順番に並べたもの、Cは、そこから全員で話し合いながら詩に編集し直していったものである。

　まず、どのように詩を始めるか、から一行ずつ作り重ねていった。見えるもの、続いて、それに対する心情表現、これらが対となって詩行の順番は、自然に出来上がっていった。児童詩等にもよく見受けられる手法である。7行目の'Cracking thunder'の声があがり、'frightened'がぴったりと収

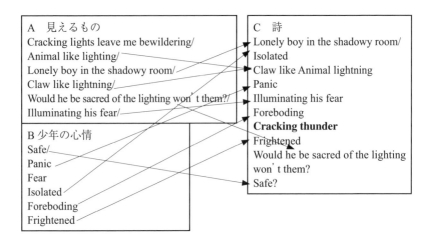

まるという感じで出来上がっていった。センター講師は、このような脚韻を踏まない詩の創作は、脚韻の難しさから児童を解放し、自分の読みをもとに表現する楽しさに集中させることができると説明した。Haiku poem が英語圏などで取り入れられていったのと同じ理由である。英詩の規則を学ぶ前に、自分の読みの表現形態として詩に関心を持つことを第一に置いた学習指導の考え方である。

(2)-3　間テクスト性を意識した絵読み

　以下に掲げたのは、web 上に投稿された Greenwich の Windrush Primary School　3 年生、Denise Smith 学級のプロジェクトから、同じ活動の絵読み事例である。左は、Sheffield の Intake Primary School 4 年生が共同で作り上げた 'The Storm' と題された詩の例である。

　つぎに先の表紙絵をさらに分析的に見る活動を行った。籠をもって森に行くというモチーフに、児童は何かの典型を読み取ってしまうのではないか。少年だけが彩色してあることに気づかせるとモチーフが見え、たとえば「赤頭巾」をもじった話の冒頭文を考えるなど発展させることも可能だと解説した。右は、講習で紹介された Bristol の St Bonaventure Primary

第 4 章　発展的実地検証による充実期

Windrush Primary School、3 年　©CLPE

What can I see in the picture?

How might he be feeling?

What can he hear?

Intake Primary School、4 年 ©CLPE

St Bonaventure Primary School、3 年 ©CLPE

題名つけ
The Little Striped Boy

Little Stripes

The Walk into Darkness

Haggonfields Primary and Nursery School、3/4 年混合学級　©CLPE

School 事例である。'The Little Red Riding Hood'（赤頭巾）の題名をもとに、'The Little Striped Boy' 'Little Stripes' 等の題名で冒頭が創作された。

(2)-4　第 2 見開きを用いて、母親と少年のディスコミュニケーションに読み入る

これまでと同様に絵読みをし、自由に見えたものを言葉にしていく。参加教師の発言は、

'no communication' 'something missing' 'room is stark（がらんとしている）'

359

と続いた。そのうえで、講師は、「母親、もしくは男の子は、何を考えているだろう。(What might Mum or the boy be thinking?)」と問い、ペアになって、母役と男の子役にわかれ、1分間会話をするよう促した。絵本の一場面から着想したロールプレイである。数ペアが発表したあと、この男の子に何か尋ねたいことはないかと問いかけた。会話のない見開きの絵読みの実践である。前頁の右下は、Nottinghamshire の Haggonfields Primary School の紹介事例である。母と息子のそれぞれの気持ちをフキダシに書き入れ、絵の周りに貼り、掲示したり、クラスの読書ジャーナルにまとめたりした共有された読みの記録である。

(2)-5　見開きから「なりきり作文」へ

第3見開きには、男の子がひとり食堂に座っている。机に向かい「パパ帰ってきて（Come home Dad.）」とカードに書き付ける場面である。食卓の上には10枚以上の同じカードが散らばっている。つぎの絵を見ると、このカードは、壁の電灯スイッチ横に、TVモニター上に、ドアノブのす

Intake Primary School 4年　©　CLPE

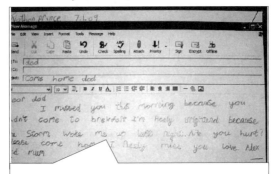

Dear dad
I missed you this morning because you didn't come to breakfast. I'm really frightened because the Storm woke me up last night. Are you hurt? Please come home. I really miss you love, Alex and mum

ぐ下に貼り付けられている。男の子の姿は、ロングでとらえられ、他のカードはクローズアップで描かれており、これら4つの絵が、1頁内にコマ割り構成となって配置されている。その頁に付された言葉は、「さみしいよ（I miss Dad.）」である。

　この絵本の中扉には、すでに少年の書いたカードが窓ガラスに認められ、この第3見開きに至って、読み手は、そのカードの意味が承服できる仕掛けである。こうして、読み手は、最初から少年の心の叫びを意識しながら読まされていく。

　ここで参加者に提案された不在の父親宛のメール作成の課題は、絵本の導入部の語りに適応した無理のない書く活動である。メール作成画面のワークシートを配布、作業後、参加者全員で作り上げたメールは、次の通りであった。

　Dad, where are you? Mom did not say anything about you. I think it's not fair, you know.

　Tomorrow is my birthday, you remember? Come back on time for my birthday dinner, will you?

　With a Big hug,

　Jack

　前頁の事例は、実際に4年生のクラス児童の作品である。

(2)-6　これまでに読んだところをもとに、どうすればハッピーエンドになるかを話し合う。Reader's theater（単元モデル、第6セッション）の紹介

　上記の二点は、いずれも自分の読みを創造的な表現活動を通して具現化するものである。教師にとっては、きわめて卑近な方法のようで、手軽にできる学習指導方略として再確認し、その効果をさらに高める工夫が求められた。結末を予想することは、全体を見通し、物語全体の意味するところを定めていく学習法であり、読み手の読みをもとに原テクストを戯曲化し、演じるリーダーズ・シアターは、ある場面、人物像やその相関といっ

た細部の詳細な読みに通じる方法である。

わが国でそれほど卑近ではないリーダーズ・シアターについて、留意されたところを掲げる。配布資料には、児童の果敢な解釈を促し、演じるための脚本作成を通し、創造的に物語に遊ぶことができ、ひいては読みの深化につながる方法と紹介されている。[77]

手順
① 3〜5分で読める程度の長さの短編もしくは中小編の抜粋を取り上げ、コピー資料を作成。
② どの人物や語り手を取り上げるかを決定し、マーカーで印を付す。
③ 脚本に取り上げたいすべての会話表現に、同じく印をつける。
④ ①から③の作業の結果、テクスト資料上、ナレーションの部分だけが印のない形で残っている。その語りは人物の誰にかかわるものか判断し、人物の会話表現と人物について語る語り手の語りとに分けるなどしながら、創造的にナレーションを割り当てていく。
⑤ そのほか、可能だと思われるところに創造的に脚色を加える。
⑥ いよいよ担当箇所を決め、リハーサルに入る。

上記の基本手順を示した後、a)'he said''she said'のようなキーになる表現への着目、b) 長尺な描写部分の対処法への指導の必要性（語りのスピードを落とす傾向のある長めの描写部を縮約する、削除する、効果音やBGM等で代弁するなど）の二点の指導上の注意点を上げた。絵本 *Into the Forest* を3部に分け、グループになって、実際にリーダーズ・シアターを実習し、話し合いをもった。即応した教師の身体性が、この方略がいかに身近なものかを如実に物語っていた。

---

[77] CLPE.The Power of Reading Project Southwark LA INSET Day1（2010年11月25日木曜日、於：CLPE 研修配布資料）p.13

第4章　発展的実地検証による充実期

(3) 読書履歴による読み手としての教師自身のフィードバック

15:45 〜 16:10　教師自身の読書履歴を書く

　一つの教材を、時間をかけて分析し、読みの方略を体験した後は、あらためて読み手としてのありようを問う自問自答の時間が用意されていた。続く読書会への導入活動でもある。

　A4の配布シートには、つぎのような観点が掲げられている。

　「あなたの読書の歩みを振り返ってみよう。

　どのように読むことを覚えたのか、読み手としてどのように成長していったのか、考えてみよう。

　　子どものころ
　1　どんな状況で読書するのが好きだったか。
　2　あなたの読みに影響を与えたり、手助けしたりしてくれたのは、だれだったか。
　3　あなたにとって、どんなテクストが大切だったか。
　　大人になって
　1　どんな状況で読書するのが好きか。
　2　あなたの本選びに影響を与えるのは、だれか。
　3　あなたにとって、どんなテクストが大切か。」

20分強の時間であったが、参加者は一気に書き上げ、自然に交換して読み合う姿が見られた。

　つづく読書会への巧みな導入であった。

16:10 〜 16:30　教師の読書会　B.Naidoo *The Other Side of Truth*,
　　　　　　　　　　　　E. Laird *The Garbage King* をめぐって

　プロジェクト初回のコンファレンスで課題として指示されていたものらしく、ほとんどの教師が読んできており、グループごとに自由な読みの交流がさかんに行われた。講師は、順に回りながら、適宜話し合いに参加していたが、全員が自分の読みを語ることを最優先にしていた感がある。Tell Me法の活用もすでにコンファレンスで指示されていた模様で、活用

363

している発言者も少なくなかった。

(4) 次回のプロジェクト研修（2011年1月27日（木）半日講習）までの宿題
　①配布された学年別プロジェクト図書から1,2冊、クラス児童に音読してきかせ、付随する教材を試してみる。ただし、必ず、自分自身でまず読み、単元に沿って課題を試してみること。
　②教師用ブログに書き込む。D.Pennac著 *The Eye of the Wolf* を読み、感想や考えをブログに書き込む。
　③webサイトに入り、どのような関連資料が活用できるか、継続的にチェックする。
　④（実施経験がない場合）クラスの児童全員の'can／do'（「読めて、実際に読む」「読めるが、読まない」「読めないが、読もうとする」「読めないし、読もうとしない」の4つのカテゴリーで児童の読みの実態を捉えるフレーム）データを把握し、提出する。
　⑤プロジェクト主任のアドレスに、授業風景や工夫した点などの写真を送る。または、次回、メモリで提出する。

　このように半日研修としては盛りだくさんである。が、けして講師の説明を聞く、配布資料を読むといった新しい知識や情報を得る座学だけに止まらない。単元モデルの解説の中で、教師自ら課題に取り組む場を設け、授業構想のシミュレーションとなす。自分の読書履歴を振り返ったうえで読書会に参加することで、おのずと読み手としての自分自身を通時的に共時的に客観視しながら、眼前のテクストと向かい合う機会に身を置いてみる。文学テクストとの邂逅が生む読み手の心性を、以上のように、限られた時間のなかで確実に再発見させていく。文学という表現形態主導型の研修方法であった。

(5) 学校現場に単元モデルを適応させるために
　初めてプロジェクトに参加した教師にとって、学校の既存カリキュラム

にいかに適応させるかは、現実的かつ根本的な課題である。読書力向上プロジェクトの単元モデルをいかに適応するかについて、講習内容を取り上げる。[78]

① 中／長期学習指導プラン

プロジェクトが提案する学習指導プランは、Primary National Strategy（「改訂リテラシー指針2006」）と密接に対応するよう構想されている。教師は、具体例（Alleyns Junior Schoolの第4学年のプラン、表17）を手がかりとし、「改訂指針2006」構想段階にCLPE②が提出した文書'Quality texts'（「高い質のテクストの活用」）を参考資料として活用するよう指示が与えられている。

② 既存のプランとプロジェクト・プランの主な違い

センターは、三つの主な違いを掲げている。

第一の主たる違いは、センターの目指すプロジェクト・プランは、一人の読み手として書き手として、児童をとらえてはなさないために、テクストに始まり、対象として選書した質の高いテクストの文学としてのパワーを最大限に行かすことを意図していることである。

プロジェクト・プランは、いわゆる「学習目的」とか「ジャンル」といったものから学習を立ち上げていくのではなく、特定の文学的な質、出来事、人物像、テクスト特性を探求していくよう組み立てられている。

第二に、プロジェクトの強調点は、教師による音読、ブックトークなどの学習指導方略である。特に、児童のさまざまな反応を教師が聞き書きすることを重視したより自由度をもった「ブックトーク」の場の創出である。

第三に、読書力向上プロジェクトのさらなる強調点は、児童の理解と反応を深める方法として、書くための助走段階として、ドラマ、図画工作、音楽といった創造的な方略の活用である。

---

78) 同、注77、p.10の表を訳出した。

表17　第4学年に適応された読書力向上プロジェクト

中／長期授業計画
Southwark の Alleyns Junior School, Anika Allexander の許可を得て、KeyStage2 の中／長期授業計画事例を紹介する。読書力向上プロジェクトおよび CLPE ②の Book Power にもとづく授業展開構想が、どのように、教師の自由裁量にゆだねながら、学校全体の授業計画に設定されているかが見て取れる。授業展開は、Primary National Strategy の単元設定の中に組み込まれ、一定範囲で、ノンフィクションとのかかわりも示している。

第4学年33～36週間の授業計画

伝承文学・戯曲・創作物語	歴史的な背景にもとづく物語	空想物語	異文化を背景とする物語	問題やジレンマを生む物語	戯曲
16～17週間	M.Morpurgo, *The Butterfly Lion* (CLPE 単元モデル)	SF Said *Varjack's Paw*(CLPE 3 週間単元モデル) Q.Blake *The Green Ship*（CLPE 単元モデル）	C.Gregorowski, *Fly Eagle Fly*.(CLPE 3 週間単元モデル) A Desai *The Peacock Garden* J.steptoe Grandpa Chatterji *Mufaro's Beautiful Daughters* (2点とも「98年指針」が推奨)	T.Hughes *The Iron Man* P.Rodley. *Krindlekrax* (2点とも CLPE 単元モデル) G.Layton *The Balacrave Story* / A.Ahlburg.*I did a bad thing once* (2点とも「98年指針」が推奨)	*Robin Hood* を用いた単元など（「98年指針」推奨）
ノンフィクション 13～15週間 CLPE の物語単元によって対応する要素もある。	記事ー新聞／雑誌 P.Rodley.*Krindlekrax* (CLPE 単元モデル) P.Pullman *I am a Rat*. (CLPE 単元モデル)		情報テキスト(図書館を活用したクロスカリキュラム的な話題や調査と関連付ける) 地理ーインドに関する課題学習	説明 R.McGough *Until I Met Dudley* (「98年指針」推奨)	説得
詩 4週間	イメージの創造 S.Ellis(ed.) *The Sun is Laughing*.（「98年指針」および CLPE ②のweb サイト活用）			詩型を探る J.Reeves. *Slowly* / M.Holub. *TheDoor* / M.Rosen. 作品（「98年指針」推奨）	

©CLPE Power of Reading Project 2010-11

③ 学習範囲

　対象テクストを注意深く読んだ上で、プロジェクト・プランを活用して、クラスのプランを立てる。「改訂リテラシー指針2006」の学習目的に沿う場合、それぞれの単元モデルに掲げる「改訂指針」を参考にすると、組み立てやすい。

④ 評価の場の設定

　評価の場は、ブックトークにおける児童の反応、児童の書いた文章やその他の学習活動を通して行われる。グループ・リーディングやガイディド・リーディング、ガイディド・ライティングの学習では、さまざまな到達レベルの児童に個別に留意できる時間が生まれる。また、これらの学習中、クラス全体で話し合う機会を設けたり、書く活動を広げたりすることができ、さらに深いレベルで児童を評価する機会が生まれる。

⑤ 「改訂リテラシー指針」の方略を用いた思考力の育みとの適応

　「改訂指針」は、Pie Corbettのような専門家のトークビデオを含む教材を用意、提供している。Corbettら専門家は、読書の重要性を語り、ストーリーテリング、教師の音読やブックトークについて饒舌に語っている。こうした事柄は、この5年間、読書力向上プロジェクトの核心部としてきた事柄に他ならない。この意味でも、本プロジェクトは、近年の全国的指針と無理なく対応している。

⑥ 情報を読み書くこととクロスカリキュラム

・単元モデルの多くは、文学に基盤をおきながら、その学びの中に、指示文、新聞記事、などの情報読みや情報を書く活動を含んでいる。

・文学を基盤にすえ、たとえば、『シャーロットのおくりもの』を扱う場合、その前後に、クモについての調べ学習を組み込む等、関連トピックによるクロスカリキュラムの発展も可能である。

・カリキュラムの学習トピックは、力のあるテクスト、教師が音読して聞かせるに足るテクスト、書く活動や詩の創作、ドラマ、図画工作、音楽やダンス等を通してトピックを発展させていけるようなテクストを探し

だすことによって、より有効に高められるものである。
　これらは、資料に沿って説明されるというよりは、講習全体において、幾度となく繰り返し、具体例を伴って強調された事項である。読書力向上プロジェクトは、「改訂リテラシー指針2006」の「話すこと聞くこと領域」（1話すこと（speaking）、2聞くことと反応すること（listening & responding）、3グループの話し合いと参加（group discussion and interaction）、4演劇的活動（drama））のすべての指針の指導事項をカバーするよう構想されている。加えて、7テクスト読解と解釈（Understanding and interpreting texts）と、8テクストに読み入り反応する（Engaging with and responding to texts）9.テクストの創造と形成（Creating and shaping texts）のすべての事項もカバーする。
　反対にカバーしていないのは、リテラシー入門期である5単語認識（解読と記号化（word recognition :decoding （reading） and encoding （spelling） Y1/2のみ対象））、6単語構造と綴り（word structure and spelling）と、句読法、構文や文章構成にかかわる書くことの領域である10　テクスト構造と組み立て（text structure and organization）、11文構造と句読法（sentence structure and punctuation）、およびハンドライティングやICT活用の基本を扱う12プレゼンテーション（presentation）である。
　言い換えれば、文学的テクストを中心とした単元学習を中軸としながら、個々の学校、学年、クラスの児童実態や他の教科カリキュラムに応じて、取立て方の反復練習も要するフォニックスや綴り、文章作法を含む書くことの基本的学習、書写やパソコン操作の基本を、別の時間で補強することで、結果、総体的な学習指導プログラムを構想することが期待されている。
　勢い、物語読解は、話すこと聞くことの力を十全に活かしながら、読み拡げ、分かち合い、それがひいては書くための構想段階として機能するようプログラム化されている。他者に発信したい自分の読みを十分に掘り起こす単元学習の結果、適切に綴る、句読法に留意する、パラグラフを意識

した文章を書くといった行為が、児童一人ひとりにとって必然的な学びに繋がることを期待するのである。文字解読の程度を気にすることなく、ひとつの物語に読み手として出会い、自分の読みを方略を通して耕していく、そのプロセスを中軸にすえた読書向上プロジェクトの基本が、初回の講習から丁寧に紹介されていく研修プログラムであった。そのために、一人の読み手としての自己を再発見する教師教育の場でもあったのである。

（補記）

この研究で取りあげられた *Into the Forest* を用いた単元モデルの展開は web 上で参加者に公開されていることが、研修の最後に紹介された。

<u>2〜3週間の単元学習モデル（主要学習指導法の列挙にとどめる。）</u>

セッション1　本への誘い

セッション2／3　サウンド・パフォーマンス／グループの話し合い／単語・表現集め／シェアード・ポエトリー・ライティング

セッション4　話し合い／フリーズ・フレーム・なりきり作文

セッション5　判断の小路／人物に向かって書く

セッション6　リーダーズ・シアター

セッション7／8　ストーリー・マップ／ストーリーテリング（再現法）／なりきり作文

セッション9　ロールプレイ／シェアード・ライティング

セッション10　（森での出会いを題材とした）物語共同創作／演じる

＊　図画工作、地理、音楽とのクロスカリキュラム授業の可能性、および絵本作家研究への発展に向けての資料も付されている。

1.3　2012年度読書力向上プロジェクト（Cambridgeshire 教育地区）現職講習（INSET　DAY2・3）第2・第3回目

(1)　第2・3回目の骨子

　2012年3月27日（火曜日）Huntingdon Marriott Hotel で、Cambridgeshire 教育地区のプロジェクトが開催された。センターから遠方でもあり、講習

の2回分を午前、午後1日で実施したものである。(9:30~15:30 半日講習×2)
講師は、プロジェクト主任（常勤）Sue McGonigle 、同主任（非常勤）
Olivia O' Sullivan であった。参加人数は 35 名。講習の展開は、次のとお
りであった。少し変則性のあるコンパクトな形の講習事例ではあるが、こ
れ以降、個々の小学校に入り実地指導に移っていくための仕上げの講習に
当たる。初回コンファレンスに始まり、INSET DAY1～3 にわたる講義・
演習形式の講習の展開を具体的に知ることのできる参加事例として取り上
げたい。

2012 年 3 月 27 日（火） 9:30 ～ 15:30

9:30-9:35	開会の辞
9:35-9:50	web 上の新情報アップの紹介と説明
9:50-10:15	グループ・ディスカッション－各校・各学級の読書環境整備ならびに単元モデルにそった実践の経過報告とフィードバック
10:15-10:45	書くことと読書力向上プロジェクト
10:45-11:00	現在進行中の読書力向上プロジェクトの実例紹介（録画資料）と話し合い
11:00-11:30	休憩
11:30-12:15	ワークショップ1－伝承文学の活用 　伝承文学の重要性／物語を語りなおす・ストーリーマップを作成する等、主な学習指導方略
12:30-13:10	昼食
13:30-13:55	読書力向上プロジェクト最終コンファレンス（2012 年 6 月 22 日（金）9:30 - 15:30、於：Huntingdon Marriott Hotel）に向けた準備について （記入用紙が配布され、最終コンファレンスに出品する掲示物、10 分間のプレゼンテーションのテーマおよび予定題目（見出

し)、Powerpoint 使用の有無などを記入し申請した。)
13:55-15:00 　　 ワークショップ２－詩の活用、演じる・反応する
15:00-15:30 　　 教師の読書会　*The Other Side of Truth* と *The Garbage King* をめぐって

(2) 書くことと読書力向上プロジェクト

午前中の中心的話題の一つは、書くことへの着目であった。

まず、Ofsted（2003）[79] の実態報告から、一般に書くことが女児より苦手とされる男児が書くことの成果を上げた事例を紹介し、書くことの力の育みについて問題意識を喚起した。

・「有効に、明確に、音声活動、読むこと、書くことを関係付け」られれば、児童の語彙を増やし、文体への理解も育むことができる。
・文章内容に応じた、形式やジャンルの選択機会が与えられている。
・男児女児を問わず多くの児童が、自分の文章のさまざまなモデルを堪能しながら、楽しみのために幅広く読んでいる。
・実のオーディエンスの設定、製本や提示、考えを助けるために書くことを活用等の場を通して、書く活動を目的志向行為として設定する努力が見られた。
・各 Key Stage ごとの書くための計画や下書きをフィードバックしながら、書く活動は、Stage ごとに目標達成のために指導されることが多かった。
・児童は（多くは宿題であったが）頻繁に一定の長さの文章を書く。それは書き手としての持久力を育てるのに有効だが、「製本」等のためでなければ、長文を書き直すということはめったに行わない。

以上を踏まえ、読書力向上プロジェクトにおける書くことの位置づけ

---

79) http://www.ofsted.gov.uk/Ofsted-home/Forms-and-guidance/Browse-all-by/other/general/Yes-he-can-Schools-where-boys-write-well

は、〈テーマを立ち上げる〉ことに焦点をあて、次の効果が提示された。[80]
① テクストそのもののパワー（人物像、状況設定、出来事、ディレンマ）によって、書きたいという思いが引き起こされる。
② 協働的なシェアード・ライティングを通して、書き手としての個々人が支援される。
③ シンプルだが自由度の高い構造（open structure）を与えることを通して、書くことを支援するだけでなく、児童にみずから語る声（voice）を見出させる。
④ 文学的な言語表現が、児童の文章に反映される。
⑤ 経験の浅い書き手を意欲づけ、書くことに向かわせる。
⑥ ドラマやなりきり作文の果たす役割は、殊の外、重要である。
⑦ 読書力向上プロジェクトにおいて、詩は、いきいきとパワーを発揮する。多くの男児が、読んでいるテクストと関連付けて詩を創作している。
⑧ 図画工作や絵を描くことは、書くことに繋がる重要な方法である。
⑨ 製本、プレゼンテーションや展示は、児童の文章の質を高めるきっかけとなっている。

こうして書かれた児童の文章表現の評価については、SATsの評価観点との関連の付け方を端的に示す。[81] プロジェクトは、AF1、2とかかわって、児童がより成功裏により自分らしく活躍できるよう助長するとともに、残りのAF3～8の基盤づくりとなるよう支援し、励ますことを目的とする。特に、AF5と7の基盤づくりにかかわった評価観点が適応できるとした。

「SATsの書くことの評価観点」

---

80) CLPE（2012）*ThePower of Reading Project 2012 Cambridge shire LA Tuesday 27th March 2012*（講習配布資料）p.3
81) 同、注77、p.4

第4章　発展的実地検証による充実期

AF1　想像的で興味深い思慮に富むテクストを書く　　　○
AF2　課題、読み手、目的に適したテクストを作成する　○
AF3　情報、考え、出来事を繋げ、組み立て、テクスト全体を効果的に構築し、プレゼンする
AF4　段落を構築し、段落内および段落間に一貫性をもたせる
AF5　明瞭さ、目的、効果に応じて、多様な文章を書く　○
AF6　語句、節、文においてシンタックスや句読法の技量的正確さをもって書く
AF7　適切で効果的な語彙を選択する　　　　　　　　　○
AF8　正しいつづりを用いる

　以上、読書力向上プロジェクトと「改訂リテラシー指針2006」との関係性と呼応する評価観点が確認された。加えて、書きたいという意欲や明確な目的と読者意識をもって書くことは、より効果的な文章の組み立てを助長する。これらは、上記のAF3と4にも対応すると補足説明された。具体的な学習指導方略とかかわって、各活動をどのようにサポートしていくかについても、実践的提案がなされた。[82]

〈書くことの支援−書くために欠かせない言語活動〉
○　書く前に−書く題材を掘り起こす
○　書いているただなかで−目的や読者対象に応じて形づくる
○　書いた後に−評価する／推敲する・製本し刊行する

　以上の基本的な姿勢や指針の中から、午前のワークショップ1において、ドラマの効用、ストーリーマップの活用、リーダーズ・シアターの効果的適用を取り立てた。午後のワークショップ2では、詩を取り上げ、詩の創作法や詩のパフォーマンスに焦点を当てた。

---

82) 同、注77、p.5

(3) ワークショップ2　詩のパフォーマンスの学習指導法の提案

　ここでは、わが国では一般的に盛んではないと思われる詩のパフォーマンスという取り組みの研修に絞って報告する。群読の多様なバリエーションと考えれば、けしてわれわれにとっても目新しいことではない。新奇なことではないが、英詩の本質とかかわって、それが徹底されるのが特徴的である。

　配布資料の冒頭には、教材としての詩という表現形態への基本姿勢が明らかに示されている。

　　　詩というものは、音読されること、演じられること（performed）を求めている。音楽やドラマと密接にかかわりあう文学的表現形態である。詩というものは、ごく自然に演じることと結びつき、さまざまな声でわかちあうことができる。パフォーマンスを通し、児童に、詩を紙の上から解き放つよう促せば、瞬く間に創造的な解釈を見せ始め、共有しながら詩の世界を探求していくことができる。このような探求を通し、児童は新しい意味を引き出し、より深い詩の理解へとたどり着くのである。[83]

　具体的には、詩のパフォーマンスは、二人で音読しあうペアリーディングから、劇化のための導入としてグループで工夫した音読（群読）まで多種多様である。読みの導入によく用いられるシェアード・リーディングやペアの学習を、複数の声で詩を音読する出発点とし、自信をもって、よりオープンエンドな演劇的な解釈活動や全員で行うダンスや劇へと展開していく。そのための指導と支援をするべきだと説き、具体的な10の手順や方法を紹介し、詩作品を用い、参加者でさまざまな演習を行った。

　パフォーマンス演習の最初は、詩の分析である。表18は、Berlie

83）同、注77、p.16

第4章　発展的実地検証による充実期

表18　RESPONDING TO A POEM ワークシート例

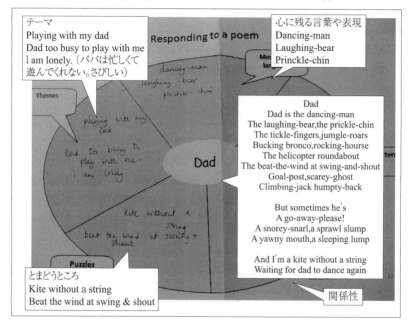

Dohertyの*Dad*という詩を分析するためのマップ表である。親しくなった参加者にいただいた。このマップをもとにグループで交流し、全体で電子黒板上に共有し、様々な音読法の提案へと繋がっていった。詩の最終連'And I'm a kite without a string'の詩行は児童にはわかりづらいというのが大方の意見であった。これをどのようなパフォーマンスへと誘うことで、児童なりに反応できるかが演習の中心となっていった。

1.4　国語科主事養成コース（Canterbury Cross University 修士課程コース単位互換性コース）Developing the Role of the English Subject Leader course（2012年3月21日　於：CLPE）

(1) 養成コースの全容

　読書力向上プロジェクトを推進するに当たって、国語科指導主事の果た

表19　専門職研修「2011－2012年度　国語科指導主事の果たす役割の向上」の日程

		9:30-11:00	11:15-12:30	13:30-14:00	14:00-15:30		15:30-16:00
第1日	2011年10月12日（水）	本コースのオリエンテーション／自己評価	英語（国語）科主事	コース基本文献の読書	校内、学級内のリテラシー環境／学級文庫のための図書選択／児童文学コレクションの構築	Julia Eccleshareによる講義（児童文学の重要性）	課題レポートと評価／個別指導
第2日	2011年11月9日（水）	学校の改善－基本指針の設定／監査とモニタリングの役割	Lewisham地区の元学校長Barbara Smithの講義（実態データの分析）	コース基本文献の読書	読むことの学習に関する先行調査研究および理論文献、ならびに、テクストの役割に関する先行文献を読む		課題レポートと評価／個別指導
第3日	2011年12月7日（水）	学校の改善－運営方法の変化	読むことの学習	コース基本文献の読書	カンタベリークライストチャーチ大学主任講師Kathy Goouch博士の講義（読みの学習にかかわる英語（国語）科カリキュラム基本方針の批判的再考）	修士課程準拠の研究	課題レポートと評価／個別指導
第4日	2012年1月11日（水）	セミナー1	児童の学びとリテラシー・カリキュラムにおけるtalkの役割の概観	コース基本文献の読書	児童図書1冊全体を用いたストーリーテリングのあり方		課題レポートと評価／個別指導
第5日	2012年2月1日（水）	つづりの効果的な学習指導（Olivia O'Sullivan）	セミナー2	コース基本文献の読書	書くことの指導理論の概観／有効な学習指導方略		課題レポートと評価／個別指導
第6日	2012年2月29日（水）	学校の授業参観			意識的な学校事例からの何を学ぶか	セミナー3	課題レポートと評価／個別指導
第7日	2012年3月21日（水）	セミナー4	リテラシーの発達と到達度の評価／創造的な評価事例	コース基本文献の読書	Andrew Lambirth教授の講義（社会文化的観点からみたリテラシーの本質）		課題レポートと評価／個別指導
第8日	2012年4月25日（水）	ジェンダーと学習達成度		コース基本文献の読書	バイリンガルな家庭環境と学校で学ぶリテラシーの相関		課題レポートと評価／個別指導
第9日	2012年5月23日（水）	コース基本文献の読書	21世紀のリテラシーとは？		課題レポートと評価	最終プレゼンテーションへの準備／最終課題レポートの説明	課題レポートと評価／個別指導
第10日	2012年6月20日（水）	最終プレゼンテーション（管理職を招待）			自己評価	参加者による本コース全の振り返りと評価	

第4章　発展的実地検証による充実期

す役割も無視できない。プロジェクト参加者であった教師が、本コースへと発展的にキャリアアップを図るケースも見られ、センターの研修のなかでは、リーダー養成は大きな意味をもつ。本コースは、国語科主事養成コースであるとともに、Canterbury Cross University 修士課程と連携した単位互換性コースである。小学校に勤務しながらキャリアアップをめざす小学校教諭に開かれたコースとして一定の評価を得ている。

　全10回の研修プログラムは、表19の通りである。

　提携大学から招聘された講師の講義等も組み込まれているのがわかる。小学校勤務と並行した研修参加であることから、センターでは、参加者が読破すべき研究文献をコピーし、複数のファイルに綴じたものを配布していた。講習中、「コース基本文献の読書」がほぼ毎回組み込まれているが、分厚い文献ファイルの読書に当てられることが多いという。講習の間にも、ファイルの文献に言及されることもしばしばで、それらが、修士課程をめざす参加者の課題レポートに繋がっていくようプログラム化されていた。修士取得を望まない参加者は、基本文献の読書はするものの、課題レポートを提出する必要はないが、ほぼ全員が取得を目指している場合が多いという。1回の課題レポートで、18ポイント（単位）、10回コースで180ポイント（単位）を取得、提携大学院の修士課程1回生の単位に読み替えられるシステムである。

　参加した第7回目の課題は、学級のコア・リーディング用にアンソロジー3冊を選択し、幅広く読書したうえで、自分の学校／学級の目的と関連づけて、2000語で、先行調査や研究文献のレビューをすることであった。参考文献等も提示するとともに、論文の引用の活用法にも助言を与えていた。ここでいうコア・リーディングとは、要となる児童図書を的確に選び提供することによって、児童を一連の体系的学習活動に誘い、文学に存分に出会わせることをめざすものである。研修講師は、教材選択の成否が、創造的な指導の成否を決めるということを繰り返し強調していた。

　構成上の特徴としては、客観的に自らを見つめる機会の設定がある。初

日の1時間目に、それまでの国語科教師としての自己評価の時間が用意されている。研修の最終日も、全員のプレゼンテーションのあと、自己評価で終わる。最後の時間には、養成コース全体の講習評価もあり、学びの経過を二重に振り返らせる契機といえよう。センターの教師教育の根幹に据えた教師の自己評価力は、主事養成においても、機軸として機能しているのが如実である。

　ここでは、参加しえた第7回目を例に、その内実の一端を示し、国語科の専門性をどのように捉え、育もうとしているかを報告する。ただし講習で配布されている文献ファイルをつぶさに見ることも入手することもできなかったため、著者の聞き書きメモのみをもとに大要を捉えることとする。講師は、センター主任講師　Sue McGonigle である。

(2)　第7日目（2012年3月21日（水曜日）のねらいと時程
　当日配布されたハンドアウトには、三点のねらいが掲げられていた。
1　学習評価にかかわる基本指針の振り返り、実践への適応を検討する。
2　授業で、創造的に文学を用いるための基本指針と基本的な学習指導方略を理解する。
3　社会的行為としてのリテラシーをとらえ、授業にいかに反映させるか考える。
当日発表された時程は、以下の通りであった。

9:30- 11:00　　学習評価について（セミナー4）
11:00-11:15　　休憩
11:15-11:35　　修士課程用の課題の提示―文学とその調査研究
11:35-12:30　　文学を軸に創造的に授業を組み立てる―基本学習指導方略
12:30-13:30　　昼食
13:30-14:00　　コース基本文献読書
14:00-15:45　　グリニッジ大学、Andrew Lambirth 教授「社会的行為としてのリテラシー」

15:45-16:00　　課題レポートと評価

(3)　学習評価について（セミナー 4）

　現在（2012 年当時）の国語科評価法の批判的再考を促すために、配布資料文献のなかから基本的な文献に言及しながら、参加者の注意を喚起していった。

　最初に言及されたのは、保守政権が新たに草稿中の NC に対する識者委員会の見解の紹介である。

　「イギリスの今日の評価システムは、一定の＜レベル＞に到達することで学習者を区別するプロセスを助長するものである。ひいては、学習者自身が自らにランク付けをするに至っている。（*Expart panel review of the National Curriculum 2012* より）」この発言を引用しながら、研修講師 McGonigle は、到達レベルを設定することによって、児童の学びをゆがめているとし、慎重な吟味と再考を促した。

　以下、著者がメモにとれた文献を掲げ、注意喚起の具体を示す。Ofsted レポート等を用い、formative 評価と summative 評価、AfL 評価の基本指針、点数評価のフィードバック等、それぞれの基本特徴に触れたのち、ワークシートを配布し、参加者の勤務校に見られる日常的な評価のあり方を振り返る機会を設けた。次の表 20 は、電子黒板上で、参加者の発言を受けながら講師が記した記入サンプルである。

　ワークシートを交換して話し合いを持たせながら、講師は、日常的な教師による観察法の有効性を強調。センターが推奨する評価法として、観察記録評価法（Primary Language Record）、サンプル法、観察法、読むことと書くことのスケールの活用を解説した。

　Ofsted の *Moving English Forward* [84] に言及し、SATs 批判から生まれた AfL に対する留意点を述べ、つぎの問いを提示した。

---

84) Ofsted（2012.3）*Moving English Forward*. Ofsted

表20　評価を見直す観点

講習で提示した日常的な評価の実態振り返りシート	記録のタイプ	対象児童	頻度	方法（いつ・どのように）	だれが	目的	formativeかsummative評価か
Foundation Stage	写真の周囲にメモを添付		毎日		教師・補助教師		formative＋summative
Key Staee 1	フォニックス／(SATs)	全児童		グループで読む・毎学期の中間で書く力の評価	教師・地域コミュニティからのサポーター	年度末の能力別テスト	formativeフオニックス
Key Stage 2	SATs	全児童			教師	読みに基づく発問	summative

○　In what ways might sharing learning objectives and success criteria be effective practice?

○　What pitfalls / issues may there be?

○　Why are some educators now questioning this practice?

（学習目標と効果的な評価基準の相関は、どのような方法で、効果的な実践となるか。／そこには、どんな落とし穴や「問題」が浮かび上がるか。／こうした適応に対して疑問を投げかける教育者がいるのはなぜか。）

さまざまに変化する文教政策に相対さなければならない教師の立場を再確認し、自身の捉え方を再検討することで、教師の自律性を問うた課題とも言えよう。

また、書くことの学習を事例として、第二に掲げられた「問題」としては、自ら発見を伴う学習の醍醐味が希薄になる／学習目標が往々にして過剰に大きい／学習活動が不活発化するきらいがある／ただし学習内容を振

第4章　発展的実地検証による充実期

り返りやすい利点もある等が上げられた。
- It can lead to lack of excitement about learning – sense of discovery may be lost
- It can be better for children to reflect on what they have learnt.
- Learning objectives sometimes too big.
- Activities not well.

これらを踏まえ同僚の教師をいかに支援していくかという立場に立って、次の課題の提示へと繋がっていった。課題は、「書き手としての児童のフィードバックにかかわって、同僚の教師にどのような助言を与えるだろうか。どのような指針、基本的原理を示すか。（必ずしも、所属地方教育局の指針と関連づける必要はない）各自で考えた上で、発表しあいながら、以下のように全員でまとめていった。

「基本指針によるフィードバックと評価」
- ほめる　一児童が力を発揮できたところを知ること。
- 一人の読み手として反応する。（たとえば、児童のつづき話に対して、「こんな風に終わるとは思わなかったわ、この話。」のように）
- 児童の努力や達成度合いをきちんと見て取る。
- 児童に自信を与えることを目標とする。
- 次のステップへ進むよう支援する。
- 児童の反応に対して時間的ゆとりと見通しをもつ。
- 児童が理解できる的確な言葉を用いる。
- 言葉かけによるフィードバック。
- フィードバックや評価過程における一貫性。

このセッションの最後に、観察記録評価法のサンプルと読むことと書くことのスケールを配布し、同僚に対して、NCの到達レベルを図るトレーニングをするときの雛型としての活用を推奨した。児童の成果物をもとにした検討会（reading conference）においても、観察記録法のサンプルや評価の観点を示したスケールは、児童のパフォーマンスを説明する言語表現モ

デルとして有効だと説明した。この講習は、教師の説明責任と説明言語を紡ぎ出す観点の必要性を明確化したものであった。

(4) 文学を軸に創造的に授業を組み立てる－基本的な学習指導方略

児童文学を1冊読み通す授業を開発するための留意点を中心に講義形式で行われた。つぎは、当日配布資料である。

「なぜ文学全体を活用するのか」

<u>テクスト全体を用いることによって、教師も児童も、深くテクストに読み入り、さまざまな側面を探求していくことができる</u>。小説であれ、短編であれ、絵本、詩、メディアテクストやその他の諸テクストであってでもある。一つのテクスト全体を学習することで、ドラマ、話し合い、再読、図画工作のような関連活動を通して、<u>児童が「テクストの世界に入る」多くの機会を提供する</u>。

数週間にわたり一つのテクストを学ぶためには、<u>十分な学習の深さを促す十分な質のテクストを選ぶ必要がある</u>。人物があるディレンマに立ち向かうといったテクストは、児童に話し合いやドラマ化への有効な出発点となる。年間の指導において、幅広い文化や状況設定を反映したテクストを確実に取り上げることが重要である。要となるリテラシーの学習指導目標が授業に反映するように、単元内の各セッションは、話す聞く活動、ドラマ、読むことと書くことを含みながら、うまくつながっていくよう組み立てることができる。

<u>2週間から6週間、ひとつのテクストを軸に単元学習することで、教師は柔軟に指導する機会が生まれ、個別の／グループ毎の児童のニーズに沿うことができる。それによって、よき学習成果を導き、とりわけ書くことの学習成果があがる。断片的な多くの学習目的を一度にカバーしようとか、目標に合った教材テクストを見つけようとするのではなく、要となる学習指導目標とその学習成果に絞り込んで重視するべきである</u>。児童は、毎日一定の長さの文章を書くわけではないが、テクストに読み浸る経験が文章の質に反映してくる。ブレーンストーミング、マインドマップ法、ポストイットを活用したメモ取り法などによって、自分の考えが発展していくさまを記録するのがいい。
（下線は、引用者）

繰り返し強調されたことは、テクスト1冊丸ごとを使うことによって、学習指導法も多様に工夫ができ、それによって学習者が、テクストに読み入る、読み拡げる、読み深める可能性が多岐に拡がること。それは、児童

第4章　発展的実地検証による充実期

表21　文学テクストを機軸とした授業計画のありかた

	文学テクストを機軸とした授業計画のありかた	
要となる学習目標	題名／作家／ジャンル／学年／授業期間	主要な学習指導方略
クロスカリキュラムの関連性	検討すべき課題「なぜ、この本なのか？」	学習成果　物語創作／詩創作／なりきり作文／読書ジャーナル／戯曲創作等
ビデオ等を含むICTの活用	関連資料　同一作家の作品	

個々の読みに応じた文学との出会いを創出しえる授業開発に繋がることである。こうした多様な読みを可能にする文学の選択が重要視されるのは言うまでもない。学習目標を基本的なものに絞り込み、テクスト自体のパワーをいかに授業として活かしうるかに重点を置いているのが特徴的であった。

講習では、それぞれが持参した児童文学を用い、「なぜ、その本なのか」という課題を行った。

登場人物／状況設定／テーマや話材／プロットや構造／言語と文体／挿絵／社会文化的に創り出されたものとしての本等の観点が表示され、各自の本を検討する機会をもった。講師は、これらすべてが満たされている必要はないが、選択の目安としての活用を促した。このようなテクスト自体の分析検討のみならず、教材としてテクスト選択にあたり考慮すべき事項の関係性を、表21のように提示した。

文学全体を用いた学習指導計画を立てるには、まず手始めにテクストを読んでみる。そのテクストの良さを、どのように探求しうるか考える。そのとき留意すべきは、ある学習目的やジャンル等から始めるのではなく、テクストの質、出来事、登場人物、テクスト特性を探求する指導展開を創

造する。（テクスト自体の分析段階）あわせて、音読、ドラマ化、描画などの創造的な学習指導法を活用しながら、少しずつ本を「紐解いていく」。ひいては、児童の学習成果の可能性を考える。特に、パフォーマンスやICTによるプレゼンテーションを通して全員で共有するべく、読みにかかわった多様な書く機会を創出する。（教材としてのテクスト判断の段階）こうした重層的な立案のなかから、教師と学習者双方にとって創造的なカリキュラムの開発に通じていくと結んだ。

　この講習もまた、教材選択に関する教師の説明責任に帰するものであった。教材が、文学である場合、文学言語に寄り添い、説明する高度な説明言語が求められる。ジャンルや指導目標に、その解を求めず、文学そのものに求めなければならない。センターは、それが、教師が一人の読み手として児童とともにあるために、不断の努力が求められるゆえんと考えるのである。

(5)　一日の参観を終えて

　午後の講師、グリニッジ大学、Andrew Lambirth教授は、長年小学校教諭として勤務したのち、ロンドン大学教育研究所博士課程で、専攻長Gunther Kress教授指導のもと学位を取得し、高等教育機関に職を得た人物であった。講習「社会的行為としてのリテラシー」は、基本的にKressのマルチモダリティ論の要点解説とリテラシー観の推移を、参加者の資料文献ファイルをもとに概説したものである。講義途中に問われたディスカッション課題は、次の通りであった。
・文化とはなにか。ある事柄について、文化的な方法で考えるとはどういうことか。
・社会的コンテクストが変化すると、価値もまた変化するのか。今日と過去とを比べ、あなたの文化的な価値判断は変わらないのか。カリキュラム、リテラシーにかかわる価値観はどうなのか。
・'power of language'、言語のもつ支配力は、社会的経済力とどうかかわ

第4章　発展的実地検証による充実期

るのか。
・学校外のリテラシーと学校で学ぶリテラシーは関係づける必要があるか。あるとしたら、なぜか。
・学校外のリテラシーに働く社会文化的要素をいかにとらえるか。
　一日講習の最後は、修士課程の単位レポートの課題確認と個別指導を行い、終了した。
　一回限りの参観ではあるが、本コースは、読書力向上プロジェクトに比べ、かなりの予習と復習が望まれるコースであった。資料探索に時間を割ける一般の大学院生とはなお質量的に異なるが、本コースが課すノルマは修士課程の平均的水準を確保していると思われた。研修は1ヶ月に1回の割合だが、その間、課題レポートを作成するだけでなく、文献ファイルを読みこんでおかなければ、講習中に頻繁に取り入れられるディスカッションに参加できない。
　学校が受講料のすべてを負担し、リーダー養成をサポートするシステムであるが、すべては、教師の自発的な受講希望に始まるものであるという。覚悟も熱心さも当然のことかと納得させられた。参加者の一人は、50代の小学校の校長であった。激務の中の受講理由を尋ねると、勤務校の全学的な国語科カリキュラムの開発が主たる研究課題で、試案を重ねながら検討中とのことであった。修士論文作成を手がかりに、理論的背景を踏まえ、多言語文化地区の学校改善を本格化させるのだと楽しそうに語った表情が印象的であった。

まとめ

　以上、読書力向上プロジェクトの研修の実際を、限られた資料と情報を総動員して、できるかぎり研修の場の雰囲気を再現するよう心がけ報告を試みた。あわせて、国語科主事養成研修の一部を加えた。これらには、一貫して、CLPEがめざす教師教育の基本指針、とりわけ文学をリテラシー教授の要にいかに据えるかという根本姿勢が、打ち寄せては引く、引いて

は打ち寄せる波のように途絶えることなく繰り返されていた。
　ひとつの文学に対する読み手としての出会い。学びとしてそれを捉え直すためには、教材としての文学の選択とテクスト特性に沿った読むための方略が不可欠であった。けれども、テクストに対して一定の方略をもって向かえばリテラシーの習得に繋がるかというと、そうではない。教師の音読が、テクストに声を帯びさせ、児童に伝わる場の創出一つをとっても、単なる教師の音読という学習指導方略に止まるのではなく、文学を教師の声によって共有する場があって、その場で生きて働くリテラシーの学びが求められる。
　研修の中で重視された環境構築は、そのさらに大きな枠組みである。図書収集、多様な設備、読書コーナーのしつらえ、補助教員の有無、学年連携、保護者との連携等を含む、広範な読書環境、リテラシー環境の状況把握と拡充が、学習指導の基盤となる物理的コンテクストである。センターは、この外的コンテクストを学習指導の内実に不可分に機能させるためには、児童実態の継続的な把握が不可欠で、それを踏まえた教師の自己評価力が根本的な駆動力だと考えるのである。読書力向上プロジェクトの研修の一端に触れただけではあるが、その根幹が一度としてぶれないことに正直驚いた。言い換えれば、教師教育の側が変動する文教政策に同調してぶれていたのでは、教師の専門性は育ちようがないということであろうか。文学という表現形態は、ぶれない教師教育の基盤となるものとして選ばれたとも言えようか。
　社会的行為としてのリテラシーの学びという基本姿勢は、他者との読みの共有体験をいかにもつかを常に問い続けることを意味する。他者と読み合うためには、自らの読みをいかに鮮明に言語化するか、何某かの表現形態で顕在化するかが問題となる。他者との対話のために自己との対話がさらに求められる。内的な対話は、つねに社会的目的と表裏一体をなすという意味で、個人的であって社会的である。分析的な言語がなければ、テクストに分け入れず、反応を言語化することもできない。社会的な言語がな

第4章　発展的実地検証による充実期

ければ、他者とわかちあうことができない。言語という記号の社会的作用を学ぶ母語教育の基本的指導が、本プロジェクト研修の根底に据えられている。

　文学を語り合う言葉も社会的なものであるためには、理性的な言葉でなければならない。理性的な言葉を紡ぎ出すためには、方法という読みの観点をもって、問いを立てながら読み入っていく必要がある。イギリスにあって、国語科教育において育むべきは、主観に埋没した感情の発露ではなく、理知の共感を誘う文学享受力なのである。児童の自由な読みを妨げるのではないかという懸念は、文学言語にゆるぎない信頼を置くとき杞憂に終わるのではないか。ぶれない文学言語が、理知の共感的読みの力の育みを可能にするという考え方である。

　今一つプロジェクト研修において忘れてならないのは、そこに文学があるから読む力を求めるという捉え方では不十分で、ストーリーテリング（物語の再現）、戯曲化・絵コンテ化・ロールプレイ等の多くの学習指導法が、文学の表現形態を借りた思考法の体験だということである。文学言語に文学の方法で寄り添う、その寄り添い方を他者と共有し、文学の価値は常に問い直されるという意味で、社会的思考法であり、コミュニケーション・フレームである。同時に、文学言語の多声性は、一つの解に収束することを知らず、自ずと個々の読み手の内省を呼び覚まし、内的対話に繋がるという意味で、私的であり個性的でもある。これを、選びぬかれた具体的な文学作品に具体的な方法で読み入ってみる体験を通して実感していかなければ、文学はモノと化し、学習指導方法は簡便なマニュアルに逸し、児童実態はパターン把握に終わってしまう。洋の東西を問わず、問題の根は変わらないものである。センターは、この危うい綱渡りをしのぐ知恵と方法を教師自らが自覚的に身につけるために、40年来教師教育のあり方を探求してきた。国語科教育改革の研究のあり方としてセンターが選び、育てた教師教育のあり方のひとつが、読書力向上プロジェクトである。

第2項　小学校実践参観にみる読書力向上プロジェクトの実際

はじめに

　外部者に対するチェックが近年ますます厳しくなっているイギリスにあっては、著者が本格的に調査を始めた2010年以降、継続的な参観を許された小学校はなかった。センターが実地指導に力を入れ学校ぐるみで改革を行っている小学校や改革に意識的な教師の勤務校は、多種多様な問題を内包している場合がほとんどで、継続参観は望むべくもないというのが実情であった。そのようななか、読書力向上プロジェクト参加校3校で、1時間単位で授業参観が許された。

　これまでの章で述べてきたように、イギリスの教育改革において、小学校公教育における教育の機会均等の保障とリテラシー教育の重視とは、表裏一対をなしてきた。そこで、本項では、参観校のうち、イスリングトン地区 Thornhill Primary School[85] 第1学年の参観事例を取り立てることにする。2010年11月25日に参観した第1学年単元「物語詩」の授業である。

---

85) Islington 地区の公立共学小学校（a Community School）。校長（2010年当時）は Matt Chapple。校長職を、headteacher とは呼ばず、lead learner と呼ぶ。CLPE の Ellis 所長によれば、管理職、マネージャーという意味よりも、学習改善の中核にたって推進しようという意思を明確に押し出す場合、少数派ではあるが、lead learner という用語を用いるという。（2010年11月26日, CLPE にてインタビュー）住所は、Thornhill Road, Barnsbury, Islington, London N1-1HX。2010年当時、3歳児から11歳児の399名が在籍。（2012年は446名）Ofsted の Inspection report（視察日2010年3月22-23日）には、次のように概括されている。「本校は、大半の学校に比べ大規模校である。3分の1は、多言語文化背景の児童で、英語学習のきわめて入門期にいる者が多い。特別支援を必要とする児童数は、平均をはるかに越え、支援の質も多様である。The Early Years Foundation Stage 在籍児童は、幼児期の者とレセプション期の児童が混在している。朝食提供サービス、放課後のクラブ活動（わが国の学童保育に相当）も備えている。学校の保健管理状況は質が高く、表彰実績もある。」2009年～2012年の改善著しいトップ100小学校（Primary school league tables 2012）のトップ校に選ばれた。英語と算数において4年前20%に届くか届かないかであったところ、2012年には90%近くがレベル4を達成したと報告されている。

2.1 Thornhill Primary School の教育基本指針
(1)「学習コミュニティ」

　Thornhill 小学校は、内ロンドン、イスリントン地区にある公立小学校（コミュニティ・スクール）で、2010 年当時、400 名弱の児童が在籍していた。NC の Key Stage1、2 を基本枠としながら、学校としての学習の体系化は、①各学級、②四つの教育段階チーム（phase team－教育段階 1（Foundation）、教育段階 2（Y1/2）、教育段階 3（Y3/4）、教育段階 4（Y5/6））、③学習領域チーム[86]（learning team－コミュニケーション（communication）、思考力（thinking）、身体的な直接経験活動（physical）、創造性（creative））を、「学習コミュニティ（learning communities）」[87] と呼び、これらの相関を学習支援する母体と設定している。実際には、①学級担任、②低中高それぞれの学年の学習の充実を図る教育段階別チームリーダー（phase team leaders）、③ 6 年間を通した体系的学習を統括する学習領域別チームリーダー（learning team leaders）の三者が互いにフィードバックしながら、学校全体の学習環境を構築していくことが望まれている。

(2) 評価

　この学習指導体制と密接に連動し、2011 年 7 月（2010 年度末）の到達目標は、以下のようであった。一貫して、主体的な学び手作りがめざされている。
・授業観察ならびに児童との日常的面談（言葉かけを含む）によって、評価は授業に組み込まれる。
・Y3 の終了時には、80％の児童が、明らかに、十分に力をつけたコミュ

---

[86] 4 つのチームには、以下の教科が含まれる。コミュニケーション（英語、歴史・地理）、思考力（算数、市民科、宗教）、直接体験活動（科学、体育、デザインと技術）、創造性（ICT、図工、音楽）。
[87] Thornhill Primary School. Thornhill Primary: School Improvement Plan(SIP)2008-2011(DFES number:206/2596) p.10

ニケーター（読み手であり書き手）、思考力（算数）を携えた学習者、（ICT活用を含んだ）創造者になっていることができる。また、同様に、身体的な直接経験に基づく学習者（体育、課外活動のみならず理科を含む）となっていることができる。
- Y5の終了時には、80％の児童が、明らかに、すべての学習領域のToolboxを活用することのできる十分な力をつけた学習者となっていることができ、学習目標をどの程度達成しえたか自己評価できる学習者たりうる。
- Y1の終了時には、80％の児童が、自分の学習の目当てを知り、理解し、説明することができる。
- Y2の終了時には、80％の児童が、学習活動が難しすぎる、もしくは簡単すぎると思ったとき、学習価値を維持し、さらに向上させるべく、使うべき方略を活用する。
- 効果的なフィードバックのために、100％の児童がよく反応する。

(3)「だれもが特別な学び手（an exceptional learner）」

　Thornhill校の描く学校像は、つぎの頁に掲げた「だれもが特別な学び手（an exceptional learner）」の育成とそのための学校環境作りである。「教師と児童がともに導きあい学びあう」ことが、モットーである。Matt Chappel校長とのインタビューでは、この「だれもが特別な学び手（an exceptional learner）」であるべきだという理想とそのための重層的なコミュニティ実現を繰り返し強調しておられた。[88] 先にあったToolboxは、教科および学習単元に応じたクロスカリキュラム的総合学習を支える広範な教材セットである。読書力向上プロジェクトの課題図書と併置され、柔軟に組み合わせた活用がなされている。

　訪問した秋学期14週間では、1学年全体のクロスカリキュラム型学習課題（Learning Question）として「色彩はどのようにわたしたちの世界を彩るか」が設定されており、個々の授業でなんらかの関係性を持たせ授業を

第4章　発展的実地検証による充実期

展開することが望まれていた。中心的授業は、プロのアーティストと教師が連携した学習指導で、CLPE が 2003 年以降促進を図ってきたコラボレーションの活用事例でもある。

また、学期の中間休み（half term break）直前の 1 週間は、詩のパフォーマンス大会が予定されており、単なる暗誦にとどまらず、多種多様なパフォーマンスに再創造された詩作品の全校あげての発表会が期待されている。評価基準は、「十分聞こえることと明確であること」「聴衆の関心を捉えること」「すべての児童が能動的に参加していること」[89] である。

その他の留意事項として、時間配分と学習資料・設備の問題がある。第 1 学年の秋学期カリキュラムでは、学習に応じ現実的に対処すべきもので、かけた授業時間数が問題なのではなく、「すべての教科において、価値ある学習成果を達成しえたかどうか」が問題とされるべきだと、教師、チームリーダーが話し合い、柔軟な対処が期待されている。バランスの取れたカリキュラムが基本である。

最大限の時間を割くのは、算数と国語である。他教科と合科の形で連携を取り、他教科に時間的しわ寄せがいかぬよう工夫が求められていた。クロスカリキュラム対応型 Toolbox を十全に活用するような週間カリキュラ

88）インタビューは、授業参観後、校長室にて 30 分行われた。（2010 年 11 月 25 日 11:30-12:00）第 6 学年の児童会会長の男児と副会長の女児と男児、ならびにコミュニケーション・チームリーダー Peacock 先生も同席。3 人の児童は、午前中、学校案内役として教室を紹介し、授業参観にも同行。校長先生は同行せず、校長室で待機する形であった。質疑も、児童が答えられることは児童が答え、逆に質問も返ってきた。こうした学校訪問への対応ぶりにも、本校の自律したコミュニケーター育成が垣間見えたように思う。最後に、学校長は、著者に、学校のねらいと読書力向上プロジェクトとの融合についての意見を求めた。30 代後半の学校長は、学校運営の管理職というよりは、文字通り Lead Learner として、児童とともに学ぶ一員である姿勢を一貫して大切にしており、CLPE センター職員の実地指導を歓迎し、常に学習指導内容と方法の刷新を心がけている、とは、参観後、センター長、Ellis の言葉である。（2010 年 11 月 26 日、於：CLPE）

89）Thornhill PS. Year1- Curriculum Map for 2010/11: Autumun Term- 14 weeks にもとづく。（頁記載無し）

表22 Thornhill小学校がめざす学校像
　　A　2011年度にめざす学校像「だれもが特別な学び手」
特別な学び手は、
1　社会的に活かせるスキルがあり、他者を支援し、協働して学ぶことができる。
2　自分の思いや他者の心情に意識的である。
3　健康を促進するよう判断する。
4　あらゆる種類の学習を大切にし、価値付ける文化の一端をなす。
5　様々な方法で学び取っていくことができる。
6　学習を支援するための環境と能動的にかかわることができる。
7　広範な学習集団の一員である。
8　責任をもって決定することができる。
9　学習の発展を促すためにグループに貢献できる。
10　様々な役割(リーダー・オブザーバー・アドヴァイザー・コーチ・助言者・見習い・熟達者)を果たすことができる。
11　学習サイクル(計画→実行→省察→適用)を活用することができる。
12　効果的なフィードバックを授受できる。
13　学習集団に積極的な貢献ができる。
14　様々な方法で、自分の考えを表現しようとし、表現できる。
15　学習の全領域において創造的である。
16　持続性があり、可変性がある。
17　心身ともに活動的である。
18　つねに自らの学習方法の探究をする。
19　自分の学習のための支援や資料にアクセスできる。
20　学習の助けになりそうだと思ったら、躊躇せず果敢に取り組むことができる。
21　世界の動向に興味関心を抱き、つねに問いを立てる。
22　問題解決者である。
23　自らすすんで学ぼうとする。
　　B　Thorhill小学校のモットーは、「指導と学習の統合」
これは、学校全体として学習の共有にかかわり、学習のイニシアティブの発展に力を傾注することに現れてくる。

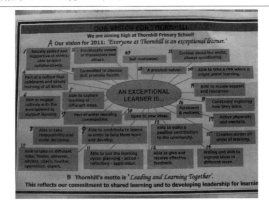

第4章　発展的実地検証による充実期

表23　第6学年の説明文作成過程（2010年11月25日参観）

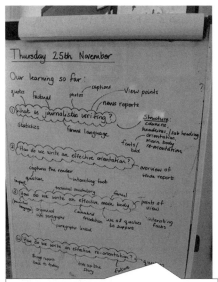

① What is journalistic writing?/
How do we write an effective orientation?/
How do we write an effective main body?/
How do we write an effective re-orientation?

①6学年の説明文作成の授業風景1（新聞記事）

③ Pargraph1
Tesco,Sinbury,Morrisons and Asda are the biggest supermarkets in Britain today. People use them because they sell everything you need :from fruit to Frisbee!....
Pargraph2
In our survey of 30people we found that the most popular supermarket was Sainsburies.The second most popular was Asda and Tesco with Morrisons the least popular.
（③段落意識をもった第1次稿の説明文作成）

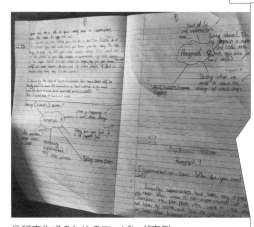

②記事作成のためのマッピング事例

②中央丸の中）パラグラフ1
-Asking opinion
-What is happening(local stores closing)
-Telling how bad it is to impert（スペルミス）food
-comparing supermarkets and local stores
-Ask questions about what is better
中央丸の中）パラグラフ2
- Use supermarkets more
-Giving advice(Do your big shops in a supermarket and little ones for milk,eggs,etc in a local store)
-Deciding what we should do about the closing of small shops.
Paragraph 1
{Supermarket vs Local.Who do you want to win?}
 Recently, supermarkets have been very unpredictable,　you never know when a new supermarket will open. Therefore, the poor people who work in little shops are taken by surprise and have no chance what……

393

ムの立案の必要性を説く。
　学習資料・設備[90]は、
「学習環境としての教室と維持と刷新」「共有学習資料センターのストック状況と活用実態の把握」「(写真/絵画・イラスト/実写情報/映画等)インターネットやマルチ・デジタルツールの最大限の活用」「資料センターとしての学校図書室」「多様な学習の可能性を生む課題学習活動」
の5要素からなる。これらの十全な相関が、効果的な学習指導を生むという姿勢が貫かれていた。

(4) Y6の事例から

　たとえば、Y6の説明文(新聞記事)を書く学習のひとこまを取り上げよう。新聞記事の特徴の全体学習したうえで(①)、まず各自のプロジェクトノートを用いた第一次稿の作成(②)。適宜、ペアでの交流、推敲(②③)。それを踏まえ、パソコンで個人もしくはペアで打ち込み(④)。その後、児童の成果物を電子黒板に随時取り上げ、複数の関連写真や図表をさまざまに挿入しながら、言語表現と画像との関連によって文章のさらなる推敲の可能性を全員学習で行っていた。(表23)

　随時、電子黒板上で、文法的な事項、表現方法を拡げる指導が挿入されて、書く活動につなげていくよう工夫が見られた。たとえば、下のような接続詞に関する確認活動である。

　30分弱の参観であったが、個々の児童もしくはペアがそれぞれの進度に応じた個別学習を行っていた。

```
効果的な接続詞 (useful connections)
時系列 (order)              因果関係 (cause)
first                       therefore
                            a result of
                            thus
                            because of
                            in order to
                            so that
```

---

90) 同、注89

第4章　発展的実地検証による充実期

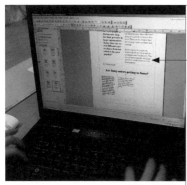
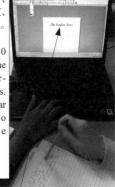

雛型から自由に選び、見出し、リード、本文、写真等で構成していく。

In our survey of 30 people we found that the most popular supermarket was Sainsburies. The second most popular was Asda and Tesco with Morrisons the least popular.

(③の草稿の打込み)

④右は、ペアで話し合いながら打ち込み。左は個人作業。ともにオーディエンス意識は明確。(タイポグラフィも工夫の例)
The London News

　電子黒板に自作が取り上げられた児童は、より高次の推敲に意欲をかき立てられたようであったし、パソコンを始めたばかりのペアにとっては、どの写真を使うか、新たな話し合いに繋がっていった。ICTと国語科学習が自然に結びつき、機械は使う道具であって、授業の中心は、新聞記事という表現形態の特徴を理解し、みずからオーディエンスに向けて作成する社会的表現行為に置かれていた。

　題材は、大手スーパーマーケットと個人商店の共存の可能性である。出来上がった新聞記事は、学校のブログ上にアップされる。その折、自作に簡単な説明を加えていく予定だという。たとえば、'I can use words, picture, diagrams to organize my explanation so that it's easy to understand. For example,……' といったモデル文の活用が促され、ブログというツールを活用し、保護者等に書き込みが期待されていた。

表24　全校ポリシーに基づく第1学年秋学期国語科学習プロジェクト

1　ラベル、リスト、小見出し
　（色彩のリストアップ、フキダシに小見出しを付す、指人形を作成の手順をラベリングする、写真に題名を付ける、ヴァーチャルな toolbox にアップロードされた学習課題にキャプションを付す等）プロジェクト全体を通して、スキルを深めていくことができる。
2　物語―家庭物語
　読書力向上プロジェクトから *Beegu* 単元
　1年生の学習課題との連携―登場人物 *Beegu* の色にかかわる経験や心情を探る。（モノクロ、限られた数の色、多色等）特定の色彩を帯びた人物を考え、*Beegu* と同様の状況設定を書き表す。宇宙の *Beegu* の星はどんな世界か想像する。どんな色をしているだろうか。
3　知識・情報テクスト―科学や歴史とかかわらせ、学習課題と連携し探求する。
　科学－光と闇、電気、影等についてのテクストを活用。
　歴史－画家や描画、芸術家、マチス等にかかわるテクストを活用。
4　物語と詩－予想のつくパターン化された言語表現／詩
　読書力向上プロジェクトから *The Owl and the Pussy Cat* 単元
　1年生の学習課題との連携―猫とふくろうの船の色である「（若豆の）薄緑色 (pea-green)」から同系色の識別を探る。（豆の緑と木の葉の緑、海の色等と比べる他）*The Puffin Book of Fantastic First Poem* 等から数編を選び、探求する。色彩や光にかかわって読みこむ詩を探したり、類似パターンを模倣した詩を書いたりする。
5　全校詩のパフォーマンス大会―読書力向上プロジェクトか、学習課題と関連した詩を選択すること。詩選びについては、読書力向上プロジェクト資料に詳しい。

2.2　第1学年秋学期（14週）のコミュニケーション・チームとしての「国語」科学習プロジェクト（learning projects）

(1)　物語テクストの位置づけ

　読書力向上プロジェクトの単元学習は、Thornhill 校においては、「国語」科学習プロジェクト、それを踏まえた単元構想、週の時間割というフレームの中に位置づけられている。秋学期第1学年の「国語」科学習プロジェクト[91]には、以下のように記されている。

　主な学習は、小見出し等、テクストの全体を捉え要約する学習、読書力

91）同、注87

第4章　発展的実地検証による充実期

向上プロジェクトの物語単元二つである。

　Thornhill 校が選んだ単元は、家庭物語というジャンル性の強い絵本とパターンや反復される型が特徴的な物語詩（伝統童謡）である。

　この小学校独自の学習連携は、学習課題との関連づけである。「色彩はどのようにわたしたちの世界を彩るか」とかかわって、色彩表現から物語（絵本）に読み入っていくことが期待されている。

　留意事項[92]には、読書力向上プロジェクトの課題図書は、必ずしも、今学期の学習課題と関係づけられるとはかぎらないので、無理にかかわらせる必要はないことが明記されている。できるかぎり関連づけたいとある。課題図書はすべて学校図書室に保管され、必要に応じて学級文庫に貸し出されるシステムである。学習に提供されるテクストは、図書だけでなく、記事、e メール、web ページ、日記、広告、新聞、教師作成の文章などを含む。

　基本的に各教室に備えておくべきものとして、読書力向上プロジェクト関連図書、フォニックス関連資料、文法事項（grammar for writing）、綴りカード（Spelling Bank）、Y2/3 の綴りの事例、Guided reading フォルダー、Writing APP フォルダーが上げられている。

　また 1 年生の「国語」科としての一般的な了解事項として、教科として 1 時間の独立した授業を毎日行う必要はなく、カリキュラム全体を通して、読むこと、書くこと、話す・聞くことがバランスよく行われればよい。ただし、独立した 1 時間授業であれ、学習課題の一部に組み込まれる場合であれ、Shared reading ／ writing（教師主導型）、guided reading ／ writing（教師の個別指導）、independent reading ／ writing（一人読み／書き）活動を、毎日いれなければならない。

　1 時間の独立した国語科の授業の場合、スキルや知識学習は、学習課題とは無関係に、独立して学習したり、練習したりしてもよいが、毎日 1 時

92）同、注 87

間を当てるものではない。フォニックスや綴りを練習する時間は必要だが、児童の読む活動、書く活動のなかに組み入れることが最も重要視される。読むことで強調されるのは、20分は、児童の自由読書の時間をとること（自分で責任をもって図書を選び読み進む）である。その時間を、教師は、個々の児童の読みの力の観察評価に当てることができる貴重な日課として推奨されている。一方、書くことに関しては、読書力向上プロジェクトの単元中に組み込まれる多様な書く活動が中心に置かれている。

　他方、学習課題に組み込まれる場合は、どのような読み書く活動もフォニックスと綴りを学ぶ機会となるが、児童は、なお支援が必要な段階であることを忘れてはならない。学習課題の関連テクストを用いた shared reading、independent reading は、単語、文、テクストレベルを探っていく機会となる。学習課題の書くことの場合は、より様々なジャンルの文章に対して、取り組みやすく（綴り、文法、ハンドライティング、意味を生成する基本等）、必然性（目的、興味関心、構造等）を感じやすい。すべての教科において幅広い書く機会が用意できるが、どうすれば質の高い文章となるのかを自覚することに焦点を当てた指導をすることが重要視される。以上が、秋学期第1学年の「国語」科学習プロジェクトとして留意された事項である。

(2) 　第1学年秋学期の国語科学習指導カリキュラムと週の時間割—学習単元 *The Owl and the Pussy Cat*（『ふくろう君とにゃんこ嬢』）を活用して

　著者が参観した第1学年の授業は、学習単元 *The Owl and the Pussy Cat* の1時間であった。2010年11月22日に始まる週の4日目の授業である。表25と26に、単元カリキュラムとその週の時間割を示した。

　また、読書力向上プロジェクトの単元モデル[93]の学習指導目標、学習指導方略、「改訂リテラシー指針2006」とのかかわりは、表27として整

---

93) Bunting, J. (2008) *Book Power Year1:Literacy through Literature*. CLPE. p.25

第4章　発展的実地検証による充実期

物語詩にそった小道具類

ギター・お金・ハチミツ・かばん他

表25　第1学年秋学期国語科に適応された読書力向上プロジェクト

Thornhill Primary School　2010年秋学期　第1学年　Moon（月）クラス　担任 Hilary Keat先生				
授業開始日　2010年11月22日				
学習課題	『ふくろう君とにゃんこ嬢（The Owl and the Pussy Cat）』の物語は、どうすればオーディエンスにうまく伝えることが（communicate）できるか。 オーディエンスの関心を引くために物語をどのように語ればいいか。			
教材	『ふくろう君とにゃんこ嬢』複数冊。関連資料として、ストーリーボックスのための小道具（磁石のついた）、詩の学習のためのテクストコピー。			
①話す・聞く機会	②文字概念に関する知識をまとめたり、適応したりする機会	③音韻にかかわる気づきや理解を拡げる機会	④音素と形態素の対応関係を学び、適応する機会	⑤目的に応じて書くことを拡げたり活用したりする機会ー（評価の機会）
a　物語中の小道具や玩具を用いて全員で、物語を語り直す。	g　読むときに、指でその文字を押さえながら読む。	l　詩を暗記する。きっかけとして、劇遊びの要素を創造する。	q　よく使う単語を混ぜて、それ以外の単語を学び覚える方法を話し合う。	u　ストーリーマップ上のフキダシ覚える要となる部分。

b ストーリーマップや物語創作のために小グループで考えを出し合う。	h 物語を語るために、イラストに着目し活用する。	m 脚韻を踏む単語を見つける。綴りがいかに変わるかを意識させる。	r 音素と形態素の関係を考えるきっかけとなる方法をリストアップするとき、正確に聞き取れた音を分節することに焦点を当てる。	v ストーリーボックスのための小道具をリストアップする。
c オーディエンスに向かって（ペアで）語って聞かせるために、詩を暗記する。	i テクストを作成していくとき、話し言葉で語った物語を書き言葉に翻訳(translate)する。	n どの詩行を反復するか考える。	s ストーリーマップから物語を聞き書きする折には、聞こえた音をいかに文字で表すかのモデルを示す。	w グループ毎に聞き書きした物語をワープロで清書する。ストーリーマップをもとに発想を拡げる。学級文庫にある児童文学図書から発想する。
d 物語の小道具を説明しながら（ペアで）考えを引き出していく。	j 読み手やオーディエンスのために意味がわかりやすいように句読点の活用を意識させる。	o なんらかのパターンがあるか。	t 書いたり読んだりする折に、'boat'の'oa' 'note'の'oe'のような長母音音素に注意を向ける。	x 評価は、ストーリーテリングのためにストーリーボックスをいかに活用したかについて言及する。'I liked..''Even better if…'（ここがいい／○○したらもっといい）
e はっきりと聞こえるように明確に話す。 f オーディエンスになって、的確に反応する。（全員で、グループで）	k 文字、単語、文の違いを強調する。	p 脚韻に合わせて、手をたたく。単語中にいくつの音節があるか話し合う。		y ある種のきっかけを用いて効果的なストーリーテリングに向けたシンプルで有効な基準を発達させ、コミュニケーションを助長する。

第 4 章　発展的実地検証による充実期

表 26　第 1 学年秋学期国語科 1 週間の時間割

学習活動	
1	ペアもしくは 3 人の学習―オーディエンスに向けて、劇ごっこをしながら詩を暗記する（ラミネート版にした詩のコピーと物語にかかわる小道具を活用）
2	ストーリーテリングのためにストーリーボックスを作成する―物語の語り手を支援するために注釈を入れる（Guided group）
3	ストーリボックス作成に必要な小道具（物語に出てくる）をリストアップする―発展学習（航海に必要だと思う二つの物を考え、その理由も明らかにする。持っていく物を作成し、注釈を加える）
4	航海の物語を聞き書きする―グループ学習では考えを協働で出し合う／児童の考えをどのように書き言葉（文章）に書き換えるか（translate）教師はモデルを示す（Guded group）／学習活動
5	ストーリーボックスの活用／小道具を使って物語を劇化するグループ活動／口頭もしくは文章で感想を返す小グループ―物語にそった小道具リストをもとに児童のオリジナルアイディアを引き出す／物語にそったストーリーボックスに付け加え、語り直すために小道具を作成する／物語の語り手に付け加える理由を説明する
1 週間の時間割					

月	ストーリーマップ 1（guided）	ストーリーマップ 2（guided）	小道具／リストアップ 3	小道具／リストアップ 4	詩のプレゼンテーション 5
火	ストーリーマップ 5（guided）	ストーリーマップ 4（guided）	小道具／リストアップ 1	小道具／リストアップ 2	詩のプレゼンテーション 3
水	Guided writing 4 ペアでストーリーマップを振り返る、シンプルで有効な検討基準を作成、語り直すために改良する	Guided writing 2 ペアでストーリーマップを振り返る、シンプルで有効な検討基準を作成、語り直すために改良する	ストーリーマップ 3（guided）	小道具／リストアップ 5	詩のプレゼンテーション 1
木	Guided writing 1	Guided writing 3	ストーリーボックス／ドラマ 2	ストーリーボックス／ドラマ 5	詩のプレゼンテーション 4

			児童が考えた小道具リストを用いて興味付けを行う、一つを選び、ストーリーボックスのために作成する、理由を明らかにする	児童が考えた小道具リストを用いて興味付けを行う、一つを選び、ストーリーボックスのために作成する、理由を明らかにする	
金	Guided writing	ストーリーボックス/ドラマ	ストーリーボックス/ドラマ	ストーリーボックス/ドラマ	詩のプレゼンテーション

理した。「改訂指針」と比べると、Thornhill 校のそれは、文字学習の入門期として、フォニックス、綴りの側面に明らかに学習の比重をかけているのがわかる。プロジェクトの根本である物語テクストとの創造的出会いと享受を大切にしながら、必要なときに必要なリテラシーの基本を学ばせる折衷案を工夫しているのが如実である。

　また、プロジェクトの学習のめあてが、個々の読み手の読みの創造的広がりや深まりといった個の読みの力の育みに比重を置くのに対し、Thornhill 校では、本単元のめあてを、「『ふくろう君とにゃんこ嬢 (*The Owl and the Pussy Cat*)』の物語は、どうすればオーディエンスにうまく伝えることが (communicate) できるか。オーディエンスの関心を引くために物語をどのように語ればいいか。」としている。自分の文学の読みを他者にいかに「うまく伝える」か、他者に伝えたいほどの自分の読みはどのようなものかが、問われる学習指導である。読書力向上プロジェクト現職研修で一貫して重視されていた 2 方向のベクトル、テクストのうちに向かう分析的リテラシーと他者と共有するための社会的リテラシーの交点に、一人の文学の読み手を育む Thornhill 版の試みといえようか。これは、本校の目指す学校像のトップに掲げられていた「特別な学び手は、1　社会的に活かせるスキルがあり、他者を支援し、協働して学ぶことができる。」の

第4章　発展的実地検証による充実期

具現化とも考えられよう。

(3)　第4次の授業の実際

　参観した第4次の授業は、先の学習指導の流れに沿うと、① guided writing、②ストーリボックス作成に向けて、航海に必要な品物のリストアップ、検討、制作、理由付け、③ guided writing、④詩のプレゼンテーション、⑤（ひきづづき）ストーリボックス作成に向けて、航海に必要な品物のリストアップ、検討、制作、理由付け、の順で、1セッション、60分の授業が進行する計画である。

　実際の授業もおおよそこの順序性で進み、書く機会、ストーリーボックスのための活動、詩のプレゼンテーションの3要素は、すべて含まれていた。学習形態は、一斉学習に始まり、グループ（3人もしくはペア）の活動→任意の数グループの発表と進み、必要に応じて、全体への注意喚起が挿入されていた。

表27　第1学年秋学期国語科の学習指導目標と方法

学習のめあて	PNS（T2006年指針」）目標との関連	主要な指導方法
○長編の物語詩を読んで創造的に反応する。 ○話し合いを通して、アイディアを探求し、発展させる。 ○喜びと楽しみ、そして学びのためにひとり読みをする。 ○アイディアやテクストを探求するために、人物になりきった活動を活用する。	○幅広い目的に応じて、活字テクストと映像テクスト（on paper and screen）を読んだり、書いたりする。 ○さまざまな方略を用いて、テクストとかかわり、想像的に反応する。 ○人物として話すことで、有名な物語を演じる。 ○出来事、人物、アイディアを視覚化したり、それらに注釈を与えたりする。	本作り／視覚化する／ストーリー・マップを作成する／ストーリテリング詩をもとに演じる遊びを通して再現する／Shared writing

表28　The Owl and the Pussy Cat に関する基本発問
　　　　（読書力向上プロジェクト Web 資料）

The Owl and the Pussy Cat went to sea In a beautiful pea-green boat　　　　① *What did they take with them?*（何を持っていったのか？）	「ふくろう君とにゃんこ嬢」 Ⅰ ふくろう君とにゃんこ嬢が海へと旅立ち 青豆色の小舟がなんとも美しい
They took some honey, and plenty of money, Wrapped up in a five-pound note,　　　② The Owl looked up to the stars above, And sang to a small guitar,　　　　　　③ *What did the Owl sing?*（ふくろう君はなんて歌ったんだ？）	蜂蜜もありお金もありの良い育ち くるりと丸めた5ポンド札が真新しい ふくろう君が空にまたたく星を見上げる ギター爪弾き歌声高らか／ 「にゃんこちゃん！ぼくの愛をきみに捧げる／きみの美貌はきらきら煌らか／
O lovely Pussy! O Pussy, my love, What a beautiful pussy you are, You are, you are! What a beautiful pussy you are.'　　　④ *What did Pussy say to the Owl?*（にゃんこ嬢はどう返した？）	きらきら煌らか／きらきら煌らか／ きみの美貌はきらきら煌らか！ Ⅱ にゃんこ嬢がそれに応えて 「ふくろう君こそ歌声冴えて 甘くひびく優しい優しいあなたの性根！
Pussy said to the Owl,'You elegant fowl!/ How charmingly sweet you sing!/O let us be married! Too long we have tarried:/But what shall we do for a ring?' *What did they do for a ring?*（指輪をどうしたのか？）⑤	ねえもうそろそろ結婚しない？／延し延しは待ちきれない／でも指輪はどうしましょうね？」 そこでそのまま舟旅続けて／丸1年と1日かけて／ボング樹の絶つ地へ一歩／
They sailed away for a year and a day,　　⑥ To the land where the Bong Tree grows.　⑦ *What did they find there?*（そこで何を見つけた？）	すると森からぬうっと出て来た 豚のぶう太がぬうっと出て来た
And there in a wood a piggy-wig stood With a ring at the end of his nose, His nose, his nose,/With a ring at the end of his nose.　⑧ *What did they ask the pig?*（ぶう太になんて尋ねた？）	鼻輪がひとつ鼻の先っぽ／鼻の先っぽ／鼻の先っぽ／鼻輪がひとつ鼻の先っぽ Ⅲ「ぶうぶう豚さん聞いてくれる／1シリングで売ってくれる／その鼻輪？」
'Dear Pig,/are you willing/to sell for one shilling / Your ring?'/Said the Piggy, 'I will.'　　　⑨ *What did they do with the ring?*（指輪をどうしたのか？）	ぶう太はあっさり「よし売った！」 そこで鼻輪を外してあげて 次の日めでたく式をあげて
So they took it away,/And were married next day/ By the Turkey who lives on the hill.　　⑩ *What did they eat?*（何を食べたのか？）	媒酌役の七面鳥の自慢の羽根が波打った 妻夫の主菜はお肉の千切り オードブルにはマルメロ輪切り
They dined on mince, ／ And slices of quince, Which they ate with a runcible spoon;　　⑪ *How did they dance?*（どんな風に踊ったのか？）	乱菌振いの大匙使ってぱくぱくはかどる 手と手をつないで／浜辺に打ち出て／
And hand in hand,/On the edge of the sand,/They danced / By the light of the moon,/The moon, the moon,/ They danced by the light of the moon.　　⑫	月影の下　踊りに踊る／踊る妻夫を月くまどる／踊る妻夫を月影くまどる／月影の下　踊りに踊る　（『リアさんって人、とっても愉快！』柳瀬尚紀　訳、pp10-17）を参照。）

第 4 章　発展的実地検証による充実期

　児童数、30 名、内、聴覚障害児 1 名、学習困難児 3 名、多言語文化背景の 6 歳児のクラスであった。加配教員ではないが、アシストとして 2 人の補助員が必要に応じて児童に付き添って学習を促していた。読書力向上プロジェクト実施校として著者が参観するということで、最初の一斉授業は、副校長であり、コミュニケーションのチームリーダーでもある Sue Peacock 先生が担当された。以下、記録の取れたかぎりではあるが、順に授業展開を報告する。

① 　一斉学習
　まず、対象となった『ふくろう君とにゃんこ嬢』(*The Owl and the Pussy Cat*)[94] の物語詩を掲げる。
　表 28 は、読書力向上プロジェクト web 資料として公開されている抽出した本文と大意を取るための参考発問である。(数字は、教材となった絵本の見開き頁を著者が付したものである。)
　当日、授業の導入部として、まず電子黒板に、①の部分が映し出されており、口頭で、児童と旅の準備について自由なディスカッションから入っていった。
　つぎに電子黒板上に学習のめあてが示され、全員で確認しあった。'What helps us to tell a story?'(「物語を語るためにどんなことが役に立つか」)である。
　その上で、第 2 見開きの絵の部分だけを見せ、「絵からどんなことを思い出すか」と問い、児童はつぎつぎと物語を自分なりに再現していった。この見開き右頁には、ねことふくろうが帆かけ船に乗り込んで船出した様子が描かれ、左頁には、「ふたりはびんにつめたハチミツとおかねをいっぱい 5 ポンドのおさつにつつんでもっていきました。」と詩句が並んでいる。
　ここまでの物語冒頭部の振り返りを踏まえ、「物語をさらに面白くする

---

[94] Lear, E. & Voce, L. (1991)*The Owl and the Pussy Cat*. Walker Books. 邦訳には「ふくろう君とにゃんこ嬢」(柳瀬尚紀訳、『リアさんって人、とっても愉快！』所収、西村書店、2012.12.15) を用いた。

小道具のリスト」が示され、単語を一つずつ、フォニックスを活用して音読した。リストアップされた単語の数をかぞえたりもした。そのうえで、目をつぶらせ、船にもう一つ乗せる小道具を選ばせた。

それぞれ自分の小道具を選んだ上で、それを文の形で表す学習（guided writing1）を全員で行う。たとえば、'I have chosen ( ) anchor.' と書いてみせて、'a' か 'an' かを問う。が、文法的規則の暗記を確かめるのではなく、教師が文を音読して聞かせ、'Sound right?' と児童に考えさせていく。先の文に続けて、理由を付す。'because the owl and the pussy (A) to stop the (B).' A の cat と B の boat は、児童が前に出て書き入れた。B は、男児が 'bot' と間違って書き入れ、フォニックスの確認の学びへと繋がった。

② ペアか小グループで、ストーリーボックス2のための学習活動を行う

電子黒板に列挙された物の中から1ひとつ選んで、物語をもっと面白くしよう、という指示で、ペア／グループ学習に分かれる。二人もしくは三人で話し合い、どんな物語にするか、予想外の展開を考える。それを、（絵を中心に）ストーリーマップに書いていく。教師に物語展開を口頭で説明する。教師に促されて、二つのペアが、クラス全員に口頭で選んだ小道具を紹介し、物語を語った。この間、個別に指導しながら、各自のノート上で guided writing 3 を行い、書くための支援が見られた。

この後、クラスが五つの別の作業に分かれて学習が行われた。ロールプレイ班、小道具製作班、ストーリーボックス作成班、詩のパフォーマンス班、読書班である。この五つはローテーションで、児童は日替わりで1週間にすべてを1回は行うシステムだそうだ。

ストーリーボックス班は、これまでに作った小道具や玩具などを飾って物語をディスプレイする。1年生のクラスなので、他学年と違い、教師の手でかなりの枠組みが用意してあり、それに何を付け加えるかが話し合われたり、紙ひもの束で波を表したり、緑の船に彩色したりしていた。

ロールプレイ（ドラマ）班は、教室の片隅に常設されているごっこ遊び

第4章　発展的実地検証による充実期

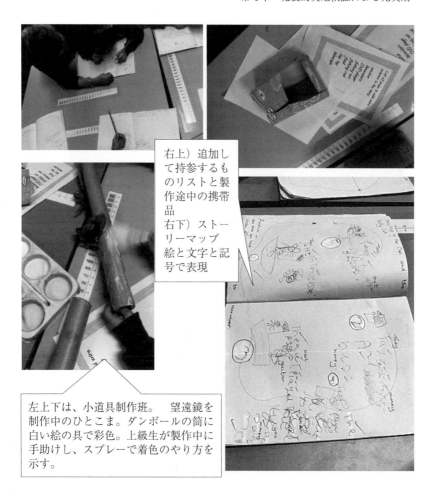

右上）追加して持参するものリストと製作途中の携帯品
右下）ストーリーマップ　絵と文字と記号で表現

左上下は、小道具制作班。望遠鏡を制作中のひとこま。ダンボールの筒に白い絵の具で彩色。上級生が製作中に手助けし、スプレーで着色のやり方を示す。

　コーナー（屋根のない家の形で、部屋の中には台所セット等がある）に集まり、ふくろうや猫、船などになりきってミニスキットを演じる練習をしていた。
　著者を案内してくれた児童会の会長、副会長の6年生3人は、望遠鏡、ラップトップ等の制作に四苦八苦する1年生を積極的に手伝っていた。かれらの手助けがなければ、ダンボールを丸めて筒にするのも困難であっ

407

読書班。学級文庫から自分の読みたい本を選んで、読書コーナーに座って読む
読みの力の基礎を育む図書（上）
読書の幅を拡げる図書（下）

た。学年を超えた縦の関係が日ごろから十分に培われているさまが如実であった。

③ 詩のパフォーマンス

最後の 20 分。教師は、それぞれの活動を行ってきた児童に、自分のやったことをクラスに説明する時間を取った。発表したい者から順に説明を行った。最後は、ロールプレイ／ドラマ班で、詩を演じてみせた。前半部だけであったが、児童は詩句をすべて暗記していた。クラスに聴覚障害を持つ児童がいるので、おそらく、このクラスは全員早い時期から手話を習ってきたらしく、班の一人は、一番前に出て、その児童に見えるように配慮しながら、終始、手話で詩を表現していた。障害をもつ児童が、パフォーマンスを見て、笑顔で面白がっている様子が印象的であった。

演じるといっても、わが国でいう群読にロールプレイをミックスしたようなパフォーマンスであったが、ひとつの物語詩の具現化であった。オーディエンスに興味をもたせるためにどんな工夫をしたかという教師の問いに、即座に具体的に応答していたのが印象的であった。この問いは、望遠鏡、ラップトップを作成していた班、詩のパフォーマンス班等にも聞かれ、それぞれに自分の作業の理由を語っていた。

第4章　発展的実地検証による充実期

　19世紀後半にノンセンス詩人リアによって作成されたこの物語詩は、のちにマザーグースに収録され、楽曲もつくなど、イギリスの子どもにとってきわめて身近な伝承童謡のひとつである。

　この授業の最初に絵を見せた第2見開きでは、先述のように、ふくろうと猫が、ハチミツと5ポンド紙幣に包んだたくさんのコインを

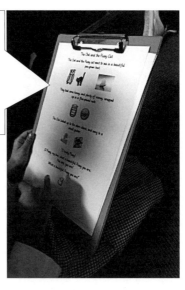

詩のパフォーマンス班は、このシートを持ち、指で追いながら音読練習。

もって船出をする。'took some honey and plenty money' と口調よく船は出ていくが、そこに根拠を求めることはしない。Vochの描く絵本の絵も、こっけいそのものである。理性とは無関係のところで、ふくろうと猫は二人だけのロマンスを歌い踊る。児童が考え出した望遠鏡、双眼鏡、ラップトップ、食料、魚とり網などは、ノンセンスな航海を理にかなった航海に変える小道具といえるかもしれない。

　もし、新たな荷物を航海に持っていくと物語はどうなるかという学習課題であったとしたら、原作のもつバカバカしさ、展開の意外性とテンポのよさは、ある種の常識、センスと拮抗せざるをえない。「1年と1日」の航海に、DVDプレーヤーやラップトップパソコンは、質の異なるリアリティを持ち込むであろう。けれども、参観授業の課題は、オーディエンスをさらに楽しませるためには、物語をどうするか、であった。望遠鏡を持っていくという設定が、オーディエンスをどのように面白がらせることになるのかを考えなければならない。自分だったら持っていったら楽しい、役に立つ、というところから、オーディエンスも共感するに違いという

作り手側の意識へ、そして、そのためには、どのように語れば、オーディエンスに興味を抱かせ、共感を引き出すことができるのか。これは、過去から親しまれてきた伝統的な物語詩の世界を、現代の読み手である児童が同時代のオーディエンスに向かってなす広義の再話行為、再創造活動といえるかもしれない。

　音楽、図画工作、読書等は並行して行われる20分ほどの時間は、わが国の比ではないほど、教室中大騒ぎであった。著者がまず驚いたのは、大騒ぎではあったが、色を塗り、紙を切り、身振りをする夢中な姿と、その折々に自分の物語を語る饒舌さであった。さらに驚いたのは、あれほどテクストと一体になって夢中で詩の音読に励み、物づくりに励んでいたかれらが、授業の最後に、オーディエンスに対する作用や効果を冷静に語ることであった。表現は冗漫で稚拙である場合がほとんどであったが、説明者としてなすべきことがわかっていた。かれらの身体が変化していた。授業のなかで、物語にどのように相対するか、その重層的な方法と経験を通して知る楽しさを、こうして第1学年の1学期から学び重ねていくのである。

第3項　著者（松山）の実施した研修参加者へのアンケートとその結果にみるプロジェクトに対する反応と評価

はじめに

　上述のように、CLPE②の文学テクストを軸とするリテラシー教授の現職研修のありようを、第1項　読書力向上プロジェクト研修内容、第2項　実践校参観に基づく実施実態事例の2面を取り上げ、指導と実践の両面からとらえようと試みてきた。いずれも限られた事例体験であるため、これらに加え、研修参加者にアンケート調査を行い、教師側からの生の反応に可能なかぎり触れたいと考えた。当初は、自由記述を多めに設定したアンケートを作成していたが、調査許可をセンター長に願い出た折、なかなか教師は書かないのでさらに工夫するよう助言をいただいた。そこで、資料として付したように（pp.445-530）、なるべく具体的な選択肢を掲げ、

第4章　発展的実地検証による充実期

自由記述箇所を最低限に絞った。

　調査実施日、対象人数は、以下の通りである。

　　2012年3月27日　ケンブリッジ研修グループ35名

　　　　　　　　　（於 Huntington Hotel、ケンブリッジ）（著者による実施）

　　同　　5月18日　内ロンドン Central D 研修グループ33名

　　　　　　　　　（於 CLPE, ロンドン）（プロジェクト主任 Sue McGonigle による代理調査）

　主な質問事項は、次の通りである。

・担当学年および職種
・勤務地
・読書力向上プロジェクトの存在をどのように知ったか。
・1週間にリテラシーに費やす授業時間はどれくらいか。
・綴り字、ハンドライティング、文法、フォニックスは、プロジェクトとは別に指導するか、しないか。それは、なぜか。
・読書力向上プロジェクトに参加しもっとも効果的だと思うものを3つ選択する。(11項目中3つ) 選択肢は、次の通りである。

1　指導と学習の双方において創造的方略がある
2　文学を軸とする学習指導方略がある
3　文学をもとに幅広い書く活動の機会を創出する
4　物語構造に即した読むことの体系的学習指導プログラムがある
5　読むことと書くことに組み入れられた多様な話し聞く活動がある
6　読書の喜びと楽しさをともなった指導と学習を創出する
7　中学校における文学学習に繋がる効果的な準備になる
8　単元指導を手がける前に、教師自身が十分児童文学を読み込む機会が組み込まれた体系的な INSET（現職研修）である
9　多種多様な児童図書に触れる機会となる
10　フィードバックとフィードフォワードに基づく体系的な INSET で

ある
11 児童のリテラシーの達成度があがる
・読書力向上プロジェクトの単元学習において、一般にどのような評価法をとるか。(四つの選択肢)
① 個別観察記録 / ② AfT(読むこと)/ ③ AfT(書くこと)/ ④ 2 と 3 併用 / ⑤ 文章表現の評価
・上記以外に効果的な評価法があれば、説明する。(自由記述)

3.1 調査結果の考察

　計 68 名(丸カッコ内の数字は、複数の学年を兼務している場合である)の担当学年は、以下の通りである。

Foundation　Stage 教師　　5　(2)　　　(Cmb　3(2)/ Lnd　2)＊
Key Stage 1 教師　　　　48　(5)　　　(Cmb　32(4)/ Lnd　16(1))＊
Key Stage 2 教師　　　　17　(7)　　　(Cmb　3(1)/ Lnd 14(6))　→ 18(8)　＊
Literacy　coordinator　　9　(9)　　　(Cmb　2(2)/ Lnd 7(7))　　→ 10(10)＊
Head/Deputy head(校長 / 副校長)2　　(Cmb　2/ Lnd 0)　　　　→ 4(1)　　＊
Other　　　　　　　　　　4(3)　　　(Cmb　1(1) /　　Lnd 3(2))
　(assistant head teacher 2(1)/ KS2 manager1(1)/ leading literacy teacher1 (1))

　Other(その他)に回答した 4 名は、校長補佐 assistant head teacher 2(1)、第 2 教育段階主任 KS2 manager1(1)、リテラシー主任 leading literacy teacher1(1) であった。カッコ内の数字は、兼任担当職をもつ人数である。これらをそれ以外の項目に振り分けると、＊のようになる。ロンドンの POR グループは内ロンドン内の地区別グループで学年は KS1、2 が混在しているが、ケンブリッジの方は、KS1 が中心となったグループ編成である。地域性、グループ別の特徴もあろうが、被験者数が少数であることから両者を合わせ、Key Stage 別に、リテラシーの配当時間数、読書力向上プロジェクトの特徴、評価方法の三点について整理することにした。

3.2 リテラシー配当時間

配当時間を整理すると以下のようになった。

QCA ガイドライン[95]で推奨された上限時間数 7.5 時間がもっとも多く、全体の 53％を占める。10 時間という回答も含めると、7.5 時間以上の学年が、わが国で言うところの国語科にほぼ 7 割を当てていることになる。内実は様々であろうと推測されるが、時間的ゆとりと教授内容、教授方法は無関係ではない。

内ロンドンの Key Stage1 の教師は、60 分セッションが 5 時間、加えて、グループリーディングに週 1 時間、個人読書にも 1 時間当て、毎日 15~20 分をフォニックスに当てると回答。プロジェクトに繋がる個人読書の楽しみと基礎の反復学習の両立のための時間が見事に確保されている一例である。

	Key Stage1	Key Stage2	Foundation
5 時間以下	0	0	0
5 時間	13	5	2
＊6 時間 ＊6-7 時間	1	0	0
7.5 時間	26	8	2
10 時間	8	2	1
10 時間以上	0	0	0
無回答	1	1	0

3.3 フォニックス・文法等の文字習得の基礎学習

小学校入門期から最高学年まで一貫して児童文学を軸に展開する読書力

---

95) QCA（2002）*Designing and timetabling the primary curriculum: A practical guide for key stages 1 and 2.* による。

向上プロジェクトを知れば知るほどに、著者は、力のある意識的な教師はともあれ、初任者や経験の浅い教師は、フォニックスや綴りの学習と物語享受を軸としたリテラシーの学びをどのように両立させるのかという疑問を持ち続けてきた。センター職員や現場教師になんどか尋ねたが、かれらにとっては、あまりに卑近なこと過ぎて、明快な回答を得られなかった。このプロジェクトに関心をもち、学年を、学校全体を変革しようとする参加者の多くにとって、フォニックスや綴りの単調で形骸化した学習からいかに抜け出すかが最も重要なモチベーションであり、著者の質問は、旧態然としたものに聞こえたのかもしれない。そこで、アンケートでは、Yes, because 〜／No, because 〜という教室で卑近な練習構文を借りて、端的に尋ねてみることにした。唯一の記述箇所であったからか、68 名中、66 名から、なんらかの回答が寄せられた。後述の資料にすべて列挙した。

　結果は、次の通りである。内ロンドンの 1 名だけが両方を併用すると回答した以外、68 名中、62 名、9 割強が、プロジェクト以外に取り立てて行うと回答した。

読書力向上プロジェクト以外に取り立てる	Cmb 32 ／	Lnd 30
プロジェクトの中で行う	Cmb 2 ／	Lnd 4 (1)

　既存のフォニックスにかかわる学習スキームがあり、プロジェクトがそこに組み入れられていくというのが実情のようである。加えて、習得度合いの違いに沿った指導の必要性とそのための十分な時間の確保のためには、取立て学習が有効だという声も多く見られた。また、児童文学を読んでいるときの楽しさをもっとも大事にしたい、という回答もあり、フォニックスや綴り学習は、それを損なうものとして考えられてきたのかと思わされた。

　回答された理由の主だったものを以下にまとめた。
・プロジェクト開始以前からフォニックス等の学校指針がある。

第4章　発展的実地検証による充実期

・児童のフォニックス、文法理解には、到達度の差異があり、それに応じた取立て指導が行われる。
・フォニックスは、毎日取り立て指導の時間をもつ。
・フォニックスとハンドライティングは、短時間の取立て指導を行う。
・読書力向上プロジェクトの時間内では、十分な時間が取れない。
・プロジェクトの中心は、そこには置かれていない。
・フォニックスやハンドライティングを取り立てて指導しておかないと、プロジェクトが十全に実施できない。

　一方、読書力向上プロジェクト内でカバーするという少数回答もあった。ケンブリッジ研修グループのKey Stage1 の教師は、以下のように述べ、両者の統合を理想としている。

　'Grammar is taught from the text we are studying and always has been. We are beginning to integrate phonics & spelling, with the POR project. Handwriting is still taught separately because we follow a programme and we haven't had time to plan it to spring from the POR yet. Ideally we will.'
　(学習中のテクストを用いて文法学習を行っているし、これまでもそうしてきた。読書力向上プロジェクトにフォニックスと綴りの学びを統合し始めたとこである。ハンドライティングは、既存の教授プログラムにそって取り立てて行っており、プロジェクトの中でできるように体系化するための時間的ゆとりが持てないでいる。理想的には、そうありたい。)

3.4　評価方法

　SATsの問題点が論議され、特に小学校の低学年、Key Stage1 は、SATsを廃止し、Assessment for Teaching法（AfT）で教師が日常的に評価するようになった。Key Stage2 においても、初等教育の終了時にはSATsを受けるが、日常的な教師による評価が推奨されている。読書力向上プロジェクトを導入した場合でも、評価の基本は、読むこと、書くこととともに、Assessment for Teaching法が主流であった。

・読むこと・書くことの AfT の併用　　Cmb　27　／Lnd　22
・読むことの AfT　　　　　　　　　　Cmb　 0　／Lnd　 1(1)
・書くことの AfT　　　　　　　　　　Cmb　 1　／Lnd　 3
・観察記録法　　　　　　　　　　　　Cmb　 3　／Lnd　 3(2)
・文章表現（成果物）の評価　　　　　Cmb　 0　／Lnd　12(8)

　成果物としての文章表現で評価すると回答した12名のうち、10名が、Key Stage 2 であった。一方、Key Stage1 は 2 名であった。個別の観察記録法は、ケンブリッジもロンドンも、ともに 3 名ずつと 1 割弱で、6 名中 5 名が Key Stage1、1 名が Foundation Stage 担当である。

　読書力向上プロジェクトにおけるより効果的な評価について自由に回答を求めたところ、5 名から回答を得たが、評価にとどまらず、全体的なコメントも見られた。

　もっとも詳細なコメント事例は以下のものである。

　'Continued assessment through class session/children self assessment against specific criteria/

Writing provides specific area in future focus/

shared/ group/ guided reading sessions used to focus learning for specific focus.'

　（授業中の継続評価／一定の基準に沿った児童の自己評価／今後力点を置く書くことの一定領域にかかわる評価／特定に力点を置いた学習事項に基づくシェアード・リーディング／グループ・リーディング／ガイディド・リーディングにおける評価）

　具体的な提案事例であるが、教師による日常的評価法の内実を豊かにしようという提言といえよう。また、5 名中、2 名が、6 名の抽出児童による APP 法を回答。残りは、観察法と話す聞く機会の設定という回答と、質の高いテクストに関係づけたさらなるクロス・カリキュラム的な反応を引き出すことを望んでいた。

第4章　発展的実地検証による充実期

読書力向上プロジェクトのもっとも効果的だと思う上位三つの側面

回答総数と、Foundation（F）、KS1、KS2に分けた回答数を併記し、整理した。

1. creative approaches from both in teaching and in learning　　（42）
   F(4)　KS1(31)　KS2(11)
2. literature-oriented teaching approaches　　（29）
   F(4)　KS1(19)　KS2(10)
3. a range of writing opportunities from literature　　（38）
   F(2)　KS1(22)　KS2(16)
4. well-organized teaching reading programmes in response to the narrative structure of the books　　（9）
   KS1(7(1))　KS2(3(1))
5. a range of talk woven within reading and writing activities　　（24）
   F(2)　KS1(18(1))　KS2(7(1))
6. teaching and learning with reading pleasure and enjoyment　　（34）
   F(1)　KS1(23(1))　KS2(12(1))
7. a very good preparation for children's literature learning in their secondary school　（0）
8. a well-organized INSET programme including good opportunities for teachers to read closely children's literature before starting the units　（1）
   KS1(1)　KS2(0)
9. access to an extended range of children's books　　（22）
   KS1(14)　KS2(8)
10. a well-organized INSET programme based on a combination of feed forward and feedback　　（2）
    KS1(1(1))　KS2(2(1))
11. raised achievement in children's literacy development　（10）
    KS1(8(1))　KS2(3(1))

このように、上位は、
　1　指導と学習の双方において創造的方略がある
　3　文学をもとに幅広い書く活動の機会を創出する
　6　読書の喜びと楽しさをともなった指導と学習を創出する
以上の三点である。創造性、多様な書く活動に支えられた文学の読みの喜びと楽しさが重要視されているのがわかる。
　続いて、以下の三点が続いた。
　2　文学を軸とする学習指導方略がある
　5　読むことと書くことに組み入れられた多様な話し聞く活動がある
　9　多種多様な児童図書に触れる機会となる
　ここにも文学を軸にした利点が指摘されているとともに、先の3同様、5には、日々の授業の中に、多様な言語活動の可能性の広がりが約束されることを歓迎する教師像が窺えよう。
　著者は、7、8の項目もプロジェクトの利点だと考えていたので、チェックがほとんど入らなかったことは意外であった。このような調査結果に対し、センター職員は、上位3点と絞った調査方法のばあい、こういう結果になったのではないか、もし各項目ごとに1～5の段階を選ぶような調査方法だったなら、講習で重要視している7や8に対しても教師の捉えかたが把握できたのではないかとのことであった。
　全体として、フォニックス、綴り、文法、ハンドライティングなどの基礎力は時間を別に設定し反復継続学習の場を確保し、それと併走する形で創造的な文学を軸とした学習指導を取り立て、読み手自覚を育てることに留意する。それによって国語科の授業内容に多面性をもたせることを望んでいる主体的な教師像が浮かび上がってきたのではないか。

4章のまとめ

(1) 読書力向上プロジェクトの計画案

　80年半ば以降、調査、観察、試行を積み重ね、文学を核とする授業研究の地盤が整った。そのうえで学習者に本格的に寄与するべく構想されたのが、2000年代後半の読書力向上プロジェクトである。このプロジェクトは、観察記録法に学ぶ自己評価力を身につけた教師、センター編纂のコアブック・コレクションをベースとする教材、文学特性に根差したリテラシー学習指導プログラム、そのプログラムを実現するための年間研修計画、教材研究の場の設定、授業を具現化する36の学習指導法、の相関からなる教師とセンター職員が一体となった実働的な授業研究体制である。通年の研修を通し専門的力量を育んだ教師が、個別の状況に学習指導計画を適応させながら、みずからの授業力を認定していくプログラムを構築していく。その意味で、センターの発展的実地検証の普及、推進の「充実期」と捉えた。NCを前提とするが、一つの固定された指導プログラムを追随するのではなく、状況に応じて教師が授業を駆動していくプロジェクトである。センターは、多様性を許容し柔軟に対応しながら、より効果的な学習指導を具現化していく可変的動態として、プロジェクト体制に価値を見出したのである。その意味において、専門性を身につけた自律した教師の育成に、1年間の研修プログラムは必須であった。

　プロジェクトのハード面の一つである授業研究プログラム化の特徴を、あらためて以下にまとめた。

・学年ごとの年間単元学習計画の提案
・単元学習としての授業プログラム化の提案
・6年間を通じて適応しうる36の学習指導法の提案
・中心教材である児童文学の学年／目的別選書リストの配布とコアブック・コレクションの拡充と促進
・上記単元学習実践に向けた通年の現職講習と実地指導のプログラム化

早やPLR開発渦中の80年代後半から試行されたこれら5項目は、2006年以降の学年別指導書の出版が、センターの活動範囲を、全国的、国際的に拡大していくきっかけとなる。
　ソフト面の一つは、上記にも掲げた36の学習指導法である。読書力向上プロジェクトでは、学習指導法を「A　音読と再読　Bテクストへの反応と振り返り　C解釈と多様な表現活動　D探究と分析」に4分割し、年間講習を通し解説、提案し、実地指導、実験授業の共有と討議、本格的推進、成果発表会と展開する。特に、C「解釈と多様な表現活動」に属する方略が群を抜いて多く、その特徴は、③視覚化の活用と④音声表現活動や身体的活動の活用にある。
　これら学習指導法の有効性は、第3章で取り上げた *The Reader in the Writer*（2001）における児童の読む活動、書く活動を丹念に跡付けたサンプル調査の結果も如実に反映している。そこでは、教師がいかに児童の文学の読みにかかわり、書く行為を促すかが具体的に検証された。教師の音読をゆったりと聞くことで、テクストの細部にまで意識が届く。新たな興味が喚起され、それが構想段階に無理なく組み込まれ、指導、助言のもといよいよ書き始める。まず、児童が書いてみる。書いた文章は、教師に音読され、細部に至る気づきが生まれる。調査が指摘した留意すべき学びの場面は、読書力向上プロジェクトの36の学習指導方法に有機的に組み込まれている。
　たとえば教師による「A　音読と再読」は、各単元の導入段階のみならず、読解に困難さを伴う段落、場面等の学習導入に効果的に組み込まれた。調査・観察と授業構想の連携は、センターの組織的探求の基本姿勢である。わが国でも教師による音読自体は珍しくはないが、範読がルーティン化し、積極的な指導力に帰さない事例も少なくない。本章で取り上げた第1学年の学習指導プログラムでは、どの段階で、作品のどこ（文、段落、章）を教師が音読し、どのような児童の学びを突き動かすか、そのためにはどの学習指導法が効果的か、すべては一つの体系的な学びの行程のなかで役割

を担っていた。指導書は一モデルを提案するが、教師が指導意図を十二分に理解して授業に向かわない限り、自律した教師主体は生まれない。そのための通年の講習計画であり、プロジェクトなのである。

　ソフト面のもっとも軸となるものは、教師の力量に他ならない。講習中に組み込まれる教師の読書サークル、教材分析の話し合い、ブログによる意見交換を通してなされる、一人の読み手としての文学享受の体験と授業に反映しうる教材分析力の育成は、自己評価力とともに、指導力の双璧に置かれている。読書人としての教師養成、児童文学の創造的活用が、ひいては児童の読みの楽しみを基盤としたリテラシー向上に寄与していく。これらが両輪となって働くところに、個々の国語科実践の場で教育改革が具体的に形をなすと捉えるのである。

　センターの教師教育において、教師は、支援・助言すべき対象に終始せず、共同研究者であり、文学の共有者であり、ともにたゆまぬ自己啓発の道程に身を置く者として、取り組みの初期段階から明確に位置付けられてきた。実験授業で無駄をそぎ落とし、必要を加え、形作られてきた授業モデルが、2000年代半ば以降、現職講習、実地研修を通して、多様な現場状況を加味しながら実質的に根を下ろす。プロジェクト構想に至る継続的なセンターの取り組みが、2003年以降の教育改革の動向を先取りした創造的教師教育の場であった。

(2) 読書力向上プロジェクトの実際

　以上の行程を経て形をなした読書力向上プロジェクトの実際にさらに迫るべく、著者が参加しえたプロジェクトの現職研修ならびにプロジェクト実施校の参観を、できる限り具体的に再現し記述し、考察した。

　通年の研修プログラムは、一般に、講習、課題（宿題）の設定、授業実践における実地指導、成果発表会の組み合わせからなり、一定の講習や課題を経なければ、実践を認めない段階的な構成をもつ。著者は、全8回（うち2回は実地指導）の中から、オープニング・コンファレンス、1回目、

2回目という、導入から徐々に本格化し始める3回の研修に参加した。限られた機会ではあったが、実地指導を開始する前に、教師に対して、どのような意識づけを行い、実践的理論と方法の理解を促し、文学の分析的読みの基盤を築かせるか、ある程度、具体的な情報を得、教師教育に携わるセンター職員の専門的力量の一端に触れえた。合わせて、国語科主事養成コース（修士課程単位互換性コース）全10回中、第7回に参加し、リテラシーの学習指導における文学の位置づけについて、センターのリーダー養成の実際を学んだ。

講習に参加してあらためて痛感したことは、センターが、社会的行為としてリテラシーの学びを明確に位置付け、それに基づき、いかに他者との読みの共有体験をもたせるかを、実践理論的に方法論的に不断に問い続ける基本姿勢であった。読みを共有する場に息づくものとして文学を捉えるだけでなく、読みの場を立ち上げ、息づかせる独自性を有するテクストとして、初等教育の国語科教育の中核に据えられている。それは、参観した第1学年の授業においても、如実に反映されていた。

最後に、研修参加者向けのアンケートを作成、調査を実施し、教師側の生の声を拾い上げる試みを行った。内ロンドン研修とケンブリッジ研修の2か所で、計68名の教師を対象とした。

先の研修参加、授業参観と合わせ、総じて、次の事柄が明らかになった。

(A) 各学校のカリキュラム指針や各クラスの現状に応じた読書力向上プロジェクトの柔軟な適応（特に、学校に既存のフォニックス指導法との併存など）
(B) 授業研究プログラムが生きて働く読書力向上プロジェクトの状況適応の多様さと中心となる部分を堅持する指導努力
(C) その核として、研修内容、小学校実践、アンケート集計結果に見いだせる5項目の共通点
　① 児童と教師がともに文学に出会うこと

② 児童を文学の読み手として顕在化させ、そこから学習指導を展開する基本姿勢を崩さぬこと
③ 文学を享受することを通してリテラシー向上をめざすこと
④ 上記を可能にする多様な条件設定(校長主導の財政的環境、読書環境、学校と家庭の連携が生む学びの環境、専門性を発揮しうる教師集団の養成)を拡充させること
⑤ 教師の専門的力量形成の基盤に、文学の読み手としての教師の確立を置くこと

これらは、上述した各章において取り上げた約40年にわたるセンターの取り組みの一貫した基本姿勢に他ならない。限られた事例報告ではあるが、教師研修、小学校実践、教師反応の3方向から内実を探ることによって、プロジェクトのプロジェクトたるところを一定程度検証しえた。

結章　センターがめざしたイギリス国語科教育改革

　本研究は、教科教育の観点から、教育を改革する一つの姿として、その駆動力であり、推進力であった内ロンドンの教科教育センター CLPE ①②の取り組みを明らかにした。具体的には、①実態調査、②実験授業、③授業のモデル化、④教材と学習指導方法の実践的開発と普及等を具体的な手掛かりとして、40年余にわたるセンターの教師教育に見出せる内側からの教育改革の実の姿を考究した。

　文化が異なれば、その歴史的、社会文化的状況に応じた教育改革の営みがあり、センターの営みをそのままわが国に援用できるというものではない。けれども、そこに、実態調査と実践理論に根ざした観点と方法と省察が不可分に相関する、柔軟にして着実な教師教育システムが見出せるとき、文化を超えて、イギリスの教育改革の牽引力のひとつである教科教育センター CLPE ①②から、われわれの学びうるものが見出せると考えた。総じて、センターの活動を実践的国語科教育の改革の研究として位置づけることをめざしたものである。

　まず、CLPE ①②がめざした教育改革の基本的特徴を総括したい。

(1)　調査・観察と授業構想の連携は、センターの組織的探求の基本姿勢である。
　　　教師による日常的児童観察記録の有効性を支えるためにセンターが

構築した場は、以下のようである。実態把握→原案の開発→ケーススタディ（実態調査）→原案の修正・再考→パイロット実践（実態調査）→共同研究を軸とする研修（実態調査研究）→原案の再検討→モデル化→推進のための現職研修→実地指導（実態調査）とモデレーションの運営推進→モデルの改善、といった一連の活動の連鎖、連動である。このセンターの組織的探求の基本姿勢が、教師教育環境そのものといってよい。これら矢印は、多様な質と量のオーバーラップを必然的に伴う複線型の営みと読み替えられる。これが、センターの国語科教育の改革の研究の姿である。

(2) 実践現場の状況に応じた教育効果をあげる教師の専門的力量の向上が、センターの教育改革の基盤である。

　センターは、観察記録法を開発し、教師の自己評価力の育成をその根幹に据えた。自己評価力を身に着けた教師が、センターとともに、より実践的な教育効果につながる授業研究プログラムの開発に参与し、実の場で試行を重ねたのが、つぎの段階である。練り上げられた授業研究プログラムが個別の学習状況に適応し実をあげていくために、読書力向上プロジェクトが企画、運営される。本論は、この基礎の確立、それにもとづく調査、試行、そして最後の応用の3段階を、「生成期」「拡張期」「充実期」と捉え、センターの40年余の教師教育に具現化された教育改革の道程を跡付けた。専門的力量に支えられ自律した教師の育成にむけた道程でもある。

　とりわけ、充実期の読書力向上プロジェクトが、一定のフレームはあるものの、固定プログラムではないプロジェクトの形であるところに、内側からの教育改革の価値を見出すものである。通年のプロジェクトの最終回は、参加教師全員の実践報告発表で締めくくられる。自らの実践の最終自己評価の場が、プロジェクトの一つの終わりであり、新たな教師自らのプロジェクト構想の始まりとして位置付けられ

る。公の教育改革が実践の場において実をあげるべく、縁の下の力持ちの役割を担ってきた CLPE ①②の教師教育観の根幹を、そこに見出した。

　難易度からいえば、生成期、拡張期、充実期の三段階で難度を増すピラミッド型構造ともいえるが、難度が上がるほどに、対応する方略は深まり拡がる。この重層的な三段構えを骨格とするセンターの 40 年余にわたる国語科教育の改革の研究である。

(3)　戦略的な教育改革運動の一環として、明確に文学を取り上げ、文学を共有しうる自律した読み手を育むリテラシーの学習指導を提唱した。教材としてのコアブック・コレクションの編纂・提唱と読書人としての教師の育成を、文学を共有する学びの場の十分条件に置いた。

　多言語文化ロンドンに位置する CLPE は、誰もが英語に触れられる抵抗感の少ない入口として文学を明確にリテラシー教授のただなかに位置づけた。NC では、文学と情報テクスト双方を学習対象とし、両者の表現形態としてマルチメディアも視野に入っていた。センターは、国語科カリキュラム作成に有効なジャンルを特化する意味で、戦略的教育改革のあり方として文学に絞り込む。

　文学の共有を図るための環境づくりの要であり、プロジェクトのリテラシー教授の骨子を支えるのが、コアブック・コレクションの編纂と活用の提唱である。読書力向上プロジェクトでは、本を読むことが日常的に保障された学習経験があり、その経験の発展の手掛かりとして、個々の読み手にとって方略の学びが意味をもつ。文学の読みの経験が児童にとって価値をもつとき、読みの方略は、かれらの必然になるという教育観である。

　低予算、教師の時間不足等、万国共通の問題は尽きない。わが国にも潤沢な読書環境を保障した実践校も少なくなく、朝の読書の時間設

定も果敢な取り組みである。もしセンターのめざした読書環境づくりと質的な違いがあるとすれば、それは、教師の資料の読解力－資料を静的なモノから動的な学びの源泉へと変貌させる読みの力量を、すべての学習環境づくりの大前提に置くかどうかではないか。そのための現職研修が、継続的に体系的に運営されるかいなかではないか。本論は、自立した文学享受者として個々の教師を捉え、育む教師教育の見方に、センターの実践科学研究への基本姿勢を捉えている。そういう読書人としての態度の習慣化は、意図的に育まれるべき教師の専門的力量だと考えるのである。

以上、具体的な観点を掲げ、イギリス初等教育における国語科教育改革へのセンターの寄与を包括的に捉えた。

最後に、わが国の教科教育学研究に携わる一人として、センターの営みを見直したい。
　センターの意図は、つまるところ、教育改革の担い手をいかに育てるかにあった。政権政党が変われば、文教政策が180度変化することもめずらしくないイギリスにあって、文教政策がどのように揺れても、それに翻弄されない教師作りがめざされたのである。教育改革を作り上げていこうとする、センターの強い意志の具現化に他ならない。
　このセンターの確固たる教師像は、理論的基盤の生成期から明確であった。70年代下半期には、Bullock Report（1975）の提言を受けて、教師による児童の読書実態の把握や児童反応をもとにした児童文学の価値づけ、それらを踏まえた読書環境の構築が、研修や実地指導を通して推進される。既成の図書リストに頼るのではなく、児童がどのように反応し、なにに反応しない作品なのかを、教師が説明できることに重きが置かれた。当時のセンター長McKenzieが牽引した、教師による継続的な観察記録が息づく学級風土作りは、第2章で取り上げた観察記録法の開発の有効な土壌と

結章　センターがめざしたイギリス国語科教育改革

なった。児童の既存の理解に基づき学習を組み立てる構成主義に立つ日常的な評価システムの開発は、日々の学習指導の企画・運営・批正の担い手としての教師作りと表裏一体をなしている。

　観察記録法が、学級の＜今日＞を捉え、振り返る観点であり方法ならば、第3章で取り上げた文学を核とするリテラシー教授モデル（1966）の考案と検証は、教師にとって学級の＜明日＞を見通す見取り図の提案を意味していた。児童文学を軸に編まれた教授プログラムは、一連の学習指導展開を見通させ、かつ意図を明確にする。指導の意図がつかめれば、授業は組み立てやすい。自律への道程を歩み始めた教師にプログラム・モデルを提供することで、明確な指導意図に沿った、より分析的な児童把握や指導実態の省察を促す契機ともなる。自分育ての渦中にある教師に対し、わかりやすい学習指導の見取り図を提供することで、教育改革の担い手を実働的に育てていこうとしたのである。

　学習指導のプログラム・モデル、授業における学習指導過程の実際、観察記録法による日常的な評価、これらが組み合わさり、教師の主体性によって実情に合わせた柔軟な適応力がめざされたのが、第4章で取り上げた読書力向上プロジェクトであった。自分の学習指導のプロセスを自らが認定していく教師像の具現化をめざした取り組みに他ならない。

　このように設立当初から2000年代に至る40年余のセンターの教師教育において、教育改革の担い手作りへの強固な意志と具現化へのたゆまぬ努力は、一貫して揺らぐことはない。本研究の第1章から第4章で取り上げた取り組みは、センターの教育改革実施案作りの道程とも読み替えることができる。実践的国語科教育の改革の研究と位置づけるゆえんである。

　それでは、教科教育学研究に携わる者は、このセンターの取り組みをどのように捉えればよいのだろう。言語学研究や文学研究であれば、専門とする者が専門的研究に取り組み、成果を分かち合い、さらに高みをめざすことになろうが、教科教育学研究の場合、それとは少し質を異にする。実践を無視した改革の研究はありえないが、理論的研究が蔑ろになっていい

ということではない。だが、研究者が日々直接小学校現場に立つわけでも、教師が研究者と同じ立場に立つわけでもない。この必然的間接性において、主役は、教師なのである

　中等教育の教科専門とは異なり、小学校教師は原則的に全教科を扱うオールラウンダーである。国語科としての専門的知識は、9教科あれば、その9分の1である場合もあろう。その残りの9分の8の底上げを試みてきたのが、CLPE ①②が取り組んだ国語科の教師教育といってよい。国語科の専門家ではない小学校教師の教師教育にあって、NCの解説だけでは不十分なのである。こう考えれば、センター職員が、豊富な教職経験とともに、研究者としての素地を有する人々であったことも偶然のことではなかろう。国語科の専門家ではない教師を国語科教育改革の担い手とするためには、知識や情報の注入だけでは不十分で、自らの学習指導を振り返る過程がないと動機づけも意識化も消化不良に終わるというセンターの見識に気づかされる。

　先述した、実態調査、教材選択、プログラム試案の実施、事後の協議は、教師の自己啓発のプロセスに他ならない。その積み重ねの上に、読書力向上プロジェクトが結実する。具体的な教材や教授モデルは提供しても、実地に応じた判断、適応は、教師の主体性に委ねる。プログラムや学習指導法が形骸化しないためには、教師が主体的に判断する以外にないという教師教育観である。だが、センターが提案する教材や授業モデル、評価モデルは、児童実態および教師の指導実態の調査に基づき、継続的なパイロット実践を重ねた成果である。これが、センターの凝縮された実践知であり、専門性に裏打ちされた指導力に他ならない。その研究開発の道筋には、教師も参与させ、自ら思考し判断する態度を経験的に学ばせていく。センターにとって、研究過程もまた教師教育の場として機能すべきものなのである。実践理論を、具体的な形にして教師と児童におろすための研究にかける時間と労力を厭わぬセンター職員の姿に学ぶところは多い。

　あくまでも国語科教育改革の主役は、小学校教師である。このとき、研

結章　センターがめざしたイギリス国語科教育改革

究者は、どこを分担すべきなのか。本研究は、内ロンドンの教科教育センターに、その一つのモデルを見出すものである。

　いま少し、具体的に振り返りたい。本論で個々に取り上げてきたセンターの刊行物等に、その具体を指摘してきたが、特に、教師と児童の関係構築という観点から、センターの一斉授業に対する考え方を再掲したい。

　折々に息づく教師教育のさまを、センター側と教師側の双方から見て取れるという意味で、センターの国語科教育改革を研究するための必須資料が、機関誌 *Language Matters* である。この機関誌を軸に、80年代を中心に、シェアード・ライティング／シェアード・リーディングが開発、提唱されていく。これは、教師主導型の一斉授業で、書くことの基本（発音、綴り、句読法や構文等の基本）や読むことの基本（フォニックス、語彙、文、文章の音読、基本的読解など）を学ぶ方法である。知識注入型ではなく、熟練した書き手であり、読み手である教師が、書いてみせたり、読んでみせたりする場を共有することで、一人の書き手であるということ、読み手であるということのモデルを身近に体感する学習指導である。これらは、児童が一人（またはペア）で書いたり、読んだりするのを、教師が個別に支援するガイディド・ライティング／ガイディド・リーディングと対をなして、リテラシー教授を押しすすめてきた。

　児童の個人差は、万国共通の課題である。センターが開発・推進したシェアード法とガイディド法の組み合わせに、個人差を一斉授業でいかに乗り越えるかという課題を再検討する糸口が見出せるのではないか。センターの機関誌や刊行物が示唆的であるのは、イギリスの事例ではあるが、豊富な具体例が教師の意識的な観察によって拾いあげられているからに他ならない。具体的実践事例は教科教育学研究の必須事項であるのはもちろんだが、国語科の専門家ではない小学校教師に向けて、どのような具体例の出し方が有効なのか、センターの細やかな配慮を見逃すことはできない。

　本研究は、初等教育改革の根幹を代弁するものとして、第1学年に焦点

を当て、*Bullock Report*の提唱を受けた入門期を重視したリテラシー教授プログラムを具体的に検討した。理論的な価値付けをさらに深めていかねばならないが、初等教育の改革にあって、英語という言語の特性は常に避けて通ることのできない課題である。綴り字習得の困難さは、おのずと、入門期児童の既存の言語力を十全に活かし、そこから出発しようとする国語科教育を希求する姿勢を育んでいったと考えられる。正確に綴る力が身に付くには、かなりの時間を要する児童もいる。困難さを覚える児童を視野に入れたところに、イギリスの初等教育改革が始まったことを思うと、読むという行為が自分をどのように楽しませるのか、書くという行為が自分にとってどんな意味をもつものなのか、その自己発見を優先したセンターの教授モデルの提唱は、一つの解答として頷ける。視覚記号を伴った創作綴りが、児童の表現しえたものとして、教師にも児童同士においても自然に認知され、当たり前のように「読まれていく」授業事例の報告が目を引いた。

　表音文字の学習に始まるわが国の入門期にあって、個人差はあるものの、英語圏の入門期とは比較にならないほど短期間で、文字を読み書きできるようになる。その言語特性ゆえ、まとまった言語表記をさせた作品的成果に比重がいきがちである。書くという行為が自分にとって役立つものであるという発見がなければ、スキルは、表現主体であるかれらにとって自覚的な力となりにくい。

　また、1年生の絵本を軸にしたリテラシー教授プログラムでは、教師による読み語りによって綴り字の読みの困難さを払拭し、一人の読み手として物語に出会わせることに学習指導の重きが置かれていた。文字を読むことと物語を読むことは、本来一つに融合されるべきものであるが、文字が読めることが物語を読めることに繋がるためには、指導者の専門的な手立てが必要なことを、センターの読書力向上プロジェクト教授モデルは明快に説いてみせる。

　一斉授業の再検討と入門期のリテラシー教授に伴う学習者主体の育成を

結章　センターがめざしたイギリス国語科教育改革

例に取っただけでも、センターの国語科教育改革の基本は明らかである。学び手の主体を重視することはもちろんだが、その学びの積極的な参与者である教師主体のありかたも同様に重んじられているのがわかる。実践例に報告される教師は、児童とともに言語行為の場を分かち合う者であり、言語生活者の先達として、その共有のあり方を方向付け、学び合いの場へと化学変化を起こす者である。先のシェアード法は、教師のありようによって、どのようにも学びが変化する共有空間の創出法といってよい。

　国語科を専門としない小学校の教師に、いかに国語科の教育改革の駆動力となって機能してもらえるか。40年来提唱してきた改革実施案は、それに対してセンターが出した独自の解答であった。それは、CLPE①②を明確に性格づける個性ともいえるものであり、アイデンティティであった。教科教育学研究にかかわる一人として、個性にまで練り上げていく教師教育姿勢と実績に、センターの実践研究者としてのありようを認め、内実を探ってきた。

　教育改革は、その改革の具体像がみえるとき、教師の専門的力量が真に問題となる。繰り返すが、ロンドンのCLPE①②の活動をそのままわが国に移し替えることはできないし、積極的な意味をもたない。けれども、教師教育という実践的な営みを国語科教育研究の中核に据え、成果を蓄積してきたセンターの理念を、具体的な捉え方、観点として、教師に向けて明示する教師教育に学ぶところは少なくない。狭義の「現職再教育」という用語を超越した、実践的国語科教育の改革の研究に他ならないからである。

参考文献

参考文献　和書

イーグルストン, R.（2003）『「英文学」とは何か』（川口喬一　訳）研究社
イーグルトン, T.（1997）『新版　文学とは何か』（大橋洋一　訳）岩波書店
イーグルトン, T.（2006）『文化とは何か』（大橋洋一　訳）松柏社
ヴィゴツキー, L.（2001）『思考と言語』（新訳版）（柴田義松　訳）岩波書店
ヴィゴツキー, L.（2003）『「発達の最近接領域」の理論』（土井捷三・神谷栄司　訳）三学出版
ウィルソン, A.（2009）『英国初等学校の創造性教育　（上）／（下）』（弓野憲一・渋谷恵　監訳）静岡学術出版
ウォラス, W.（2009）『あきらめない教師たちのリアルーロンドン都心裏、公立小学校の日々』（藤本卓　訳）太郎次郎社エディタス
カニンガム, P.（2006）『イギリスの初等学校カリキュラム改革－1945年以降の進歩主義的理想の普及』（山崎洋子・木村裕三　監訳）つなん出版
カラー, J.（2011）『文学と文学理論』（折島正司　訳）岩波書店
ギップス, C.V.（2001）『新しい評価を求めて－テスト教育の終焉』（鈴木秀幸訳）論創社
クラーク, P.（2004）『イギリス現代史』（西沢保　他　訳）名古屋大学出版会
ザイプス, J.（1990）『赤頭巾ちゃんは森を抜けて』（廉岡糸子・横川寿美子・吉田純子　訳）阿吽社
ハリデー. M.A.K., マッキントッシュ, A., ストレブンズ, P.（1977）『言語理論と言語教育』（増山節夫　訳注）大修館書店
ビーチ, R.（1999）『教師のための読者反応理論入門－読むことの学習を活性化するために』（山元隆春　訳）渓水社
ブルーナー, J.（2007）『ストーリーの心理学』（岡本夏木他　訳）ミネルァ書房
マクラム, R., クラン, W., マクニール, R.（1989）『英語物語』（岩崎春雄　他訳）文藝春秋
マックロッホ, G., ヘルスビー, G., ナイト, P.（2003）『国民のための教育改革とは－英国の「カリキュラム改革と教師の対応」に学ぶ』（後洋一　訳）学文社
ミーク, M.（2003）『読む力を育てる－マーガレット・ミークの読書教育論』（こだまともこ　訳）柏書房

ローゼン，A.（2005）『現代イギリス社会史1950-2000』（川北　稔　訳）岩波書店

アメリカ教育省　他（2004）『アメリカの教育改革』（西村和雄・戸瀬信之　編訳）京都大学学術出版会

有澤俊太郎（2008）『国語教育実践学の研究』風間書房

大田直子（2010）『現代イギリス「品質保証国家」の教育改革』世織書房

大槻和夫（2005）『大槻和夫著作集第8巻　ドイツ国語教育の研究』渓水社

黒柳修一（2011）『現代イギリスの教育論ー系譜と構造』クレス出版

桑原　隆（1992）『ホール・ランゲージー言葉と子どもと学習　米国の言語教育運動』国土社

佐久間孝正（2007）『移民大国イギリスの実験—学校と地域にみる多文化の現実』勁草書房

志水宏吉（1994）『変わりゆくイギリスの学校』東洋館出版社

志水宏吉（2002）『学校文化の比較社会学－日本とイギリスの中等教育』東京大学出版会

志水宏吉・鈴木勇（2012）『学力政策の比較社会学　国際編』明石書店

清田夏代（2005）『現代イギリスの教育行政改革』勁草書房

丹生裕一（2011）『イングランドの小学校国語の授業—教育改革下の実践事例を分析する』私家版

津田幸男（編）（1993）『英語支配への異論』第三書館

中西一弘（1997）『1960年代の初等国語科教育素描』渓水社

西本喜久子（2005）『アメリカの話し言葉教育』渓水社

日本教師教育学会（編）（2008）『日本の教師教育改革』学事出版

日本経済新聞社（編）（2007）『イギリス経済　再生の真実』日本経済新聞出版社

野地潤家（1974）『世界の作文教育』文化評論出版

浜本純逸（2008）『ロシア・ソビエト文学教育史』渓水社

藤村和男（研究代表者）（2008）「初等中等教育の国語科の教科書及び補助教材の内容構成に関する総合的，比較教育的研究—学力の基礎をなす言語能力の形成を中心として—」"課題番号18330196平成18年度～平成19年度科学研究費補助金（基盤研究（B））研究成果報告書"

藤原和好（1999）『近代初等国語科教育成立の条件—ロシア共和国の場合』三重大大学出版会

藤原和好（2002）「Ⅶ（3）比較国語教育学的研究の方法論」『国語科教育学研究の成果と展望』、全国大学国語教育学会編、明治図書、pp,460-465

堀江祐爾（2013）「Ⅷ（2）比較国語教育学研究に関する成果と展望」『国語科教

育学研究の成果と展望Ⅱ』全国大学国語教育学会編、学芸図書、pp,475-482
前田真証（2011）『ドイツ作文教育受容史の研究－シュミーダー説の摂取と活用』上巻・下巻　溪水社
松井清（1993）「スワン・レポートとその周辺－イギリスのマイノリティの子どもたちの「学業不振」をめぐって－」『明治学院論叢』第514号, pp.101-164
松山雅子（2013）『イギリス初等教育における英語（国語）科教育改革の史的展開―ナショナル・カリキュラム制定への諸状況の素描』溪水社
水野國利（編著）（1991）『各年史イギリス戦後教育の展開1960年版―1991年版まで』エムティ出版
森田信義（編著）（1992）『アメリカの国語教育』溪水社
文部科学省（2009）『諸外国の教育動向　2008年度版』明石書店
文部科学省生涯学習制作局調査企画課（編）（2010）『諸外国の教育改革の動向－6か国における21世紀の新たな潮流を読む』ぎょうせい
安　直哉（2005）『イギリス中等音声国語教育研究史研究』東洋館出版社
山本麻子（2006）『ことばを使いこなすイギリスの社会』岩波書店
山本麻子（2003）『ことばを鍛えるイギリスの学校』岩波書店
山本麻子（1999）『英国の国語教育』リーベル出版
山元隆春（1990）「イギリスの文学教育（5）―『キングマン報告』（1988）を中心に」中四国教育学会編・『教育学研究紀要』35巻2号, pp.55-60
山元隆春（2005）『文学教育基礎理論の構築―読者反応を核としたリテラシー実践に向けて』溪水社

参考文献　洋書

Alexander, R. (1992) *Policy and Practice in Primary Education* Routledge

Alexander, R. J.& Flutter, J. (2009) *Towards a New Primary Curriculum:A report from the Cambridge Primary Review* University of Cambridge Fuculty of Education

Arizpe, E. & Styles, M. (2003) *Children Reading Pictures : Interpreting Visual Texts* Routledge

Ashcroft, K. & Palaco, D.(ed.) (1995) *The Primary Teacher's Guide to the New national Curriculum* Falmer Press

Baldwin, P. & Fleming, K. (2003) *Teaching Literacy through Drama: creative approaches* RoutledgeFalmer

Britton, J. (1970) *Language and Learning:the Importance of Speech in Children's Development* The Penguin Press

Barrs, M. (1990) *Wards Not Numbers:Assessment in English* NATE

Bunting, R. (1997) *Teaching About Language in the Primary Years*. David Fulton publishers

Bussis, A. et al. (1985) *Inquiry into Meaning : An Investigation of Learning to Read* Lawrence Erlbaum Associates, Publishers.

Chambers, A. (1985) *Booktalk : Occasional Writing on Literature and Children* The Bodley Head

Conner, C. with Lofthouse, B. (compiled) (1990) *The Study of Primary Education: A Source Book Volume1 Perspectives 2nd ed*. The Falmer Press

Cox,B. (1995) *The Battle for the English Curriculum*. Hodder & Stoughton.

Dadds,M. with Lofthouse,B. (compiled) (1990) *The Study of Primary Education: A Source Book Volume4 Classroom and Teaching Studies 2nd ed*. The Falmer Press

DES (1967) *Children and their primary schools: a report of the Central Advisory Council for Education (England)*(通称、*Plowden Report*) HMSO.

DES (1975) *A Language for Life: report of the Committee of Inquiry appointed by the Secretary of State for Education and Science under the Chairmanship of Sir Alan Bullock, H.M.S.O., London*. （通称、*Bullock Report*） HMSO.

DES (1984) *English from 5 to 16: Curriculum matters 1 AnHMI Series*. HMSO.

DES (1985) *The Curriculum from 5 to 16: Curriculum matters 2 AnHMI Series*. HMSO.

DES (1988) *Report of the Committee of Inquiry into the Teaching of English Language*(通称 *Kingman Report*) HMSO.

DES (1989) *National Curriculum: From Policy to Practice* DES

DES & W/O (1988) *English for ages 5 to 11 : Proposals of the Secretary of State for Education and Science and the Secretary of State for Wales* HMSO.

DES & W/O (1989) *English for ages 5 to 16 : Proposals of the Secretary of State for Education and Science and the Secretary of State for Wales* HMSO.

DFE /WO. (1995) *English in the National Curriculum* HMSO

DfCSF(Department for Children, School and Families) (2008) *Independent Review of the Primary Curriculum:Interim report* http://publications.teachernet.gov.uk

DfCSF (2008) *Departmental Report* 2008 HMSO.

DfEE (Department for Education and Skills) (1998) *The National Literacy Strategy: Framework for Teaching :YR to Y6*. DfEE.

DfES (2003) *Excllence and Enjoyment: A Strategy for Primary Schools* http://www.teachernet.gov.uk/remodelling

DfES (2003) *Departmental Report 2003* HMSO.

参考文献

DfES (2004) *Departmental Report 2004* HMSO.
DfES (2005) *Autumn Performance Report 2005* HMSO.
DfES (2005) *Departmental Report 2005* HMSO.
DfES (2006) *Departmental Report 2006* HMSO.
DfES (2007) *Departmental Report 2007* HMSO.
Driscoll, P. Lambirth, A. & Roden, J. (2012) *The Primary Curriculum: a Creative Approach* Sage
Ellis, S. Barrs,M. Bunting, J. (2007) *Assessing Learning in Creative Contexts: An action research project,led by the Centre for Literacy in Primary Education with Lambeth City Learning Centre and CfBT Action Zone funded by CfBT Education trust.* http://www.clpe.co.uk.
Galton, M. et al. (1980) *Inside the Primary Classroom* Routledge & Kegan Paul
Gibson, R. (1998) *Teaching Shakespeare* Cambridge University Press
Holdaway, D. (1979) *The Foundations of Literacy* Ashton Scholastic
Holdaway, D. (1980) *Independece in Reading 2nd edition* Ashton Scholastic
Hudson, J. (1988) ' *Real Books for Real Readers for Real Purposes'*, *Reading* vol.22 No.2. pp.78-83
ILEA Research and Statistics Branch (1984) *Catalogue of Languages Spoken by ILEA School Pupils* ILEA
Kress,G. &Theo van Leeuwen (2006) *Reading Images:The Grammar of Visual Design(Second ed.)* Routledge
Kress, G. (2010) *Multimodality:A Social Semiotic Approach to Contemporary Communication* Routledge
Larson, J.& Marsh, J. (2005) *Making Literacy Real:Theories and Paractices for Learning and Teaching* SAGE Publications
Lofthouse, B. (compiled) (1990) *The Study of Primary Education: A Source Book Volume2 The Curriculum 2nd ed.* The Falmer Press
LunZer, E. & Gardner, K. (ed.) (1979) *The Effective Use of Reading* Heinemann Educational Books
Maclure, S. (1970) *A History of Education in London 1870-1970* Allen Lane/The Penguin Press
Mallett, M. (2008) *The Primary English Encyclopedia:the Heart of the Curriculum*(3rd ed.) David Fulton / Routledge
McKenzie, M. & Kernig,W. (1975) *The Challenge of Informal Education:Extending Young Children's Learning in the Open Classroom* Darton.Longman and Todd

Meek, M. (1982) *Learning to Read* The Bodley Head

Meek, M. (1991) *On Being Literate* Heinemann

Meek, M. & Watson,V. (2002) *Coming of Age in Children's Literature:Growth and Maturity in the Work of Philippa Pearce, Cynthia Voigt and Jan Mark* Continuum

Mins, H. & Dombey, H. (1988) *National Curriculum in English for ages 5 to 11:A Summary and Commentary on the Recommendations of the Cox Committee and the Proposals of the Secretaries of State for Education And Science, and for Wales* NATE

NATE (1985) *"English from 5 to 16": A Response from the National Association for the Teaching of English.* NATE

NFER/London Government Association (2003) *Saving A Place for the Arts?: A Survey of Primary Schools in England.* NFER.

Ofsted (Office for Standards in Education) (2001) *The National Literacy Strategy:the Third Years :An Evaluation by HMI* Ofsted

Ofsted (2002) *The National Literacy Strategy:the First Four Years 1998-2002* Ofsted

Ofsted (2004) *Reading for Purpose and Pleasure:An Evaluation of the Teaching of Reading in Primary Schools* Ofsted

Pahl, K. & Rowsell, J. (2005) *Literacy and Education:understanding the New Literacy Studies in the Classroom.* Sage

QCA(Qualification and Curriculum Authority) (2007) *Annual Review 2006:Quality Confidence Aspiration* QCA

Rosen, H. (1982) *The Language Moniors:A Critique of the APU's Primary Survey Report Language Performance in Schools.(Bedford Way Papers 11)* The Institute of Education, London University

Sadler, R. (1987) *Specifying and Promulgating Achievement Standards. Oxford Review of Education*, vol.13, No.2, pp.191-209

Safford,K. & Barrs,M. (2005) *Creativity and Literacy :Many Routes to Meaning Children's Language and Literacy Learning in Creative Arts Projects A research Report from the Centre for Literacy in Primary Education* http://www..clpe.co.uk

Smith, F. (1978) *Reading* Cambridge University Press

Smith, F. (1982) *Writing and the Writer* Heinemann Educational Books,

Southgate.V. et al. (1981) *Extending Beginning Reading.* Heinemann Educational Books

Southworth,G. with Lofthouse, B (compiled) (1990) *The Study of Primary Education: A Source Book Volume3 School Organization and Management 2nd ed.* The Falmer Press

Styles, M. & Arizpe, E. (ed.) (2009) *Acts of Reading:Teachers,Texts and Childhood*

参考文献

Trentham Books
TDA(Training and Development agency for schools (2009) *PPD(postgraduate professional development) Impact Evaluation Summery Report: Academic Year 2007/08* (2008 年 CLPE コース参加者評価) TDA http://www.tda.gov.uk/partners/cpd/ppd/evaluating_impact.aspx.
Thomas, N. (1990) *Primary Education from Plowden to the 1990s* The Falmer Press
Waugh, D. & Jolliffe,W. (2008) *English 3-11:a guide for teachers* Routledge

資料編

資料編

資料1 CLPE主催現職研修プログラム（1987年〜1999年資料入手分）

学期	講習		開催日時	担当講師
1987春学期	Open Meeting	研修のてびき1	1987 2/10（火）16:45-	Nigel Kelsey
	Open Meeting	研修のてびき2	1987 3/18（水）16:45-	Moira McKenzie
	LPE/338 Supporting Children's Development as writers	書き手としての児童の発達の支援	1987 1/6,20,2/3,17,3/3,17,31 16:45-18:15	Myra Barrs, Liz Laycock
	LPE/339 Working with bilingual learners in the primary classroom	小学校におけるバイリンガル児童の学習活動1	1987 3/12,19,26（木）16:45-18:15	Hilary Hester
	LPE/339B Working with bilingual learners in the primary classroom	小学校におけるバイリンガル児童の学習活動2	1987 3/12,19,26（木）16:45-18:15	Hilary Hester
	LPE/340 Gender and Reading	ジェンダーと読みの教育	1987 1/21,28,2/4,18（水）16:45-18:15	Sue Pidgeon, Pip Osmond
	LPE/341 Five writers for children	5人の児童文学作家について	1987 2/18,3/4,25,4/1,8（水）16:45-18:15	Myra Barrs, Hilary Hester
	LPE/342 Storytelling - Drama	ストーリーテリング（演劇的解釈活動を含んで）	1987 3/3,10,17,24（木）16:45-18:15	Susanna Steele
	LPE/343 Study group: Learning about children's early development as Readers and Writers	研究グループ―読み手として書き手としての自覚を育む入門期指導	1987 1/26（月）,2/17（火）,3/17（火）16:45-18:15	Anne Thomas
	Book Wednesdays *	読書サークル	1987 1/14,2/11,3/11 16:45-19:00	2/11 Michael Rosen
1987夏学期	Open Meeting	研修のてびき1	1987 5/19（火）16:45-	John Agard
	Open Meeting	研修のてびき2	1987 6/23（火）16:45-	Margaret Spencer
	LPE/339C Working with bilingual learners in the primary classroom	小学校におけるバイリンガル児童の学習活動1	1987 5/19.6/2,9（火）,16:45-18:15	Hilary Hester
	LPE/344 Harold Rosen Seminars	H.ローゼン講師によるセミナー	19875/6,20（水）16:45-18:15	Harold Rosen

445

学期	講習		開催日時	担当講師
	LPE/345 Books in the primary school : a course for language post-holders	小学校における読書指導—国語課主任用研修コース	1987 5/7,14,21,6/4,11,18,25（木） 16:45-18:15	Myra Barrs, Hilary Hester
	LPE/346 Gender and Reading	ジェンダーと読みの教育	1987 5/7,14,6/4,11（木） 16:45-18:15	Sue Pidgeon, Pip Osmond
	LPE/347 Themes and topics workshop	主題やトピック別のワークショップ	1987 5/11,18,6/22（月） 16:45-18:15	Hilary Hester
	LPE/348 Reading and writing poetry in the primary school	小学校における詩の読みと創作	1987 5/12,19,6/2,9,16（火） 16:45-18:15	Myra Barrs
	LPE/349 Children's book-making	本作り研修	1987 6/3,10,17（水） 16:45-18:15	Sue Ellis
	Book Wednesdays *	読書サークル	1987 5/13,7/1 16:45-19:00	7/1 Robert Leeson
1987秋学期	Special events Bernard Ashley	児童文学作家講演—B.アシュリー（高学年向き児童文学作家）	1987 9/23（水） 17:00-	Bernard Ashley
	Special events Morag Stlyes	児童文学作家講演—M.スタイル（絵本作家）	1987 11/26（木） 17:00-	Morag Stlyes
	LPE/350 Using radio in the classroom	授業におけるラジオの活用	1987 9/17,24,10/22（木） 16:45-18:15	Tunde Longmore （BBC Education）
	LPE/351 Themes and topics workshop	主題やトピック別のワークショップ	1987 9/22,10/6,20,11/10,24（火） 16:45-18:15	Fiona Collins （Centre for Learning Resources）Sue Ellis、Hilary Hester（CLPE）
	LPE/352 Sharing classroom practice	他校との実践交流	1987 9/30,10/7,14,21,11/4（水） 16:45-18:15	Liz Laycock と小学校教師のグループ
	LPE/353 Vygotsky seminars Language. Learning & Development : A study of Vygotsky's Ideas	J.ブリトン教授によるヴィゴツキー・セミナー—言語、学習指導ならびに児童の発達（ヴィゴツキー論の研究）	1987 9/28,10/5,12（月） 16:45-18:15	Professor James Britton
	LPE/354 Media Educaion : Children & television narrative	メディア教育—児童とテレビ番組の語り	1987 9/29,10/13,11/3,17,12/1（火） 16:45-18:15	Fiona Collins （Centre for Learning Resources）

資料編

学期	講習		開催日時	担当講師
	LPE/355 Storytelling and drama	ストーリーテリング（演劇的解釈活動を含んで）	1987 9/30,10/7,14,21,(水) 16:45-18:15	Susanna Steele (Drama Advisory teacher)
	LPE/356 Getting a book week together!	読書週間の企画運営	1987 11/9,16,23,30(月) 16:45-18:15	Primary Learning Resource Team members
	LPE/357 Stop, look & listen : Gender and Reading	ジェンダーと読みの教育（Stop, look & listen）	1987 11/9,16,23(月) 16:45-18:15	Pip Osmond (teacher, Stebon Primary School)
1988春学期	Special events Quentin Blake	児童文学作家講演―Q. ブレイク（詩人・絵本作家）	1988 2/9(木) 17:00-	Quentin Blake
	Special events Hilary MinnsChildren's Literacy Experiences at Home and at School	特別講演―H. ミン（家庭と学校における児童のリテラシー体験）	1988 3/17(木) 17:00-	Hilary Minns（ウォリック大学教育研究所教員）
	LPE/358 Language, Learning and Computers	言語、学習指導とコンピュータの活用	1988 1/13,27,2/10(水) 16:45-18:15	Leon Shuker (ILECC), Pamela Christina (Literacy Support Teacher in Division 8)
	LPE/359 Getting a book week together!	読書週間の企画運営	1988 1/25,2/1,8,15(月) 16:45-18:15	Primary Learning Resource Team members
	LPE/360 Poetry workshop	詩を活用したワークショップ	1988 2/4(木) 16:45-18:15	Richard Andrews
	LPE/361 Book seminars : A Wakening to Literacy	M. ミークによる著書紹介講演―学校外で身に付けたリテラシーを意識化させるには	1988 3/7,14,21(月) 16:45-18:15	Margaret Meek Spencer（ロンドン大学教育研究所リーダー）
	LPE/362 Storytelling workshop	ストーリーテリング・ワークショップ	1988 3/9,16,23(水) 16:45-18:15	College of Storytellers
	LPE/363 Early Writing	書くことの入門期	1988 3/10,17,24(木) 16:45-18:15	Anne Vellender, Penny Tuxford, Gill Johnson
	LPE/364 Organising and resourcing school-based language INSET	現職研修―学校を基軸とする言語環境の体系化と資料拡充	1988 3/1,8,15(火) 16:45-18:15	CLPE
	Book Wednesdays*	読書サークル	毎水 19:00 まで	
	Special events Frank Smith	F. スミス講師によるセミナー	1988 5/16(月) 17:00-	Frank Smith

447

学期	講習		開催日時	担当講師
1988夏学期	Special events Quentin Blake	児童文学作家講演— Q. ブレイク（詩人・絵本作家）	1988 6/29（水） 17:00-	Quentin Blake
	LPE/365 Using Radio & Television Programmes : Workshop & Discussion	ラジオとテレビ番組の活用（ワークショップと話し合い）	1988 5/18（水） 16:45-18:15	Tunde Longmore （BBC Education Officer）
	LPE/366 Organising and resourcing school-based language INSET	現職研修—学校を基軸とする言語環境の体系化と資料拡充	1988 5/23,6/6,13（月） 16:45-18:15	Myra Barrs, Anne Thomas
	LPE/367 Early Writing	書くことの入門期	1988 5/5,12,19（木） 16:45-18:15	Anne Vellender, Penny Tuxford, Gill Johnson
	LPE/368 Writing in the junior school	小学校中高学年（ジュニア・スクール）における書くこと	1988 5/17,24,6/7,21（火） 16:45-18:15	Myra Barrs
	LPE/369 Story, Storytelling and Drama	物語、ストーリーテリング、演劇的解釈活動	1988 6/16,23,30（木） 16:45-18:15	Susanna Steele
1988秋学期	Book Wednesdays *	読書サークル	毎水 19:00 まで	
	Special events James Berry	ジャマイカ系イギリス人詩人 J. ベリーの特別講演	1988 9/29（木） 17:00-	James Berry
	Special events Carol Fox	キャロル・フォックスによる特別講演	1988 10/13（木） 17:00-	Carol Fox
	LPE/370 Early Reading	入門期の読み	1988 11/9,16（水） 16:45-18:15	Jill Verde
	LPE/371 Hooked on Books	読書指導	1988 11/15（火） 16:45-18:15	John Hook, Anne Brogan
	LPE/372 Gender and Language in the Early Years	入門期におけるジェンダーと言語	1988 10/17（月） 16:45-18:15	Julia Hodgeon
	LPE/373 Organising and resourcing school-based language INSET	現職研修—学校を基軸とする言語環境の体系化と資料拡充	1988 10/4,11,18（火） 16:45-18:15	Myra Barrs, Sue Ellis
	LPE/374 Writing in the junior school	小学校中高学年（ジュニア・スクール）における書くこと	1988 11/7,14,21（月） 16:45-18:15	Myra Barrs
	LPE/375 Early Writing	入門期の書くこと	1988 10/5,12,19（水） 16:45-18:15	Anne Vellender, Penny Tuxford, Gill Johnson

学期	講習		開催日時	担当講師
	LPE/376 The Kingman Report 1988 : Implications for the Primary Classroom	キングマンレポート (1988)―小学校の授業 実践への提案	1988 11/9(水) 16:45-18:15	Henrietta Dombey (Chair of NATE, Brighton Polytechnic)
	The Kingman Report 1988 : Implications for the Primary Classroom	キングマンレポート (1988)―小学校の授業 実践への提案	1988 11/16(水) 16:45-18:15	Hilary Hester (CLPE), Gulzar Kanji (SSI(P))
1989春学期	Book Wednesdays *	読書サークル	毎水 19:00 まで	
	LPE/377 Writing in the junior school	小学校中高学年（ジュニア・スクール）における書くこと	1989 1/23,30,2/6(月) 16:45-18:15	Myra Barrs
	LPE/378 Early Reading	読むことの入門期指導	1989 2/7(火) 16:45-18:15	Jill Verde
	LPE/379 The National Curriculum document : English 5-11	ナショナルカリキュラム解説	1989 2/22(水) 16:45-18:15	Pat Barrett
	LPE/380 The National Curriculum document : English 5-11Standard English & Linguistic Terminology	ナショナルカリキュラム解説―標準英語と言語事項の専門用語について	1990 3/1(水) 16:45-18:15	Myra Barrs
	LPE/381 Media Education and the National Curriculum	メディア教育とナショナルカリキュラム	1989 2/28,3/7(火) 16:45-18:15	Fiona Collins (PLR Advisory Teacher)
	LPE/382 Early Writing	書くことの入門期指導	1989 3/1,8,15(水) 16:45-18:15	Anne Vellender, Penny Tuxford, Gill Johnson
	LPE/383 Children with special educaional needs and their language & literacy development	特別支援児童の言語とリテラシーの発達	1989 3/2,9(木) 16:45-18:15	Gill Palmer
	LPE/384 Drama, Language & Learning	ドラマを活用した言語の学習指導	1989 3/14,21(火) 16:45-18:15	Alan Lambert (Producer with BBC Schools Radio)
1989夏学期	Book Wednesdays *	読書サークル	毎水 19:00 まで	
	LPE/385 Learning from Luria	J. ブリトン教授によるセミナー――児童観察（ルリア）に学ぶ	1989 5/8,15,22(月) 16:45-18:15	Professor James Britton
	LPE/386 The National Curriculum document : English 5-11	ナショナルカリキュラム解説	1989 5/10(水) 16:45-18:15	Pat Barrett

学期	講習		開催日時	担当講師
	LPE/387 Listening to Stories	教師による物語の読み聞かせ	1989 5/16,23(火) 16:45-18:15	Myra Barrs, Sue Ellis
	LPE/388 Working thematically across the National Curriculum	主題に沿ったナショナルカリキュラムの理解	1989 6/7(水) 16:45-18:15	Jeannie Billington, Hilary Hester, Sue Smedley
	LPE/389 Children with special educational needs and their language & literacy development	特別支援児童の言語とリテラシーの発達	1989 6/8,15(木) 16:45-18:15	Gill Palmer
	LPE/390 Inquiry into Meaning	アメリカの児童言語発達実地調査 Inquiry into Meaning に学ぶ	1989 6/13,20(火) 16:45-18:15	Myra Barrs
	LPE/391 Supporting the inexperienced reader	読みの経験の浅い児童の支援	1989 6/14,21,28(水) 16:45-18:15	Anne Thomas
	LPE/392 The Power of Story-telling in school	学校におけるストーリーテリングの有効性	1989 6/29(木) 16:45-18:15	Betty Rosen
1989秋学期	Book Wednesdays*	読書サークル	毎水 19:00 まで	
	Special event Jan Mark	児童文学作家の特別講演―J.マーク	1989 11/29(水) 17:00-18:30	Jan Mark
	National Curriculum Evening Series of Meetings LPE/393 The English National Curriculum : Implications for Implementation	放課後セミナー国語科ナショナルカリキュラム―普及と実践	1989 9/28(木) 17:00-18:30	Barbara MacGilchrist (Chief Inspector, ILEA)
	National Curriculum Evening Series of Meetings LPE/394 Children with special needs & the National Curriculum	放課後セミナーナショナルカリキュラム―特別支援とカリキュラム	1989 10/5(木) 17:00-18:30	Gill Palmer (Primary Advisory Teacher, PLR/ NC/Kingman Div.10)
	National Curriculum Evening Series of Meetings LPE/395 Reading & the National Curriculum	放課後セミナーナショナルカリキュラム―読むこととナショナルカリキュラム	1989 10/12(木) 17:00-18:30	Dr.Henrietta Dombey (Senior Lecturer, Brighton Polytechnic)
	National Curriculum Evening Series of Meetings LPE/396 Writing & the National Curriculum	放課後セミナーナショナルカリキュラム―書くこととナショナルカリキュラム	1989 10/31(火) 17:00-18:30	John Richmond (LINC Co-ordinator N.E.London)

学期	講習		開催日時	担当講師
	National Curriculum Evening Series of Meetings LPE/397 Knowledge about Language (Kingman) & the National Curriculum	放課後セミナー ナショナルカリキュラム—言語についての知識（キングマンレポートによる）とナショナルカリキュラム	1989 11/9(木) 17:00-18:30	Rebecca Bunting & Elizabeth Plackett (LINC Co-ordinators ILEA)
	National Curriculum Evening Series of Meetings LPE/398 Language, Gender & the National Curriculum	放課後セミナー ナショナルカリキュラム—言語、ジェンダーとナショナルカリキュラム	1989 11/16(木) 17:00-18:30	Ros Moger (English Inspector, Enfield)
	National Curriculum Evening Series of Meetings LPE/399 Topic Work & Hilary Hester (CLPE)	放課後セミナー ナショナルカリキュラム—H. ヘスター (CLPE) によるトピック学習	1989 11/23(木) 17:00-18:30	Sue Ellis, Hilary Hester (CLPE)
	National Curriculum Evening Series of Meetings LPE/400 Bilingual Children & the National Curriculum	放課後セミナー ナショナルカリキュラム—バイリンガル児童とナショナルカリキュラム	1989 11/30(木) 17:00-18:30	Usha Sahni (Senior Inspector for INSET, Camden)
	National Curriculum Evening Series of Meetings LPE/401 Talking & Listening & the National Curriculum	放課後セミナー ナショナルカリキュラム—話すこと聞くこととナショナルカリキュラム	1989 12/7(木) 17:00-18:30	Angela Wilson (LINC Consortium, Salford)
	National Curriculum Evening Series of Meetings LPE/402 Media Education : The National Curriculum & Beyond	放課後セミナー ナショナルカリキュラム—メディア教育：ナショナルカリキュラムの提案とそこからの発展	1989 11/10(金) 9:30-15:30	Fiona Collins (Lecturer RIHE)
	National Curriculum Evening Series of Meetings LPE/403 Assessment & the National Curriculum	放課後セミナー ナショナルカリキュラム—評価とナショナルカリキュラム	1989 10/10(火) 17:00-18:30	Professor Desmond Nuttall (Derector of ILEA's Research & Statistics Branch)

学期		CLPE 研修プログラム（資料入手分に限る）		開催日時	担当講師
Evening courses	1990秋学期（1学期）	LPE/424 Access to the National Curriculum for Children with Special Educational Needs	特別支援児童のためのナショナル・カリキュラムの適応	1990. 10/3 16:45-18:15	Olivia O'Sullivan
		LPE/425 Children's Writing Development	児童の書く力の発達	1990. 10/10 16:45-18:15	Chris Wright
		LPE/426 Knowledge about Language Awareness in the Linguistically Mixed Primary Classroom	多言語文化背景の小学校授業における言語意識に関する知識	1990. 11/7 16:45-18:15	Foufou Savitzky
		LPE/427 の 1 Schools Learning From Parents	保護者と学校の連携 1	1990. 11/14 16:45-18:15	Penny Bentley (Tower Hamlets の Culumbia Primary School 校長、保護者、Debbie Grieve(the home-school liason teacher)
		LPE/427 の 2 Schools Learning From Parents	保護者と学校の連携 2	1990. 11/21 16:45-18:15	Anna Rowell (Tower Hamlets の Shapla JM&I School. 教諭)
		LPE/427 の 3 Schools Learning From Parents	保護者と学校の連携 3	1990. 11/28 16:45-18:15	David Roll
		LPE/428 'Mother Gave a Shout'（9歳ー13歳の女児の詩撰集）	9歳ー13歳の女児の詩撰集の活用	1990. 12/12 16:45-18:15	Sussana Steele, Morag Styles（詩撰集編者）
Evening courses	1991春学期（2学期）	LPE/429 Supporting Children's Early Reading Development	読みの入門期支援	1991. 1/30（水） 16:45-18:15	Anne Washtell (Roehampton Institute of Education)
		LPE/430 Children's Countinuing Development as Readers 7-11	7-11歳児の読み手としての読みの発達	1991 2/6（水） 16:45-18:15	Helen Kerslake (Islington の William Tyndale JM&I School 副校長)
		LPE/431 How We Measure Reading	読みの評価	1991 2/13（水） 16:45-18:15	Barry Stierer (Open University)
		LPE/432 The Important Reading Lessons	大切な読みの授業	1991 2/27（水） 16:45-18:15	Margaret Spencer

資料編

学期	CLPE 研修プログラム（資料入手分に限る）		開催日時	担当講師
	LPE/433 Developing a Reading policy: the Story of Two Schools	読みの指導指針の推進―二つの学校事例から	1991. 3/13（水） 16:45-18:15	Tracey Argent (Tower Hamlets の John Scurr JM & I School の Language post-holder）& Ian Russell（Greenwich の Bannockburn JM & I School の Language post-holder）
	LPE/434 Read It me now! : Literacies at Home and at School	家庭と学校におけるリテラシー	1991. 3/20（水） 16:45-18:15	Hilary Minns(*Read It me now!* の筆者、Coventry Primary School の前校長）
Evening courses	No.440 Debates over reading Standards and ' Real Books'	読みの水準と「現実にある本」にかかわる議論	1991. 5/1（水） 16:45-18:15	Barry Stierer (Open University)
	No.441 Pictures on the Page: Looking at the role of picture books in children's literacy & Learning	児童のリテラシーと学習における絵本の役割を考える	1991. 5/8（水） 16:45-18:15	Judith Graham（*Pictures on the Page* の筆者）
	No.442 Exploring Media Texts	メディアテクストの考究	1991. 5/15（水） 16:45-18:15	Fiona Collins (Roehampton Institute of Education)
1991 夏学期（3学期）	No.443 Ways into Story & Ways Of Going Beyond:Children using drama to extend their understanding of texts	物語との出会いと物語を超えていく方法－テクスト理解を拡げるドラマの活用	1991. 5/22（水） 16:45-18:15	Karen Coulthard
	No.444 Bengali Poetry, English Poetry	ベンガル語の詩と英詩	1991. 6/5（水） 16:45-18:15	Sibani Raychaudri (Tower Hamlets の General Inspector for bilingualism）
	No.445 Standard Assessment tasks in English: An opportunity for evaluation	国語科の標準評価＊	1991. 6/12（水） 16:45-18:15	Gillian Johnson
	No.446 Reading the Pictures : Images in children's books	絵を読む-絵本のイメージ	1991. 6/19（水） 16:45-18:15	Lisa Kopper（絵本画家）
	No.447 Planning & Organising for Differentiation in the Junior School	ジュニアスクールにおける能力別学習の企画と組織化	1991. 10/2（水） 16:45-18:15	Liz Louka(Camden 市内の小学校校長）

学期	CLPE 研修プログラム（資料入手分に限る）		開催日時	担当講師
（1学期）Evening courses 秋学期 1991	No.448 Extending Children's Reading in the Junior School	ジュニアスクールにおける児童の読みの拡張	1991. 10/9（水）16:45-18:15	Lesley Fisher と Kate Hartiss (Greenwich 市内の Cardwell JM I School 教諭)
	No.449 Reading Scale 2:Its Role in Assessing Children Reading Development	観察記録評価法の読みのスケール2の活用—児童の読みの力の発達を評価する役割	1991. 10/169（水）16:45-18:15	Sue Ellis（CLPE）Diane Stewart (Greenwich 市の Advisory teacher), Kate Hartiss (Greenwich 市内の Cardwell JM I School 教諭)
	No.450 Writing in the Junior School	ジュニアスクールにおける書くこと	1991. 11/6（水）16:45-18:15	Bridget Hanafin (Southwark市の Advisory teacher)
	No.451 Extending Children's Talk and Listening in the Junior School	ジュニアスクールにおける児童の話し聞く学習の広がり	1991. 11/13（水）16:45-18:15	Deborah Nicholson (Greenwich 市内の小学校副校長)
DAY Courses 1991 April～1992 March（91年度年間1日コース）	LPE/335 Plannning & Record-Keeping across the Curriculum	全カリキュラムにおける観察記録評価の構想	1991. 6/5-6, 6/19-20, 7/4 9:30-15:30	CLPE
	LPE/336D* Observation, Assessment and Moderation	観察、評価及びモデレーション	1991. 9/19, 10/3, 17, 11/7, 21 9:30-15:30	CLPE
	LPE/337D Supporting Children Who are Experiencing Difficulties with Reading and Writing	読むことと書くことの困難が予想される児童の支援	1991. 9/26, 10/10, 31 11/14, 28 9:30-15:30	CLPE
	LPE/338D Children's Development as Writers	書き手としての児童の発達	1992. 1/.22-23, 2/12-13, 3/12 9:30-15:30	CLPE
	LPE/339D* The English National Curriculum (KS1 & 2)in The Innercity School	内ロンドンの小学校における国語科ナショナルカリキュラムの普及と活用	1992. 3/.5, 12, 26,, 4/2 9:30-15:30	CLPE
	OC 10 Planning,Record-keeping and Assessment (5日間コース)	評価計画、観察記録ならびに評価（5日間コース）	1992. 5/12, 19, 6/2, 9, 16（火）9:30-15:30	Olivia O'Sullivan Sue Ellis

資料編

学期	CLPE 研修プログラム（資料入手分に限る）		開催日時	担当講師
1992年夏学期 公開コース（Open courses 地区在職者も他の応募者も受講料有り）	OC 11 Language and Literacy Development of Bilingual Children（4日間コース）	バイリンガル児童の言語とリテラシーの発達（4日間コース）	1992. 5/13, 20（水）、6・10（水）、6・11（木） 9:30-15:30	Hilary Hester
	OC 12 Reading and Writing Key Stage 2（5日間コース）	キーステージ2における読むことと書くこと（5日間コース）	1992. 5/18（月）、19（火）、6/8, 22（月）、7/6（月） 9:30-15:30	Helen james
	OC 13 Books and Resources: language,literacy and learning（3日間コース）	児童図書と関連資料—言語、リテラシーとその学習指導（3日間コース）	1992. 5/20（水）、6・10. 17（水） 9:30-15:30	Myra Barrs
	OC 14 Learning to Read（4日間コース）	読むことの学習（4日間コース）	1992. 6/3（水）4（木）、17（水）18（木） 9:30-15:30	Anne Thomas
1992年秋学期 Open courses	OC 15 Foundations of Literacy in the Early Years(KS1)（5日間コース）	基礎段階におけるリテラシーの入門期（5日間コース）	1992. 10/1. 15（木）、11/19, 12/3（木） 9:30-15:30	Clare Kelly
	OC 16 The Role of the Language Coordinator（2日間コース）	国語科主任の役割（2日間コース）	1992. 10/7（火）8（水） 9:30-15:30	Clare Kelly
	OC 17 Language and Literacy Development of Bilingual Children（4日間コース）	バイリンガル児童の言語とリテラシーの発達	1992. 10/8, 22（木）、11/12. 26（木） 9:30-15:30	Hilary Hester
	OC 18 Literature for Older Children（3日間コース）	高学年児童のための文学（3日間コース）	1992. 11/4, 18（水）12・2（水） 9:30-15:30	Myra Barrs
	Raising Reading Standards	読みの水準の向上	1992 Autumn Term - 1993 Spring Term、1992.9開始。10回講座	
	Language Matters Conference-Autumn Term 1992 Issues in Equal Opportunities and the National Curriculum	機関誌 Language Matters の研究大会（1992年秋学期）—教育の機会均等とナショナルカリキュラム	1992. 11/8（土）10:00-15:30	CLPE

455

学期	CLPE 研修プログラム（資料入手分に限る）		開催日時	担当講師
Open courses 1993年春学期	Children's Development as Writers at Key Stage 1 and 2	キーステージ1／2における書き手としての児童の発達	1993. 1/20, 2/3, 17, 3/10.24	
	Foundations of Literacy at Key Stage 2	キーステージ2におけるリテラシーの基礎固め	1993. 1/21, 2/4.18.3/11.25	
	Reading for Information	情報読み	1993. 3/17. 24. 31	
	Literacy, Media and IT	リテラシー、メディアならびにITの活用	1993. 1/27, 2/10, 3/3	
1993年夏学期 Open courses	OC 24 Managing and Organising the Language and Literacy Curriculum at KS1 & 2（2日間コース）	キーステージ1／2における言語とリテラシーのカリキュラム構想と実施（2日間コース）	1993. 4/27, 5・1(火) 9:30-15:30	Olivia O'Sullivan
	OC 25 Assessing Bilingual Children's Progress KS1 & 2（2日間コース）	キーステージ1／2におけるバイリンガル児童の発達と評価（2日間コース）	1993. 4/28, 5・12(水) 9:30-15:30	Hilary Hester
	OC 26 The Primary Learning Record（3日間コース）	観察記録評価法の活用（3日間コース）	1993, 5・18, 6/8,22(火) 9:30-15:30	Hilary Hester and Clare Kelly
	OC 27 Learning to Read（3日間コース）	読むことの学習指導（3日間コース）	1993., 5・5(水)、5/6, 20(木) 9:30-15:30	Anne Thomas
	OC 28 The Role of the Language Co-odinator（2日間コース）	国語科主任の役割（2日間コース）	1993., 6/16(水)、17(木) 9:30-15:30	Clare Kelly
	Raising Reading Standards 好評につき、再度公開	読むことの水準の向上	1993 Autumn Term - 1994 Spring Term、1993. 9開始。10回講座	
	OC 29 Libraries in thePrimary School（3日間コース）	小学校における学校図書館の役割（3日間コース）	1993. 9/27, 10/4, 11(月) 14:00-16:30	Hilary Hester and Ann Lazim
	OC 30 Exploring the Music National Curriculum（1日コース）	音楽科ナショナルカリキュラムを探る（1日コース）	1993. 9/30(木) 9:30-15:30	Tom Deveson (Advisory Teacher for Music, Southwark) Olivia O'Sullivan

資料編

学期	CLPE 研修プログラム（資料入手分に限る）		開催日時	担当講師
1993年秋学期 Open courses	OC 35 Exploring the History National Curriculum（1日コース）	社会科（歴史）ナショナルカリキュラムを探る（1日コース）	1993.10/21 （木） 9:30-15:30	Clare Kelly, Chris Kelly,（Curriculum Support Teacher for Humanities, Greenwich）
	OC 39 Exploring the Science National Curriculum（2日コース）	理科ナショナルカリキュラムを探る（2日コース）	1993.12/2 （木） 9:30-15:30	Hilary Hester, North London Science Centre と連携
	OC 32 Spelling at Key Stage 1（1日コース）	キーステージ1における綴りの学習（1日コース）	1993.10/12 （火） 9:30-15:30	Anne Thomas
	OC 33 Supporting Early Literacy（2日間コース）	リテラシー入門支援（2日間コース）	1993.10/13 （水） 14（木） 9:30-15:30	Clare Kelly
	OC 34 Spellling at Key Stage 2（1日コース）	キーステージ2における綴りの学習（1日コース）	1993.10/20 （水） 9:30-15:30	Anne Thomas
	OC 36 Core books（3日間コース）	コア・ブックスの活用（3日間コース）	1993.11/11, 18, 25（木） 9:30-15:30	Sue Ellis
	OC 37 The English National Curriculum New Proposals（1日コース）	国語科ナショナルカリキュラムの新提案の解説（1日コース）	1993. 11/15 （月） 9:30-15:30	Myra Barrs
	OC 38 Literature at Key Stage 2（2日コース）	キーステージ2における文学の学習指導（2日間コース）	1993. 11/30 （火）、 12/1（水） 9:30-15:30	Myra Barrs
1994年春学期 Open courses	Managing and Organising the Curriculum at KS 1	キーステージ1のカリキュラム構想と実施	1994. 2/1, 2（火・水）	
	Managing and Organising the Curriculum at KS 2	キーステージ2のカリキュラム構想と実施	1994. 2/15, 16（火・水）	
	Exploring the Technology National Curriculum through Language, Literature and Books（1日コース）	言語、文学及び児童図書を活用して技術科ナショナルカリキュラムを探る（1日コース）	1994. 2/10（木）	
	Special Needs：Implementing the English Curriculum	特別支援児童に対応する国語科カリキュラムの適応	1994. 3/8, 9（火・水）	

457

学期	CLPE 研修プログラム（資料入手分に限る）		開催日時	担当講師
Open courses 1994年夏学期	OC 50* Exploring the Music National Curriculum through language, books and story（1日コース）	言語、児童図書ならびに物語を活用して音楽科ナショナルカリキュラムを探る（1日コース）	1994. 5/3（火） 9:30-15:30	Tom Deveson(Advisory Teacher for Music, Southwark) Olivia O'Sullivan
	OC 52 Literacy Development of Bilingual Children（2日コース）	バイリンガル児童のリテラシー発達（2日間コース）	1994. 5/, 9, 16（月） 9:30-15:30	Helen Savva
	OC 53 'Book learning': Using Information Books in the Classroom（1日コース）	M. ミークによる研修「本に学ぶ」―授業における知識・情報の活用（1日コース）	1994. 5/10（火） 9:30-15:30	Margaret Meek Spencer
	OC 54 Poetry Workshop（1日コース）	詩のワークショップ（1日コース）	1994. 5/17（火） 9:30-15:30	Sue Ellis
	OC 55 CLPE with Goldsmiths' College Boys and Reading（2日コース）	ゴールドスミス・カレッジ提携コース―男児と読むことの学習指導（2日コース）	1994. 5/19, 26（木） 9:30-15:30	Sue Pidgeon, Goldsmiths College
	OC 56 Supporting Early Literacy（2日コース）	入門期のリテラシー支援（2日コース）	1994. 5/24, 25（火・水） 9:30-15:30	Clare Kelly
	OC 57 Libraries in the Primary School（2日コース）	小学校の学校図書館の活用（2日コース）	1994. 6/7, 14（火） 9:30-15:30	Ann Lazim (librarian, CLPE)
	OC 58 Spelling and Punctuation（1日コース）	綴りと句読法（1日コース）	1994. 6/9（木） 9:30-15:30	Mike Torbe
	OC 59 Literacy Through the Book Arts（1日コース）	製本技術を通して学ぶリテラシー（1日コース）	1994.6/22（水） 9:30-15:30	Paul Johnson
Evning courses 1995年春学期	EC 29 Using Puppets for Storytelling and Role Play	人形劇を活用したストーリーテリングやロールプレイの試み	1995. 2/1（水） 16:45-18:15	Jessica Souhami (Professopnal Storyteller, Puppeteer（影絵）, Writer
	EC 30 Resources for Storytelling	ストーリーテリングのための資料	1995. 2/8（水） 16:45-18:15	Tony Aylwin (Professopnal Storyteller,)
	EC 31 Story and Drama	物語とドラマ（演劇的解釈活動）	1995. 3/8（水） 16:45-18:15	Fiona Collins
	EC 32 Exploring Music through Books and Story	児童図書や物語を活用して音楽を探る	1995. 3/15（水） 16:45-18:15	Tom Deveson(A dvisory Teacher for Music, Southwark)

資料編

学期	CLPE 研修プログラム（資料入手分に限る）		開催日時	担当講師
	Book Evenings センターでの新刊紹介や話し合い	読書サークル（センターでの新刊紹介や話し合い）	1995. 1/25, 3/22（水）16:45-18:15	clpe
1995年春学期 Open courses	OC 70 Computers and Developing Literacies	リテラシーの発達とコンピュータ活用	1995. 2/2,（木）9:30-15:30	Sally Tweddle（NCET）
	OC 71 Children's Home Literacies	家庭でみられる児童のリテラシー行為	1995. 2/8（木）9:30-15:30	Sue Pidgeon, Goldsmith's College
	OC 72 School Policy for Children with Reading Difficulties	読みの困難児に対する学校教育指針	1995. 2/15（水）9:30-15:30	Olivia O'Sullivan
	OC 73 新任研修 Supporting Reading Development (for NQTs)	新任研修―読みの発達支援について	1995. 2/16,（木）9:30-15:30	Clare Kelly
	OC 74 Storytelling Workshop	ストーリーテリング・ワークショップ	1995. 3/2,（火）9:30-15:30	Jan Blake, Carol Russell
	OC 75 English Through Paper Technology	製本技術を活用した英語（国語）科の授業	1995. 3/16（木）9:30-15:30	Paul Johnson
	OC 76 The Art of Japanese Bookbinding	日本の和綴じ本の技術の活用	1995. 3/18（土）9:30-15:30	Paul Johnson
	OC 77 Classroom Organisation	学級運営	1995. 3/22（水）9:30-15:30	HilarY Hester
	OC 78 The Exeter Extending Literacy Project(EXEL)	「エグゼターリテラシー開発プロジェクト」の報告	1995. 3/28（火）9:30-15:30	David Wray Maureen Lewis
	OC 79 The New English Order	改訂ナショナルカリキュラム草案の解説	1995. 3/29（水）9:30-15:30	Myra Barrs
	OC 80 新任研修 Supporting Writiing Development (for NQTs)	新任研修―書くことの発達支援	1995. 3/20（木）9:30-15:30	Clare Kelly
	OC 81 Portfolio Assessment	ポートフォリオ評価	1995. 3/8（水）9:30-15:30	Myra Barrs Clare Kelly
	OC 82 Baseline Assessment	レセプションクラスの評価	1995. 5/11（木）9:30-15:30	Myra Barrs Clare Kelly

学期	CLPE 研修プログラム（資料入手分に限る）		開催日時	担当講師
1995年夏学期 Open courses	OC 83* The New English Orders at KS1	キーステージ1における改訂ナショナルカリキュラム草案の解説	1995. 5/17（木） 9:30-15:30	Myra Barrs　Clare Kelly
	OC 84 Core Books	コア・ブックスの活用	1995. 5/23, 6/13, 27(火) 9:30-15:30	Sue Ellis
	OC 85* The New English Orders at KS2	キーステージ2における改訂ナショナルカリキュラム草案の解説	1995. 5/23, 6/13, 27(火) 9:30-15:30	Clare Kelly　Olivia O'Sullivan
	OC 86* Poetry in all its Voices	ロンドンっ子詩撰集 Voices に収められた児童詩	1995. 5/24（水） 9:30-15:30	Morag Style
	OC 87* Preparing for Inspection	学校視察のための準備	1995. 5/25, 6/8(木) 9:30-15:30	Stephanie Garrard
	OC 88 Portfolio Assessment	ポートフォリオ評価	1995. 5/11（木） 9:30-15:30	
	OC 89 Portfolio Assessment	ポートフォリオ評価	1995. 5/11（木） 9:30-15:30	
	OC 90 Information Skills	情報検索・活用力	1995. 6/14（水） 9:30-15:30	Paul Hann
	OC 91 A Range of Writing in the Primary School	小学校における多様な書くことの学習指導	1995. 6/20（火） 9:30-15:30	Olivia O'Sullivan
	OC 92 Portfolio Assessment	ポートフォリオ評価	1995. 5/11（木） 9:30-15:30	
	OC 93 Portfolio Assessment	ポートフォリオ評価	1995. 5/11（木） 9:30-15:30	
	Day Course 94 Raising Reading Standards	読みの水準の向上（10回連続講習）	1995 9/26, 10/10, 10/31, 11/14, 11/28, 1996 1/16, 1/30, 2/13, 3/5, 3/18	Sue Ellis Olivia O'Sullivan
	Day Course 95 The Role of the English	国語科の果たす役割（10回連続講習）	1995 9/27, 10/11, 11/8,	Clare Kelly

資料編

学期	CLPE 研修プログラム（資料入手分に限る）		開催日時	担当講師
1996年秋学期			11/22, 12/6 1996 1/17, 1/31, 2/14, 2/28, 3/13	
	Day Course 96 Four National Reading Projects	エイボン、エセックス、ルイシャム、ハートフォードシャーにおける読みのプロジェクトの報告	1995 11/10 （金）	Mary Rose (Avon), Rachel Robinson (Essex), Karen Feeney (Lewisham), Terry Reynolds/Pauline Scott (Hertfordshire)
	Ancillary Support Staff Series Day Course 97 1 Talking to Children about Reading and about Books	補助教員研修シリーズ1 読むことや本にかかわる児童との話し合い	1995 9/19 （木） 9:15-11:45	Anne Thomas
	Ancillary Support Staff Series Day Course 98 2 Reading with Children: Strategies and Approaches	補助教員研修シリーズ2 児童と共に読むこと—読みの方略とその学習指導	1995 11/15 （水） 9:15-11:45	Olivia O'Sullivan
	Ancillary Support Staff Series Day Course 99 3 Bookmaking	補助教員研修シリーズ3 本作りの学習指導	1995 11/29 （水） 9:15-11:45	Sue Ellis
	Day Course 100 Children with Reading Difficulties 9-13	9〜13歳児の読みの困難児の学習指導	1995 10/3, 17（火）	Olivia O'Sullivan Sharon Whyatt (Secondary Advisor for English, Southwark)
	Day Course 101 Media Literacy	メディアリテラシー	1995 10/4 （水）	Mary Fowler (English Advisor, Havering)
	Day Course 102 Shakespeare in the Primary School	小学校におけるシェイクスピア	1996 2/6 （火）	Myra Barrs Sharon Whyatt (English Advisor, Southwark)
	Day Course 103 The Revised English Orders	改訂国語科ナショナルカリキュラム草案の解説	1995 10/2 （木）	Sue Horner (SCAA) Anne Thomas
	Day Course 104 Pictures Books	絵本	1995 10/9 （木）	Aidan Chambers
	Day Course 105 Publishing Children's Own Books	児童作品の出版	1995 10/21 （火）	Simon Spain
	Evening Course 37 Reading and Story, at Home and School	家庭と学校における読書と物語	1995 10/11 （水）	Frances Wimpress (Elizabeth Lansbury Nursery School, Tower Hamlets)

学期	CLPE 研修プログラム（資料入手分に限る）		開催日時	担当講師
	Evening Course 38 Core Books	コア・ブックスの活用―教師による実践発表	1995 10/18（水）	Wayne Howsen (Enfield), Theresa Aanonson (Waltham Forest), Samantha Hempel(Waltham Forest),
	Evening Course 39 Approaches to Reading	読みの学習指導法	1995 11/8（水）	Colette Morris (L B Southwark), Tatiana Wilson (L B Lambeth)
	CLPE Book Evenings Big Books	ビッグ・ブックの活用	1995 10/4（水）	
	CLPE Book Evenings New Books and Resourses	新刊本と資料の解説	1995 11/22（水）	
Day and Evening courses 1996年春学期	Evening Course 40 African and Carribean Literature in the Classroom	アフリカ系ならびにカリブ海系文学の学習活用	1996 1/24（水）	Kathy MacLean (Caribbean Focus Project Manager, Wandsworth)
	Evening Course 41 Publishing and Providing Books in Community Languages	コミュニティ言語を生かした本の出版と提供	1996 2/7（水）	Mishti Chatterji (Mantra Publishing & Roy Yates)
	Evening Course 42 Working in the Classroom with Picture Books from Europe	ヨーロッパの絵本を活用した学習活動の提案	1996 3/6（水）	Gillian Lathey (Roehampton Institute)
	Evening Course 43 Children's Books from India	インドの児童文学	1996 3/20（水）	Ira Saxena
	CLPE Book Evenings Big Books	ビッグ・ブックの活用	1996 1/31（水）	
	CLPE Book Evenings New Books and Resourses	新刊本と資料の解説	1996 3/13（水）	
	Day Course 106 Recording and Assessing Reading Development	読みの発達実態の記録と評価	1996 1/11（木）	Clare Kelly
	Day Course 107 Young Children Writing	入門期児童の書くこと	1996 1/24（水）	Sue Pidgeon (English Inspector, Lewisham)
	Day Course 108 Spelling and Punctuation	綴りと句読法	1996 1/26（金）	Mike Torbe (General Advisor Coventry)
	Day Course 109 Writing at Key Stage 2	キーステージ2における書くことの学習指導	1996 2/6（火）	Mary Fowler (English Advisor, Havering)

資料編

学期	CLPE 研修プログラム（資料入手分に限る）		開催日時	担当講師
	Day Course 110 Supporting Reading Development (for NQTs)	新任研修—読みの発達支援	1996 2/9（金）	Clare Kelly
	Day Course 111 Standard English	標準英語	1996 3/6（水）	Myra Barrs
	Day Course 112 Moderating Teachers' assesment	教師評価のモデレーション	1996 3/8（金）	Myra Barrs
	Day Course 113 English Through Paper Technology	製本技術を生かした国語科の授業	1996 3/15（金）	Paul Johnson
	Day Course 114 Supporting Writing Development (for NQTs)	新任研修—書くことの発達支援	1996 3/20（水）	Clare Kelly
	Day Course 115 Information Books	M. ミークによる研修—知識・情報の児童図書の活用	1996 3/20（水）	Margaret Meek Spencer
	Day Course 116 Reading and Texts	読むこととテクスト	1996 3/22（金）	Tony Martin(Principal Lecturer Lancaster Univ.)
	Day Course 117 Information Skills	情報検索・活用力	1996 3/27（水）	Paul Hann(English Inspector, Southwark)
Day and Evening courses 1996年夏学期	Ancillary Support Staff Series Day Course 118 1 Talking to Children about Reading and about Books	補助教員研修シリーズ1 読むことや本にかかわる児童との話し合い	1996 5/15（水）9:15-11:45	Anne Thomas (CLPE)
	Ancillary Support Staff Series Day Course 119 2 Reading with Children : Strategies and Approaches	補助教員研修シリーズ2 児童と共に読むこと—読みの方略とその学習指導	1996 6/5（水）9:15-11:45	Olivia O'Sullivan (CLPE)
	Ancillary Support Staff Series Day Course 120 3 Bookmaking	補助教員研修シリーズ3 本作りの学習指導	1996 6/26（水）9:15-11:45	Sue Ellis (CLPE)
	Day Course 121 Working with Core Books	コア・ブックスの活用	1996 6/4, 18（火）	Sue Ellis (CLPE)
	Day Course 122 Libraries in the Primary School	小学校における学校図書館の活用	1996 6/6, 20, 7/4（木）14:00-16:30	Ann Lazim (CLPE)
	Day Course 123 Book-based Reading Games	児童図書を活用した読みのゲーム	1996 6/11（火）	Helen Bromley (Educational Consultant)
	Day Course 124 Spelling at KS2 and KS3	キーステージ2/3における綴りの学習指導	1996 6/11（火）	Anne Thomas (CLPE)

463

学期	CLPE 研修プログラム（資料入手分に限る）		開催日時	担当講師
	Day Course 125 Writing at Key Stage 2	キーステージ2における書くことの学習指導	1996 6/13（木）	Deborah Nicholson (CLPE)
	Day Course 126 Developing a Scheme of Work for English	国語科における基本的な言語活動の展開	1996 6/19, 7/3（水）	Clare Kelly & Olivia O'Sullivan (CLPE)
	Day Course 128 Moving Readers On	読み手作り	1996 7/8（月）	Myra Barrs (CLPE) Sharon Whyatt (English Advisor, Southwark)
	Language Matters' Conference Language and the Arts	機関誌 Language Matters の研究大会―言語教育と本作り	1996 5/18（土） 10:30-15:00	
	Headteachers' Conference The New PLR Writing Scales	校長研修―観察記録評価法対応の新書くことのスケールの解説	1996 6/12（水） 10:30-15:00	
	Evening Course 40 Classroom approaches to writing at KS2	キーステージ2における書くことの学習指導	1996 6/5（水）	Bunmi Richards (Shaftesbury Park Primary School, Wandsworth) Deborah Nicholson (CLPE)
	Evening Course 41 Supporting Writing in the Early Years	入門期における書くこと支援	1996 6/19（水）	Jeannie Hughes, Benthe Athawes, Sophie Duffie (Gallons Mount Primary School, Greenwich)
	Evening Course 42	学校実践の交流	1996 7/3（水）	Tracy Argent (Cyril Jackson Primary School. TH) Monica Forty (Banga Bandhu Primary School, TH)
	CLPE Book Evenings New Books and Resources	読書サークル―新刊本と資料の紹介	1996 5/15（水） 1996 6/26（水）	
	Day Course 129 Raising Reading Standards	読みの水準の向上（10回連続講習）	火曜開講 1996 9/24, 10/8, 11/5, 11/19, 12/3, 1997 1/14, 1/28, 2/11, 3/4, 3/18 9:30-15:30	Olivia O'Sullivan (CLPE)

資料編

学期	CLPE 研修プログラム（資料入手分に限る）		開催日時	担当講師
Day and Evening courses 1997年春学期 1996年秋学期	Day Course 130 The Role of the English	国語科の果たす役割 （10回連続講習）	1996 9/25, 10/9, 11/6, 11/20, 12/4 1997 1/15, 1/29, 2/12, 3/5, 3/19	Deborah Nicholson (CLPE)
	Day Course 131 Specialist Teacher Assistant (STA)	教科専門補助教員講習（13回連続講習）	1996 9/30, 10/14, 11/4, 11/18, 11/25, 12/2 1997 1/13, 1/27, 2/3, 3/3, 3/17, 5/12, 6/16	Sue Ellis (CLPE)
	Linguistic diversity and support for bilingual children in primary classrooms Day Course 132 Addressing bilingual issues in whole school policies : the role of the language co-odinator	小学校におけるバイリンガル児童の言語的多様性とその支援1 学校の基本教育指針におけるバイリンガルにかかわる課題—国語科主任の果たす役割	1996 9/18（水）， 10/3（木）， 10/15（火） 9:30-15:30	Barbara Graham, Patience MacGregor, Clare Kelly (CLPE)
	Linguistic diversity and support for bilingual children in primary classrooms Day Course 133 New to school, new to English : KS1 & KS2	小学校におけるバイリンガル児童の言語的多様性とその支援2 キーステージ1／キーステージ2における環境の変化ならびに言語的（英語）違和感への対応	1996 10/10, 31（木） 9:30-15:30	Barbara Graham, Patience MacGregor, Clare Kelly (CLPE)
	Linguistic diversity and support for bilingual children in primary classrooms Day Course 134 Supporing the literacy development of bilingual children : reading	小学校におけるバイリンガル児童の言語的多様性とその支援3 バイリンガル児童のリテラシー発達支援—読むこと	1996 10/29（火），11/12（水），11/27（水） 9:30-15:30	Barbara Graham, Patience MacGregor, Clare Kelly (CLPE)
	Linguistic diversity and support for bilingual children in primary classrooms Day Course 135 Supporing the literacy development of bilingual children : writing	小学校におけるバイリンガル児童の言語的多様性とその支援4 バイリンガル児童のリテラシー発達支援—書くこと	1997 2/13, 3/6, 21（木） 9:30-15:30	Barbara Graham, Patience MacGregor, Clare Kelly (CLPE)

学期	CLPE 研修プログラム（資料入手分に限る）		開催日時	担当講師
	Linguistic diversity and support for bilingual children in primary classrooms Day Course 136 Access to the National Curriculum for bilingual children : creating classroom contexts	小学校におけるバイリンガル児童の言語的多様性とその支援5 バイリンガル児童にかかわるナショナルカリキュラムの吟味―学習環境の創造	1997 1/21, 2/4(火), 2/27(木) 9:30-15:30	Barbara Graham, Patience MacGregor, Clare Kelly (CLPE)
	Linguistic diversity and support for bilingual children in primary classrooms Day Course 137 Early years : working with 3-5 year old bilingual children	小学校におけるバイリンガル児童の言語的多様性とその支援6 入門期指導―3～5歳のバイリンガル児童の学習指導	1996 10/7 (月), 10/17(木), 11/7(木) 9:30-15:30	Barbara Graham, Patience MacGregor, Clare Kelly (CLPE)
	Linguistic diversity and support for bilingual children in primary classrooms Day Course 138 Collaborating to support bilingual children	小学校におけるバイリンガル児童の言語的多様性とその支援7 バイリンガル児童支援の協働体制づくり	1997 1/23 (木), 2/6(木) 9:30-15:30	Barbara Graham, Patience MacGregor, Clare Kelly (CLPE)
	Day Course 139 Children wirh Reading Difficulties 9-13	9～13歳の読みの困難児の学習指導	1996 10/1, 11/26(火) 9:30-15:30	Olivia O'Sullivan (CLPE).Sharon Whyatt (Secondary Advisory Teacher for English, Southwark)
	Day Course 140 Handwriting	ハンドライティング	1996 10/2 (水) 9:30-15:30	Deborah Nicholson (CLPE)
	Day Course 141 Children's Development as Reflective Readers at Key Stage 2	キーステージ2における読み手自覚の発達	1996 11/1 (金) 9:30-15:30	Anne Thomas (CLPE)
	Day Course 142 Spelling and Punctuation	綴りと句読法	1996 11/15 (金) 9:30-15:30	Mike Torbe
	Day Course 143 Working with Core Books	コア・ブックスの活用	1996 11/21, 12/5(木) 9:30-15:30	Sue Ellis (CLPE)
	Day Course 144 From Story into Writing	物語読解から書くことへの関連指導	1996 11/29 (金) 9:30-15:30	Fiona Collins (Storyteller, Educational Consultant)
	Black History Month Evening Course 47 Black History - British History	黒人系イギリス人の史的背景シリーズ1 黒人系社会史と英国史	1996 10/9 (水) 16:45-18:15	Joan Anim-Addo

学期	CLPE 研修プログラム（資料入手分に限る）		開催日時	担当講師
	Black History Month Evening Course 48 A poetry reading from… Jackie Kay	黒人系イギリス人の史的背景シリーズ2 文化に根差した詩の朗読（J. ケイによる）	1996 10/16（水）16:45-18:15	Jackie Kay
	Black History Month Evening Course 49 Story-telling Workshop	黒人系イギリス人の史的背景シリーズ3 ストーリーテリング・ワークショップ	1996 11/13（水）16:45-18:15	Jan Blake, Carol Russell (Cassava Leaf)
	CLPE Book Evenings/Special Events Martin Waddell	読書サークル—児童文学作家による特別講演（ハンス・クリスチャン・アンデルセン賞受賞者アイルランドの児童文学作家 M. ワデルによる）	1996 9/25（水）16:45-18:15	Martin Waddell（児童文学作家）
	The Society for Storytelling Storytelling in Education : a new approach	教育におけるストーリーテリングの活用—新しいアプローチ	1996 10/2（水）16:45-18:15	Mary Medlicott, Betty Rosen, Fiona Collins
	Headteachers' Conference Report on the CLPE Spelling Project	校長研修—CLPE 綴り学習プロジェクトの報告	1996 10/16（水）	Anne Thomas, Olivia O'Sullivan (CLPE)
	Language Matters Conference Language and the Arts with Michael Armstrong and Quentin Blake	機関誌 Language Matters の研究大会—言語教育と製本技術（絵本作家の指導による）	1996 11/23（土）	Michael Armstrong, Quentin Blake
	Ancillary Support Staff Series Day Course 145 1 Talking to Children about Reading and about Books	補助教員研修シリーズ1 読むことや本にかかわる児童との話し合い	1997 1/20（月）9:15-11:45	Anne Thomas (CLPE)
	Ancillary Support Staff Series Day Course 146 2 Reading with Children : Strategies and Approaches	補助教員研修シリーズ2 児童と共に読むこと—読みの方略とその学習指導	1997 2/10（月）9:15-11:45	Deborah Nicholson (CLPE)
	Ancillary Support Staff Series Day Course 147 3 Bookmaking	補助教員研修シリーズ3 本作りの学習指導	1997 3/10（月）9:15-11:45	Olivia O'Sullivan (CLPE)
	Day Course 148 Supporting Reading Development (for NQTs)	新任研修—読みの発達支援	1997 1/27（月）9:30-15:30	Clare Kelly (CLPE)
	Day Course 149 Reading and Texts	読むこととテクスト	1997 2/14（金）9:30-15:30	Tony Martin (Principal Lecturer Lancaster Univ.)

学期	CLPE 研修プログラム（資料入手分に限る）		開催日時	担当講師
	Day Course 150 Developing a Range of Writing KS1/2	キーステージ1／キーステージ2における多様な書くことの学習指導	1997 2/26 (水) 9:30-15:30	Deborah Nicholson (CLPE)
	Day Course 151 Another 100 Different Books from One Piece of Paper	本作りのアイデアー1枚の用紙から100種類の異なる本の創造	1997 3/6 (木) 9:30-15:30	Paul Johnson
	Day Course 152 Stories in Boxes	ストーリー・ボックスを活用した物語理解	1997 3/8 (土) 9:30-15:30	Paul Johnson
	Day Course 153 Hands on Poetry	詩の世界への誘い	1997 3/11 (火) 9:30-15:30	Sue Ellis (CLPE)
	Day Course 154 Supporting Writiing Development (for NQTs)	新任研修―書くことの発達支援	1997 3/12 (水) 9:30-15:30	Clare Kelly (CLPE)
	Day Course 155 Supporting Talking and Listening in the Primary Classroom	小学校における話すことと聞くことの学習支援	1997 3/14 (金) 9:30-15:30	Hilary Hester
	Evening Course 50 Scaffolding Learning in Humanities : Reading and Writing Information Texts in the Multilingual Classroom	多言語文化背景の学習状況における知識・情報テクストの読むことと書くこと	1997 1/29 (水) 16:45-18:15	Kathy Coulthard
	Evening Course 51 Mathematical Reading and Writing	数学的な読みと書くこと	1997 2/26 (水) 16:45-18:15	Rosanne Posner (Primary Mathematics Lecturer, Goldsmiths/ Roehampton)
	Evening Course 52 Structuring Information Writing	情報的文章の構成	1997 3/10 (水) 16:45-18:15	Deborah Nicholson (CLPE)
	CLPE Book Evenings *	読書サークル	1997 1/22 (水) 1997 3/19 (水)	
	Headteachers' Conference	校長研修	1997 3/5 (水)	
	Day Course 156 Phonics : Its Place in Learning to Read	フォニックスの学習指導―読むことの学習にいかにとりいれるか	1997 5/15 (木),16(金) 9:30-15:30	Professor Henrietta Dombey (University of Brighton), Helen Bromley (CLPE/ Homerton College)

学期	CLPE 研修プログラム（資料入手分に限る）		開催日時	担当講師
Day and Evening courses	1997年夏学期	Day Course 157 Libraries in the Primary School	小学校における学校図書館の活用	1997 5/19, 6/9, 30（月）9:30-15:30	Ann Lazim (Librarian, CLPE)
		Day Course 158 How Do Children Read to Learn?	M.ミークによる研修―子どもはいかに学ぶために読むか	1997 6/12（木）9:30-15:30	Margaret Meek Spencer
		Day Course 159 Book-based Reading Games	児童図書を活用した読みのゲーム	1997 6/13（金）9:30-15:30	Helen Bromley (CLPE/Homerton College)
		Day Course 160 Spelling at KS1 and KS2	キーステージ1／キーステージ2における綴りの学習指導	1997 7/3（木）9:30-15:30	Anne Thomas (CLPE)
		Evening Course 53 Bilingual Children's Early Writing Development : Children as makers of texts	バイリンガル児童の書くことの入門期指導―テクスト作成者としての児童	1997 5/7（水）16:45-18:15	Charmain Kenner (Research Associate, Centre for Applied Linguistic Research, Thames Valley University)
		The CLPE Core Books Evening Course 54/Book Evening	コア・ブックスの活用―読書サークル	1997 6/4（水）16:45-18:15	Sue Ellis (CLPE)
		The CLPE Core Books Evening Course 55 Using Core books in the Classroom	コア・ブックスの活用―授業におけるコア・ブックを用いた学習指導の実際	1997 6/18（水）16:45-18:15	Sue Ellis (CLPE), Hilary Horton (CLASS), Bernie Barry (CLASS and Section11 Co-ordinator, Phyl Primary School, Camden)
		CLPE Book Evenings *	読書サークル	1997 6/11（水）	
		Headteachers' Conference Managing Support : Promoting High Achievement for Bilingual Children	校長研修―バイリンガル児童の学習効果向上のための学校運営上の支援	1997 6/18（水）9:30-12:30	Maggie Gravelle (University of Greenwich)
		Day Course 161 The Role of the English Co-ordinator	国語科主任の果たす役割	水曜開講 1997 9/24, 10/8, 22, 11/19, 12/3, 1998 1/21, 2/4, 25, 3/11, 25 9:30-15:30	Deborah Nicholson (CLPE)

学期	CLPE 研修プログラム（資料入手分に限る）		開催日時	担当講師
Day and Evening courses　1998年春学期　1997年秋学期	Day Course 162 Specialist Teacher Assistant (STA)	教科専門補助教員研修（12回連続講習）	木曜開講 1997 9/25, 10/9,23, 11/13, 27, 12/11 1998 1/15, 29, 2/12, 3/5/19, 4/2 9:30-15:30	Sue Ellis (CLPE)
	Day Course 163 Raising Reading Standards	読みの水準の向上（10回連続講習）	火曜開講 1997 9/30, 10/14, 11/11, 25, 12/9 1998 1/13, 27, 2/10, 3/3,17 9:30-15:30	Clare Kelly (CLPE)
	Day Course 164 Classroom Assistants Course	補助職員講習（5回連続講習）	月曜開講 1997 9/29, 10/13,11/10 1998 1/12,26 9:15-11:45	Deborah Nicholson (CLPE)
	Day Course 165 Maths and Story	算数と物語	1997 10/3 （金） 9:30-15:30	Jeannie Billington (Education Consultant), Helen Bromley (Homerton College/CLPE)
	Day Course 166 Collaborative Group Reading	グループ・リーディングにおける協働的学び	1997 10/7, 11/4(火) 9:30-15:30	Loretta Concannon (Education Consultant)
	Day Course 167 Writing in the Early Years and at KS1	キーステージ1における入門期の書くことの学習指導	1997 11/5, 26(水) 9:30-15:30	Deborah Nicholson (CLPE)
	Day Course 168 Planning Units of Work Around Texts	テクストの特性を生かした単元学習の構想	1997 10/21 （火） 9:30-15:30	Myra Barrs (CLPE)
	Day Course 169 Communication, Creativity and the Camera in the Primary School	小学校におけるコミュニケーション創造性ならびにカメラの活用	1997 11/14 （金） 9:30-15:30	Kamina Walton (Fleelance Photographer)
	Day Course 170 Structuring Reading Using Core Books	コア・ブックスを活用した読むことの学習指導の構造化	1997 11/17, 24(月) 9:30-15:30	Sue Ellis (CLPE)

資料編

学期	CLPE 研修プログラム（資料入手分に限る）		開催日時	担当講師
	Day Course 171 Poetry in the Classroom	授業における詩の活用	1997 11/18 (火) 9:30-15:30	Susanna Steele (University of Greenwich)
	Day Course 172 Phonics : Its Place in Learning to Read	フォニックスの学習指導—読むことの学習にいかにとりいれるか	1998 3/13, 20(金) 9:30-15:30	Professor Henrietta Dombey (University of Brighton), Helen Bromley (CLPE/ Homerton College)
	Day Course 173 Supporting Writing Development (for NQTs)	新人研修—書くことの発達支援	1998 1/20 (火) 9:30-15:30	Clare Kelly (CLPE)
	Day Course 174 Writing at KS2	キーステージ2における書くことの学習指導	1998 1/28, 3/4(水) 9:30-15:30	Deborah Nicholson (CLPE)
	Day Course 175 Spelling in the Primary School	小学校における綴りの学習指導	1998 2/3 (火) 9:30-15:30	Anne Thomas & Olivia O'Sullivan (CLPE)
	Day Course 176 Supporting Reading Development (for NQTs)	新任研修—読むことの発達支援	1998 2/24 (火) 9:30-15:30	Clare Kelly (CLPE)
	Day Course 177 Book-based Reading Games	児童図書を活用した読みのゲーム	1998 3/16 (月) 9:30-15:30	Helen Bromley (Homerton College/ CLPE)
	Day Course 178 Literacy in the Early Years	入門期におけるリテラシーの学習指導	1998 3/9, 23（月） 9:30-15:30	Clare Kelly (CLPE)
	Day Course 179 Reading and Texts	読むこととテクスト	1998 3/13 (金) 9:30-15:30	Tony Martin(Principal Lecturer Lancaster Univ.)
	Day Course 180 Another 100 books from One Piece of Paper	1枚の用紙から100種類の異なる本の創造	1998 3/18 (水) 9:30-15:30	Paul Johnson
	Headteachers' Conference A New Look at Phonics	校長研修—フォニックスに対する新しい見解	1997 11/12 (水)	Professor Henrietta Dombey (University of Brighton)
	Language Matters Conference Reading and Writing for Information	機関誌 Language Matters の研究大会—情報テクストの読みとテクスト作成	1997 11/22 (土) 10:00-15:00	
	Linguistic Diversity and Support for Bilingual Children Including the Language and Culture of Children of	小学校におけるバイリンガル児童の言語的多様性とその支援（カリブ海系児童の言	1997 10/15 (水) 9:15-15:30	Patience MacGregor, Clare Kelly (CLPE)

471

学期	CLPE 研修プログラム（資料入手分に限る）		開催日時	担当講師
	Caribbean Heritage : Early Years and Key Stage 1	語文化背景を含む)—入門期とキーステージ1の学習指導		
	Linguistic Diversity and Support for Bilingual Children Including the Language and Culture of Children of Caribbean Heritage : Key Stage 2 and Key Stage 3	小学校におけるバイリンガル児童の言語的多様性とその支援（カリブ海系児童の言語文化背景を含む)—キーステージ2とキーステージ3の学習児童	1997 11/18（火）9:15-15:30	Patience MacGregor, Clare Kelly (CLPE)
	Linguistic Diversity and Support for Bilingual Children Supporting Children at the Early Stages of Learning English	小学校におけるバイリンガル児童の言語的多様性とその支援—英語学習の初歩的段階における児童支援	1997 11/24（月）9:15-15:30	Patience MacGregor, Clare Kelly (CLPE)
	Linguistic Diversity and Support for Bilingual Children Access to the National Curriculum for Bilingual Children at Key Stage 1 & Key Stage 2	小学校におけるバイリンガル児童の言語的多様性とその支援—キーステージ1/キーステージ2におけるバイリンガル児童に対するナショナルカリキュラムの検討	1998 1/26（月），2/11（水），3/10（火）9:15-15:30	Patience MacGregor, Clare Kelly (CLPE)
	Black History Month Evening Course 56 Creole and its Implications for the Classroom	黒人系イギリス人の史的背景シリーズ—授業におけるクレオール語とその反映	1997 10/15（水）16:45-18:15	Barbara Graham (CLPE/GEST Team)
	Black History Month Evening Course 57 Language Diversity and Bilingualism Observing and Recording a Young Bilingual Child's Progress	黒人系イギリス人の史的背景シリーズ—言語の多様性と幼いバイリンガル児童の言語発達に沿った観察記録にみるバイリンガル実態	1997 11/12（水）16:45-18:15	Sarah Haynes (Bigland Green Primary School, Tower Hamlets)
	Black History Month Evening Course 58 …Including the Caribbean	黒人系イギリス人の史的背景シリーズ（カリブ海系児童の言語文化背景を含む）	1997 11/26（水）16:45-18:15	Kathy MacLean (Section 11 Team Co-ordinator, Wandsworth)
	Book Evenings Books for Black History Month	読書サークル—黒人系イギリス人の歴史背景にかかわる図書紹介	1997 10/22（水）16:45-18:15	

資料編

学期	CLPE 研修プログラム（資料入手分に限る）		開催日時	担当講師
	Speaking and Listening Series Evening Course 59 Speaking and Listening at KS1	話すことと聞くことシリーズ1 キーステージ1における話すことと聞くことの学習指導	1998 1/28（水）16:45-18:15	Sarah Stokes (Belleville School, Wandsworth), Brenda Stephens & Nina Payne (Victory School, Southwark)
	Speaking and Listening Series Evening Course 60 Speaking and Listening at KS2	話すことと聞くことシリーズ2 キーステージ1における話すことと聞くことの学習指導	1998 2/11（水）16:45-18:15	Gill Hillier (Michael Faraday School, Southwark), Deborah Nicholson (Advisory Teacher, CLPE)
	Speaking and Listening Series Evening Course 61 Accessing Speaking and Listening	話すことと聞くことシリーズ3 話すことと聞くことの評価	1998 3/18（水）16:45-18:15	Deborah Nicholson/ Olivia O'Sullivan (CLPE)
	CLPE Book Evening*	読書サークル	1998 3/4（水）16:45-18:15	
	Headteachers' Conference Developments in Family Literacy	校長研修—家庭におけるリテラシーの発達の把握	1998 3/18（水）	
Day and Evening courses 1998年夏学期	Supporting the National Literacy Strategy Day Course 181 Resourcing the National Literacy Strategy at KS1 and KS2	「全国共通リテラシー指導方略指針」の活用支援シリーズ—キーステージ1／キーステージ2における「98指針」の学習対象	1998 5/12, 6/2（火）9:30-15:30	Helen Bromley (CLPE), Liz George (CLPE)
	Supporting the National Literacy Strategy Day Course 182 Developing activities around texts for KS1	「全国共通リテラシー指導方略指針」の活用支援シリーズ—キーステージ1対象の学習テクストに応じた学習活動の開発	1998 6/16（火）9:30-15:30	Helen Bromley (CLPE), Liz George (CLPE)
	Supporting the National Literacy Strategy Day Course 183 Developing activities around texts for KS2	「全国共通リテラシー指導方略指針」の活用支援シリーズ—キーステージ2対象の学習テクストに応じた学習活動の開発	1998 6/30（火）9:30-15:30	Helen Bromley (CLPE), Liz George (CLPE)
	Day Course 184 Collaborative group reading	グループ・リーディングにおける協働的学び	1998 6/9, 23（火）9:30-15:30	Loretta Concannon (Education Consultant)

学期	CLPE 研修プログラム（資料入手分に限る）		開催日時	担当講師
	Day Course 185 Phonics : Its Place in Learning to Read	フォニックスの学習指導―読むことの学習にいかにとりいれるか	1998 6/23（火） 9:30-15:30	Myra Barrs (CLPE), Helen Bromley (CLPE)
	Day Course 186 Libraries in the primary school	小学校における学校図書館の活用	1998 6/1, 15, k29（月） 14:00-16:30	Ann Lazim (Librarian, CLPE)
	Evening Course 62 An evening conference for World Book Day Title : Worlds in Books	M.ミークによる研修（ワールド・ブックデイ関連事業）―児童図書に描かれた世界	1998 4/23（木） 16:45-18:15	Margaret Meek Spencer
	Evening Course 63 Supporting the National Literacy Strategy at KS1	キーステージ1における「98指針」の学習支援	1998 6/10（水） 16:45-18:15	Debbie Collis (Keyworth School, Southwark), Jo Naylor (Heber School, Southwark)
	Evening Course 64 Supporting the National Literacy Strategy at KS2	キーステージ2における「98指針」の学習支援	1998 6/24（水） 16:45-18:15	Linda Brown (Walnut Tree Walk Primary School, Lam beth), Gordon Malcolm (Ellen Wilkinson Primary School, Newham)
Day and Evening courses 1998年秋学期 1999年春学期	※「1998年夏学期コース案内」後掲による。 ※「1998年秋学期・1999年春学期コース案内」は未入手。			
	1998年秋学期 CLPE long courses (recognised byTTA) Raising Literacy Standards (10 days) The Role of the English Co-ordinator (10 days) Specialist Teacher Assistant (STA) course (12 days) Supporting the National Literacy Strategy Resourcing the National Literacy Strategy at KS1 and KS2 Developing activities aroud texts for KS1 (1 day course) Developing activities around	長期研修コース リテラシーの水準の向上（10回連続講習） 英語（国語）科主任の果たす役割（10回連続講習） 教科専門補助教員研修（12回連続講習） 「98指針」の活用支援シリーズ キーステージ1／キーステージ2における「98指針」の学習対象 キーステージ1対象の学習テクストに応じた学習活動の開発 キーステージ2対象の学習テクストに応じた学習活動の開発 キーステージ1におけるシェアード・リーディングとライティング キーステージ2におけるシェアード・リーディングとライティング		

学期	CLPE 研修プログラム（資料入手分に限る）		開催日時	担当講師
	texts for KS2 (1 day course) Shared reading and writing at KS1 (1 day course) Shared reading and writing at KS2 (1 day course) Group reading at KS1 and KS2 A course for classroom assistants : Working within the literacy hour 　Grammer 　Spelling 　Writing in the early years and KS1 　Evening course series 　: Three courses in celebration of the National Year of Reading	キーステージ1／キーステージ2におけるグループ・リーディング 補助職員研修—「リテラシーの時間」における学習支援 文法の学習支援 綴りの学習支援 入門期ならびにキーステージ1における書くことの学習支援 放課後研修コースシリーズ —全国読書年に関連した3つのコースを開催予定		
	1999 年春学期 Supporting the National Literacy Strategy series 　Supporting children with literacy difficulties 　Phonics, spelling and the literacy hour 　Reading and writing with information texts at KS1 and KS2 　A course for classroom assistants : Working within the literacy hour 　Other courses 　: Writing at KS2 (2 days) 　　Literacy in the early years (1 day) 　　Evening course series 　: Three courses on story in the classroom	「98 指針」の活用支援シリーズ リテラシーの困難児の支援 「リテラシーの時間」におけるフォニックスと綴りの学習指導 キーステージ1／キーステージ2における情報テクストの読みと作成 補助職員研修—「リテラシーの時間」における学習支援 その他の研修コース キーステージ2における書くことの学習指導 入門期におけるリテラシー学習指導 放課後研修コースシリーズ —授業における物語活用にかかわる3つのコースを開催予定		

資料２　著者（松山）が行った研修参加者対象アンケート（2012.3.27／5.18）

Acknowledgement for teachers cooperating with this survey

This small-sized survey was purely planned for a research about the work of the Centre for Literacy in Primary Education. The researcher is Masako Matsuyama, a professor of Japanese language and literacy, Osaka University of Education, Osaka, Japan. Continuous and kind cooperation provided by the Centre Staff have enabled this research to continue these two years. If you kindly spare some time to respond the following questionnaire and let me know how you have been thinking about the Power of Reading project as a participant, I shall appreciate it greatly. Your response will be only used for my research paper as precious resources and all your privacy will be strictly protected.

Thank you very much for your time and generosity.

　　　　Professor Masako Matsuyama. Osaka University of Education, Osaka, Japan
　　　　　　　　　　　　　　　　　　　matuyama@cc.osaka-kyoiku.ac.jp

Date (　　　　　) March 2012

1) Please let me know about you.

　　You are: 1 Foundation stage teacher (　)　5 Head/ Deputy head teacher (　)
　　　　　　 2 Key Stage 1 teacher　　　 (　)　6 Other
　　　　　　 3 Key Stage 2 teacher　　　 (　)　(　　　　　　　　　　　　　)
　　　　　　 4 Literacy coordinator　　　(　)

2) Where do you teach?
　　1 Inner London LA　　　　　　　(　)
　　2 Outer London LA　　　　　　　(　)

3 Other （　　　　　　　　　　　　　　）

3) How did you know about the Power of Reading Project?
   1 from your head/deputy head teacher　（　）2 from other colleagues　（　）
   3 through the web-site of the CLPE　（　）　4 CLPE　　brochure/flyer（　）
   5 Other （　　　　　　　　　　　　　　　　）

4) Can you tell me about the time spent on literacy in your class each week?
   1 less than 5 hours　（　）　2　5 hours　（　）　　　3　7.5 hours　（　）
   4　10 hours　（　）　　　5　more than 10 hours　（　）

5) Do you teach spelling/handwriting/grammar/phonics separately from the POR project?
   1 Yes, because （　　　　　　　　　　　　　　　　　　　　　　　）
   2 No, because （　　　　　　　　　　　　　　　　　　　　　　　　）

6) Please choose 3 of the most successful aspects of the POR teaching sequences?
   1 creative approaches from both in teaching and in learning （　）
   2 literature-oriented teaching approaches （　）
   3 a range of writing opportunities from literature（　）
   4 well-organized teaching reading programmes in response to the narrative structure of the books （　）
   5 a range of talk woven within reading and writing activities （　）
   6 teaching and learning with reading pleasure and enjoyment （　）
   7 a very good preparation for children's literature learning in their secondary school （　）
   8 a well-organized INSET programme including good opportunities for teachers to read closely children's literature before starting the units （　）
   9 access to an extended range of children's books　（　）

10 a well-organized INSET programme based on a combination of feed forward and feedback ( )
11 raised achievement in children's literacy development ( )

7) How do you normally assess the children's learning through the POR teaching sequences?
1 record keeping for each child ( )
2 assessment for teaching - reading ( )
3 assessment for teaching - writing ( )
4 a combination of 2 and 3 ( )
5 assessing the child's writing

8) If you find any effective way of assessing while the POR teaching sequences, would you please tell me the details?

....

Thank you so very much for your time and patience. I do thoroughly appreciate your openness and cooperation. What you kindly let me know will be highly helpful for us to think about developing our literacy learning through children's literature.

              Professor Masako Matsuyama

資料編

著者が行ったアンケート調査集計基礎表
ケンブリッジ研修（2012.3.27）　ロンドン研修（2013.5.18）

	1						2			3					4					5		6											7				
	1	2	3	4	5	6	1	2	3	1	2	3	4	5	1	2	3	4	5	1	2	1	2	3	4	5	6	7	8	9	10	11	1	2	3	4	5
L1		2					1			1					2						1	2	3							9						4	
L2	1						1			1							3			1		1	2										1	2			
L3			3				1			1							3			1	2	2														4	
L4			3	4			1				2						3				2	2					6			9						4	
L5		2						2		1					2						1	1	2			5	6			9						4	
L6			3				1			1							3			1		1		3								11				4	
L7		2					1			1							3			1			2				6			9			1	2	3	4	5
L8			3				1				2				2					1			2			5	6										5
L9		2					1			1							3			1		2	3							9						4	
L10			3	4						1					2	3				1	1					5	6							2	3	4	5
L11		2					1			1							3			1		1	2							9						4	
L12			3				1			1							3			1		1	2							9						4	5
L13	1								3		2				2					1		1		3			6						1				
L14			3	4		6		3	1								3			1			2			5					10					4	
L15		2					1			1							3			1		2	3							9						4	
L16		2		4		6	1				2						1							3			6					11			3		5
L17			3				1			1							3			1		2	3							9						4	
L18		2								1	2						3			1		1					6					11				4	
L19		2					1			1							3			1		2	3							9						4	
L20			3				1			1							3			1		1				5				9						4	
L21						6	1			1											2			3			6			9						4	5
L22			3	4			1			1					2						2			3			6			9							5
L23		2					1			1							3			1		1		3	5											4	
L24			3	4			1			1								4		1	1						6					11					5
L25			3				1				2				*					1	1			3	5									2	3		5
L26		2							2	1							3			1	1				5					9						4	5
L27			3							3	1				2					1			2				6			9							5
L28		2					1			1	2				2					1		1		3			6									4	

479

L29	2			1		1			2	3		1		1			4		6			11	2	3	4	5	
L30	2			1		1				3		1							6		9	11		3			
L31	2				3	1			2			1		2					6		9			3			
L32	2			1		1	2			*		1				3		5				11				*	
L33		3	4	1		1				3		1		1	2				6							*	
C1	1				3	1					4	1		1	2			5								4	
C2		2			3	1					4	1		1				5	6				2	3	4		
C3			3		3			4			4	1		1			4		6						4		
C4			3		3	1			2			1					4		6		9				4		
C5		2			3	1				3		1				3		5			9				4		
C6		2			3	1					4	1	1			3			6					2	3		
C7		2			3	1			2			1			2		4		6						4		
C8		2			3	1				3		1		1	2			5							4		
C9		2			3	1				3		1															
C10		2			3	1				3		1		1		3	4						*	*	*	*	*
C11		2			3	1				3		1					4		6		9				4		
C12		2			3			4		3		1		1		3		5							4		
C13		2			3	1				3		1		1		3		5							4		
C14		2		4		6		3				5			4	1		1	2			5				4	
C15		2			3	1					4	1		1		3		6							4		
C16		2			3			4		3		1			2			6	8			1					
C17		2			3	1				3		1		1		3						11	1				
C18		2		5	3	1				3		1		1			4	6							4		
C19	1	2			3	1			2			1		1	2			6							4		
C20		2			3	1				3	4	1		1		3				9					4		
C21		2			3	1			2			1		1			5	6					3				
C22		2			3	1			2			1		1	2			6							4		
C23		2	3			2			2			4	1		1			5	6						4		
C24		2		4	3	1					4	1		1		4				10					4		
C25		2			3	1				3		1	2	1			5					11	1				
C26		2		5	3	1				3				2	3		6								4		

C27	2				3	1				4	1	1		6		9				4	
C28	2				3		4		2		1		2	3	5				2			
C29	1	2			3	1			3		1		2	3	5						4	
C30	2				3	1			3		1	1	2		5						4	
C31	2				3	1			3		1	1			6			11	2	3		
C32	2				3	1		5	2			2	1		3	5			1			
C33	2		2				4		2		1	1			5	6					4	
C34	2				3	1			3		1	1	2	3							4	
C35	2			3	2				4	1	1		3	4					2	3		

	設問8　評価に関して特に効果的だと考えられるもの（自由記述）
L10	Continued assessment through class session/children self assessment against specific criteria/Writing provides specific areas for future focus
C6	APP- 6 children AfL
C11	would be nice to have more cross-curricular responces linked to the high quality texts.
C15	APP -of 6 target children
C29	observations/ speaking +listening

	設問5 言語事項、文法、綴り等の学習指導の扱い方　理由他、特記事項（自由記述）
L1	（無回答）
L2	It's part of our curriculum.
L3	As part of literacy / no Tasks have been linked to POR
L4	if possible,I will always make links of use the text as an example of storyboard.
L5	Phonics is taught separately in KS1.
L6	for spellings there are set words we arrange for children to spell:handwriting we follow a specific programme.Phonics is taught to those children who need it, every day.
L7	Children need to develop/consider phonic knowledge.eg.long vowel sounds, handwriting is taught separating following scheme, sometimes grammar needs a special focus,eg. EAL children are usually taught in context of POR texts.

L8	the course doesn't really teach those things.
L9	not geared to include these.
L10	they work independently time we best met
L11	I use letters & sounds discrete teaching.
L12	We are expected to teach daily grammar lessons.
L13	use smaller session times for handwriting and phonics .follow letters and sounds for phonics.
L14	KS2 manager/Kent POR doesn't cover these areas.
L15	follow letters and sounds and have handwriting policy
L16	assistant head teacher the POR focuses more on writing and drama.
L17	the curriculum had already been decided before I start the POR
L18	6-7hrs
L19	it's easier to plan for and deliver.
L20	easier to plan.
L21	assisstant head n/applicable hrs we find we can manage all an hour using reading time if we need
L22	we include it in the literacy hour teaching/
L23	Phonics is separate following letters and sounds.
L24	we do stand alone sessions extra/
L25	6hrs spelling , h/w, grammar is not included in sequences
L26	Letters & sounds / and writing daily.
L27	Kent If I didn't progress in these areas would suffer in these project.
L28	it's best to keep the enjoyment factor when working with the books.
L29	need basic skills too.
L30	our school has our scheme.
L31	Kent I feel the POR doesn't cover these and children need to know the skills separately.
L32	4) 5 x hour sessions & Group reading x1 weekly & Individual reading 1 x weekly & phonics daily for 15-20 minutes. 5) need to cover HF words and all sounds (long vowel sounds) 7) APP/Ros Wilson assessment for writing Reading level bookbirds through 1-1/group reading.
L33	Not enough coverage in POR sequences. 7) APP Ros Wilson Bis writing

C1	Cambridge We run very focused group for phonics teaching.
C2	Children are at different phases in phonics.
C3	We have whole keystage phonics groups.
C4	Children are at different stages in phonics and spelling.
C5	phonics is streamed in our school, so don't just have my class.
C6	only just doing POR/
C7	Grammar is taught from the text we are studying and always has been,We are begining to integrate phonics & spelling, with the POR project.Handwriting is still taught separately because we follow a programme and we haven't had time to plan it to spring from the POR yet. Ideally we will.
C8	Use elements of Stay text to support /and in phonics lessons, however , this is separate from our literacy lesson. However, this is something that I may consider reusing.
C9	enables more time to be dedicated to POR project.
C10	Phonics is a discrete subject.
C11	there wasn't enough time in the literacy hour to adequately cover letters & sounds.
C12	Handwriting & phonics separate -short focussed sessions/time implications.
C13	handwriting & phonics & guided reading separate.Short fucused sessions.
C14	1) leading literacy teacher 3) county advisors 5) its School policy.
C15	only just learning about it.
C16	Phonics is taught discreetly in 'Letters & Sounds' session.Handwriting /spelling - discrete lessons too.Graqmmar is through POR.
C17	Phonics taught daily as 15 mins Letters & Sounds.Handwriting taught discretely as is spellings.
C18	phonics, handwriting and spelling have always been in addition to literacy lesson.
C19	phonics- because school initiative demands we do.
C20	We need to focus specifically on targeted graphemes/ spelling patterns,etc.
C21	structure already in place.
C22	Some of my class have gap in their knowledge.They need specific skills teaching.
C23	I only teach in the afternoons and my colleague teaches the main literacy in the morning.

C24	Veries-depending on top. Phonics- dedicated time each day
C25	.mixing of both-'Letters & Sounds' discrete/ duringPOR project literacy lessons :making references to spelling,grammar, phonics , handwriting.
C26	time restraints.
C27	school policy
C28	because of the time needed for each area.
C29	unable to fit into one session.
C30	follow Letters & Sounds phses+teach phonics discretely
C31	School focus for improvement.
C32	3)was booked on the course by head teacher. We follow Letteres+ Sounds.
C33	the children are streamed into ability groups:spelling.handwriting and phonics.
C34	we focus on specific phases in these areas with require being taught discretely. Although they are all reinforced during literacy lessons.
C35	(無回答)

資料編

資料3　機関誌 *Language Matters* (1975〜2002) 総目次

	巻号	題名	執筆者	所属	掲載頁	編集 Editorial Board
1	vol.1 No.1	無題（はじめに）／ Editorial（June 1975）	I. J. F/Ian Forsyth		1、2	無記入
2		Language:A basis for learning（学習の基盤としての言語）	Joyce Jurica		2〜4	
3		Literature, Literacy and the Role of the Teacher（文学、リテラシー、指導者の役割）	Maurice Freedman	fairlawn Primary School	4〜5	
4		The Work of the Centre for Language in Primary Education（CLEセンターの仕事）	Joyce Welch		5〜6	
5		Perspectives on In-service courses（現職研修コースの概観） 1 Some of what we need（LC27a Lang in PE） 2 Questions and Not Answers（LC65 Lang and Literacy in PE） 3 LC68 Lang in PE	Phil Dryer, Frank McNeil, Erik Starkie	PD-Old Palace Primary School, BOW/FM-Our Lady's Primary School, Deputy Head,ES-Sellincourt J.M.School, Wandsworth	7〜10	
6		Short Reviews and Notices（書評とお知らせ）			10〜12	
		Morris, R.*Success and Failure in Learning to Read*（Penguin） Bonner, A.&R.*Earlybirds, early Words*（Picture Lion, Collins） Berg, L.*Little Pete Stories*（Young Puffin） Zolotow,C.*Jane*.（World's Work）	Joyce Welch Ruth Ballin Norris Bentham Ruth Ballin		10〜12	
		OU Reading Diploma Proposed（1977年から本格実施の放送大学読むことに関するディプロマが政府に承認されたという情報） Information for Contributors（購読方法）			12	
7	vol.1 No.2	Editorial（はじめに）	I. J. F		1	Ruth Ballin, Ralph Lavender, Moira McKenzie, Aidan Warlow
8		What Made Him Say That?（なぜかれはそんなことを言ったのか）	Moira McKenzie		2〜3	
9		Language:A basis for learning Ⅱ（学習の基盤としての言語 Ⅱ）	Joyce Jurica		3〜5	
10		Insight: Writnig Across the Curriculum:A Schools' Council Project（最先端の教育界-スクール・カウンシルプロジェクト「全カリキュラムにわたる書くことの教育」）	Bryan Newton		5〜6	
11		Controversy: Do Reading Schemes Teach Us To Read?（争点ー読みのスキームは、読むことを教えられるのか？）	Ruth Ballin		7〜8	

485

		巻号	題名	執筆者	所属	掲載頁	編集 Editorial Board
12			Reviews（書評） Holt,R.Smith,F.*Comprehension and Learning:a conceptual framework for teachers*(Winston.1975) McKenzie,M.,& Kernig,W.*The Challenge of Information Education.*（Darton, Longman 6 Todd.1975 £2.15 Rosen,M.*Mind Your Own Business*（Deutsche & Puffin.）	Margaret Spencer Lillian Weber Ralph Lavender		9～11	
			Information for Contributors			11	
13		vol.1 No.3	A Voice of Their Own （自分らしい文章で）	Ian Forsyth		1～4	Ruth Ballin, Ralph Lavender, Moira McKenzie, Aidan Warlow
14			Dialect and Learning To Read （地域語と読みの学習の関係）	Moira McKenzie		4～5	
15			Insight: An interview with Ken Worpole, Director of Centreprise （最先端の教育界－コミュニティ共同文化プロジェクト、Centreprise の統括者、ケン・ウォーポールへのインタビュー）			6～7	
16			Controversy:Multi-Ethnic-What Does It Mean in Practice? （争点―「多人種的」という言葉の本当の意味は？）	Ruth Ballin		8～9	
17			My Local LILT （身近な地域 LILT）	Hazel Johnston		10	
18			Reviews（書評） Trudgill,P.*Accent,Dialect and School*（Edward Arnold,1975） Keepig,C.*Cockney Ding Dong.*（Kestrel & EMI）/ Lawrence,J.*Rabit and Pork,RhymingTalk.*（Harmsh Hamilton）/ Jones,J.*Rhyming Cockney*（Abson Books）	Ralph Lavender		11	
19		vol.1 No.4 特集 stories	The Role of Story （記事には、The Role of Fiction） （物語の機能）("The Cool Web (1976) からの再掲）	Margaret Spencer		2～3	Ruth Ballin, Ralph Lavender, Moira McKenzie, Aidan Warlow（本号責任編集）
20			The role of the Teacher （教師の役割）	Ralph Lavender		3～6	
21			Insight:A.J.Jenkinson's 1940 Survey （最先端の教育界－ジェンキンソンによる 1940 年代の総括）			6	
22			Controversy:Comics:The Literature They Choose for Themselves （争点―文学としてのかれらのコミック）	Aidan Warlow		7～9	
23			Reviews（書評） Pearce,P.*Tom's Midnight's Garden.*（Oxford University Press Paperback,10 歳児による	Aidan Warlow		10～11	

資料編

		巻号	題名	執筆者	所属	掲載頁	編集 Editorial Board
			書評）／ Allen, E. the latchkey Children（OUP pb,11歳児による書評）／ Townsend,J.R.Written for Children（Pelican）/Chambers,A.Introducing Books to Children（Heinemann educational,pb）/ Sparky No.596.June 19,1976（コミック）（D.C.Thompson & Co.)(9歳児書評)				
24		vol.2 No.1	Editorial（はじめに）	RL	PCLE	1	Ruth Ballin, Moira McKenzie, Ralph Lavender, Aidan Warlow,（本号責任編集）Joyce Jurica
25			Plans for Reading（読みの学習計画）	John Stannard	senior lecturer, Dept of Educational Studies at the Froebel Institute, Roehampton	2～5	
26			Reading as Communication（コミュニケーションとしての読むこと）	Moira McKenzie		5～7	
27			The Reading Process:what we learn from the fluent readers（自然に読むことのできる児童から何を学ぶか）	Aidan Warlow		8～9	
28			Insight:Margaret Clark's Latest Book ／ Young Fluent Readers（最先端の教育界ーマーガレット・クラークの最近刊 Young *Fluent Readers* を読む）	Ralph Lavender,		9～10	
29			Controversy:（争点）			10～11	
30			Reviews（書評）Moon,C. & Raban,B.*A Question of Reading.*（Ward Lock Educational）Tressell,A.*The Beaver pond.*（world's Work）/Townsend,J.R.A *Wish for Wings.*（Long Ago Children's Books, Heinemann）	Joyce Jurica		12	
31		vol.2 No2 特集 教材としての児童図書の扱い	The School Book Policy（バロックレポートの推奨を受け、具体的に学校の教材としての読書環境の充実を図るための指針を示した補助資料）	Joyce Jurica、Ian Forsyth	PCLE	2～4	Ruth Ballin, Moira McKenzie, Ralph Lavender, Aidan Warlow, Joyce Jurica、Ian Forsyth（本号責任編集）
32			Using Books in the Classroom（授業における図書の活用）	Irene Lomas		5～6	
33			Children Writing for children（読み手を意識して書く）	Bernard Ashley		7～9	
34			Books in Our Schools: a discussion by Sheila Lane,Colin Pickles and Henry Pluckrose（児童図書の活用についての鼎談）	Ralph Lavender		10～11	
35			Reviews（書評）Charles,K.*Charley, Charlotte and the Golden Canary.*(OUP 1967 192796283 £1) Brown,R.*The Viaduct.*（Puffin,1969 140304045 £0.25）	Ralph Lavender,			

487

	巻号	題名	執筆者	所属	掲載頁	編集 Editorial Board
		Wilson,JA & Hewitt , B.*Crossing the Thames*（ILEA 1972 ￡0.60） Gibson, C. Bety D. & Griffiths,P.*This is Your City London*（Holmes McDougall 1972 715708740 ￡0.85） Lines.M.*Tower Blocks poems of the city* （Franklin Watts 1975 851664962 ￡1.95） Allin,J. & Wesker,A.*Say Goodbye: you may never see them again,* （Jonathan Cape 1974 224010468 ￡2.50） Sutcliff,R.The *Witch's Brat*（OUP 1970 192713213 ￡0.80）				
36	vol.2.No.3	Editorial: Being Able to Read Books （はじめに一本が読めるということ）	AW		1	Ruth Ballin, Moira McKenzie, Aidan Warlow, Joyce Jurica、Ian Forsyth
37		Reading for Life （生涯読書人の育成）	Margaret King	Professosr of Education at Ohaio State University	2～5	
38		Reading and Readability （読書と読みやすさ）	Aidan Warlow		6～8	
39		The New London Reading Test （1978から実施される学校長中央審査会の要請で6人の任意の教員によって作成された試験の概要）	Helem Quigley, Research & Statistics Branch of ILEA		9～10	
40		Reviews（書評） Assessment（Goodancre,Elizabeth. In Teaching young Readres part 1, Age 4-9, （ed） Longley ,Chris. BBC.1976. ￡2, ISBN0 563 16076 4） Reading Matters:Selecting and using books in the classroom. （（ed.） McKenzie,M & Warlow,A.Hodder & Stoughton with ILEA.1977. ￡1.25　340 221879 Reading:Tests and Assessment Techniques. （Pumpherey,PeterD.Hoddre & Stoughton, 1976. ￡2.60　340 165545	M.G. McKenzie Maureen Bateman Joyce Jurica	Wix Infants School	11～12	
41		Other CLPE Publications （教師用参考文献リスト Language and Literacy: Suggestions for a Staffroom Library,10P）			12	
42	No.1	Who speaks what?	バイリンガルの18人の児童の顔写真と紹介		表裏両表紙の裏側	Ian Forsyth （責任編集） Ruth Ballin, Joyce Jurica, moira McKenzie, Aidan Warlow
43		Bilingual under Fives : Two case studies （5歳未満の幼児のバイリンガル実態例）	Silvane Wiles		2～6	
44		All together （言語学習の一環として位置付けられる	Valerie Kotzen		6～9	

	巻号	題名	執筆者	所属	掲載頁	編集 Editorial Board
		教師によるストーリーテリングの重要性。語りに伴う身体表現の英語を母語にしない児童への有効性）				
45		Insight : Maintaining Their Mother Tongue（最先端の教育界―母語の保持について）	Ana Santos		10～11	
46		Reviews（書評）Garvey,A. & Jackson,B.*Chinese Children*（National Educational research and Development Trust,1975）/ Hester,H.et al. *English as a Second Language in Multi-racial Schools*.（National Book League,1977）	Joyce Jurica		12	
47	No.2	無題（はじめに）	Aidan Warlow		1	Ruth Ballin,
48		Recognising what's going on in chldren's Attempts at writing（入門期における書くことの学習事例）	Moira McKenzie	CPLE	2～8	Moira McKenzie, Aidan
49		Writing in a thematic context（ある主題にそって書く）	Ruth Crow		9～10	Warlow,（責任編集）
50		Emergent Writers1:becoming a great novelist（お気に入りの本の文章と挿絵を丁寧に視写し、変更も加えながら楽しむ8歳児の「小説家」たらんとする事例を紹介）			8	Joyce Jurica、Ian Forsyth
51		A Personal Approach To Creative Poetry（散文の学習に詩形式を活用。成功例と失敗例）	Pamela Kightly	St.John's & St. Clement's Primary School	11～12	
52	No.3	Editorial（はじめに）（Dember1978）	Ian Forsyth	CPLE	2	Ruth Ballin,
53		Promoting a vatiety of languageuses（スクーク・カウンシルプロジェクト「入門期におけるコミュニケーションスキル」の調査結果概要）	Sue Conner	Gloucester Infants	3～4	Moira McKenzie, Aidan Warlow,
54		Making Sense Together（6歳9ヶ月の児童の物語創作過程において教師が物語を共有しながら学習が営まれた例）	Wendla Kernig	Evelyn Lowe Primary School	4	Joyce Jurica、Ian Forsyth（責任編集）
55		Talking to Share and Learn（学習における話し合うことの役割）	Margaret Mallett	Goldsmiths College	5～7	
56		Language in the Classroom（授業における言語実態）	G M Thonton	ILEAL 国語科視察官	8～9	
57		Filling in the Gaps（現職研修の内容紹介）	Ian Forsyth	CLPE	10～11	
58		Review（書評）Barnes,D.*From Communication to Curriculum*.（Penguin Books. 1976）	Tony Burgess	ロンドン大学教育研究所	11～12	
59	No.1	無題（はじめに）			1	Ruth Ballin, Moira

489

	巻号	題名	執筆者	所属	掲載頁	編集 Editorial Board
60		Stories in the Making （8歳児の物語創作過程と課題の実際例に基づく考察）	Aidan Warlow		4～7	McKenzie, Aidan Warlow,（責任編集） Joyce Jurica、Ian Forsyth
61		What Writers Say about how they Write （作家の文章作法に関する抜粋）	Ian Forsyth 編		2～3	
62		Children's Own Perceptions of Story Writing （物語創作について取った児童アンケート）	John Broster	Holy Trinity Primary School	8～13	
63		Review（書評） Smith,P.Developing Handwriting.（Macmillan Education,pb. £2.25　333 15700 1）	Joyce Jurica		13	
64	No.2	無題（はじめに）			1	Moira McKenzie, Aidan Warlow, J oyce Jurica、 Ian Forsyth
65		It's not that they can't. They don't （家庭でペットや人形に正確な話型で話せる低学年児童が学校では話そうとしない実例を考察）	Winifred Bindley	Montem Infants School 校長	2～4	
66		Me an dress up to come to school （西インド諸島系移民の7歳児が英語を獲得していく過程を考察）	Rosemary Thomas	Garratt Green School	7～9	
67		Our opinion is as good as yours （小学生高学年から中学2年生までを対象とした土曜日午前中開催の創作ワークショップに見られた児童生徒の書くことの実態を考察）	Frank Flynn	Barrow Hill Junior School	5～6	
68		Review（書評） Doaldson,M.Children's Minds（Fontana）	Myra Barrs	Ｂrent 地区の国語科指導主事	10～11	
69		CLPE　Publications			12	
70	No.3	Children Talking about Writing （自作の文章について話し合う）	Susie Powlesland	未調査	2～5	Moira McKenzie, Aidan Warlow, Joyce Jurica、Ian Forsyth
71		Writing for a Purpose （目的に沿って書くこと）	Susan Bugler	未調査	6～8	
72		Helping Parents to help their own children with Reading （わが子の読むの手助けができるよう保護者への支援）	Aidan Warlow		9～12	
73	No.1 and 2	Editorial（はじめに）	無記名		2	
74		Reading and Writing in the Primary School （小学校における読むことと書くことの指導）	Joyce Jurica	CLPE	3～5	
75		Rewriting a School's Language Policy（学校の実態と言語教育指針の再考）	Sheila Smith		6～9	
76		Words And Language （ことばと言語）	Moira McKenzie	CLPE	10～13	
77		Making Books for Younger Children （幼い読者に向けた本作り実践）	Chris Childs	reading adviser	14～16	
78		Purposes for Writing （書く目的を明確に）	Vivienne Gill		17～19	

資料編

	巻号	題名	執筆者	所属	掲載頁	編集 Editorial Board
79		Reviews（書評）Allen,P.Mr.Archimedes' Bath（Bodley Head.1980）/ Ayal,O.One Tuesday Mornig（English textへの翻訳はNaomiLow-Nakao）(Dobson,1980) / Bolloger,M.The King and the Flute Player (Gollancz,1981) /Wittma,S. a Special Swap (Harper & Row,1980)/ Byars,B.Go Hush the Baby (Bodley Head,1980)（すべて児童書）	Norris Bentham	CLPE	20～21	
80		CLPE Publications（センター刊行物の紹介）CLPE.Extending Literacy（含む8ビデオ・4カセット教材）/CLPE.BECOMING A READER（含む3ビデオ教材）（上記2点は貸出制度有）/CLPE.Read,Read,Read:some adovice on how you can help your child./ CLPE.Tried and Tested:Books to read toLondon juniors (1980)（研修グループから生成されていった刊行物）			22～23	
81	No.3	In the Street	David Barton		未見	
82		What's so special about writing?	Ian Forsyth/ Joyce Jurica			
83		Tackling Writing	Jill Hankey			
84	No1 特集 書くこと Writing	A Context for Writing 1 : making Sense of the Past an interview with Ann Jones（書く場の設定 1- 学校の建物の 350 年の歴史を追って ）	Ann Jones 談	Our Lady of Lourdes, Belmont Hill 教諭	2～5	Moira McKenzie, Amy Gibbs, Joyce Jurica、Ian Forsyth（責任編集）Norris Bentham
85		A Context for Writing 2 : hands off Lanesbury an interview with Susan Burgler with an introduction Ann Jones（書く場の設定 2 -Colin Dann の 受 賞 作 The Animals of Farthing Wood をもとにした創作活動）	Susan Burgler 談	Streatham Wells Primary School 教諭	6～11	
86		Something to be Proud of （多言語文化背景の児童が行った再話活動）	Sue Gilbert	Thomas Buxton Infants School 教諭	12～15	
87		Reviews（書評）Sasson,R.the Acquisition of a Secnd Writing System.Intellect 1995./Bearne,E. (ed) Greter Expectations:Children Reading Writing.Cassell.1995/Browne,A. Developing language and Literacy 3-8.Paul Chapman publishing, 1996	barbara graham Deborah Nicholson Anne thomas	CLPE	16～26	
88	No2 特集 読書反応 Respon-ding to Books	Children Responding to Books (St.Andrew's R.C.Primary School, Streatham お よ び Charlton Manor Junior School, S.E.7 における児童と指導者の物語に関わる対話にみる読者反応の報告）	Amy Gibbs	CLPE	2～7	Moira McKenzie, Amy Gibbs, Joyce Jurica、Ian

491

	巻号	題名	執筆者	所属	掲載頁	編集 Editorial Board
89		The Story of Prince Rama（アジア系の児童を中心としたクラスにおける「ラマ王子物語」の人形劇創作活動）	Harriet Proudfoot	St.James and St.Peter's Church of England Primary School, Soho の副校長	8～12	Forsyth（責任編集）Norris Bentham
90		Becoming Experts（文字解読の表面的な読みから内容と十分対話した理解へ誘う「専門家になろう」ゲームの試み）	Gary Foskett	Gayhurst Junior School 教諭	13～15	
91		Book Week '81（St.Andrew's R.C.Primary School の読書週間行事の紹介）	Josie Spanswick & Maggie Joyce	St.Andrew's R.C.Primary School 教諭	16～18	
92		Reviews（書評）Joke books 特集（*Big Daddy's Joke Book*（Armada Original,1981）/ *The Puffin Joke Book*（Puffin Books,1974）/*The Crack-A-Joke Book:chosen by children in aid of OXFAM*（Puffin Books,1978）/*The End*（Puffin Books,1980）/*Up with Skool:children's own choice of the best school jokes*（Puffin Books,1981）/*Data Book of Joe Miller Jokes*（Schofield & Sims）/*The Old Joke Book*（Fontaana Picture Lions,1978）/*The ladybird Book of Jokes,Riddle and Rhymes*（Ladybird Books,1981）/*The Laugh A Minute Book*（Sparrow Books,1981）/*The Jokers' Handbook*（Macdoal,1981）/*The Beaver Book of Tongue Twisters*（Beaver Books,1981）/*A Twister of Twists:A Tangler of Tongues*（Piccoro Pan Books,1976）/*The Ha Ha Bonk Book*（Young Puffin,1982）	Norris Bentham	CLPE	19～24	
93	No.1& 2 特集 書く力の実態と発達 Writing and the Developing Child	Editorial Notes（はじめに）(1983.9)	Ian Forsyth	CLPE	3	Moira McKenzie, Amy Gibbs, Joyce Jurica、Ian Forsyth（責任編集）Norris Bentham
94		The Beginning of Writing in School（1982年度 Writing and the Developing プロジェクトの最終研究発表会(1982.7.1,於CLPE)の発表資料に学年段階別報告）	Ian Forsyth、Moira McKenzie まとめ	CLPE	4～15	
95		Improving Children's Writing（同上）	Amy Gibbs まとめ	CLPE	16～26	
96		Developing a Voice of Their Own（同上）	Ian Forsyth まとめ	CLPE	27～35	
97	No.3 特集 自作を語ル Books and Authors	Family Books (1983.11)（PrincessMay Junior School（1982～83年）における多言語文化背景の保護者による伝承文学の再話や創作活動を促進・活用した読書プログラムの構想と実際についての報告）	Karen Mavkay	CLPE	2～5	Moira McKenzie, Amy Gibbs, Joyce Jurica、Ian Forsyth

資料編

	巻号	題名	執筆者	所属	掲載頁	編集 Editorial Board
98		Interview with Bernard Ashley (作家バーナード・アッシュレイとのインタビュー)	Bernard Ashley 談	作家	6〜9	(責任編集) Norris Bentham
99		Interview with Celia Berridge (作家シリア・ベリッジとのインタビュー)	Celia Berridge 談	作家	10〜13	
100		Interview with Jan Mark (作家ジャン:マークとのインタビュー)	Jan Mark 談	作家	14〜15	
101		Interview with Michael Rosen (作家マイケル・ローゼンとのインタビュー)	Michael Rosen 談	作家	16〜19	
102		Organising a Library (学校図書館コレクションの構築と運営)	Pamela Knightly	St.John's and St. Clement's Primary School. East Dulwich 校長	20〜24	
103	No.1&2	Story lines (物語創作指導の留意点)	Frank Flynn	Moreland School	2〜4	Moira McKenzie, Amy Gibbs, Joyce Jurica、Ian Forsyth (責任編集) Norris Bentham
104		Children Becoming historians: an oral history project in a primary school (第一次世界大戦下で疎開経験を持つお年寄りの話を通して過去と遭遇する7〜10歳の児童向けプロジェクトの報告)	Alistair Ross	Fox Primary School	5〜16	
105		Copy Right or Copyright? (指導者の児童作品のレイアウト、補足記入、編集等の指導的ディスプレイや再構成について)	Amy Gibbs	CPLE	17〜26	
106		Reviews (書評) Clay,M.*What did I Write?:Beginning Writing Behaviour* (Heinemann,1975) 児童生徒詩作品集 *Poets in School* (Harrap,1977) /*Poems by Children* (Routledge & KeganPaul,1962)/*City Lines:Poems by London School Students*(ILEA English Centre,1982)/*As Good as Make it* (SBN903738511)/ *At School Today* (Bogle L'Ouverture,1977)/ *The Can on the Moon*(Beatrix Potter Primary School,1978)/*Crossing Lines/ Second Crossing* (Fitzjohn Primary School,1978) /*Hey Mister Butterfly and other Poems* (内ロンドン公立小中学校の児童生徒詩作品集 ILEA、1978) 児童図書の体系化案 Moon, C.*Indivisualised Reading*(The Centre for the Teaching Of Reading)/ Bennett,J. *Learning to Read with Picture Books/ Reaching Out Stories for Readers of 6-8*(Thimble Press)/	Norris Bentham	CLPE	27〜31	

493

		巻号	題名	執筆者	所属	掲載頁	編集 Editorial Board
			体系的児童図書セット本 *Indivisualised Reading Sets*(Bennette,J 編 Scholastic Publications,1984)/*Picture Books for Early Readres*(SBN 590701908) / *Fiction for Fives-to-Sevens*(SBN 590701916)/*Fiction for Seven-to-Nine Years Old*(Mass,E. 編　)/*Kaleidoscope Reading Sets*(Books for Students)/ *Storybox*(Macmillan Education)/ *The Penguin Selected reading Packs/Piccolo library Bookshelf/ Collins Library Bookshelf*				
107		No.1& 2	Shared Wriiting : Apprenticeship in Writing (Shared Wriiting 学習法について)	Moira McKenzie	CPLE	1～5	Moira McKenzie (、責任編集),Amy Gibbs, Joyce Jurica、Ian Forsyth、Norris Bentham
108			Singing together : Goldilocks and the Three Bears (「きんぴかちゃんと三匹のくま」を素材として)	Deborah Wilke		6	
109			Writing a Story Together, Three Boys and a Text (協働で物語を作る試み)	Margaret Palladino		7～8	
110			What's the time, Mr.Wolf? (「赤ずきん」等の身近な伝承文学を用いた shared writing における時間にかかわる言語ゲームの実践報告)	Patricia Carroll		9～11	
111			In the pond! Where playing with words can take you! (shared reading/writing の中で生まれた言語ゲームとその有効性)	Joan Fisher		12～14	
112			More examples of playig words（ことばあそびの実践例）	Moira McKenzie	CPLE	15	
113			Routines, Rhymes and Stories : Shared reading and writing in a nursery group (幼児クラスでの入門期の読み書き)	Irene Ware		16～20	
114			Family Affairs (家庭物語を用いた低学年における shared writing の実践事例の解説)	Moira McKenzie	CPLE	21	
115			The Sting in the Tail ! or should it be Tale ! (多様な絵本を用いた shared writing 実践の中で、児童が音韻的要素と文字の形態的要素を組み合わせて理解していく事例の解説)	Moira McKenzie	CPLE	22～23	
116			For the Fun of it... (中学年の shared writing 実践における音韻やリズムのパターンを活かした創作活動の有効性)	Liz Laycock		24～26	
117			The Noisy Next Door Neighbours (書くことの困難を覚える児童に対する shared writing の実践事例の紹介。タイ	Judith Edwards		27～28	

資料編

	巻号	題名	執筆者	所属	掲載頁	編集 Editorial Board
		トルは、教師と 10 人の児童が共作した創作物語の題名)				
118		Outcomes：what are the special values of shared writing? (shared writing 学習法の主な特徴と学習成果)	Moira McKenzie	CPLE	29	
119		Children's Books Bibliography (先述の授業実践において推奨される児童書リスト)			30	
120		Bibliography（参考文献リスト）			31	
121		Reviews（書評） Paley,V.Wally's Stories（Harvard university Press,1981）/ Wade,B.Story at Home and School (University of Birmingham,Educational review Occasional Publication No,10) Temple,C. et al. The Beginning of Writing (Allyn and Baco,1982)	Kathy Kelly, Martha King	CLPE Education at The Ohaio State Univ 教授	32〜33	
122	No.3 特集 書き手になルという こと Becoming a Writer	Editorial（はじめに）	Moira McKenzie	CPLE	1	Moira McKenzie （責任編集)、Norris Bentham, Hilary Hester, Myra Barrs
123		Sally's Swim : Context for the writing (魚は水中でどうやって呼吸するか、なぜ目をあけたまま眠るか等の児童の疑問をもとに、絵本『ロージーのおさんぽ』をベースに『魚のサリーの水中さんぽ』という創作絵本を作成した 5 歳児から 7 歳児 20 名の混合学級における shared writing 実践の報告)	Alison Kelly	Perrymount School	2〜6	
124		Rosie's Walk at Gallions Mount (近所からめんどりを借りて詳細に観察・記録し、『ロージーのおさんぽ』等の絵本をベースに自在にストーリーを膨らませ、創作絵本を作成した実践報告)	Margaret Wyeth	Gallions Mount School の教諭	7〜8	
125		Dipali's Stor y : About the author (Dipali 7 歳女児の guided writing による創作活動の詳細な報告)	Liz Gerrish	Foxfield infants School の教諭	9〜15	
126		Writing from home (家庭学習と授業を連動させ、主体的に書く態度と習慣を育んでいった 6，7 歳児対象の実践。Hackney Literacy Development 研修で学んだ shared writing を試行し、書くことに抵抗の多い児童に対する教師の役割を内省的に報告。)	Claire Potter	Harrington Hill Primary School, Clapton,E.5 の教諭	16〜20	
127		Developmental Writing : ways in and ways forward （Alison Kelly, Margret Wyeth, Liz Gerrish,Claire Potter ら 4 教諭と CLPE の McKenzie, Barrs との対談録。教師教育の実際事例。）	Alison Kelly, Margret Wyeth, Liz Gerrish, Claire Potter McKenzie, Barrs	本誌への寄稿者 CLPE	21〜25	

495

	巻号	題名	執筆者	所属	掲載頁	編集 Editorial Board
128		The making of a writer（6歳児の1年間の書く力の発達実例）	Claire Potter Myra Barrs	Harrington Hill Primary School 教諭, CLPE	26	
129		Bibliography（参考文献リスト）Holdaway、D.*The Foundations of Literacy* (Ashto Scholastic,1979) / Smith,F. *Writing and the Writer*. (Heinemann Educational,1982) / Clay,M.*What Did I Write? Beginnging Writing Behaviour.* (Heinemann Educational,1975) / Graves,D.*Writing:Teachers and Children at Work*. (Heinemann Educational, 1983) / Temple,C.et.al.*The Beginnings of Writing*. (Ally and Bacon)			27	
130		Reviews − Little Books（書評 幼年向け というしばり）Sainsbury スーパーマーケットが設けている幼年向けの本のコーナーに配架されている Shirley Hughes, John Burningham, Helem Oxenbury らの作品批評。	Norris Bentham	CLPE	28〜29	
131	No.1 特集 ことばと ジェン ダー Language and Gender	The Tidy House Revisited（*The Tidy House* は、70年代後半に教えた3人の8歳女児の『きれいに片付いた家』という題の創作物語から発展させた1983年に出版した作品。8歳児が、自らが置かれている社会的階層、貧困、荒廃、型にはまった女性観等をかれらの理解の範囲で言語化した行為を教師として以下に価値づけるかを再考）	Carolyn Steedman		1〜2	Moira McKenzie、Norris Bentham, Hilary Hester, Myra Barrs（責任編集）
132		Patterns of Change in an Infant Classroom（1986年 TES に発表された当時の教育大臣 Patten の限定的な女児教育権の問題解決の必要性を踏まえ、ロンドン南西部の小学校の男女均等教育の国語科実践事例の報告。）	Anne Thomas	CLPE	3〜6	
133		Gender and Children's Writing（学校カリキュラムに顕在的潜在的に見られる性差の問題を、国語科、理科、保健の時間に多様な書く活動を試み、児童の文章の検討を通して、児童実態を報告。）	Lynn Hayward	Launcelot School, Downham, Kent 教諭	7〜10	
134		Una Marson（第二次世界大戦前後に活躍したカリビアン系女性の評伝制作事例の紹介）	David horsley, Sharon and Janet	WalnutTree Walk School 教諭と児童,	11〜13	
135		Content Analysisi with Children（ジュニア・スクール第4学年の児童が、これまで読んできた Ladybird 社の読本をジェンダー・ロールを観点に分析調査していった実践の報告。）	Graham Jameson	WalnutTree Walk School 校長	14〜15	

資料編

	巻号	題名	執筆者	所属	掲載頁	編集 Editorial Board
136		Feelings on Show-Poetry（詩に対する自分の反応に何らかのステレオタイプな人物把握があるか、詩の印象や感想を書く中に検証し、自分の気持ちの揺れに内省的になる機会を持とうと試みた10歳児対象の実践報告。）	Anne Reyersbach	Primary Advisory Teacher, Equal Opportunities	15～16	
137		Gender and Reading（性差による読書傾向について複数の実践家による実態調査報告を整理したもの。）	Myra Barrs, Sue Pidgeon	CLPE	17～20	
138		Reviews（書評）Walkerdine,V. et al（ed.）*Language, Gender and Childhood*.（Routledge & Kegan Paul,1986）/NATE.*Alice in Genderland, Reflections on Langue , Power and Control: a collection of papers from the NATE Language and Gender Working Party.*（NATE,1985）/Cameron,D.*Feminism and Linguistic Theory.*（Macmillan, 1985）児童図書 Riordan,J.*The Woman in the Moon and other tales of forgtten heroines.*（Hutchinson,1984）/Greaves,B.*Once There Were No Pandas.*（Methuen）/Williams,V. B.*Something Special for me/A Chair for my Mother/Music Music for Everyone.*（Julia Macrae books）他5冊	Kathy Kelly Liz Laycock Norris Bentham Sue Pidgeon Norris Bentham	Stebon Primary School CLPE CLPE	21～24	
139	No.2 特集 家庭と学校 Home and School	Learning from Children Llearning from Home（文字習得以前の段階の幼児が、家庭において語り出す空想物語にかかわる談話分析を通して、家庭における言語実態と入門期学習指導のかかわりを見通そうとした研究結果の報告。）	Carol Fox	Brighton Polytechnic	1～4	Norris Bentham, Hilary Hester, Myra Barrs（責任編集）
140		True partnership（学校と家庭の真の連携とは）	Sandra Smidt	William Pattern infant	5～7	
141		Was Egypt Around Then? A Child Learn about Learning（5歳児未満の就学前期の経験によってどのような言語にかかわる力を身につけているか。文字学習への入門期における話し言葉と書き言葉の相関の重要性と可能性を実践的に再考したもの。）	Maura Docherty	Tufnell Park Primary School 教諭	8～13	
142		It's the World of God, Miss（イスラムコミュニティを背景とする小学校で、シレット語を母語とする児童が就学前に習得した言語力をみてとり、英語の学習指導にいかに連携させるかを実践的に捉えようとしたもの。）	Heather Mines	ESL Advisory teacher. Division5	14～17	

497

巻号		題名	執筆者	所属	掲載頁	編集 Editorial Board
143		The Mother and Child Writing Group（書くことを学びあう母と子の学習グループ実践例の報告）	Raymonde Sneddon	Jubilee Primary School, Hackney Adult Education Institute 教諭	18〜23	
144		Reviews（書評）Meek,M.*Learning to Read*（Bodley Head）/ Butler,D,*Cushla and her books*.（Hodder and Stoughton,1979）/Butler,D.*Babies Need Books*（Bodley Head, 1980）Butler,D.*Five To Eight*（同前、1986）/*Children,Parents and Spelling/ Children ,Parents and Reading/Stay Awaay Parents :How to Draw Them In/Involving Parents in the Curriculum*（Home and School Council Publications）児童書 *Methuen Paired　Children's Books*）/ *Puddle Lane Reading Programme*（Ladybird Books Litd）/*Step Ahead Books*（Puffin Books）他 2 シリーズ	Liz Laycock Ann Edwards Angela Auset Norris Bentham Sue Pidgeon Norris Bentham Sue Pidgeon	CLPE CLPE Gayhurst Infant School CLPE Goldsmiths' College	24〜28	
139	No.3 特集 家庭と学校 2 Home and School: Two	Beyond good relationship（よりよい学校と家庭の連携をめざして）	Norna Moses	Rotherhithe Infant School	1〜3	Norris Bentham, Hilary Hester, Myra Barrs（責任編集）
140		A Two Way Process（イスリングトン区の保護者教育支援コーディネータに着任した Ghosh に、地域教育の観点から言語教育のあり方について考えを訊いたインタビュー記録）	聞き手 Hilary Hester 話し手 Krishna Ghosh	Parent Education Coodinator , the Borough of Islington	4〜5	
141		Teacher/Parent － five accounts（自らの子育てと教師としての仕事の関係を 5 人の教師から取材。）	無記名		6〜9	
142		Talking on the Transformers：The Media and Young Children's Fiction（「トランスフォーマー」を素材とした言語活動事例）	Gillian Lathey	Hungerford Infants' School	10〜12	
143		Dual Language Texst or Not（二ヶ国語併記教材の功罪）	Ming Tsow, Farhat Shah, Sotiria Baldwin, Wai Guan	Bilingual Development and Community Languages 視察官他、協力者	13〜17	
144		Children's Reading and Writing at Home - five accounts（自発的な家庭学習として文章を書くことを促し、学校で読むことと家庭での書くことの連携を図る CLPE 研修参加者の実践記録。）	無記名		18〜19	
145		Video Reviews（書評）*Parets in Reading*（Chiltern Consortium,1984　4 家族を撮影した 25	Norris BenthamLiz	CLPE	20〜21	

498

	巻号	題名	執筆者	所属	掲載頁	編集Editorial Board
		分ビデオ)/Helping Your Child To Read (BBC,1985 70分ビデオ)・Help A Child to Read (Chiltern Consortium,1985 7-11歳児の読みを捉えた19分ビデオ)	Laycock			
146	No.1 特集 テクストの指導力 Text that Teach	Playing the Texts (従来から関心が向けられた児童図書のテーマ性や叙情性ではなく、入門期の児童や読みの経験の浅い児童がテクストといかにかかわり得るのかに焦点を当てる重要性を提言。)	Margaret Spencer		1~5	Norris Bentham, Hilary Hester, Anne Thomas, Myra Barrs (責任編集)
147		No Texts Are Neutral (ギリシャやトルコ・コミュニティのバイリンガル児童向けの3冊の児童書を例に、文化の多様性と児童の読みの相関を捉える。)	Maria Roussou		6~7	
		Snapshots of a Young Reader and Her Books (インファント・スクールにおける教師の読み語りに対する児童反応を、4歳10か月から5歳10か月の間記録したプロトコルの分析・考察、CLPE職員による継続的サンプル調査の報告。)	Anne Thomas		8~17	
148		Learning from Books? (物語や知識・情報の本の読みに、既存の物語スキーマや既知の情報をいかに活用しながら学んでいくか、ジュニア・スクール第3・第4学年の3児童の学習過程を観察・記録し報告。)	Kathy Kelly		18~21	
149		Text that Teach: Wordless Picture Books (文字なし絵本の活用と有効性)	Judith Graham		22~24	
150		Reviews : Teachers' Top Ten Choices (ジュニア・スクールの第3・第4学年用/低学年/レセプションクラスに向けた教師が選ぶ児童図書紹介)	Penny Bentley/ Monju Kabir/ Jenny Fennell	Columbia School/John Scurr School/ Mandeville School	25~30	
151	No.2&3 特集 書くことの学習 Learning to Write	Learning to Write (書くことを学ぶということ)	Myra Barrs	CLPE	1～2	Norris Bentham, Hilary Hester, Anne Thomas, Myra Barrs (責任編集)
152		Writing Development and Developing Writers (書く力の発達と書き手自覚の育み)	Gillian Johnson	Language Postholder,St. Winifred's Infant School	3～9	
153		Supporting Billingual Writers (バイリンガルの書き手の指導)	Helen Savva	SCDC	10~13	
154		"Write about it now" (ベンガル語を母語にするインファント・スクール高学年の児童を例に、英	Tracy Argent	John Scurr School	14～16	

499

		巻号	題名	執筆者	所属	掲載頁	編集 Editorial Board
			語が母語でない児童が英語文体に母語の表現を自然に組み入れて書いていくshared writing 実例を報告。バイリンガルと書くということの自覚化を検討。）				
155			"We did writing today" （日々の shared writing で生まれる言語表現の記録にみる 5，6 歳児の言語発達の過程の実践的報告。）	Penny Tuxford	Wix JM & I School	17~19	
156			From Sharing to Independence （協働作業から個の学びへ）	Audrey Ringrose		20~21	
157			Talking about Writing （CPLE スタッフと指導者との鼎談記録）	Alison Kelly, Sue Pidgeon, Anne Vellender, Chris Wright, Myra Barrs	内ロンドン公立小学校教師／指導主事 CLPE	22~31	
158			Writing at Home （家庭での書く活動）	Kathy MacLean	Stockwell Infant School	32~33	
159			Learning about Writing （ヴィゴツキーの「今日支援が必要なことは、明日一人でできるようになっている」を引きながら、6歳児が書くことについて何を学んでいくか、教師の役割はなにかを実践的に問うたもの。）	Liz Laycock	CLPE	34~36	
160			Reviews（書評） Houlton, D. *All Our Languages*.（E. Arnold, 1985）／Harste, J.C. et al. *Language Stories and Literacy Lessons*.（Heinemann Educational Books, 1984）／Temple, C.A. *The Beginnings of Writing*.（Allyn & Bacon Inc.）	Carol Wain wright David Hutchinson Sue Pidgeon	Unified Language Service Goldsmiths College 同上	37	
161	No.1 特集 言語教育 指針の構築 Developi- ng a Language policy		A Living Language Policy （CPLE の実地指導を得て作成した学校としての言語教育指針）	Hazel Abbott	St.Cuthbert with St.Mathias School	1～3	Norris Bentham, Hilary Hester, Anne Thomas, Sue Ellis, Myra Barrs（責任編集）
162			Heading for a Language Policy （言語教育指針の作成に向けて）	Sue Ellis	CLPE	4～6	
163			Making Links （バラバラになりがちのインファント・スクールとジュニア・スクールの教師が集い、読む、書く、話す聞くの学習指導を報告しあい、共通性を確認し連携強化を図った具体例の報告。）	Mark Thomas, Wendy Simmons	Kidbrooke Park Junior School	7～13	
164			With Hindsight : One school's approach to producing a language policy 1980-86 （CLPE の研修を活用しながら、学校としての言語教育指針を拡充していった実例報告）	Gussie Anderson	Primary IBIS team	14	

資料編

	巻号	題名	執筆者	所属	掲載頁	編集 Editorial Board
165		Priorities into Practice（全校児童が英語を母語にしない小学校で、児童の複数の母語と英語の学習指導をいかにかかわらせるかに腐心した学校の言語教育指針作成過程の記録）	Sue Gilbert	Canon Barnett School	15～18	
166		A School Language Policy : Books for the Staffroom（言語教育指針の一環としての職員室の参考図書の充実）	Norris Bentham	CLPE	19～21	
167	No.2 & 3 特集 物語と読み聞かせ Story and Story-telling	This is your life（絵本『パッチワーク・キルト』の祖母が孫娘に受け継がせたいという思いを読み取り、個々の児童がもっとも幼い時の記憶に残る家族の大切にしてきた物や自分にとって大切な物を持ち寄り、それについて順番に物語っていった。毎朝繰り返された、この語り合いの時間から、物語るということの意味を問い直したジュニア・スクール第3学年の実践報告。）	Alan Newland	Holy Trinity JM&I School	1～4	Norris Bentham, Hilary Hester, Anne Thomas, Sue Ellis, Susannah Steele, Myra Barrs（責任編集）
168		Bringing the story to life（トロント・ストーリテリング・フェスティバル第9回年次大会の模様を中心に、北米大陸における、語りの文化とそれにかかわる図書を紹介。）	Bob Barton	カナダやアメリカで著名なストーリーテラー	5～9	
169		Traditional tales（7. 8歳児を対象に、身近な伝承文学の特徴、典型的要素を確認したうえで、よく知っている昔話や民話を再話する実践事例）	Bunmi Akala	未調査	10～14	
170		How do you spell AIN'T（"I ain't got none"と話す児童が、書き言葉では"I haven't got any"と書き分ける現実的ありようを指摘し、正誤ではない言語人格の捉え方を再認識する必要性を問うたもの。）	Michael Rosen	詩人	15～16	
171		Story-telling in the nurssery（幼稚園における読み聞かせやお話）	Monica Forty	John Scurr School	17～19	
172		Telling and retelling（物語理解と書き言葉による言語表現との密接な関係性に留意するために、口承文化のもつ語りの場の力を再認識する必要性を問うたもの。）	Tony Aylwin	未記入	20～22	
173		Folk Tales（民話を積極的に導入することで生まれる異文化に対する自然な理解の構えの重要性）	Sue Ellis	CPLE	23～24	
174		The National Community Folktale Centre（国立伝承文学センターとは）	Helen East	National Community Folktale Centre	25	

501

	巻号	題名	執筆者	所属	掲載頁	編集 Editorial Board
175		Educational Resource Centre（教育資料センターとは）	Norris Bentham	CLPE	26	
176		Reviews（書評）伝承文学 *Journeywith the Gods*（Mantra）/ *The Slaying of the Dragon and other Tales of the Hindu Gods*（Deutsch）/*Tales and Lagends from India*（Julia MacRae, 1982）/*Seasons of Splendours:Tales,Myths and Legends of India*（Michael Foreman）/*The Stupid Tiger and Other Tales*（Deutsch）Jacobs,J .*English Fairy Tales*（Bodley Head）Berry,J.*Ananccy Spiderman*（Walker Books）/Hallworth,G.*Mouth Open Story Jumps Out*（Magnet Books）/Lester,J.*Tales of Uncle Remus and the Adventures of Brer Rabbit.*（Bodley Head）*Old Peter's Russian Tales*（Cape）/ The *War of the Birds and the Beasts and other Russian Tales*（Puffin）/Hamilton,V.*The People Could Fly:American Black Folk Tales.*（Walker Books）他2作。概説書　Colwell,E.*Storytelling*（Bodly Head,1980）/Pellowski,A.*The World of Storytelling*（Bowker,1978）/ Barton,B.*Tell Me Another*（Macmillan Education）/ Sawyer,R.The Way of the Storyteller（Bodley Head,1966）他12冊の伝承文学選集。	Sibini Raychaidhuri, Sue Gale, Alison Kelly. Sue Smedley, Alison Kelly Susan Ssteele, Norris Bentham	English Language Centre, Essendine School Gayhurst Junior School Perrymount Primary School Lucas Vale Primary School Grasmere Primary School CLPE	27～34	
177	No.1 特集 言語学習記録の活用 The Primary Language Record in Use	Introduction	Myra Barrs	CLPE	2	Norris Bentham, Hilary Hester, Anne Thomas, Sue Ellis, Myra Barrs（責任編集）
178		The Fruits of Observation（観察して始めて見えてくるもの）	James Britton		3～4	
179		Early Impressions of the Primary Language Record（言語学習記録評価法の第一印象）	Marion Sainsbury	Robinsfield Infants' School 教諭	5～6	
180		Three Years On（1986年から3年間、観察記録法（PLR）のパイロット実施校として、試案の向上にも貢献してきたインファント・スクールの3年間の実践報告。特に、児童の話し言葉に学習過程の多くを読み取れるツールとしてPLRの成果を報告。）	Horn Park Infants School Head teacher/ Staff	Horn Park Infants Schoo l；校長・教諭	7～9	
181		Extracts from a discussion : Sharon King talks about aspects of the Primary Language Record（言語学習記録を活用した経験談）	Sharon King 談	Horn Park Infants School 教諭	10～11	
182		Bilingual Children and the Primary language Record（バイリンガルの児童に対する言語学習記録の有効性）	Gitika Ray	Unified Language Service	12～15	

資料編

	巻号	題名	執筆者	所属	掲載頁	編集 Editorial Board
183		The Primary Language Record at Columbia School （コロンビア小学校における観察記録の実例報告）	Penny Bentley Elizabeth Taylor	Columbia Primary School 教諭/主任教諭	16～19	
184		Supporting Children and Teachers （学習者と指導者を支援する観察記録法の実践報告）	Debbie Edwards	Primary SENST Lambeth 特別支援主事	20～22	
185		Taking on the PLR : a synopsis of events at Pooles Park （観察記録法の実践から、あらたな学校としての言語教育指針が生まれていった実践の報告）	Julia Daine	Pooles Park Infants School 教諭	23～26	
186		The Primary Language Record in Cleveland （クリーブランドからの観察記録法実践報告）	Eileen Moran	Cleveland	27	
187		London Record of Achievement （当時の教育省からの通達で ILEA 主導で、1990年までには、ロンドンで就学する義務教育修了者すべてが LRA をもって修了することが提唱された。LAR はポートフォリオ型記録で、一定の成果を上げ始めていた形式が似た PLR との協調が検討された。80年代末のロンドンの評価に関する動向。）	Maggie McNeill	Ronald Ross Primary School	28	
188		Reviews （書評） ILEA.The New primary language record:an introduction to its use.（Video Learning Resources Branch,ILEA.1988） CLPE. Testing Reading（CLPE,1989） Yard,L.Communications:Developmental learning: Reading in the Early Years. (London Borough of Croydon Davidson Professional Centre,Croydon.) Smith,D.Natural Approaches to Assessing reading:some practical suggestions for assessing chldren's reading in the early years.（Education Department of South Australia,1987）	Liz laycock Ann Edwards Sue Smedley Elizabeth Plackett	Roehampton Institute of Higher Education Clitterhouse Junior School Froebel Institute Innner London Language Project	29～33	
189	No.2 特集 ナショナル・カリキュラム1 The National Curriculum:One	Introduction （2号に渡るナショナル・カリキュラム特集について）	Myra Barrs	CLPE	1	Norris Bentham, Hilary Hester, Anne Thomas, Sue Ellis, Myra Barrs （責任編集）
190		Who's afraid of the National Curriculum? （ナショナル・カリキュラムは恐るに足るものか）	Elaine Ball	London Borough of Croydon 小学校視察官（Primary Inspectorate）	2～5	
191		Words alone aren't enough （意味がわかるということは）	Henrietta Dombey	Department of Primary Education,	6～9	

503

		巻号	題名	執筆者	所属	掲載頁	編集 Editorial Board
192			The English Curriculum and pupils with special education need-a straight jacket or a jogging suit? (特別な支援を必要とする児童とナショナル・カリキュラム)	Jud Stollard	Brighton Polytechnic 未調査	10 〜 13	
193			"When you talk about your work it teaches you a lot more" : Richard Burgoyne,aged 11, Quarry Bank Primary School (Dudley の Oracy Project にかかわった2年間の実態と NC とのかかわり)	Rachel Robinson	Dudley Oracy Project、Coordinator	14 〜 17	
194			Media Education and the National Curriculum : English 5-11 (ナショナル・カリキュラムに掲げられた学習事項と BFI の Cary Bazelgette の提唱を絡めながら、メディア教育の可能性を問うたもの)	Fiona Collins	RIHE (Roehampton Institute of Higher Education)	18 〜 21	
195			Reviews (書評) *Science in the National Curriculum.* (HMSO,1989) *An Introduction to the National Curriculum* (Gree folder) / *Developing INSET Activities* (Brown folde/ Video) (Open Univ.1989) *NationalCurriculum Task Group on Assessment and Testing :A report.* (DES.1988.12) /ASE,ATM & NATE.*The National Curriculum:making it work in the primary school.* (Association for Science Education,1989) *English in the National Curriculum* (HMSO,1989.5) */English for ages 5 to 16* (HMSO,1989.6) / Minns,H & Dombey,H.*National Curriculum in English for ages 5 to 11* (NATE,1988)	Rosemary Sherington Kathy Kelly Marion Sainsbury Joanna Moore David Hutchinson	Norfolk Primary Science TeamSir Thomas Abney School Senior research officer, National Foundation for Educational Research Support Teacher with the Brent Language Service Goldsmiths' College	22 〜 28	
196		No.2 特集 ナショナル・カリキュラム 1The National Curriculum:One	Editorial (はじめに)	Myra BarrsSue Ellis	CLPE	1	Norris Bentham, Hilary Hester, Anne Thomas, Sue Ellis, , Myra Barrs (責任編集) ILEA の CLPE 編集による本誌最終号
197			TGAT-Two Years On (Task Group on Assessment and Testing (TGAT) が SAT s を施行して2年間の実態を掲げながら、教師の日常的評価と総合評価の均衡のとれた関係性の必要を提唱。)	Desmond Nuttall	ILEA Research and Statistics, Director	2 〜 5	
198			The National Curriculum within our language policy (自校の言語教育指針とナショナル・カリキュラムの関わりをいかにするか)	Deborah Nicholson	Fairlawn School. Forest Hill,Language Coodinator	6 〜 9	
199			Children off the Edge : English in the National Curriculum and the Bilingual Child	Sibani Raychaudhuri	Unified Language Service, ILEA	10 〜 12	

504

		巻号	題名	執筆者	所属	掲載頁	編集 Editorial Board
			（バイリンガルの児童の学習とナショナル・カリキュラム）				
200			Language issues （コックスレポートが掲げた標準英語観の転換と言語についての知識を持つこととの重視を中心に、NC 導入前に小学校の現場が再考しなければならない「教えるべき言語（英語）」とはどのようなものかという課題を明示したもの）	Elizabeth Plackett	LINC Coordinator ILEA	13 〜 15	
201			Mapping Development in Writing （翌 1990 年 3 月に NC 実施を控え、コックスレポート 1, 2 を検討し、到達レベル間の差異ならびにバイリンガル児童への対応等の諸課題を掲げ、書くことを中心に体系的な学習指導のあり方と評価の問題を実践現場から再考したもの）	Helen Savva	N.W.London LINC Coordinator	16 〜 19	
202			Learning through Drama （演劇を通じた学習事例）	Karen Coulthard	Berger Junior School 教諭	20 〜 22	
203			The Whole is Greater than the Sum of the Parts （個々の学習者の学びの総体は、各教科学習の単純な計算にしかず）	Sue Smedley	R.I.H.E （Roehampton Institute of Hogher Education）	23 〜 24	
204			Reviews（書評） *Curriculum Guidance 2:A Curriculum for all:Special Educational Needs in the Nationall Curriculum.*（NCC,1989） *Managing Assessment: A Video Information Pack*（BBC Education I association with The Industrial Society,1989） CLPE.*Patterns of Learning:The Primary Language Record and The National Curriculum.*（CLPE,1990） *SEAC documents:A Guide to Teacher Assessment ,PackA,B &C wity the accompanying sheet National Curriculum Assessment:Your Questions answered.* （Heinemann Educational on behalF of SEAC,1990） Jones,G et al.*Touchstones:Cross-curricular group assessment.*（NFER-Nelson,1989）	Ann Bostock Gillian Jhonson Ray Chatwin/ Rosalind Moger Pat Tunstall Chris Wright	Head of Tuition Support Services, Bromley Consortium for Assessment and Testing in Schools Curriculum Coodinator, Schools' InService Unit, Birmingham/ English adviser, London Borough of Enfield Assessment Coodinator , LRA, ILEA Research & Statistic Branch Primary advisory Teacher,NC English Div.9 （Lambeth）	25 〜 33	

	巻号	題名	執筆者	所属	掲載頁	編集 Editorial Board
205	No.1 特集 話すこと Talk	Talk（本誌の特集の意味。NCの用語は「話す・聞く」だが、talkをどうとらえるのか）	Myra Barrs	CLPE	3	Norris Bentham, Hilary Hester, Anne Thomas, Sue Ellis, , Myra Barrs （責任編集） サウスヲウォーク地区移管のCLPEによる本誌第一号
		Talk in the Nursery （幼稚園におけるはなす活動）	Bernadette Daffy	Dorothy Gardner Nursery School園長	4〜7	
		Safe To Talk：Inderjit Chhabra talking to Hilary Hester about talk in the classroom and bilingualism （バイリンガルの児童にとって話しやすい環境づくりの必要性）	Inderjit Chhabra 談		8〜11	
208		Talk in Science （理科の授業における話す活動）	Esmée Glauert	North London Science Centre	12〜16	
209		The Norfolk Oracy project （オラシー・プロジェクトの実践事例）	Ann Shreeve	Advisory teacher プロジェクト指導主事	17〜22	
210		Oral Assessment：Are girls better than boys? （女児は男児よりもオラシーに優れているか）	Elizabeth Dawson	St.James School 教諭	23〜24	
211		Oral Assessment：Are girls better than boys? （女児は男児よりもオラシーに優れているか）	Nancy C.Jenkins	未記入（中学校教諭経験者の調査）	25〜28	
212		Language Histories （Southwark Collageの'the Afro-Caribbean Language and Literacy Project'関係者、Roxy Harris、Foufon Savitzky編集による、Further and Adult Educationコースの学生作品集 "My Personal language History" （New Beacon Books）から2生徒作品の抜粋）	Southwark Collage、Further and Adult Educationコースの学生 Rose Richards/ Student J		29	
213		Reviews（書評） Talking Scense: Oracy Group Work in the Primary Classroom（Videos）（Cumbrian CountyCouncil,1988） Jones,P. Lipservice:the Story of Talk in School（Open Univ.Press,1988） Norman,K.Teaching Talking and Learning in Key Stage One（NCC &NOP,1990） Maths Talk（Themathematical Association & Stanley Thorne）Language is the Key（VIdeo）（Video Endboard,1988）	Rebecca Buting Gillian Lathey Sue Smedley Helen James Kathy Gore	Regional Coodinator, LINK Project, Innner London RIHE Harrington Hill School	30〜35	
		Forthcoming Events （今後の催し物の案内）		CLPE	36	
215	No.2 特集 知識・情報の本 Informaion	Environmental Literacy （知識・情報の本の実態と可能性と課題）	Francesca Greenoak	未調査	3〜5	Norris Bentham, Hilary Hester, Anne

	巻号	題名	執筆者	所属	掲載頁	編集 Editorial Board
216	books	Dissecting Daffodils (水仙をよく見て、観察しえた外観とそこから類推できる内部構造をまとめ、自分の知識・情報の本や資料を作成する実践)	Julie Asquith	Riverside Primary School , Southwark 教諭	6～9	Thomas, Sue Ellis,Olivia O'Sullivan, Myra Barrs (,責任編集)
217		Versions of Reality (エイズ、喫煙などの現実的な問題を扱った知識・情報の本の実態と可能性と課題)	Sue Adler	未調査	10～15	
218		Access to information (多言語文化背景の児童の知識・情報資料へのアクセスの拡大をねらった実践報告)	Pata Tribe	Ealing, Advisory Teacher (、指導主事)	16～18	
218		How do things begin? (1990.7) (約200年に渡るロンドンの歴史の調査学習の報告)	Claire Potter	(Roehampton Institute)	19～22	
219		The Mind of the Knower (子どもの知識・情報の本の読み方について)	Margaret Spencer 談	聞き手 Myra Barrs	23～31	
220		Reviews (書評) (当時入手可能な) 知識情報の児童図書 38 冊の書評	Norris Bentham 他	CLPE	32～44	
221	No.3 特集 読むこと Reading	Editorial (はじめに)	未記入	CLPE	1	Norris Bentham, Hilary Hester, Anne Thomas, Sue Ellis,Olivia O' Sullivan, Myra Barrs (責任編集)
222		Simply Doing Their Job? : The Politics of reading standards and" real books" (読みの標準評価設定と「現実にある本」を使った学習の位置づけ)	Barry Stierer	The Open University	2～8	
223		Taking a look at the Page : Some aspects of gender and reading (センターの Reading Scales を用い、第3学年男女6人ずつの読みの力の推移と学年末の到達度を実証的に問うたもの)	Julia Hodgeon	Cleaveland	9～11	
224		Standards of Reading and Writing (読むことと書くことの標準到達度とは)	Ronald arnold	Inspector for English, Oxford	12～13	
225		In Praise of re-reading (8歳児と教師との対話に見られる読みの反応事例をプロトコルを示しながら分析)	Hilary Minns		14～17	
226		the Whole and the Parts : Informal Reading Lessons in an Infant Classroom (インファント・スクールで PLR を用いた児童の読みへの反応記録を軸に、自分の読みについて語り出す児童の話し言葉に留意する重要性を再考したもの)	Ann Washtell	Froebel Institute	18～23	
227		Core Books : And Multiple Copies (中核となる児童図書コレクションの選定 (Core Books) と複本の必要性)	Helen Tait	Blue Gate Fields Infant School	24～27	

507

巻号		題名	執筆者	所属	掲載頁	編集 Editorial Board
228		Reading : A Teacher's View（前任校での教師経験を振り返り、PLRと読みの関係を中心に私見を述べる）	Wendy Howe	PLR Adovosory Teacher, Lewisham	28	
229		From Dependence to Independence（Key Stage 1 の終わりの到達度を測る SATｓが内包する問題点を掲げ、PLRの低学年における効果的な活用方法を述べ、両輪の必要性を問うたもの）	Olivia O'Sullivan	CLPE	29～32	
230		Reviews（書評）Meek,M.*On Being Literate.*（Bodley Head,1991） Minns,H.*Read it to Me.*（Virago,1990） Adams,M.J.*Beginning to Read :Thinking and Learnig about Print*（MIT Press）Hart-Hewins,P.*Real Books for reading: Learnig to Read with Childrenn's Literature.*（Pembroku Publishers,Ontario, Canada）Phinney,M.Y.*Reading with the Troubled reader.*（Scholastic,1988）	Nigel Hall Sandra Smidt Jeff Hynds Gillian Lathey Ann Thomas	Didsbury School of Education , Manchester Polytechnic/ London Borough of Islington RIHE CLPE	33～37	
231	No.1 特集 書くことの指導再考 Thinking about Writing	Editorial （はじめに）	Myra Barrs	CLPE	1	Norris Bentham, Hilary Hester, Anne Thomas, Sue Ellis,Olivia O'Sullivan, Myra Barrs（責任編集）
232		Hooked on writing : A Secondary School Perspective -Year 7 & 8（中学校への継続的な書くことの学習の構築）	Maggie Coxford	LB Greemwich, English inspector（国語科視察官）	2～8	
233		Genre Theory : What's it all about?（ジェンダー理論と言語教育の関わり）	Myra Barrs	CLPE	9～16	
234		Frances Nagy : An interview with Hilary Hester（理科の学習において児童が描く絵図、表、および文章を、国語科で育もうとする言語力と関係づけて、実践者に読み解いてもらうことで、国語科と理科を連携させ、児童の発達を体系的にとらえる可能性はないかを問う。）	Frances Nagy 談	聞き手 Hilary Hester	17～22	
235		Another way of looking（NC 施行から 2 年たち、NC の設定レベルで児童の学びの質的実態の何が捉えうるのか、他に可能な方法はないのか、再考も必要性を問う）	Michael Armstrong	Forum magazineからの再掲	23～27	
236		What is it like to be biliterate?（バイリンガルの児童の英語の文章力の発達過程についての研究の遅れを指摘。土曜日に開くロンドンのコミュニティ・スクールの実践事例を報告し、新たな可能性を探る。）	Shahla White	Hertford, multicultural & Traveller Education Services	28～30	

	巻号	題名	執筆者	所属	掲載頁	編集 Editorial Board
237		Argument in the primary school (NCの話す聞くに含まれる「議論」と してのレベル評価と児童の日常的な「口 論」との関係性について問うたもの。)	Richard Andrews	School of Education, University of Hull 教員	31～33	
238		Reviews（書評） Rosen,M.*Did I Hear You Write?* (Deutsch,1989) Corbette,P. & Moses,B.*My* *Grandmothers Motorbike:Story Writing in* *the Primary School*（OUP,1991）Harste,J. et al.*Creating classrooms for authors:the* *reading -writing connection*（Heinemann Educational Books,1989）Hall,N（ed）. *Writing with reaso:The emergence of* *Authorship in Young Children*（Hodder & Stoughton,1990）/Robinson,A.et al.*Some* *day you will no all about me:Young children* *'s exploitaions in the world of letters.*（Mary Glasgow Publicati-ons,1990） *The National Writing Project* (Nelson,1989-90)（計7冊）	Gillian Johnson Tony Aylwin Nigel Hall Olivia O'Sullivan Liz Laycock	Records of Achievement, Institute of Education Avery Hill College, Thames Polytechnic CLPE RIHE	34～40	
239	No.2	Editorial（はじめに）	Myra Barrs	CLPE	1	Norris
240	特集 評価 Assessm- ent	Genie out of the bottle : Educational assessment in the United States (著書でPLRを詳細に紹介した筆者は、 アメリカの評価の問題を概観し、ニュー ヨークやニュージャージーで特に活用さ れ始めたPLRの受け止められ方を報告。)	Ruth Mitchell	Washington DC, Council for Basic Education 副主任 (associate director)	2～5	Bentham, Hilary Hester, Anne Thomas, Sue
241		Making connections : How the Primary Language Record in influencing teachers in the California Literature Project (PLRのカリフォルニア版の活用状況と 成果を報告)	Siri Gian Khalsa,Lynda paddy, Darby Williams	Californiaに在 職の教諭	6～8	Ellis,Olivia O'Sullivan, Myra Barrs (責任編集)
242		Rethinking assessment (アメリカにおける教育改革と評価の問 題を史的概観したうえで、教師が児童 実態を見出し、学習指導と関係づけて 生産的見直さない限り、評価というも のは、意味が希薄ではないかと疑問を 呈する。)	Peter Johnston	The University at Albany	9～12	
242		Describing reading progress : Using the PLR Reading Scales to survey reading (Lewisham地区の公立小学校において、 PLRによる児童の個別発達の記録が教師 に体系的な視野を与えているのに対し、 SATsの情報は個を捉えきれないのでは ないかと、指導主事の立場から総括。)	Karen Feeney	Lewisham, Advisory teacher (指導 主事)	13～19	
243		The Primary Learning Record (NCに適応したPLeRの開発者の立場	Sue Ellis	CLPE	20～23	

509

		巻号	題名	執筆者	所属	掲載頁	編集 Editorial Board
			から、実践状況の具体例を掲げ俯瞰し、全カリキュラムにおける学習実態の把握に有効性が見られたことと、Key Stage 1における普及率の高さと教師の積極的活用を総括。)				
244			SATs : How was it for you? (第2学年におけるSATの初の施行状況の報告。インファント・スクールでの実施報告。バイリンガル児童への対応を含む。日常的な教師による評価のほうがSATsの一般的な結果よりも、個々人の実態を詳細に反映していると報告。Devon州の小規模の校長は、地域の自然を活かした学習を通して個々人がどのように育まれているのかはPLeRに的確に反映されてきたが、SATsの結果からは、学ぶべき情報が少ない。地域の小規模校にとってのSATsの意味を問うた報告。)	Alyson Russen Sarah Howes Jenny Earlham	St.Judes School, Lambeth 教諭 / Bigland Green Primary School, Tower Hamlets 教諭 / Umberleigh School, Devon 校長	24～29	
245			Reviews (書評) Barrs,M.*Words Not Numbers:Assessment in English*. (NAAE & NATE) *Teacher Assessment:making it work for the primary school*. (ASE (Association for Science Education with ATM (Association of teachers of Mathematics, Mathematical Association and NATE) *Assessment Key Stage On*e (Video) (BBC Education with SEAC) *Horton,T.Assessment Debates*. (Hodder & Stoughton,1990)	Patrick Scott Simon Reynolds Helen James Liz Laycock	General Inspector (PS), Nottingha-mshire LEA CLPE RIHE	30～35	
246		No.3 特集 バイリンガル教育の実際 Bilingual-ism in practice	Editorial : Bilingualism in recession (はじめに - バイリンガル教育の衰退)	Myra Barrs Hilary Hester	CLPE	1	Ann Lazim, Helen James., Anne Thomas, Sue Ellis,Olivia O'Sullivan, Myra Barrs と Hilary Hester, (責任編集)
247			Aspects of Bilingualism Policy : An Australian perspective (イギリスのナショナル・カリキュラムに比較すると、バイリンガル児童に対する教育に配慮があったオーストラリアでも、改訂教育指針では、後退気味である。変化の実情を報告。)	Joseph Lo Bianco	National Language and Literacy Institute of Australia, Director	2～9	
248			A Curriculum for all? : 'Iraqui troops are bombing Mrs.Thatcher's garden' (多様な言語文化背景を持つ児童が母語と英語を併用し学習に臨んでいるか、視学官の立場からの実情報告と提言。)	Maura Docherty	Haringey, Primary Education, Inspector (小学校視察官)	10～15	

510

資料編

	巻号	題名	執筆者	所属	掲載頁	編集 Editorial Board
249		Working in the Classroom : A conversation between Monica Forty and Olivia O'Sullivan（インファント・スクール児童とジュニア・スクール第1学年の児童の複合学級中、2人以外は、全員バングラデッシュのシレッティ語を母語とする。センター職員のインタビューに応える形でリテラシーの学習指導実態を明らかにするとともに、観察記録の方法を具体的に紹介。）	Monica Forty	Banga-bandhu Primary School, Tower Hamlets	16～18	
250		Bilingual Children in Juior Schools：Supporting early literacy development（バイリンガル児童にとって教師による音読や一人読みによって出会う物語の読みが、リテラシーの学習に多大な意味をもつことを実例を挙げ報告。観察記録法の Reading Scales1,2 の活用の実際を含む。）	Robin Shell	Tower Hamlets, Primary English Advisor,（国語科指導主事）	19～23	
251		Tapping into Allwrite : 'Turkish is part of what I am'（19か国語でタイプできる Allwrite というマルチ言語ワードプロセッサープログラム（ILECC 開発）を導入した第3学年のクラス（全29名、9か国語の母語話者）の学習指導実態報告。）	Susanna Steela and Penny Robertson	Hackney, Grasmere Primary School 教諭	24～27	
252		Learning to write English : One child's progress over ten months（補助教員としてバイリンガル児童の学習指導を担当した立場から、観察記録シートを手がかりに、8歳児の英語で書く力の発達を追った約1年間の実態報告。）	Jo Pruden	Tower Hamlets, Shapla Primary school 教諭	28～32	
253		Reviews（書評） *Language in Focus:A Bedford Context for the English National Curriculum*.City of Bradford Metropolitan Council,1990 Alladina et al.（ed）Multilimgualism in the British isles.longman Linguistic Library,1991 *The Greenhouse Effect*.（Jill's class）Millfields Infant School/ *Happenings in Poem Talk!*.（Class 6）Grasmere Primary School,London N16/ Colours（トルコ語、ヨルバ族語、ベンガル語、英語、ベトナム語併記）Amhurst Infant School,London E8 1AS.（3冊すべて、Hackney Schools Publishing Project の一環）/*Poetry Allsorts 1992 Calendar*（Sheringdale and riverside Primary School）*Language and Power*.（ILEA Afro-Caribbean Language ad Literacy Project in Further and Adult Education）Harcourt Brace Jovanovich Ltd,1990	Sue Ellis Josie Levine Helen James Olovia O'Sullivan	CLPE London University, Institute of Education CLPE CLPE	33～37	

511

巻号		題名	執筆者	所属	掲載頁	編集 Editorial Board
254	No.1 特集 学校図書館 Libraries in Schools	Editorial（はじめに）	Myra Barrs	CLPE	1	Ann Lazim, Anne Thomas, Sue Ellis,Clare Kelly, Hilary Hester, Olivia O' Sullivan, Myra Barrs, （責任編集）
255		Primary Libraries : A need to act （学校図書館サービス等の外部組織の努力はあるが、学校図書館の予算不足は常態的課題で、蔵書の点検と向上への継続的な努力が必要）	Trevor Dickinson OBE	前 HMI Honorary Fellow, Library Association	2～5	
256		Changing the Reading Environment: Classroom and School Libraries （学校図書館サービスがさかんなグリニッジの小学校において、学級図書室の蔵書を点検し、CLPEのモデル図書コレクションを参考に読書コーナー等の選書を工夫し、学校図書指針作成へと結びつけた事例の報告。）	Lesley Fisher	Greenwich, Conway Primary School 教諭	6～8	
257		The Dream amd the Reality : Personal reflections on the Library in the Primary School （児童文学の批評家として選書基準などの基盤を築いた先駆者 Moss が自らの歩みを振り返り、将来の発展に向け提言をしたもの）	Elaine Moss	Sidney Robbins lecture をもとにまとめられたもの	9～11	
258		Reorganising the Book Corner: In a nursery class （幼児学級の絵本コーナーの点検と選書事例）	Gill Evanssky, Sylvia Furness	Islington, Penton School 教諭	12～13	
259		Towards a fiction policy : The role of the library （フィクションが児童の学びに果たす役割を重視し、フィクション選書にかかわる学校指針を作成した学校長の報告）	John Hook	Tower Hamlets, Cayley Primary School 校長	14～19	
260		Resourcing the National Curriculum : Problems and solutions （知識・情報の児童図書を学級や学校図書室に常備するための留意点を振り返り、児童図書と学習指導のかかわりの強化をめざした実例報告）	Kathy Kelly, Norris Bentham 編	Sir Thomas Abney School 校長	20～21	
261		Libraries that work : putting policies into practice （読書推進団体 The Children Book Foundation の目的と活動の解説）	Wendy Cooling	Children's Book Foundation	22～23	
262		Transforming the library （Pan MacMillan Library 賞にノミネートされた Durand PrimarySchool の学校図書室改善の試みの報告）	Louise Johns	Lambeth, Durand Primary School 教諭	24～25	
263		Libraries in schools : information round -up （学校図書館業における知識・情報図書への偏り） Libraries in schools : School library services in Inner London （学校図書館および学校図書館サービスにおける選書に係る参考文献紹介）	Ann Lazim 編	Librarian、 CLPE	26～30	

資料編

	巻号	題名	執筆者	所属	掲載頁	編集 Editorial Board
264	No.1 特集 入門期 Early Years	Editorial（はじめに）	Myra Barrs	CLPE	1	Ann Lazim, Anne Thomas, Sue Ellis, Hilary Hester, Olivia O' Sullivan, Myra Barrs と Clare Kelly, （責任編集）
265		A note on Make-believe and Mummery （言語の命題的な構造の習得が現実と虚構を言語で関係づけていく過程とかに連動するか、幼児の観察事例を掲げながら考究したもの。）	James Britton	Literature in its Place からの抜粋	2～4	
266		Animating the imagination : Using puppets in the classroom （人形を用いた物語遊びを通じて想像を拡げていく入門期の学習指導の実践報告）	Sarah Horrocks	Kings Acre School	5～9	
266		Don't know if you know my story': An account of oral story-telling in the classroom （加配教師である筆者が日常的に物語を読み語っている入門期児童の反応を具体事例をあげて報告）	June Peters	加配教師	10～13	
267		Supporting chidren's literacies at home （CLPEのスタッフとともに行った家庭におけるリテラシー活用実態調査を、スタッフがSneddonにインタビューする形で報告。）	Raymonde Sneddon	Department of Education Studies,university of East London （Hackneyでの教職経験の後、大学へ転職）	14～17	
268		Quality and equality in the early years:A consideration od the implications of the Children Act （良質の公平が児童福祉を提言したThe Children Act（1991）を受け、実施主体の各地方当局がどのように入門期児童のケアを図っていくべきかを検討、整理、提言したもの。）	Celia Burgess Macey	Lambeth Education, Early Years and Primary Advisor （指導主事）	18～21	
269		Assessment Section : Scales of injustice-Assessment in the early years （リンカンシャーにおける4~5歳の就学前幼児のベースライン評価案の施行事例。）/Assessment Section : Straitjacket or coat of many colours?-Assessment in the Early years （観察記録法を用いたロンドン某地区の小学校における入門期のサンプル調査の報告）/Assessment Section : Observing the Development of Language in the Early Years（入門期における教師の児童観察の質と継続性の重要さを実例から提言）	Mary Jane Drummond, Clare Kelly, Barnadete Duffy	University of Cambridge, Institute of Education, Tutor in Primary education/ CPLE/Drothy Gardner Centre	22～31	
270		Reviews（書評） *Parental Involvement in Children's Education in Tower Hamlets*.Roger Hancock,1992/*The Early Years Curriculum for Children 0-5 Years*.Southwark Education,1992./Let's read!*How You Can*	Sue Pidgeon, Myra Barrs, Clare Kelly, Jenny Liggins	Goldsmiths College CLPE CLPE Early Years Advisory Teacher, Southwark	32～36	

513

	巻号	題名	執筆者	所属	掲載頁	編集 Editorial Board
		Help Your Child.The London Borough of Camden,Sponsored by Morley Books,1991Wolf,S.A. & Heath,S.B. *The Braid of Literature*.Harvard University Press,1992Singer,D.G. & Singer,J.L.*The House of Make Believe:Children's play and Developig Imagination*.Harvard University Press/Hall,N. & Abbott, L.（ed） *Play in the Primary Curriculum*.Hodder & StoughtonDrummond,M.J. et al. *Making Assessment Work:Values and principles in assessing young children's learning*.NES Arnold /National Children's Bureau, 1992				
271	No.2	Editorial （はじめに）	Myra Barrs	CLPE	i 〜 ii	Ann Lazim,
272	特集 第2教育 段階 KS2 の文学教 育 Literature at KS2	Children as Reflective Readers （正確に音読できるか否かにのみ注意を向ける実情を指摘し、一人読みの段階に至った児童においても、自分の読んだ本について印象や意見を表す機会を設けることで、内省的な読みを育む手がかりとしえた事例を複数上げながら、自分の読みについて語りあう必要性を説く。）	Anne Thomas	CLPE	1 〜 8	Anne Thomas, Sue Ellis, Hilary Hester, Clare Kelly, Olivia O' Sullivan,
273		Shall we visit Jurassic Park? （国語科ナショナル・カリキュラムにメディアテクストが明示されたことを踏まえ、物語と同様に、社会文化的なテクストをどのように取り入れていくべきか。それによっていかにリテラシーを育むか、国語科指導主事の立場から提言したもの。）	Mary Fowler	London Borough of Havering , English Advisor （指導主事）	9 〜 11	Myra Barrs （責任編集）
274		Becoming Literate （観察記録法の観察シートや Scales によって、ジュニア・スクール第4、第5学年の児童中に、途中で読み進めなくなる児童の多いことがわかり、選書の工夫、現実にある本のセット化等、児童が一人読みしやすい図書資料を提供し、段階的発達を促した事例の報告）	Jane Beamont	Brighton,St. Luke's infant School 教諭	12 〜 14	
275		Seen and Heard : Resourcing the classroom for poetry （詩人、テーマ、詩形式のみならず言語文化背景の多様性を反映したものなど、リテラシーの学習指導に有効な多岐にわたる詩集の積極的な活用を奨励）	Susanna Steele	University of Greenwich, Senior Lecturer in English Education	15 〜 17	
276		Introducing Poetry （shered reading/writing を活用する、スタイルや音韻的特徴を模倣した創作詩等、学習指導法の工夫を通して、敬遠されがちなジュニア・スクールにおける詩の授業の活性化を図ったもの）	Helen Rosenthal	Columbia Primary School 教諭	18 〜 23	

資料編

		巻号	題名	執筆者	所属	掲載頁	編集 Editorial Board
277			Reviews（書評）Pinsent,P.（ed.）*The Power of the Page: Children's Books and Their Readers.*（David Fulton,1993）Styles,M. et al.（ed.）*Exploring Children's Literature.*（Cassell,1992） Chambers,A.*The Reading Environment.*（Thimble Press,1991） Chambers,A.Tell Me:Children,Reading And Talk.（Thimble Press,1993）Creating a Community of Readers.Part2.（Video package）（Univ.of Brighton, 1993） Story Matters（Video）（CLPE,1993）ジュニア・スクール向けの児童図書と作家児童図書案内・概論書	Eve Bearne Pat Mulhern Graham Ford Alexandra Law Lynda Graham Tony Aylwin Ann Lazim 同上	Homerton College, Cambridge St. Joseph's School, George Row, London borough of SouthwarkSir William Burrough School, London Borough of Tower Hamlets Advisory Teacher for Primary English, London Borough of Croydon CLPE	24〜32	
278			A tribute to Moira McKenzie （追悼　前センター長（1974-1986）Moira McKenzie）	Barbara MacGilchrist 他	The University of London, Institute of Education, 現職研修主任、Times Educational Supplement（Feb.11 1994）追悼記事の再掲	33〜34	
279		No.2/3 Double issue 特集 読みの力の標準を高める Raising reading standards	Editorial -Raising reading standards （はじめに—読みの力の標準を高める）	Olivia O'Sullivan	CLPE	3〜4	Ann Lazim, Anne Thomas, Sue Ellis,Clare Kelly, Hilary Hester, Olivia O' Sullivan, Myra Barrs,（責任編集）
280			Personal reading （一人読みの段階にある第5学年の児童に見られる自信のなさや読書への関心の薄さに対処するべく、個々の読みを交流し合う場を設けたり、読書について教師との手紙の往還を工夫したりして、次第に批評的読みの場へと促しながら、自律した読み手育てを図った事例）	Carol Kirwan	London Borough of Southwark, Crampton School 教諭	5〜8	
281			Extra reading lessons （観察記録法を通して得られる個々の児童の読みの発達や関心の推移を十分に活用して、読むことの学習指導のあり方を工夫する有効性を、具体例を挙げながら提唱。また、観察シートや Reading	Margaret meek Spencer		9〜16	

515

巻号	題名	執筆者	所属	掲載頁	編集 Editorial Board
	Scalesをもとに、教師は、バイリンガル児童が一人で読むことの意味を見出していく過程を把握することも可能と強調。）				
282	A Developing Practice：Core Books in one primary school （読みの水準向上研修およびコアブックの活用研修に参加した二人の教師に、センター職員が、実践における研修内容の適応の様をインタビューしながら、コアブックをもとにした入門期の学習指導について助言するさまをプロトコルで示したもの）	Michelle Winter & Sian Habcock	London Borough of Southwark, Redriff School 教諭	17～21	
283	An Early Years Reading Record：Beginning to feel the rhythm of words （Croydonの教師とLinda Grahamが入門期のリテラシーに関する形成評価基準を開発し、試行した過程を報告）	Lynda Graham	London Borough of Croydon, Advisory teacher fot Primary English（国語科指導主事）	22～27	
284	One school's story （「92-93年度読みの水準向上研修」参加者が、研修の成果を勤務校の当該学級で模索しながら実施した事例の報告）	Tatiana Wilson	London Borough of Lambeth,Lark Hall Junior School and Autistic Unit	28～32	
285	Story as a lifeline （コアブック・システムを全校に採用した筆者の勤務校において、レセプションクラスの児童の読みの発達を観察記録を通して追ったサンプル事例報告）	Muriel Demwell	London Borough of Southwark, Haymerle School	33～36	
286	A necessary partnership （「92-93年度読みの水準向上研修」参加者が、学校と家庭の連携強化を軸に、研修成果を実践した事例の報告）	Stephanie Law	London Borough of Southwark, Joseph Lancaster Primary School	37～39	
287	a borough commitment （「92-93年度読みの水準向上研修」をはじめとするセンターの実地指導と密接にかかわりながら推進されたLambeth地区のLiteracy Projectの内実を報告）	Chris Wright	Lambeth, Advisory for Primary and Early Years（主事）	40～45	
288	A parents' group （補助教員および学校図書館司書の立場からCLPE職員と鼎談）	Jill Moon & Gina Hazell	Bermondsey,St. Michaels School.	46～49	
289	Reviews（書評） Millard,E.*Developing Readersin the Middle Years*.Open Unoversity Press,1994./ Clark,M.M.Young *Literacy Learners:how we can help them*. Scholastic 1994/Pidgeon,	Patricia George Liz Laycock Pat Mulheim	Festanton junior School,Lodon Borough of Lambeth/RIHE/ St.Joseph's	50～56	

資料編

	巻号	題名	執筆者	所属	掲載頁	編集 Editorial Board
		S.Read It Together:How families help with reading and writing.CLPE,1995. Martin,T & Leather,B.Readers and Texts in the Primary Years.Open University Press,1994/ Bielby,N.Making Sense of Reading :the New Phonics and its Practical Implications.Scholastic,1994	Anne Thomas Anne Weshtell	School,George Row, London Borough of Southwark/ CLPE/RIHE		
290	No.2 特集 言葉と芸術 Language and the Arts	Editorial -Language and the Arts (はじめに - 言語と芸術)	Myra Barrs	CLPE		Ann Lazim, Anne Thomas, Sue Ellis, Hilary Hester, Clare Kelly, Olivia O' Sullivan, Myra Barrs (責任編集)
291		Alternative literacies (写真撮影の体験、コラージュ写真作成、写真をもとにした言語活動など、様々な写真活用の有効性を提言)	Kamina Walton		2～4	
292		Role play in young children (Southwark 0～5歳児カリキュラムにおいて、ロールプレイの有効性を具体的に示唆した報告。)	Jenny Liggins	London Borough of Westminster, Mary paterson Nursery School. 副校長	5～8	
293		Using shadow puppets : A conversation between Jessica Souhami and Sue Ellis (学校での訪問上演や児童向けワークショップを行う影絵人形芝居のプロ、Souham が、センター職員のインタビューに応えて、影絵の魅力を語ったもの。)	Jessica Souhami	作家聞き手 Sue Ellis (CLPE)	9～13	
294		"To include poems " (詩作を含む幅広い書く活動を奨励するナショナル・カリキュラムを踏まえ、前半は、詩創作に至る学習環境構築や教師の役割など構想段階の留意点を整理し、後半には、Tell Me法を活用し話し合う機会を十分生かした詩創作実践事例を報告。)	Tracy Argent & Monica Forty	Tower Hamlets, Bangabandhu Primary School および Cyril Jackson Primary School	14～18	
295		Language and Music (音楽科と国語科の連携が生む多様な言語活動の可能性を提言。)	Tom Deveson & Olivia O' Sullivan	London Borough of Southwark／CPLE	19～23	
295		Storytelling as a creative art (語りが活性化した場のありようが、様々な表現形態による物語の再現・再構築諸活動に反映していった小学校実践事例。)	Fiona Collins		24～29	
296		The Rhythm of Life is a Powerful Beat (身体的、視聴覚的に多方面から詩に迫るパフォーマティブ・アプローチの有効性。)	Teresa Grainger	未調査	30～34	
297		By Kids, For Kids' : Publishing books in school (学習の成果や児童創作を様々に製本する過程で生まれる新たなフィードバック効果を報告。)	Simon Spain	Orangebox Editions 編集者	35～36	

517

	巻号	題名	執筆者	所属	掲載頁	編集 Editorial Board
298		Reviews（書評）芸術や言語にかかわる児童書に関する本の書評（例えば、*A Walk in Monet's Garden*,*Looking at Pictures in Picture Books* を含む 37 冊）Ellis,S. & Barrs,M.*Hands on Poetry in the Classroom:Using Poetry in the Classroom.* (CLPE,1995)	Ann Lazim Varina Emblem	CLPE Penwortham Primary School, Wandsworth	37〜40	
299	No.3 特集 書くこと Writing	Editorial（設立 25 周年、機関誌 LM 創刊 20 周年を記念して）	未記入		1〜2	Ann Lazim, Anne Thomas, Sue Ellis, Clare Kelly, Olivia O'Sullivan, Deborah Nicholson Myra Barrs (責任編集)
300		THE New Primary Language Record Writing Scale（CLPE 開発 PLR の書くことの評価基準改定）	CLPE	Myra Barrs, Sue Ellis, Clare Kelly, Olivia O'Sullivan,	3〜8	
301		Croydon's new Writing Development Framework（クロイドン地区の書くことの発達をめざした指導課程）	Lynda Graham	L.B.Croydon, Advisory teacher for Primary English（国語科指導主事）	9〜13	
302		Talking about Writing（CPLE スタッフと指導者との鼎談記録）	Myra Barrs 他		14〜19	
303		Supporting Writing in the Early Years（書くことの入門期の工夫）	Jennie Hughes	Greenwich, Gallions Mount School 教諭	20〜21	
304		Giraffe Writing（下書きの活用）	Colette Morris	Southwark, Martyrs School 前国語教諭	21〜23	
305		A Junior Writing Project（1930 年以降のイギリスを取り上げた小学校年 5.6 学年対象の歴史単元に組み入れられた演劇的要素と書く活動の実践報告）	Bunmi Richards/Chris Toye	Wandworth, Shaftesbury Park School 教諭	23〜24	
306		Writing Workshops（小学校第 6 学年対象で行われた自律した書き手の育成を目指した数週間のワークショップ事例報告）	Deborah Nicholson	CPLE（Greewich, 前 Middle Park Junior School,）	25〜26	
307		I Write Stories…I Keep Them in My Perfume Box'（ハックニー地区の小学校 6〜7 歳児を対象とした書くことと話すことを組み合わせた実践報告）	Ceila Burgess-Macey	未刊行修士論文'Gender and Genre'より抜粋	27〜30	
308		Confidence and independence（絵本の読みとロールプレイなどを組み合わせた創造的な書くことの実践報告）	Sophie Duffy / Bente Athawes	Plumstead, SE London, Gallions Mount Primary School 教諭	31〜35	

	巻号	題名	執筆者	所属	掲載頁	編集 Editorial Board
309		Understanding Spelling（ロンドン市内の Mercers'Company からの助成を受け、1994年から3年間行われたスペル指導の実践開発研究報告）	Olivia O' Sullivan／Anne Thomas	CLPE	36～40	
310		Reviews（書評）Sassoon,R.*The Acquisition of a Second Writing System.*(Intellect,1995) Bearne,E. (ed)*Greater Expectations:Children reading writing.*(Cassell,1995) Brone,A. *Developing Language and Literacy 3-8.* (Paul Chapman Publishing, 1996)	Barbara Graham Deborah Nicholson Anne Thomas	CLPE CLPE CLPE	41～44	
311	No.1 特集 言語の多様性 Language Diversity	Editorial（はじめに）	Clare Kelly	CLPE	ii	Ann Lazim, Sue Ellis,Olivia O'Sullivan, Deborah Nicholson, Clare Kelly, Myra Barrs （責任編集）
312		I want to do Gujarati like my mum' （保護者とともに作り上げる書く実の場）	Charmian Kenner	University of Southampton ,Research Associate（研究員）	1～3	
313		Creating a learning evironment : Bilingual Pupils in Mainstream Classroom （多言語文化背景の児童の学習環境の整備）	Janet Campbell	Enfield language and Curriculum Access Service, Partnership Leader（地域連携主任）	4～6	
314		An additional language': Terms may change, but issues remain the same（'second l anguage' から'additional language' への名称変更意図と授業実態）	Mary Fowler	LB of Havering, English Advisor（国語指導主事）	7～9	
314		I want to learn about the world and the people in it.'（母語がベンガル語／シレット語でまったく英語が話せなかった児童の、3歳2か月から第3学年開始時までのリテラシーの発達のさまを、観察記録法の記入事項をもとに検証。）	Sara Haynes	LB.Tower Hamlets, Bigland Green Primary School, language co-odinator（多言語教育主任）	10～12	
315		What language do you speak at home?: Linguistic journeys in school（調査プロジェクト'Language And Literacy In Multilingual Families'の結果を、家庭と学校との言語ネットワークの重要性、教師の役割、児童の動機づけ等の項目を立て総括。）	Raymonde Sneddon	University of East London, Senior Lecturer	13～17	
316		Creole and its implications in the classroom（児童が「クレオール語」とはどのような言語かを学びながら、家族の使用言語をメタ的に再確認していった実践事例の報告。）	Barbara Graham	GEST 11tutor、CLPE	18～20	
317		Supplementary Schools（補習学校の役割）	Cynthia Graham	Croydon Supplementary	21～24	

		巻号	題名	執筆者	所属	掲載頁	編集 Editorial Board
					Education Project, Director (プロジェクト主任)		
318			A Caribbean focus（Wandworth の Caribbean focus プロジェクトの実践事例の紹介。）	Kathy MacLean	Wandsworth, Caribbean Focus Project, Project Manager（プロジェクト主任）	25～28	
319			Identifying needs（特別支援を要するバイリンガル児童に対する国語科授業のあり方を探ったもの。）	Deryn Hall	LB.Tower Hamlets, SRB, SEN Project メンバー	29～33	
320			Reading and writing humanities texts（一般に非文学的文章に対して抵抗を覚える傾向の第7学年（中1に相当）28名のDART（Directed Activities Related to Text）法による国語科授業実践の報告。英語話者とバイリンガルの2名を抽出して考察。）	Kathy Coulthard	Enfield language and Curriculum Access Service, Partnership Leader（地域連携主任）	34～37	
321			Reviews（書評）Berry,J.Look No Hands:a tape collection of poetry for children.（CLPE,1996）バイリンガルおよび言語的多様性についての最近の文献（16冊）	Ken Johnson Barbara Graham/Ann Lazim/Patience Mac Gregor	Kilmorie Primary School, London Borough of Lewisham CLPE	38～41	
322	No.2 特集 絵本 Picture Books		Editorial -Books made for sharing（はじめにーともに読みあう読書）	Myra Barrs	CLPE	ii	Ann Lazim, Anne Thomas, Sue Ellis, Clare Kelly, Olivia O'Sullivan, Deborah Nicholson, Myra Barrs（責任編集）
323			Life on the page（見開きに息づく息吹）	Quentine Blake	画家・絵本作家	1～3	
324			A passion for picture books : A publisher writes about making picturebooks（出版人が語る絵本への熱い思い）	David Lloyd	Walker Books 出版社社長	4～7	
325			Words and Pictures : Martin Waddell writes about working with Barbara Firth（絵本の文章創作者が語る画家との仕事）	Martin Waddell	絵本作家（文章）	8	
326			Pictures and Words : Myra Barrs talks to Barbara Firth about her work with Martin Waddell（画家が語る絵本の文章創作者との仕事）	Barbara Firth 談	画家 聞き手 Myra Barrs (CPLE)	9～12	
327			Picture books throughout the primary school（小学校課程における絵本の活用）	Elaine Moss		13～16	
328			Imagined Lands : How children learn the narrative conventions of fantasy（空想物語の語りの特徴を学ぶ）	Judith Graham	Roehampton Institute of Higher Education 教員	17～21	

	巻号	題名	執筆者	所属	掲載頁	編集 Editorial Board
329		Core Books in the Nursery : How core books support bilingual children's language development (学習の核となる図書コレクション（Core Books）のバイリンガル児童への活用)	Patience MacGregor	Southwark GEST team, CLPE	22～23	
330		Reading David Macaulay (マッコーレイの絵本の特徴)	Lissa Paul	University of New Brunswick, Canada 教員	24～28	
331		Reviews（書評） Watson,V.& Styles,M.（ed）Talking Pictures:pictorial texts and young readers. (Hodder & Stoughton,1996) 3人の教師がそれぞれに選んだ絵本トップ10冊 Ellis,S. & Barrs,M. The Core Book (CLPE,1997)	Deborah Nicholson Morag Styles	CLPE Homerton College, Cambridge	29～34	
332	No.3 特集 知識・情報テクスト Information Texts	Editorial	Myra Barrs	CLPE	ii	Ann Lazim, Anne Thomas, Clare Kelly, Olivia O'Sullivan, Deborah Nicholson, Sue Ellis, Myra Barrs （責任編集）
333		Engaging Mind and Heart in reading to learn : The role of illustrations (知識・情報の本から何をどのように学んでいくべきか、具体事例を挙げて、児童とテキストとのかかわり方を探ったもの。)	Margaret Mallett	Goldsmiths' College,Department of Educational Studies.Senior lecturer	1～7	
334		Light at the end of the tunnel (1960年代をテーマとする第6学年のトピック学習における様々な言語活動の報告)	Kelly Smith	Car l ton Primary School	8～11	
335		New Beginnings (知識・情報の読書の可能性を開く)	Margaret Meek Spencer	Information & Book Learnig からの抜粋	12～16	
336		The rough guide to Brixton (新しい移住者に向けてのBrixton案内の作成と関連読書活動と話し合い一多言語文化背景をもつ児童の実践例)	Beth Cooper	Lambeth, Brockwell Primary School. Section 11teacher	17～19	
337		The Role of Questioning in enquiry-based learning (学習者の疑問や問題意識に始まる読みと表現)	Julie Asquith/ Anna Burt	Fossdene School/ Bannockburn School 教諭	20～25	
338		Using Models (プロの新聞記事をモデルにした新聞作成)	Lorraine Dawes	LB.of Redbridge Advisory and Inspection Service, English (Literacy) Co-odinator	26～29	
338		Reviews（書評） Ancient Lands (CD-ROM Microsoft 1994-1995)/Eyewitness History of the World.	Ann Lazim/ Haroun Lazim (8歳)	CLPE	30～35	

521

巻号	題名	執筆者	所属	掲載頁	編集 Editorial Board
	(CD-ROM Doring Kindersley 1995) National Council for Educational Technology. *Primary School Information Skills in the National Curriculum.* (NCET,1996) /NCET.*Finding Out!Using Reference materials on CD-ROM* (同上) Information Book Collections . /*The Early Years and Key Stage 1 collection./Key Stage2 Information Book Collection.The Core Booklist.* (CLPE.1997) Wray,D & Lewis,M.*Extending Literacy: Children reading and writing non-fiction.* (Routledge,1997) 同上、*Practical Ways to teach reading for information.* (RLIC.University of Reading,1997) / 同上、*Writing frames: Scaffolding children's no-fiction writing in a range of genres.* (同上)	Virginia Bridge & Rebecca Cosgrave Deborah Nicholson Clare Kelly	Southwark & Lambeth Literacy Project CLPE CLPE		
339	Spring 特集 メディア とマルチ メディア Media & Multime- dia	Editorial (はじめに)	Myra Barrs	CPLE		Ann Lazim, Helen Bromley, Clare Kelly, Olivia O'Sullivan, Deborah Nicholson, Sue Ellis, Myra Barrs (責任編集) 年2回の刊 行に
340		A new way of seeing : Children and video culture (児童のビデオ視聴にみる新しい <見る> 文化)	Helen Bromley	CPLE	1～5	
341		Teaching the popular : Some further thoughts on why and how (雑誌、新聞、TVメロドラマなどポピュ ラー・カルチャーの学習活用)	Mary Hilton	Homerton College , Cambridge 教員	6～9	
342		A clash of cultures : Media texts and popular culture in the classroom (学習者の興味と熱意を的確にとらえた メディア学習構想を)	Cathy Pompe	Cambridge 在住 の教諭	10～13	
343		Publishing on the World Wide Web (Rushey Green School におけるコンピュ ータを活用した本作りの実例)	未記入		14～15	
344		Creating multimedia texts : A new kind of publishing (コンピュータを活用した新しい編集法を 取り入れた学習)	Jane Mitra	the QCA Project on Reading and Writing on Screen のコン サルタント	16～18	
345		Reading multimedia texts : Learning how CD-ROM texts work (CD-ROM 資料の活用事例を紹介し、そ の可能性をまとめる。)	Lydia Plowman	Universiy of Sussex, School of Cognitive & Computing Science 教員	19～22	
346		Reviews (書評) *Green Eggs and Ham*(Broderbund LivingBooks, CD-ROM)/*The Jolly Post Office* (Dorling kindersley Multimedia,CD-	Ann Lazim Nikki Gamble	CLPE Head of English Education,	23～27	

資料編

	巻号	題名	執筆者	所属	掲載頁	編集 Editorial Board
		ROM)/ *My Oxford Word Box*(OUP,CD-ROM)Sanger,J et al.*Young Children,Video and Computers:Issues for Teachers and Parents.*(Falmer Press,1997)/Robinso,M. *Children Reading Print and Television.*(同上) Zipes,J.*Happy Ever After:Fairy Tales,Children and the Culture Industry* (Routledge,1997)	Helen Bromley	Anglia Polytechnic University CLPE		
347	Autumn 特集 特別な支援を必要とする児童のリテラシー指導 Literacy: special needs	Editorial-Literacy: meeting special needs （はじめに―特別な支援を必要とする児童のリテラシー指導）	Olivia O'Sullivan/Myra Barrs	CLPE		Ann Lazim, Helen Bromley, Clare Kelly, Olivia O'Sullivan, Deborah Nicholson, Sue Ellis, Myra Barrs （責任編集）
348		Ptterns of learnig : Working with children woth speccial educational needs （実の場の創造、実感を伴った学び、その他絵の学習環境づくりが、特別支援を要する児童のリテラシー学習指導には、極めて重要であることを、実例を挙げ、強調したもの。）	Olivia O'Sullivan		1～7	
349		Reading and computers （国語科の読みの授業におけるコンピュタ導入にかかわる実情を整理し、方法論ではなく、ソフトの内容の充実がもっとも重要な懸案事項であると述べたもの。）	Julian Grenier	Woodlands Park Nursery Centre 副校長	8～11	
350		Literacy events and practices : Linking oral language and the writing process （言葉の発達の自分史作りなど、ペア／班での話し合いを書く活動に結び付ける重要性を、第1教育段階の仕上げである第2学年に焦点を当てて述べたもの。）	Jenny Vernon	LB. of Kensington and Chelsea, Literacy Consultant	12～17	
351		Bilingualism, special needs & reading （特別な留意を払う必要のあるバイリンガル児童の学習指導において、学年、学校全体の連携体制構築の必要性を強調。）	Helen James	LB.of Tower Hamlets, Bangabandhu Primary School 副校長	18～22	
352		Using direct evidence to assess student learning （アメリカ、ニューヨーク市で、62校約350人の教師が活用した観察記録法の実践を総括。）	Beverly Falk	National Center for Rectructuring Education and Teaching, Teaching College, Columbia University, New York,USA	23～26	
353		Seeing the child first （特別支援を要する児童の学習指導に当たっては、個々のニーズを的確にとらえる姿勢の重要性を具体的事例とともに説いたもの。）	Muriel Demwell	LB. of Southwark, Haymerle School	27～28	

523

	巻号	題名	執筆者	所属	掲載頁	編集 Editorial Board
354		Reviews（書評） 読書経験の浅い児童に向けた多様な児童図書（絵本類/シリーズ本） Greg Brooks,Colin Flanagan,Zenta Henkhuzens,Dougal Hutchinson NFER. *What works for slow readers?the effectiveness of early intervention schemes.* （(Slough,1998)	Ann Lazim Professor Henrietta Dombey	CLPE University of Brighton	29～32	
355	Spring 特集 ドラマと戯曲 Drama and Play	Editorial （はじめに）	Susanna Steele	CLPE		Ann Lazim, Helen Bromley Olivia O'Sullivan, Deborah Nicholson, Sue Ellis, Susanna Steele, Myra Barrs （責任編集）
356		Just pretending : Developing boys' dramatic play in the nursery （就学前児童の物語（ごっこ）あそびの重要性と可能性を述べたもの。）	Penny Hollond	LB. of Camden, Konstam Nursery Centre 教諭	2～5	
		Understanding Ourselves:Using text as a startig point for drama （物語の読みを出発点とした演劇的活動の実践報告。）	Kate Hartiss	Coopers Lane School,LB Lewisham		
357		Dramacy week : starting with drama （前学年に学級崩壊に近い状態にあり学力的にも伸び悩みが見られた第4学年の児童に対して、学習への構えづくりと協働作業への関心喚起を意図して組まれた、1週間（5日間）連日行われた演劇的活動とそれに誘引された書く活動の実践事例の報告。）	Michael Lobo	LB of Lewisham, Good Shepherd 教諭	10～12	
358		First persons : Writing and role at Key Stage Two （第5学年において、視点を意識した書く活動を活性化するために、演劇的活動の導入の有効性を具体的に述べたもの。）	Susanna Steele	CLPE	13～16	
359		Oliver meets the Dodger （施設から逃亡してきたオリバーが、ロンドンで、スリの一団の少年ドジャーに出会った場面を取り上げ、演ずるために、人物の理解、場面設定の理解、シナリオ作成を通して、『オリバー・ツイスト』の学習を行った第5学年の実践事例報告。）	Debbie Reynolds	LB.of Greenwich, Cardwell Primary School 教諭	17～19	
360		Bringing history alive : Using drama and storytelling as a way into history （第5学年では課外学習で訪問した史跡、第3、第4学年では、より広範な地方史の知識をもとに、それぞれ劇を構想し、演劇的活動を通して、話し合い、読み書く活動が有機的に関連され、自分の身近な歴史について実感をもって学んだ実践事例の報告。）	Fiona Collins	teaching As Storytelling Project に参画するフリーランスのストリーテラー	20～22	

	巻号	題名	執筆者	所属	掲載頁	編集 Editorial Board
361		Reviews（書評）Booth,D.*Story Drama:Reading、writing and roleplaying across the curriculum*.（Pembroke PublishersLtd.,1994）Spiby,I. & Kitso,N.Drama 7-11: *DevelopingPrimary Teaching Skills*.（Routledge,1997）/Flemming,M.*Starting Drama Teaching*.（David Fulton,1994）Winston,J. & Tandy,M.Beginning Drama 4-11.(David Fulton,1998) ロンドンにおける子ども向け演劇に関する2教師の劇評	Deborah Nicholson Wendy Rouse Sarah Davies	CLPEE ducation Officer, The Unicorn theatre for Children ,London	23～27	
362	Autumn 特集	Editorial（はじめに）	Sue Ellis,Myra Barrs	CLPE		Ann Lazim, Olivia O'Sullivan, Deborah Nicholson, Sue Ellis,, Myra Barrs （責任編集）
362	リテラシーの時間 1 Literacy Hours 1	A Flexible Approach : The intoroduction of the NLS in one London bourough （NLS導入に伴い、東ロンドンのRedbridge地区（多言語文化背景地区・52校235000児童数）は独自のリテラシー教授モデルを立ち上げ、6年間にわたる全校対象の教師教育システムを稼働させた。The Redbridge Literacy Initiativeの試みを通して、NLSの現場への普及の実情を紹介。）	Lorrain Dawes	LB.of Redbridge English and Literacy Coodinator	1～4	
363		Quality Teaching: An Interview with Jo Naylor （「リテラシーの時間」の導入によって、読み書く学習指導にどのような変化が起こっているか、現場の生の声を、インタビューによって拾いあげる試み。）	Jo NayLor 談	LB.of Southwark, Heber Primary School	5～8	
364		Inpretending the Strategy : An interview with Jane Bunting （「リテラシーの時間」の導入によって、読み書く学習指導にどのような変化が起こっているか、現場の生の声を、インタビューによって拾いあげる試み。）	Jane Bunting、談	LB of Islington, Ashmount Infants' Schooo.	9～12	
365		Making Inclusion a Reality （バイリンガル児童におけるNLSの影響の実際。）	kathy Coulthard	Enfield, EMA Advisory Group at LCAS Development	13～15	
366		Working in Partnership（英語を母語としない児童を主な対象とする補助教員と担任教師の連携が有効に働いた事例報告。）	Kathy Maclean	Wandsworth, EMA Service	16～17	
367		Expanding the Fame: Storytelling and the National Literacy Strategy （プロのストーリーテーラー4人がNLS導入後、ストーリーテリングの果たす役割について調査し、可能性をまとめたもの。）	Patrick Ryan	未調査	18～20	

525

	巻号		題名	執筆者	所属	掲載頁	編集 Editorial Board
368			Reviews（書評） Goodwin,P.*The Literate Classroom* .（David fulton,1999）/ The Foundations of Learning .*Literacy in the Early Years./Gaining Control.Writing at KS1./Literacy in Practice. A parents' guide to literacy teaching and learning.*（すべて CLPE 制作刊のビデオ資料、1998） Reflective Readers.*Reading at Key Stage2/ Communities of Writers.Writing at Key Stage2*.	Eve Bearne Lesley Clark & Prue Goodwin Fiona M.Collins	Homerton College, Cambridge Reading and Language Information Centre, University of Reading. RIHE	21～23	
369	Summer リテラシーの時間 2 Literacy Hours 2		Editorial（はじめに）	Sue Ellis	CLPE	i～ii	Ann Lazim, Olivia O'Sullivan, Deborah Nicholson, Sue Ellis,, Myra Barrs （責任編集）
370			Learning as a social process （教師がより有機的に学習にかかわることを推奨する NLS の型通りの解釈で実施することに警鐘を鳴らし、オーストラリアの研究などを引用しながら、教師、児童、テクストの相関をとらえた実態調査に学び、より柔軟に判断し実施する必要性を説いたもの。）	Henrietta Dombey	University of Brighton	1～3	
371			"Gill, can you imagine it?" （教師の読み語りに対する児童の反応をていねいに活写した実践報告。）	Gill Hillier	LB. of Southwark, Michael Faraday School 教諭	4～6	
372			Children at the heart of the process : An interview with Claire Warner （「リテラシーの時間」の導入によって、読み書く学習指導にどのような変化が起こっているか、現場の生の声を、インタビューによって拾いあげる試み。第 2 教育段階の場合。）	Claire Warner 談	LB of Sutton,Holy Trinity School, 聞き手 Sue Ellis・Deborah Nicholson	7～10	
373			Effective teamwork （経験豊かな補助教員（STA）と担任教師との連携が生む効果的な実践事例の報告。）	Lee mason & Sue Rustioni	担任教諭／ TA	11～13	
374			Making it work : An interview with Linda Brown （「リテラシーの時間」の導入によって、読み書く学習指導にどのような変化が起こっているか、現場の生の声を、インタビューによって拾いあげる試み。科学的な素材をリテラシーの学習に結び付けて成果を上げてきジュニア・スクールの教師の場合。）	Linda Brown 談	LB of Lambeth, Loughborough Junior School 教諭	14～16	
375			All join in （「リテラシーの時間」において、詩の読解からドラマ作り、ロールプレイなどの表現活動へと展開した第 5 学年および第 1 学年の実践事例の報告。）	Liz George & Helen Bromley	Literacy Consultant	17～22	

	巻号	題名	執筆者	所属	掲載頁	編集 Editorial Board
376		Reviews（書評） リテラシーの時間のための伝承文学（Key Stage ごとに詳細な解説を施した 45 冊の書評／語レベルの学習指導のための児童図書（21 冊）/Hodges,G.C. et al.*Tales,Tellers and Texts.*（Cassell.2000）/Bearne,E .& Watso,V. *Where Texts andChildren Meet.*（Routledge,2000）/ Anderson,H. &Styles,M.*Teaching through Texts:Promoting literacy through popular and literary texts in the primary classroom.*（Routledge,2000）	Ann Lazim	CLPE	23〜27	
377	Winter 特集 話す・聞く Speaking & Listening	Editorial（はじめに）	Myra Barrs	CLPE	i	Ann Lazim, Sue Ellis,Olivia O'Sullivan, Deborah Nicholson, Myra Barrs（責任編集）
378		Teaching speaking and listening in KS1 & 2 : Sue Horner of the Qualifications & Curriculum Authority is interviewed by Myra Barrs（*Teaching speaking and listening in KS1 & 2* を世に問うた QCA の Horner へのインタビュー。）	Sue Horner（QCA）談	聞き手 Myra Barrs	2〜4	
379		The gift of transformation :children's talk and story boxes （教師による読み語りやストーリーテリングから物語あそびが展開し、話し合いが生まれ、教師はそれによって、児童が物語とどう出会っているのかを知ることができる。これら基本的実践を丁寧に再確認することを推奨したもの。）	Helen Bromley	Language and Literacy Consultant	5〜8	
380		Weaving in speaking & listening : Writing in KS1 （第 1 教育段階の「リテラシーの時間」において、書くこと、読むことにかかわって、話す聞く活動を多様に組み入れた実践事例の報告。）	Irene Napier	Croydon、Byron Primary School 教諭	9〜12	
381		Talk and Reading in KS2 （16 の異なる母語児童が 30 人集う第 3.4 学年の学級において、学習の場づくり、聞き合う環境づくり、教師による音読、guided reading、語彙学習、映像表現の読みなど、徐々に学びが成り立っていく過程を報告。）	Gill Hillier	Southwark, Michael Faraday Primary School 教諭	13〜15	
		The Iron Man:Opportunities for talk,listening and developing writing at KS2 （人気教材 *The Iron Man* を用いて、shared writing、guided wriitng と学び進んだ上で、自律した書き手となっていくために writing partner を決め、ペアで相互推敲していく学習過程を報告。）	Bunmi Richards	Wandsworth, Shaftesbury Park School 教諭	16〜17	

	巻号		題名	執筆者	所属	掲載頁	編集 Editorial Board
382			Sharing our learning in the plenary（授業最後のまとめの時間（全体学習 plenary）において、自伝的小説の感想の発表に始まり、児童作品の発表と相互批評会へと発展させた第6学年の実践事例の報告。）	Joyce Graham	Southwark, St.MaryMagdalene C.E Primary School 教諭	18〜20	
383			"Let the ones that know tell the ones that don't": Storytelling and talk（ストーリーテリングを通して、物語の言葉、物語の展開パターン、聞き手意識、バランスの取れた叙事的文章と説話的文章の活用を自然と身につけることで、書く活動に生かしていった第3学年の実践事例の報告。）	June Peters	フリーランスのストーリーテラー・教諭	21〜25	
384			Children as experts（99年版NCで提唱された書くための構想段階における音声言語活動の活用にかかわる第5学年の実践事例の報告。）	Sara Stokes	Language and Literacy Consultant	26〜28	
385			Reviews（書評）Grugeon,E.et al.*Teaching Speaking and Listening in the Primary School.*（David Fulton,1998）/ Coeden,R.*Literay and Learning through Talk.*（Open University Press,2000）/ Holderness,J.&Lalljee,B（ed）An *Introduction to Oracy.*（Cassell.1998）/ Toye,N.&Prendiville,F.*Drama and Traditional Storyfor the Early Years.*（Routledge Falmer,2000）	Deborah Nicholson, Ann Lazim	CLPE	29〜31	
386	Summer 特集国語科をコーディネートする Coordinating English		Editorial（はじめに）	Deborah Nicholson, Myra Barrs	CLPE	i	Ann Lazim, Sue Ellis,Olivia O'Sullivan, Deborah Nicholson, Myra Barrs（責任編集）
387			The Wider picture（より広い視野をもって―国語科コーディネーターの立場から）	Jo Edwards	LB of Wandswarth, Swaffield Primary School	2〜4	
388			Why monitor English？（コーディネータ（主事）は、授業参観（視察）の目的、方法、有効性をつねに省察する必要性を説いたもの。）	Jon Pickering	LB. of Southwark、General Advisor（主事）	5〜8	
389			English and the early years（「リテラシーの時間」導入後のレセプション・クラス、第1学年の学習指導を総括し、oracy（話す聞く）を中核に据えた授業構想の重要性を説いたもの。）	James Humphries	LB. of Haringey. Muswell hill Primary	9〜12	
390			Managing change- addressing conflict（リテラシー・コーディネータ（主事）として、「リテラシーの時間」導入による実践現場の過渡期の反応を具体的に	Emma Adams	LB. of Southwark、Joseph Lancaster Primary school	13〜15	

資料編

	巻号	題名	執筆者	所属	掲載頁	編集 Editorial Board
		総括したもの。時間内に設定される書くことに対する批判的な反応は次第に消えたと述べる。)				
391		From talking to writing (オーラル・リハーサル、ドラマなどの音声表現活動が効果的に書く活動に働いた事例の報告。)	Claire Ravenhall	LB. of Westminster,St. Stephens Primary School 教諭	16〜18	
392		Parental partnership in the classroom (CLPE の国語科主事(主任)養成研修の学びをもとに、国語科主任の筆者が、夏休み等を活用し、保護者に小学校国語科カリキュラムを解説し、絵本等教材を用いてワークショップを複数回施行し、保護者と教師の連携を強化し、学校全体の国語力向上を試みた事例の報告。)	Barbara Campbell	LB. of Havering. Branfil Infant School 教諭	19〜22	
393		Working with your Headteacher (カトリック系小学校の国語科主任が、読みの水準を上げるために、1年と2学期間に、全カリキュラムにわたる国語の力を視野に入れ、学校長との密な連携を図りながら推進した校内改革の報告。)	Katie Oldham	LB. of Southwark、English Martyrs' RC Primary School 教諭	23〜25	
394		Reviews (書評) Merchant,G. & Marsh,J.*Co-odinating primary language and literacy : The Subject Leader's Handbook*. (Paul ChapmanPublishing,1998) National Literacy StrategyFliers. (DFEE,1999)	Janet Douglas-Gardner	English Coodinator, Camelot Primary School,London Borough of Southwark	26〜27	
395		CLPE Long Courses for Teachers 2001-2002/ New Publications From CLPE (現職研修コースならびに新刊紹介)		CLPE	28〜29	
396	Autumn (最終号) 特集 詩と言葉遊び Petry & Wordplay	Editorial - The last Language Matters (独立採算制団体への移行の経緯と今後のセンター事業の展望)	Sue Ellis,Myra Barrs	CLPE		Ann Lazim, ,Olivia O'Sullivan, Claire Warner, Deborah Nicholson, Sue Ellis, Myra Barrs (責任編集)
397		A time for Rhyme : The Importance of rhyme and song in the Nursery Class (就学前の幼児のクラスにおける、伝承童謡の押韻・リズムを生活の一部とするような言葉遊びの試みを紹介。)	Nikki Oldham	LB of Lewisham, Chelwood Nursery School	2〜4	
398		As red As a turkey's Wattles : The poetry of everyday language (詩の音韻的特徴を生かすことで、詩の潜在的テーマや象徴性を理解することが困難でも、詩を再読し、自分と詩の	Jenny Vernon	Kensington and Chelsea, Literacy Consultant	5〜8	

529

巻号			題名	執筆者	所属	掲載頁	編集 Editorial Board
			世界を関係づけようとする児童の姿を紹介し、低学年における詩の学習指導への具体的な提案をしたもの。)				
399			In praise of poetry : A review, reflection and a bit of a rant（NLS において詩の読み書く学習指導事項が重く扱われたことを歓迎し、表現手法の分析的読解等にばかりとらわれず、詩をもとに児童がみずから話す、聞きあう、書く、なぜその詩を選ぶのかを自分で判断する等、主体的な詩とのかかわりを重視する必要性を説いたもの。)	Morag Styles	Homerton College , Cambridge	9 〜 12	
400			An interview with James Berry（カリブ系詩人の Berry に、詩創作の秘密をインタビューしたもの。)	James Berry 談	詩人	13 〜 15	
401			Sharing t he experience（「リテラシーの時間」が標榜する「話し合いを重視した、相関的な」学習指導のあり方を踏まえ、詩を軸とした試みを具体的に紹介したもの。)	Varina Emblen	LB of Wandswarth, Literacy Consultant	16 〜 18	
402			Poetry from Peckham（ロンドン南部のペッカムにある 11 の小学校と CLPE が連携し、児童作品の詩選集を編む 2 年間の取り組みの内容と成果。)	Myra Barrs	CLPE	19 〜 22	
403			Poetry and ICT :How computers can enhance the pleasure of playing with words（1999 年から 3 年間、政府の the New Opportunities Fund Information& Communication Technology training programme の一環として、CLPE が行ってきた ICT を活用した詩教育研修の実施内容と成果。)	Olivia O'Sullivan, Claire Warner	CLPE	23 〜 26	
404			Reviews（書評）多様な文化圏の詩集（例えば、Rosen,M. *A World of Poetry.*（Kingfisher）/ Agard,J.&Nichols,G.*A Caribbean Dozen.* (Walker) 他、15 冊）Bibby,B.& Priest,S.*Sharing Poems. Teaching Poetry at Key Stage 2.*（NATE,2000）/Wilson,A.&hughes,S.（ed）*The Poetry Book for Primary School.* (The Poetry Society,1998) Drifte,C & Jubb,M.*A PoetryTeacher's Toolkit.*（David Fulton,2002）	Ann Lazim Susanna Steele Joanna Moore	CLPE Universityof Greenwich Belleville Primary School, London Borough of Wandsworth	27 〜 30	
	補記		欠号（2015.3 段階）は以下の通りである。現在、所在を探索中。1978 vol.2 No,4 / 1980 No.3 / 1982 No.3 / 1984 No.3 / 1987 No.3 / 92/93 No.2、No.3 / 2001 Winter / 2002 Spring				

あとがき

　ロンドンの CLPE を知ったのは、1978 年の Loughborough 大学大学院の講義であった。当時の教育の最先端を先導する組織として内ロンドン教育局が紹介され、その傘下の CLPE ①の活動や機関誌 *Language Matters* の意義を説かれたのを覚えている。その足で、センターを訪ね、機関誌のコピーを取らせてもらった。旧建物は赤レンガの 1 戸建てで、図書室といってもそれほど広くもなく、職員も 2 名ほどしか見当たらず、あの講義で聞いた活動母体とは正直思えなかったのが本音である。折りしも、翌年はサッチャー政権誕生の年に当たり、院生の間では、毎日のように時代の変化が話題となっていた。内ロンドン教育局の廃止もありうるという発言を耳にしたのも、そのころである。

　2008 年、偶然幸いにも、勤務校の国語教育講座主催の国際比較国語教育シンポジウムの基調提案者として CLPE の責任者 Sue　Ellis 氏を招聘する機会を得た。30 年間の隔たりは、その時、一挙に霧散し、内ロンドン教育局廃止後のセンターの来し方、現在の活動等、興味は尽きることがなかった。なぜなら、それは、サッチャー登場以降のイギリス初等教育における国語科教育改革のひとつの歴史そのものであったからである。センターの取り組みが、教育改革を内側から支えてきた牽引力のひとつであったことに気づかされるのに、それほど時間はかからなかった。

　とりわけ文学を軸としたリテラシー教授プログラムの実践理論と方法は、取り上げた児童文学作品の個性に応じて、児童が文学言語といかに邂逅しうるか、如実に指し示してくれた。その緻密な学びの設計図のただなかで、読み手の創造的なテクスト享受の可能性が保障され、リテラシーの育みが確かに具現化されるよう入念な学習指導計画があった。

　NC 導入以前に参観した中学校の文学の授業は、すべて丸本形式で、教

師の裁量でいつどこをどのように読ませるかが決められており、生徒は、その観点に沿って文学に分け入る新たなまなざしを獲得していくものであった。授業が始まるや、『ジェイン・エア』の某の章のあるパラグラフを、教師が音読を始める。2、3パラグラフで終わるときも、章全体に及ぶときもあった。長編であるので、ほとんどの生徒が未読で、教師の声を聞きながら初めてテクストに出会う。聞き終えれば、誰しも感想や意見を抱く。それをもとに文学を分かち合うひとときをもつ。短時間ではあるが、その短いセッションが終わったとき、全員がその生徒なりの読みをもって読み手として居並んでいた。そのあと、たとえば、反復比喩表現に着目する、人物の会話表現に留意するなど、観点が示され、具体的な言語活動へと移っていく。最後は、必ず書く活動に収束する。

　これらは学習方法としては卑近なものであろうが、読み伝えられた箇所の選び方で、文学に対する読みの角度がつけられているというのに気づいたのは、数回授業に参加してからであった。国語が少し苦手な生徒のグループ学習に参加していると、かれらなりに対象となる箇所への読みが拡がり、意見の交換が自然と起こり、語彙や文体に幼さを感じさせながらも、授業の最後には、自分の読みを文章化しようと試みていた。書き出し文を与えるなどの配慮も細やかではあったが、その無理のない文学とのかかわり方に驚きを隠せなかった。読み語りを聞き終えたとたん、なにかを言わずにおれないような文学との出会いが周到に用意されていたのを、はっきりと覚えている。

　CLPEの読書力向上プロジェクトの学習指導プログラムを知ったとき、最初に思い出したのは、このロンドンの総合制中学校での文学の授業のことであった。小学校の授業で、文学を文学として扱う、児童を文学の読み手として授業に参加させる。当たり前のことかもしれないが、それがどれほど難しいことか、私たちは身にしみて知っている。児童と教師の実態をつねに見つめ、児童文学の教材化に向けた研究開発を行い、授業をモデル化し、実地におろす。教師を協力者というよりは、共同研究者として意図

あとがき

的に巻き込みながら、授業プログラムを精選していく。息の長い周到な授業研究の成果が、プロジェクトであった。文学を文学として扱う姿勢は、中学校のそれと寸分も違わない。文学理論に則ったそれである。ゆるぎない文学の読み手を育む秘密を知りたい。本論は、このような二重の私的な出会いの重なりに端を発している。

　このプロジェクトという教師教育の体制もまた、本論文をまとめるにあたって強く関心を抱き、留意した点であった。(前提としてNCはあるが)ある一定のカリキュラムでもない、プログラムでもない、プロジェクトを、センターの充実期の中核に据えたことである。個々の実践状況と教師の状況判断に応じて、柔軟に適応させる。だが、核となる指導指針はゆるがせにしない指導努力を求める。プロジェクトという教師教育の場の構想とそれが開く可能性である。

　著者は、このような本格的な教師教育のプロジェクトに参加した経験がなく、文献を中心に探っている間は、プロジェクトと知りながらも、あたかも一定のプログラムの遂行のように捉えてしまいがちであった。数少ない実地検証の機会ではあったが、研修に参加し、授業参加することを通し、その多面性と多様性を当然のこととして包括する懐の深い教師教育の構想に、あらためて、意識的に＜プロジェクト＞が選ばれたのだと痛感した次第である。当然のことながら、センターの関心の的は、教師である。観察記録法の開発当初から、教師の自己評価力を学習指導の根幹に据えてきた。自らを客観的にとらえることのできる専門的な力量形成を基盤として、プロジェクトの可変性、柔軟な適応が可能になる。その意味で、センターの充実期ならではの、読書力向上プロジェクトであったのだと思わされた。国語科の教育改革の担い手として、教師を育成する有効な教師教育システムのひとつのモデルと位置づけたい。こうしたセンターの国語科教育改革の研究成果の一端に、限られた形にせよ、文献と実地の双方から出会えたことを幸運だと思っている。

　本論をまとめながら、実践科学研究のあり方を再確認させられることが

たびたびあった。自分など、センター職員の方々の足元にも及ばないのではないかと思ったことは、かぎりない。

　本論は、40年余の内ロンドンの教科教育センターという限られた規模の活動を研究対象としたものである。研究方法自体をまさぐりながら、教師教育の観点から、国語科教育改革の研究の姿をなんとか捉えたいと願った論文である。公文書を扱っただけでは、核たるところが見えてこないイギリスの教育改革の内実に、少しなりとも触れ得ていることを願うばかりである。

　2013年上半期、今日のCLPEの屋台骨を築き、政策立案者と現場実践者の仲立ち役に徹してきたスタッフが、新任職員一人を除いてすべて辞任したという。揺るぎない教師教育の継続・刷新とその財政的保障は、独立採算制組織にとって、容易に両立できるものではない。毎年2月、次年度の予算案を話し合う評議委員会が開かれる。それを乗り切れば、その年度が終わり、次年度が始められると、幾度Ellis氏から聞いたことか。イギリス初等教育の国語科が直面した激動の30年余に濃密にかかわってきた者にとって、どうしても許容しがたい何かがあったのやもしれない。

　CLPEは、これまでの路線を受け継ぎ、積み重ねられてきた実践理論と方法を踏襲し、現在も多彩に活動する教師教育機関である。読書力向上プロジェクトも好調であるが、通年の研修プログラムは、2014年度からセンター講習中心の半年版になり、年2回の募集が始まっている。政権政党も変わり、文教政策も変化している。新スタッフもまた媒介者としてのありようを自問し、自らのセンター色をまさぐっていくのであろう。その色が定まるには、いま少し時間が必要にみえる。

　一つの時代の変革期に、30年余変わることなく国語科の教師教育を問い続け、実践的提言を重ねてきたSue Ellis、Olivia O'Sullivan、Sue McGonigleの三氏が、まさに教師教育のただ中にあるその時に、お目にかかれたことを、この上ない幸運と思っている。この幸運がなければ、本研究は形を成さなかった。三氏のプロ意識と鋭い批判精神、たゆまぬ地道な

あとがき

　努力と自在な発想と行動力。この教育改革の具現者との出会いに感謝したい。

＊

　本書は、2014年9月に広島大学に提出し、受理された学位請求論文「イギリス初等教育における国語科教育改革の研究— Centre for Language / Literacy in Primary Education の取り組みを中心に」に基づいている。刊行にあたって、資料編に付した邦訳文献付き 2011 年版 *The Core Booklist*(CLPE) は、版権の関係で掲載を差し控えた。

　2010 年に本格的に始まった本研究は、2012 年度以降の 3 年間、科学研究費助成研究基盤（C）「現職教育にみる 1970 年以降の英国初等教育におけるリテラシー教授の研究」(No.24531122) の助成を得、支えていただいた。記して御礼を申し上げたい。

＊

　本研究は、広島大学大学院教授吉田裕久先生の御指導なくしてはまとめることができませんでした。研究論文としての多くの不備をご指摘いただき、お励ましいただき、お導き賜った吉田裕久先生に、心からの感謝の意を表したいと思います。学恩に感謝申し上げるとともに、浅学の私を寛容に受けとめていただき、本研究をまとめる機会を与えて下さったことに対し、心から深謝申し上げます。ありがとうございました。

　田中宏幸先生には、拙い文章について的確なご助言を賜り、慎重にも慎重に論を積み上げていくようにとお教えいただきました。細やかなご指導の数々に、心から深謝申し上げます。山元隆春先生には、試問によって言い回しの曖昧さをご指摘いただき、再考の機会を頂戴しました。また訳語の含意についても、一層意識的であるようにと、ご指導賜りました。心から深謝申し上げます。

　40 年近くに渡り、研究のいろはからご教示いただき、比較国語教育学の何たるかをご指導賜ってきた大阪教育大学名誉教授中西一弘先生に、深く感謝申し上げます。なおなお読み込めていない多くの資料をていねいに

取り上げ、ささやかながらも研究の歩みを続けてまいります。ありがとうございました。

　広島大学名誉教授野地潤家先生のご臨席を得て、中西一弘先生が始められた大阪国語教育研究会は、月例会を重ね、2014年春300回を迎えました。拙い発表をするたびに、野地先生には、いつも暖かいお励ましの言葉を賜りました。また、小田迪夫先生を始め、ご参集の先生方から頂戴するご助言やご質問・ご意見によって鍛えられてきた幸運を思います。

　阪神淡路大震災から、今年で20年となります。被災以降15年にわたる在宅介護にあってなんとか仕事が続けられたのは、大阪教育大学国語教育講座の諸先生方のご理解ゆえでした。つねに睡眠不足で、気づかぬうちに妙なことをしでかしていたように思います。黙ってフォローしてくださった先生方とともに、今日も仕事ができる幸運を思わずにはいられません。

　一般に、介護ヘルパーの方は、週末や夜間には来られません。独居の方優先でもありました。そんなときに手をかしてくださったのは、ヘルパー派遣会社管理者さんや訪問看護師さん、親友、そして卒業生の方々でした。次年度の行事日程がわかると、この方々のご都合をお聞きし、泊りがけ週末出張、日帰り出張、不参加が、決まりました。お名前を挙げることを差し控えますが、この方々のお力添えがなければ、仕事を続けることも、研究を志す思いを保ち続けることもできませんでした。本書は、この15年のかけがえのない日々の上に、形を成したものと心得ます。

　かつてセンターで手にした機関誌のコピーは震災とともにすべて消え、再び手にする日を与えられました。この幸運に感謝し、目の前の資料ときちんと対話を重ねていきたいと思います。

　最後に、本書は、溪水社の木村逸司氏、木村斉子氏の忍耐強いご支援によって形を成すことが出来ました。ここに記して、深謝申し上げます。

2015年2月4日

　　　　　　　　　　　　　　　　　　　　　　　　　　著者

CLPE 編集の児童詩撰集 *VOICE*

索　引

【あ】
アンケート調査　410
イギリス国語科教育改革　425
『イギリスの小学校教育（Primary Education in English）』（1978）　26
内ロンドン Central 研修グループ　411
音読と再読　259, 420
音読　264, 266

【か】
解釈と多様な表現活動　271, 420
学習指導法　255, 256, 260
『学校の教育（Education in Schools: A Consultative Document）』（1977）　25
カリフォルニア版学習記録　147, 168
観察記録（the Primary Language Record）　116（統合）
観察記録法　105, 116, 426（統合）
観察シート　116, 117, 118
観察評価　161
「98年指針」「1998年方針」　32, 41, 42, 223, 224, 229
教科教育センター　425
教師教育　430
教師による音読　264, 266
教師による評価　54
キングマン・レポート（1988）　29, 98
現実にある本 /a real book　7, 171, 179
研修「リテラシーの水準向上をめざして」　58
現職研修 / 授業研究プログラム　8, 9, 52, 102, 167, 179, 236

ケンティン・ブレイク　316
ケンブリッジ研修グループ　411
コア・ブック・コレクション　427
国語科カリキュラム　24, 31, 427
『国語科教育学研究の成果と展望』（2002）　11
『国語科教育学研究の成果と展望Ⅱ』（2013）　13
国語科主事養成コース研修　375
国際セミナー　156

【さ】
作家研究　317, 318, 332, 333
サンプルシート　116, 117, 118, 134
『小学校児童の言語（The Language of Primary School Children）』（1973）　25
スタンダード準拠評価 /standard-based assessment　123, 168
「全国共通リテラシー方略指針」/NLS　30

【た】
段階別読本　67, 171, 179, 193, 220
探究と分析　284, 420
単元構想案『ゆかいなゆうびんやさん』　188, 190
テクスト反応と振り返り　268, 421
読書力向上プロジェクト・POR　230, 235, 237, 238, 242, 248, 255, 287, 332, 335, 336, 338, 340, 352, 366, 369, 388, 418, 419, 421, 426

【な】

ナショナル・カリキュラム /NC 3, 24, 29-32, 42, 55, 61, 74, 93, 98, 102, 120, 175, 202, 219, 287
日常的評価 / 教師による評価 54, 94, 110, 142, 143, 152, 219
入門期 7, 17, 18, 19, 26, 41, 51, 82, 84, 91, 99, 172, 173, 229, 368, 433

【は】

バイリンガル 98
バイリンガル教育 81, 149
発展的実地検証による充実期 223
標準語 30
藤原和好 11
文学 7, 78, 174, 177, 178, 180, 203, 206, 223, 253, 254, 365, 366, 413
文学を核とするリテラシー教授プログラム 7, 41, 73

【ま】

モデレーション 123, 124, 125, 169, 426

【ら】

リテラシー 86
「リテラシーの時間」 43, 163
理論的基盤の拡張期 171
理論的基盤の生成期 105, 168

【A】

A Patterns of Learning :the Primary Language Record and the National Curriculum（1990） 70
Animating Literacy（2003） 164

【B】

Book Power :Literacy through Literature Year 1（2008） 80, 199, 287
Book Power :Literacy through Literature Year 2（2010） 80, 199
Book Power :Literacy through Literature Year 5（2008） 80, 199
Book Power Year 6:Literacy through Literature（2006） 80, 199
Book-based Reading Games（2000） 76
Boys on the Margin（2004） 78
Bullock Report（1975）/ バロック・レポート 18, 52, 64, 67, 428, 434

【C】

CLA/Creative Learning Assessment 154, 156, 167, 168, 170
CLPE 8, 9, 23, 24, 58, 61, 67, 68, 70, 73, 74, 76, 77, 79, 80, 98, 109, 114, 125, 146, 147, 150, 151, 152, 153, 154, 155, 156, 157, 159, 160, 167, 180, 181, 192, 194, 198, 200, 201, 205, 209, 220, 229, 231, 235, 248, 287, 375, 385, 391, 427
CLPE ① / 小学校国語科教育センター 5, 6, 17, 21, 30, 41, 45, 47, 48, 49, 63, 102, 122, 425, 430
CLPE ② / 小学校リテラシー教育センター 5, 17, 21, 30, 41, 45, 47, 63, 102, 425, 430
CoxReport ① 48, 54, 94, 102, 114, 174, 175
CoxReport ② 175

【D】
David Mackay　49, 87
Dearing Report（1993）　121

【E】
English from 5 to 16:Curriculum Matters 1（1984）　28, 107
Excellence and Enjoyment（2003）　44

【F】
Fire, Bed and Bone（『炉辺、寝床と骨』）206, 209

【G】
guided reading/ ガイディド・リーディング　43, 261, 431
guided writing/ ガイディド・ライティング　332, 431

【H】
Hands on Poetry（1995）　73

【I】
ILEA/ 内ロンドン教育局　49, 53, 56, 95, 102, 105, 112, 144
Inquiry into Meaning　99, 172

【L】
Language Matteres　51, 81, 102, 431

【M】
Margaret Meek　174, 206
Michael Faraday Primary School　238, 245, 246
Moyra McKenzie　53, 64, 67, 86, 88, 90, 428
Myra Barrs　52, 77, 93, 96, 122, 124, 152

【O】
Olivia O'Sullivan　73, 76

【P】
PLR/Primary Language Record/ 観察記録法　53, 105, 112, 115, 116, 122, 127, 153
PLeR/Primary Learning Record　55, 154, 168, 207
Plowden Report（1967）/ プローデン・レポート　18, 67, 176
POR オリエンテーション・コンフェレンス　339
POR 研修の実際第1回目（絵本単元モデル『もりへ（*Into the Forest*）』　353
POR 研修の実際2・3回目　370
POR 参加者ブログ　248
POR 小学校実践事例（第1学年学習単元 *The Owl and the Pussy Cat*）　399, 405, 406
POR 単元モデル The Ice Palace　240, 241, 242, 250
POR 低学年単元モデル「作家研究」316, 318, 319, 333, 334
POR 低学年単元モデル『ともだちになって（*Beegu*）』　276, 293

【R】
Reading Matters（1977）　64
Reading Scales1　116, 120, 122, 124,

541

126, 132, 137, 195, 204
Reading Scales2　116, 120, 122, 133, 138, 195, 204
Royce Sadler　12, 124, 168

【S】
SATs　123, 136, 139, 372, 415
Shared Reading Shared Writing（1990）　91
shared reading/ シェアード・リーディング　42, 86, 258, 261, 397, 431
shared writing/ シェアード・ライティング　42, 86, 89, 96, 97, 258, 279, 282, 322, 331, 397, 431
Sue Ellis　48, 53, 126
Sue McGonible　411

【T】
teachers' assessment/TA　110, 111, 112, 168
Tell Me 法　258, 268, 286, 303
The Best of Language Matters（2003）　79
The Core Book:A Structured Approach to Using Books wthin the Reading Curriculum（1996）　55, 73, 181, 184, 192
The Core Book List（2010）　80

The Ice Place　240, 241, 242
The Owl and the Pussy Cat（『ふくろう君とにゃんこ嬢』）　398, 404, 405
The Primary Language Record in Use（1995）　136
The Primary Language Record:Handbook for teachers.（1988）　70
The Primary National Strategy（2003）　42
The Reader in the Writer（2001）　77, 200, 209, 219
The Reading Book（1991）　55, 73, 171, 180, 208, 219
Thornhill Primary School　389, 392, 399
Tried &Tested（1985）　67

【U】
Understanding spelling（2000）　76
Using the Primary Language Record Reading Scales（1996）　73

【V】
Voices（2010）　76

【W】
Whole-to-part Phonics（1998）　76
Writing Scales　122

著者

松山　雅子（まつやま　まさこ）

神戸生。

現在　大阪教育大学教授。博士（教育学）。

著書　『日本児童文学史上の7作家3　宮沢賢治　千葉省三』（千葉省三　担当、大日本図書、1986）、『メディア文化と＜物語享受＞-仕掛けられたテレビ・アニメーション』（畠山兆子と共著、楡出版、1993）、『物語の放送形態論-仕掛けられたアニメーション番組』（畠山兆子と共著、世界思想社、2000、同新版、2006）、『自己認識としてのメディア・リテラシー－文化的アプローチによる国語科メディア学習プログラムの開発』（編著、教育出版、2005）、『自己認識としてのメディア・リテラシー－文化的アプローチによる国語科メディア学習プログラムの開発 PART Ⅱ』（編著、教育出版、2008）、『イギリス初等教育における英語（国語）科教育改革の史的展開－ナショナル・カリキュラム制定への諸状況の素描』（溪水社、2013）

イギリス初等教育における国語科教育改革の研究
── Centre for Language/Literacy in Primary Education の取り組みを中心に ──

平成27年3月25日　発行

著　者　松山　雅子
発行所　株式会社　溪水社
　　　　広島市中区小町 1-4（〒730-0041）
　　　　電話 082-246-7909／FAX 082-246-7876
　　　　e-mail: info@keisui.co.jp
　　　　URL: www.keisui.co.jp

ISBN978-4-86327-289-7　C3037